TUSCULUM-BÜCHEREI

Herausgeber: Karl Bayer, Hans Färber, Max Faltner

# GRIECHISCHE PAPYRI AUS ÄGYPTEN

als Zeugnisse des öffentlichen
und privaten Lebens

Griechisch–deutsch

ed. J. Hengstl
unter Mitarbeit von G. Häge und H. Kühnert

Heimeran Verlag

CIP–Kurztitelaufnahme der Deutschen Bibliothek

Griechische Papyri aus Ägypten als Zeugnisse des öffentlichen und privaten Lebens : griech. – dt. ; unserem verehrten Lehrer Prof. Dr. jur. Dr. h. c. Hans Julius Wolff zum 75. Geburtstag am 27. August 1977/ed. J. Hengstl. Unter Mitarb. von G. Häge u. H. Kühnert. – München : Heimeran, 1978.

(Tusculum-Bücherei)
ISBN 3-7765-2181-3

NE: Hengstl, Joachim [Hrsg.]

Unserem verehrten Lehrer

PROF. DR. JUR. DR. H.C. HANS JULIUS WOLFF

zum 75. Geburtstag am 27. August 1977

τιμῆς ἕνεκεν

Herausgeber und Mitarbeiter

# INHALT

# EINLEITUNG

Das Schreibmaterial Papyrus führt seinen Namen nach der Papyrusstaude *(Cyperus papyrus)*, einem 2–4,5 m hohen mittelmeerländischen Riedgrasgewächs, aus welchem es gewonnen wurde: Das Mark der Pflanze wurde in dünne, möglichst breite Streifen geschnitten und diese dicht nebeneinander gelegt. Eine zweite Schicht legte man quer zur Richtung der ersten darauf und klopfte sie fest; die Verbindung beider Schichten bewirkte wohl der Pflanzensaft als natürlicher Klebstoff. Die so gewonnenen Blätter wurden zu Rollen beliebiger Länge zusammengeklebt, welche die Funktion des heutigen Buches – sei es literarisch, sei es geschäftlich – erfüllten. Einzelblätter für Briefe, Verträge, Aufzeichnungen u. s. f. schnitt man nach Bedarf ab. Papyrus als Schreibmaterial läßt sich in Ägypten bis zum Beginn des dritten vorchristlichen Jahrtausends zurückverfolgen; er ist seit Alexander dem Großen der gebräuchlichste Schriftträger der Mittelmeerwelt, den erst im 10. Jahrhundert das Hadernpapier abgelöst hat. Daneben besaßen praktische Bedeutung als Schreibmaterial Ostraka (Ton-, seltener Kalkstein-Scherben), Pergament, Stein, Wachs-, Holz- und Metalltafeln. Wie jedes organische Material ist Papyrus recht vergänglich, vor allem läßt ihn Feuchtigkeit vermodern. Trotz ihrer weiten Verbreitung sind uns Papyri daher im wesentlichen nur aus ihrem Heimatland Ägypten erhalten, wo die Verhältnisse vielerorts die Erhaltung begünstigen. Ein großer Teil der Texte stammt aus den Abfallhaufen der antiken Ortschaften, auf die sie nach Gebrauch gewandert waren, oder aus den Ruinen der Häuser, in denen man sie bei der Räumung als wertlos zurückließ. Papyri als Grabbeigaben sind seltener; vor allem handelt es sich dann nicht um Dokumente, sondern um literarische Texte, insbesondere um das nach ägyptischer Sitte mitunter beigegebene „Totenbuch". Dennoch liefern die Gräber Urkunden; denn unter dem buntbemalten Stuckbezug bestehen viele Mumienhüllen aus pappartig aufeinandergeklebten Papyri („Mumienkartonage"), die diesem Zweck zur Altpapierverwertung zugeführt wurden. In Ägypten selten sind verkohlte Papyri, während gerade die Papyri aus Herculaneum der Karbonisierung die Erhaltung danken. Ihre Herkunft verknüpft die Papyri mit der Geschichte Ägyptens, deren Einfluß auf den Alltag sie spiegeln. Ägypten, eine der frühen Hochkulturen, hatte über zweieinhalbtausend Jahre politischer und kultureller Eigenständigkeit hinter sich, mit Höhepunkten jeweils im Alten, Mittleren und Neuen Reich, als es 525 v. Chr. von dem aufstrebenden Perserreich erobert wurde und damit – von einer kurzen Frist 404–343 v. Chr. abgesehen – seine Selbständigkeit bis in die Neuzeit verlor. Zehn Jahre nach seiner Rückeroberung durch die Perser fiel Ägypten wie alsbald das übrige persische Reich in die Hand Alexanders des Großen. Nach dessen Tod 323 v. Chr. erlangte Ptolemaios, Sohn des Lagos, einer der makedonischen Generale Alexanders, die Satrapie Ägypten und vermochte dieses Land bei der Aufteilung des alexandrinischen Großreiches zu behaupten. 305 v. Chr. nahm er die Königswürde an; die von ihm begründete Dynastie der Ptolemäer oder Lagiden herrschte fast 300 Jahre lang über Ägypten. Die Blüte dieser Epoche fiel in die Herrschaftszeit der ersten drei Ptolemäer, denen neben Ägypten ansehnliche Besitzungen an der syrischen und kleinasiatischen Küste sowie auf den Inseln der Ägäis gehörten, Früchte tatkräftigen oder glücklichen Vorgehens im Streite der Diadochen um Alexanders Nachlaß. Ägyptens Rolle in diesem bedeutenden Reich war auf die der Haupteinnahmequelle beschränkt. Zielstrebige wirtschaftliche Maßnahmen und ein strenger Fiskalismus bezweckten letztlich nur, die ehrgeizige und aufwendige Mittelmeerpolitik der ptolemäischen Herrscher zu finanzieren. Der Niedergang begann unter Ptolemaios IV., gegen Ende des dritten vorchristlichen Jahrhunderts; Mißerfolge in den steten Kämpfen vor allem mit dem Seleukidenreiche, Mißwirtschaft, häufige dynastische Streitigkeiten und das erwachende Selbstbewußtsein des ägyptischen Bevölkerungsteiles untergruben die Stellung Ägyptens politisch wie wirtschaftlich. Doch während Rom nach seinem Sieg über Karthago binnen weniger Jahrzehnte die beiden anderen Diadochenreiche – Makedonien und das Seleukidenreich – unterwarf, behielten die Ptolemäer ihr Reich, indem sie Rom einen ständig wachsenden Einfluß einräumten. Erst die Auseinandersetzung zwischen Caesar und Pompeius erfaßte Ägypten unmittelbar, und die Entscheidung des Machtkampfes zwischen Antonius und Octavian beendete den Schein der Selbständigkeit dieses Landes; 30 v. Chr. wurde Ägypten römische Provinz. Einschneidende Veränderungen waren damit nicht verbunden – das absolute Regiment blieb, und weiterhin mußten Ägyptens Einkünfte außerhalb des Landes liegende Bedürfnisse decken: Octavian, der im Hinblick auf die wirtschaftliche und strategische Bedeutung Ägyptens jegliche Mitwirkung des Senats bei der Verwaltung ausschloß, trat als neuer Pharao in die Reihe der ägyptischen Herrscher und statt der ehrgeizigen ptolemäischen Außenpolitik finanzierten die Überschüsse Ägyptens zahlreiche Aufgaben, die Octavian dem Reichsfiskus neu aufgebürdet hatte. Als wesentliche Finanzquelle sorgsamer Verwaltung unterworfen, erlebte Ägypten nach der Mißwirtschaft der ausgehenden Ptolemäerzeit erneuten Aufschwung, hatte als Provinz Teil an der Blüte des Weltreichs in den beiden ersten Jahrhunderten und am Niedergang seit dem dritten nachchristlichen Jahrhundert. Eigenes ägyptisches Geschick daneben waren die Aufstände der Alexandriner, nubische Einfälle und die ständig zunehmende fiskalische Belastung, die schließlich das Vermögen des Landes überstieg. Bei der Teilung des römischen Reiches 395 n. Chr. fiel Ägypten an Ostrom. Da die Regierung sich in byzantinischer Zeit immer weniger durchzusetzen vermochte, wuchs die Macht des Patriarchen in Alexandria und die der lokalen Gutsbesitzer, bei denen „der kleine Mann" – ggf. unter Aufgabe seiner Freiheit – eher Schutz vor staatlichen und privaten Anforderungen finden konnte. Nach einem kurzen Zwischenspiel sassanidischer Herrschaft (619–629) eroberten die Araber 639–641 Ägypten und beendeten die griechisch-römische Epoche.

Beziehungen zwischen Ägypten und Griechenland gab es schon vor Alexander; die im 7. Jahrh. v. Chr. an einem Nil-

arm gegründete Griechenstadt Naukratis oder Herodots
Berichte über Ägypten etwa bezeugen dies. Unter Alexander
aber kamen die Griechen als Eroberer; ihre Sprache war
folglich „Amtssprache", deren Gebrauch sich auch den Nationalägyptern empfahl: Griechisch war die Sprache der Verwaltung und der hellenischen Oberschicht, aber auch jener
sich seit dem zweiten Jahrhundert v. Chr. durch Berührung
und Verschmelzung beider Volksgruppen bildenden Schicht
der Gräkoägypter. Der Übergang der Herrschaft auf die
Römer änderte hieran nichts; die neuen Herren fielen zahlen-
mäßig nicht ins Gewicht, die Griechen erfreuten sich ohnedies ihrer Gewogenheit, und das Latein benützten vor allem
Militärangehörige oder Veteranen unter sich. Das Griechische behielt daher seine Bedeutung als tragende Verkehrssprache, bis die Araber ins Land drangen, während zudem
die zu neuem Selbstbewußtsein gelangte nationalägyptische
Unterschicht seit dem vierten Jahrhundert dem Koptischen
zunehmend Gewicht verlieh. So war dem Griechischen in
arabischer Zeit der Boden entzogen und es starb ab; die
jüngste erhaltene griechische Urkunde stammt aus dem 10.
Jahrhundert.
Dem mit dem Schulgriechisch Ausgerüsteten bereitet das
Griechisch der Papyri freilich zunächst Mühe, denn in ihnen
findet man nicht mehr die Sprache der klassischen griechischen Literatur, sondern eine sich seit dem vierten Jahrhundert entwickelnde allgemeine Verkehrssprache, die Koinê, in
der auch das Neue Testament geschrieben ist. Wortschatz,
Orthographie und Grammatik folgen der Umgangssprache
und weichen von der literarischen Hochsprache ab. Grammatikalisch wirkt dies vereinfachend, wenn etwa auf Opta-
tiv und Dual verzichtet wird, der *genetivus absolutus* unge-
mein häufig ist und die Kausalinfinitive mit διὰ τό und τοῦ
mit Infinitiv finale Nebensätze ersetzen. Den heutigen Leser
verwirrt dagegen ein wenig die Vermischung mancher Formen, etwa μητέραν statt μητέρα. Daß der Wortschatz des
vor allem aus Alltagsbriefen, Verwaltungsunterlagen und
Verträgen bestehenden Papyrusmaterials von dem Sprachgebrauch der klassischen Literatur abweicht, kann nicht

überraschen. Die orthographischen Eigentümlichkeiten haben verschiedene Ursachen: Ein gewisser Wandel in der Rechtschreibung drückt sich beispielsweise in einem Wechsel von ει und η aus, der bis gegen 100 n. Chr. vorkommt. Eine Veränderung der Aussprache spiegelt dagegen etwa der Jotazismus: seit der endenden Ptolemäerzeit beginnt man, mehrere Vokale dem ι angenähert auszusprechen und hält sie mit zunehmender Angleichung auch beim Schreiben nicht mehr auseinander, so daß dann ει, η, οι, υ und ι miteinander wechseln, weil man sie alle wie ι spricht. Eigentümlichkeiten der Aussprache des Griechischen durch die Ägypter wiederum scheint das Schwanken einiger Konsonanten zu entsprechen, etwa wenn ρ und λ verwechselt werden. Schließlich gehen viele Fehler auf mangelhafte Sprachkenntnis zurück, sind zahlreiche Texte doch von ungebildeten Griechen und des Griechischen nur mangelhaft mächtigen Ägyptern geschrieben.

Orthographische und grammatikalische Fehler werden – mit Ausnahmen bei den Jotazismen – in den Papyruseditionen vermerkt. Ohnedies ist kein Papyrus unmittelbar zur Verwendung veröffentlichungsfähig. Zunächst verlangt der Fundzustand nach der Hand des Restaurators, der die oft beschädigten, vielfach nur in Stücken erhaltenen Papyri reinigt und glättet, ggf. zusammensetzt oder die Schichten der Mumienkartonnage trennt und das Restaurierte schließlich gegen weiteren Verderb sichert. Ebenso bedarf die Entzifferung des Fachmannes. Papyri sind grundsätzlich fortlaufend, ohne Raum zwischen den einzelnen Worten und Sätzen (*scriptio continua*) beschrieben und ohne Akzente und Satzzeichen. Gleichwohl gut leserlich sind die in Unziale – d. h. mit sorgfältig ausgeführten, unverbunden nebeneinanderstehenden Großbuchstaben – geschriebenen literarischen Texte.
Dokumentarische Papyri sind dagegen meist in der von der Unzialen abgeleiteten Kursivschrift verfaßt, bei der die Buchstaben ineinander übergehen wie in unserer Handschrift. Zu den auch uns geläufigen Schwierigkeiten, eine ungewohnte

Handschrift zu lesen, treten weitere: von dem fortlaufenden
Schriftbild heben sich weder Abkürzungen noch Zahlen ab,
mangelhafte Orthographie und Grammatik verwirren, und
Schäden am Papyrus hindern beim Lesen. Zerstörte oder unleserliche Passagen können freilich oft aus dem Zusammenhang oder anhand von Parallelen wiederhergestellt werden.
Der entzifferte Text wird in modernen griechischen Lettern
gesetzt und erscheint mit den Erklärungen des Herausgebers
in einer wissenschaftlichen Zeitschrift oder, mit einer entsprechenden Zahl weiterer Texte vereinigt, in einem eigenen
Band. (Eine Liste der Papyruseditionen ist am Ende dieses
Bandes eingefügt).
Der Publikation ist das Erscheinungsbild eines Papyrus nicht
mehr zu entnehmen. Um einen Text dennoch der Kritik zu-
gänglich zu machen, werden Papyri unter Einfügen von Zeichen ediert, die den Erhaltungsgrad der Schrift und Ergän-
zungen des Herausgebers kennzeichnen. Das allgemein übliche und auch hier grundsätzlich befolgte System diakriti-
scher Zeichen wurde auf dem 2. Papyrologenkongreß 1931
in Leiden (im Rahmen des 18. Internationalen Orientalisten-
kongresses) festgelegt:

| | |
|---|---|
| ạβγ̣: | unsichere Buchstaben; |
| ... oder –3– oder ± 3: | unentzifferbare Buchstaben, de- ren Zahl (ungefähr) abzuschät- zen ist; |
| [...] oder [–3–] oder [± 3]: | verlorene Buchstaben, deren Zahl (ungefähr) abzuschätzen ist; am Zeilenanfang und Zei- lenende wird die öffnende bzw. schließende Klammer häufig weggelassen; |
| [    ]: | Lücken, für die die Zahl der ver- lorenen Buchstaben auch nicht annähernd zu bestimmen ist (in diesem Band [–––]); |

| | |
|---|---|
| [αβγ]: | Ergänzung verlorener Buchstaben durch den Herausgeber; |
| ⟨αβγ⟩: | vom Schreiber versehentlich ausgelassene Buchstaben oder Worte; |
| (αβγ): | vom Herausgeber aufgelöste Abkürzung oder Symbol; |
| {αβγ}: | vom Herausgeber getilgte Buchstaben oder Worte; |
| ⟦αβγ⟧: | vom Schreiber getilgte Buchstaben oder Worte; |
| ʿαβγʾ: | vom Schreiber zwischen den Zeilen eingefügte Buchstaben oder Worte. |

## Übersichten zu Chronologie, Metrologie, Münzen und Zahlen

1. Das von den Griechen mitgebrachte makedonische Mondjahr von 354 Tagen und das althergebrachte ägyptische Sonnenjahr wurden zunächst nebeneinander benutzt, ehe letzteres sich gegen Ende des 3. Jahrh. v. Chr. durchsetzte, da es mit 365 Tagen mehr der Wirklichkeit entsprach. Die makedonischen Namen bezeichneten von da an ägyptische Monate, deren eigentlichen Namen sie häufig rein dekorativ beigefügt wurden. Die Abweichung um ¼ Tag bewirkte, daß sich weiterhin das Kalenderjahr gegenüber dem wahren Sonnenjahr verschob. Erst Augustus schuf einen fixen Kalender, indem er alle vier Jahre einen 6. Epagomenentag einzufügen bestimmte; den Neujahrstag legte er auf den 29. August = 1. Toth = 1. Dios. Die folgende Tabelle entspricht diesem Fixjahr:

| Ägypt. Name | Maked. Name | Namen zu Ehren röm. Kaiser | Zeitraum |
|---|---|---|---|
| Θώϑ | Δῖος | Σεβαστός, vorübergehend Γερμανικός | 29. Aug.–27. Sept. |
| Φαῶφι | Ἀπελλαῖος | | 28. Sept.–27. Okt. |
| Ἀϑύρ | Αὐδναῖος | Νέος Σεβαστός, vorübergehend Δομιτιανός | 28. Okt.–26. Nov. |
| Χοιάκ | Περίτιος | Νερώνειος (Σεβαστός), dann Ἀδριανός | 27. Nov.–26. Dez. |
| Τῦβι | Δύστρος | | 27. Dez.–25. Jan. |
| Μεχίρ | Ξανδικός | | 26. Jan.–24. Febr. |
| Φαμενώϑ | Ἀρτεμίσιος | | 25. Febr.–26. März |
| Φαρμοῦϑι | Δαίσιος | | 27. März–25. April |
| Παχών | Πάνεμος | Γερμανίκειος | 26. April–25. Mai |
| Παῦνι | Λώιος | Σωτήριος | 26. Mai–24. Juni |
| Ἐπίφ | Γορπιαῖος | | 25. Juni–24. Juli |
| Μεσορή | Ὑπερβερεταῖος | Καισάρειος | 25. Juli–23. Aug. |
| αἱ ἐπαγόμεναι | | | 24. Aug.–28. Aug. |

Datiert wurde vor allem nach dem Regierungsjahre der Könige bzw. Kaiser, seit dem 4. Jahrh. n. Chr. römischer Sitte gemäß auch nach dem Konsulatsjahr.

2. Da die Zahl der Untereinheiten trotz gleicher Bezeichnungen stark differierte, lassen sich nur die Namen der *Maße*, nicht aber allgemeine Umrechnungsfaktoren angeben.

a) Gewöhnliches Raummaß war die ἀρτάβη, die in (überwiegend 40) χοίνικες (0,98235 l.) zerfiel.

b) Flüssigkeitsmaße waren der μετρητής, auch κεράμιον genannt, und seine Unterteilungen χοῦς und κοτύλη.

c) Flächenmaß war die 100 × 100 ägyptische Ellen (πῆχυς; 0,525 m) messende ἄρουρα (2756 m²).

**3.** Die gebräuchlichste Münzeinheit auch noch der Römerzeit war die in 6 ὀβολοί zerfallende δραχμή; 100 Drachmen bildeten eine Mine, 60 Minen ein Talent.

**4.** Als Zahlen benützten die Griechen auch in Ägypten ihr um drei Zeichen (ς, Stigma = 6; q, Koppa = 90; ↗, Sampi = 900) erweitertes Alphabet:

| | | | | | |
|---|---|---|---|---|---|
| α = | 1 | ια = | 11 | ρ = | 100 |
| β = | 2 | κ = | 20 | σ = | 200 |
| γ = | 3 | λ = | 30 | τ = | 300 |
| δ = | 4 | μ = | 40 | υ = | 400 |
| ε = | 5 | ν = | 50 | φ = | 500 |
| ς = | 6 | ξ = | 60 | χ = | 600 |
| ζ = | 7 | ο = | 70 | ψ = | 700 |
| η = | 8 | π = | 80 | ω = | 800 |
| θ = | 9 | q = | 90 | ↗ = | 900 |
| ι = | 10 | | | A = | 1000 |

Ordinalzahlen erhalten in der Regel einen Strich als Kennzeichnung: $\overline{\text{ιβ}}$ = 12.

Brüche gibt es nur mit dem Zähler 1; ἡ = ὄγδοον = 1/8, $\overline{\text{Lδηιςλβξδ}}$ = 1/2 + 1/4 + 1/8 + 1/16 + 1/32 + 1/64 = 63/64. Das Beispiel zeigt schon, daß für einige Brüche besondere Zeichen verwendet werden, so ferner für 2/3 und 1/2 + 1/3.

# LITERATUR UND ABKÜRZUNGSVERZEICHNIS

## 1. Literatur

Nachstehend werden nur einführende Literatur und Hilfsmittel angeführt, die Zitierform ist gesperrt. Für die bei den Texten angegebene Literatur stehen die bibliographischen Angaben beim ersten Zitat, hierauf wird dann jeweils verwiesen. Zitiert wird stets der vollständige Titel (einschließlich Untertitel), um ein möglichst anschauliches Bild vom Inhalt zu geben.

*Berg,* Wilhelm: Historische Karte des alten Ägypten, St. Augustin 1973

*Calderini,* Aristide: Dizionario dei nomi geografici e topografici dell'Egitto Greco-Romano, Cairo–Madrid–Milano 1935 ff.

*David,* Martin – *van Groningen,* B.A.: Papyrological Primer, 4. Aufl. Leyden 1965

*Foraboschi,* Daniele: Onomasticon alterum papyrologicum. Supplemento al Namenbuch di F. Preisigke, Milano, Varese 1967 ff.

*Frisk,* Hjalmar: Griechisches Etymologisches Wörterbuch, Heidelberg 1960 ff.

*Lewis,* Naphtali: Papyrus in Classical Antiquity, Oxford 1974

*Mandilaras,* Basil G.: The Verb in the Greek Non-Literary Papyri, Athens 1973

*Mayser,* Edwin: Grammatik der griechischen Papyri aus der Ptolemäerzeit mit Einschluß der gleichzeitigen Ostraka und der in Ägypten verfaßten Inschriften. 2 Bde. in 6 Tln., Leipzig 1906 ff., Nd. Berlin 1970

*Meyer,* Paul M.: Juristische Papyri. Erklärung von Urkunden zur Einführung in die juristische Papyruskunde, Berlin 1920

*Mitteis,* Ludwig – *Wilcken,* Ulrich: Grundzüge und Chrestomathie der Papyruskunde,

Erster Band: Historischer Teil
  Erste Hälfte: Grundzüge
  Zweite Hälfte: Chrestomathie (W. Chr.)
Zweiter Band: Juristischer Teil
  Erste Hälfte: Grundzüge
  Zweite Hälfte: Chrestomathie (M. Chr.)
Leipzig–Berlin 1912, Nd. Hildesheim 1963

*Montevecchi,* Orsolina: La papirologia, Torino 1973

*Pack,* Roger A.: The Greek and Latin Literary Texts from
Greco-Roman Egypt. Second Revised and Enlarged Edition *(Pack²),* Ann Arbor 1967

*Peremans,* W. – *Vergote,* J.: Papyrologisch Handboek, Leu-
ven 1942

*Preisendanz,* Karl: Papyrusfunde und Papyrusforschung,
Leipzig, 1933

*Preisigke,* Friedrich, *Bilabel, F., David, M., van Groningen,*
B.A., *Kießling, E., Boswinkel, E., Pestman, P.W., Rupprecht,* H.-A.: Berichtigungsliste der griechischen Papyrusurkunden aus Ägypten *(BL),* Band I–VI, Berlin–Leipzig–
Heidelberg–Leyden 1922 ff.

*Preisigke,* Friedrich: Fachwörter des öffentlichen Verwaltungsdienstes Ägyptens in den griechischen Papyrusurkunden der ptolemäisch-römischen Zeit, Göttingen 1915,
Nd. Hildesheim u.a. 1976

*Preisigke,* Friedrich: Namenbuch, enthaltend alle griechischen, lateinischen, ägyptischen, hebräischen, arabischen
und sonstigen semitischen und nichtsemitischen Men-
schennamen, soweit sie in griechischen Urkunden (Papyri,
Ostraka, Mumienschilder usw.) Ägyptens sich vorfinden,
Heidelberg 1922, Nd. Amsterdam 1967

*Preisigke,* Friedrich – *Kießling,* Emil: Wörterbuch der griechischen Papyrusurkunden mit Einschluß der griechischen
Inschriften, Aufschriften, Ostraka, Mumienschilder usw.
aus Ägypten, Heidelberg 1922 ff.

*Samuel,* Alan, E.: Ptolemic Chronology, München 1962

*Skeat,* Theodore, C.: The Reigns of the Polemies, München,
2. Aufl. 1969

*Schubart,* Wilhelm: Griechische Palaeographie, München 1925, Nd. 1966
*Schubart,* Wilhelm: Einführung in die Papyruskunde, Berlin 1918
*Turner,* E.G.: Greek Papyri. An Introduction, Princeton (N. J.) 1968

## 2. Lexika und Zeitschriften

Die Abkürzungen entsprechen grundsätzlich den in L'année philologique, Paris, benützten.

Aegyptus: Aegyptus. Rivista italiana di egitologia e di papirologia, Milano
AJPh: American Journal of Philology, Baltimore
APF: Archiv für Papyrusforschung und verwandte Gebiete, Leipzig
ASAE: Annales du Service des antiquités d'Égypte, Le Caire
BICS: Bulletin of the Institute of Classical Studies of the University of London, London
BIFAO: Bulletin de l'Institut français d'archéologie orientale, Le Caire
CE: Chronique d'Égypte, Bruxelles
CPh: Classical Philology, Chicago
Eirene: Eirene. Studia Graeca et Latina, Praka
EPap: Études de Papyrologie, Le Caire
GRBS: Greek, Roman and Byzantine Studies, Durham (N. C.)
HSPh: Harvard Studies in Classical Philology, Cambridge (Mass.)
JHS: Journal of Hellenic Studies, London
JJP: The Journal of Juristic Papyrology, Warsaw
Klio: Klio. Beiträge zur Alten Geschichte, Berlin
LAW: Lexikon der Alten Welt, Zürich und Stuttgart 1965

| Mizraim: | Mizraim. Journal of Papyrology, Egyptology, History of Ancient Laws, and their Relations to the Civilizations of Bible Lands, New York |
| --- | --- |
| Pauly: | Der kleine Pauly. Lexikon der Antike, Stuttgart 1964 ff. |
| PAPhS: | Proceedings of the American Philosophical Society, Philadelphia |
| PP: | La Parola del Passato. Rivista di studi antichi, Napoli |
| RAC: | Reallexikon für Antike und Christentum, Stuttgart 1950 ff. |
| RE: | Paulys Real-Encyclopädie der classischen Altertumswissenschaften, Stuttgart 1893 ff. |
| RIDA: | Revue Internationale des Droits de l'Antiquité, Bruxelles |
| TAPhA: | Transactions and Proceedings of the American Philological Association, Cleveland (Ohio) |
| TG: | Tijdschrift voor Geschiedenis, Groningen |
| TR: | Tijdschrift voor Rechtsgeschiedenis/Revue d'histoire du droit, Groningen, Bruxelles, La Haye |
| Traditio: | Traditio. Studies in Ancient and Medieval History, Thought and Religion, New York |
| YClS: | Yale Classical Studies, New Haven |
| ZPE: | Zeitschrift für Papyrologie und Epigraphik, Bonn |
| ZRG: | Zeitschrift der Savigny-Stiftung für Rechtsgeschichte (Romanistische Abteilung), Weimar |

## 3. Sonstiges

| Ed. pr. | Editio princeps, Erstausgabe |
| --- | --- |
| lit. | litera, wörtlich |
| Rez. | Rezension, Besprechung |
| sc. | scilicet, ergänze |
| s. v. | sub voce, Stichwort |

Die übrigen Abkürzungen sind im Deutschen allgemein gebräuchlich und werden daher hier nicht aufgelöst.

# URKUNDENÜBERSICHT

## VI  Wirtschaft und Erwerbsleben

## VII  Militärwesen

Soweit nicht anders vermerkt, sind die Texte nach der angegebenen Edition abgedruckt. Sind Berichtigungsvorschläge
aus der Berichtigungsliste übernommen worden, so ist dies
durch den Hinweis „mit BL ..." neben der Papyrusbezeich-
nung gekennzeichnet; ein Stern (*) an dieser Stelle gibt an,
daß zum Text Ergänzungs- oder Berichtigungsvorschläge
vom Herausgeber dieses Bandes gemacht worden sind, die
demnächst in einem in der ZPE erscheinenden Aufsatz begründet werden sollen.

# I ZUM BEWÄSSERUNGSWESEN

## 1

### Bitte um Arbeitshilfe bei der Instandhaltung der Bewässerungsanlagen

BGU II 530 (mit BL I)      Arsinoites 1. Jahrh. n. Chr.

1 Ἑρμοκράτη[ς Χαιρᾷ]
τῷ υἱῶι [χαίρειν].
Πρ[ὸ] τῶ[ν ὅλων ἐρρῶσθαί]
[σ]ε εὔχο[μαι........]
5 [δ]έομέ σε ε[.......]
[γ]ράφειν π[ερὶ] τῆς
ὑγίας σου καὶ [ὅ]τι βούλι,
καὶ ἄλλοτέ σοι ἔγραψα
περὶ τῆς Ταψύα καὶ οὔ-
10 τε ἀντέγραψας οὔτε
ἦλθας, καὶ νῦν, αἰὰν
μὴ ἔλθῃς, κινδινεύ-
ω ἐκστῆναι οὗ ἔχω
πόρου. Ὁ κοινωνὸς ἡ-
15 μῶν οὐ συνηργάσα-
το, ἀλλ' οὐδὲ μὴν τὸ
ὕδρευμα ἀνεψήσθη,
ἄλλως τε καὶ ὁ ὑδρα-
γωγὸς συνεχώσθη ὑ-
20 πὸ τῆς ἄμμου καὶ τὸ
κτῆμα ἀγεώργητόν
ἐστιν. Οὐδεὶς τῶν γεωρ-
γῶν ἠθέλησεν γεωρ-

γεῖν αὐτό, μόνον δια-
25 γράφω τὰ δημόσια
μηδὲν συνκομιζόμε-
νος. Μόλις γὰρ μίαν πρα-
σεὰν ποτίζι τὸ ὕδωρ,
ὅθεν ἀνανκαίως ἐλ-
30 θέ, ἐπὶ κινδυνεύει
τὰ φυτὰ διαφωνῆσαι.
Ἀσπάζεταί σε ἡ ἀδελ-
φή σου Ἑλένη καὶ ἡ μή-
τηρ σου μέμφεταί σε,
35 ἐπὶ μὴ ἀντέγραψας αὐ-
τῇ. Ἄλλως τε καὶ ἀπαι-
τῖται ὑπὸ τῶν πρακτό-
ρων ἱκανόν, ὅτι οὐκ ἔ-
πεμψας πρὸς σὲ τοὺς πρά-
40 κτορες, ἀλλὰ καὶ νῦν πέμψον αὐτῇ. Ἐρρῶσθαί σε εὔ-
χ[ομ]αι. Παοῖνι 9.
Verso:
Ἀ[πόδ]ο-
ς ἀπὸ Ἑρμοκράτους × Χαι-
ρᾷ υἱῶι.

5 [δέ]ομέ l. δέομαί    6 ε[ Ed. pr. – Olsson, Papyrusbriefe Nr. 69,
l. ἐ[    7 βούλι l. βούλει    9 Ταψύα l. Ταψοίας Olsson, aaO., statt
τ[..]ψύα Ed. pr. und τα Ψύα BL I.    11 αἰὰν l. ἐὰν    14 πόρου
Olsson, aaO., statt [και]ροῦ Ed. pr. und .ορου BL I    28 πρασεὰν
l. πρασιάν; ποτίζι l. ποτίζει    30, 35 ἐπὶ l. ἐπεὶ    36 ἀπαι-|τῖται
l. ἀπαιτεῖται    38 ἱκανόν für ἱκανῶς    40 πρά-|κτορες l. πράκτορας

Hermokrates seinem Sohn Chairas Gruß. Vor allem wünsche ich, daß es Dir gut gehe ... ich bitte Dich ... mir über Deine Gesundheit und was Du möchtest zu schreiben. Auch habe ich Dir früher schon über Tapsoia geschrieben und weder hast Du geantwortet noch bist Du gekommen und jetzt, wenn Du nicht kommst, laufe ich Gefahr, den Besitz, den ich habe, aufgeben zu müssen. Mein (lit.: Unser) Teilhaber hat nicht mitgearbeitet, vielmehr ist nicht einmal die Zisterne vom Schlamm gereinigt worden und außerdem ist sowohl die Wasserleitung vom Wüstensand verschüttet als auch der Grundbesitz unbebaut. Keiner der Ackerpächter wollte ihn bewirtschaften, allein ich zahle die öffentlichen Abgaben ohne etwas zu bekommen. Das Wasser genügt kaum zur Bewässerung eines Ackerbeetes, deshalb komme unbedingt, da die Pflanzen in Gefahr sind einzugehen. Deine Schwester Helene grüßt und Deine Mutter tadelt Dich, weil Du ihr nicht geantwortet hast. Außerdem wird sie mehr als genug von den Steuereinnehmern bedrängt, weil Du die Steuereinnehmer nicht zu Dir kommen hast lassen, aber schicke sie ihr auch jetzt. Ich wünsche Dir Wohlergehen. 9. Payni. (Verso) Abzugeben von Hermokrates seinem Sohn Chairas.

Zwar ist Ägypten „ein Geschenk des Flusses" Nil (Herodot 2, 5, 1), doch ist es mit der bewässernden und düngenden Nilüberschwemmung nicht getan: sie auszunutzen bedarf es sorgfältiger Vorbereitungen und gründlicher Nacharbeiten, und gerade die mit ihrer Ausnutzung gestellten Gemeinschaftsaufgaben haben den Anstoß zur staatlichen und kulturellen Entwicklung im Niltale gegeben. Aus der Sicht des kleinen Mannes beleuchtet der Brief des Hermokrates an seinen Sohn Chairas diese Gegebenheiten. Hermokrates hat schon längere Zeit nichts von seinem Sohn gehört und mag sich deswegen dessen Heimkehr oder wenigstens eine Nachricht ersehnen. Doch jetzt hofft er offenbar vor allem auf die Hilfe seines Sohnes, dem er seine ernste Lage eindringlich schildert: der Brief ist Anfang Juni geschrieben, ab Mitte des Monats ist mit der Nilüberschwemmung zu rechnen und die Bewässerungsanlagen sind in schlechtem Zustand, was die Pächter abgeschreckt hat. Zudem hat ein „Teilhaber" nicht mitgearbeitet; da Hermokrates anscheinend Landeigentümer ist, dürfte dieser κοινωνός ein Pächter sein: mitunter bilden Verpächter und Pächter eine Gesellschaft, indem sie die Bewirtschaftung nach bestimmten Teilen durchführen und den Ertrag entsprechend ihrem Arbeitsanteil verteilen (s. z.B. BGU VI 1266). Hermokrates hat daher Einnahmeausfälle zu befürchten. Die Steuer aber richtet sich nicht nach dem Einkommen, sondern nach der bewässerten Bodenfläche und diese wird abstrakt nach der Höhe der Nilflut und ohne Rücksicht auf Mängel in den Bewässerungsanlagen errechnet [s.u. Nr. 5]. Hermokrates muß daher sein Gut instandsetzen, um die Steuer zu erwirtschaften, will er sich nicht auf die Flucht vor der staatlichen Vollstreckung machen, die sein Sohn vielleicht bereits scheuen muß: Die Z. 37 ff. genannten Praktoren sind eine verändert aus dem griechischen Mutterland überkommene Einrichtung. Zur Ptolemäerzeit Staatsbeamte, die in zivilen Streitigkeiten und in Fiskalangelegenheiten die Vollstreckung durchführen, werden sie im römischen Ägypten zu Steuererhebern, einem einjährigen liturgischen [s.u. Nr. 33] Amt, in dem sie in ihrem Amtsbereich einzeln bestimmte Steuerarten einzuziehen haben. Was hier vorgegangen ist, läßt sich den verworrenen Angaben in Z. 36 ff. aber nicht recht entnehmen. Formal ist unser anhand der Schrift ins 1. Jahrh. n. Chr. zu datierender Text das typische Beispiel eines Alltagsbriefes. Die Grußformel am Anfang, meist in der Form ὁ δεῖνα τῷ δεῖνι χαίρειν, ist nicht ursprünglich; es fehlt das χαίρειν regierende *verbum finitum*. Wahrscheinlich knüpft die Wendung an die Einleitung der mündlichen Botschaft ὁ δεῖνα τῷ δεῖνι τάδε λέγει· χαῖρε an. Brieflich wird χαίρειν abhängig von λέγει konstruiert und letzteres später weggelassen, da es mit dem übrigen, in der ersten Person berichtenden Brief nicht übereinstimmt. Die Abschiedsphrase ἐρρῶσθαί σε εὔχομαι kommt Ende des 1. Jahrh. n. Chr. auf und verdrängt weitgehend die ältere Formel ἔρρωσο. Auf dem Verso sind Absender und Empfänger vermerkt; eine Ortsangabe fehlt, da der Brief durch einen der Adresse kundigen Boten überbracht worden sein wird.

*Lit.*: Zur Bodensteuer s. D. Bonneau, Le Fisc et le Nil, Incidences des irrégularetés de la crue du Nil sur la fiscalité dans l'Egypte grecque et romaine, Paris 1971; zu den Praktoren s. F. Oertel, Liturgie. Studien zur ptolomäischen und kaiserlichen Verwaltung Ägyptens,

Leipzig 1917, Nd. Aalen 1965, S. 195 ff., H. Schaefer, RE XXII 2 Sp.
2538 ff. s. v. Πράκτωρ; zum griechischen Briefstil s. H. Koskenniemi,
Studien zur Idee und Phraseologie des griechischen Briefes bis
400 n. Chr., Helsinki 1956, B. Olsson, Papyrusbriefe aus der frühesten Römerzeit, Uppsala 1925, S. 1 ff.

## 2

### Eingabe um Steuernachlaß

BGU VIII 1843 (mit BL IV)     Hermopolites. 50/49 v. Chr

   Σωτέλει συγγενεῖ [καὶ σ]τρατηγῶι καὶ ἐπὶ τῷ[ν]
   προσόδων
      παρὰ τῶν ἐκ κώμης Τιντήρεως
      βασιλικῶν γεωργῶν καὶ τῶν ἄλλων.
5   Διὰ τὴν γεγονυεῖαν ἐν τῇ κώμῃ
      ἀβροχίαν ἐν τῶι ἐνεστῶτι γ (ἔτει)
      συνέβη πάντας τοὺς κατοικοῦντα[ς]
      ἐν τῇ κώμῃ ξένους ἀνακεχωρή-
      κασι εἰς τὰς ἑαυτῶν κώμας καὶ ἐκεῖ
10   ἑτοίμως ἐχόντων τὸν στατηρισμὸν
      δι[ο]ρθώσασθαι ὡς καὶ κεχειραγωγη-
      κότας ἐν τοῖς κατὰ τὸ γενεσιακόν.
      ᾿Αξιοῦμεν, σεμνότατε στρατηγέ,
      ἀσθενέστεροι ὑπάρχοντες καὶ ⟨εἰς⟩ ὀλίους
15   παντελῶς κατηντηκότας καὶ ταῦτα
      ἀπό παγώλων τὰ βασιλικά το ιϛ[...]

   Hier bricht der Papyrus ab

10 στατηρισμὸν C. Préaux, aaO. S. 403, statt στατηρίσκον Ed. pr.
14 ὀλίους = ὀλίγους

An Soteles, den Hochwohlgeborenen, Strategen und für die
Staatseinkünfte Zuständigen von den königlichen Bauern
aus dem Dorf Tinteris und von den anderen. Wegen des im
Dorf eingetretenen Mangels an Bewässerung (durch den Nil)

im laufenden dritten Jahr geschah es, daß alle im Dorf wohnenden Fremden in ihre eigenen Dörfer entwichen und bereit sind, den Staterismos dort zu zahlen, wie sie es auch bei
der Umlage zum Geburtstag des Königs gehandhabt haben.
Wir ersuchen Dich, ehrwürdigster Stratege, wir die wir uns
wirtschaftlich schwächer befinden, da wir sowohl ganz und
gar auf wenige zusammengeschrumpft sind als auch diese
Steuern von.....

Diese Eingabe entstammt ausgesonderten und zu Mumienkartonnage verarbeiteten Akten des Strategen-Büros in
Herakleopolis; sie zeigt anschaulich, wie sehr das Land der
regelmäßigen Bewässerung bedarf und welche verheerenden
Folgen deren Ausfall hat. Die unzulängliche Nilschwelle des
Jahres 50 hat den Bewohnern von Tinteris doppelte Sorge
gebracht: nicht nur die unmittelbaren Folgen der Dürre sind
zu bewältigen, als weitere Folge sind vielmehr die auswär-
tigen Arbeiter (ξένοι) nach Hause gekehrt und haben den
zurückbleibenden Einwohnern die Bürde des für eine weit
größere Kopfzahl veranschlagten στατηρισμός, einer nicht
weiter bekannten Steuer, hinterlassen. Das Gesuch zeigt, wie
der für alle Schwächezeiten Ägyptens typische, verhängnis-
volle Kreislauf des Niedergangs anhebt: eine Bevölkerungsgruppe entzieht sich den ihr ungünstigen Verhältnissen (Unruhen, Raubüberfälle, Mißernten, vor allem aber übermä-
ßige fiskalische Ansprüche). Regelmäßig ist dies eine rechts-
widrige Flucht (ἀναχώρησις), ob auch hier, ist fraglich: um
örtlichen Bevölkerungsschwund auszugleichen, hat die ptolemäische Verwaltung zu dieser Zeit gelegentlich Militärsiedler abkommandiert, doch können die ξένοι von Tinteris sehr
wohl freiwillig in diesem Ort gearbeitet und sich nun mangels Arbeit entfernt haben. In jedem Falle erhöhen sich die
Lasten der Verbleibenden, die – aus rechtlich noch zu unter-
suchenden Gründen – dem Staat für die veranschlagte
Steuerquote gemeinsam haften und nunmehr ihrerseits flüch-
ten. Dies führt häufig zur Entvölkerung ganzer Dörfer. Einen
Ausweg suchen die Dorfbewohner von Tinteris, als deren
Wortführer die „Königsbauern" (βασιλικοὶ γεωργοί), die
Pächter von Kronland (βασιλικὴ γῆ), auftreten. Sie wenden
sich an den Strategen, den Chef der Gauverwaltung [s.u.

Nr. 11], der hier zusätzlich das Amt des ἐπὶ τῶν προσόδων innehat und damit für das Finanzwesen zuständig ist, und begehren in dem nicht erhaltenen Teil ihrer Eingabe offensichtlich eine Minderung der Steuerlast.

*Lit.:* Zur Steuerveranlagung s. D. Bonneau, Le Fisc [o. bei Nr. 1];
zeitliche Übersicht über die Qualität der Nilschwellen 261 v Chr. –
299 n. Chr. aaO. S. 221 ff.; zur ἀναχώρησις s. H. Braunert, Die
Binnenwanderung. Studien zur Sozialgeschichte Ägyptens in der
Ptolemäer- und Kaiserzeit, Bonn, 1964, S. 91 ff. zu den hier maßgebenden Verhältnissen; W. Schmidt, Der Einfluß der Anachoresis im Rechtsleben Ägyptens zur Ptolemäerzeit, jur. Diss. Köln
1966; zur solidarischen Haftung für Fiskalschulden s. C. Préaux,
L'économie royale des Lagides, Bruxelles 1939, S. 509 ff.; W.
Schmidt, aaO. S. 102 ff.; zu den βασιλικοὶ γεωργοί s. U. Wilcken,
Grundzüge S. 274 ff.

# 3

## Anmahnung rückständiger Löhne für Dammwächter

PSI IV 421                    Philadelphia. 2. Hälfte 3. Jahrh. v. Chr.

Ζήνωνι οἱ χωματοφύλακες χαίρειν.
Γείνωσκε ἡμᾶς διμήνου ὀψώνιον οὐκ ἔχοντας· οὐδὲ σειτομετρία[ν],
ἀλλὰ μηνὸς ἡνός. Καλῶς ἂν οὖν
5 ποιήσαις δοὺς ἡμεῖν, ἵνα μὴ κεινδυνεύ-
ωμεν ὦδέ σε θεραπεύοντες. Ἔ τε
διῶρυξ πλήρης ἐστίν. Ὥστε εἰ
μὲν διδοῖς ἡμεῖν· εἰ δὲ μή, ἀπο-
δραμούμεθα· οὐ γὰρ ἰσχύομεν.
10                              Ἔρρωσο.

3 σειτομετρίαν l. σιτομετρίαν    4 ἡνός l. ἑνός    5 κεινδυνεύ-|ωμεν
l. κινδυνεύωμεν    6 Ἔ l. Ἦ

Dem Zenon die Dammwächter Gruß. Wisse, daß wir den
Lohn für zwei Monate nicht erhalten haben, auch nicht die

Kornzuteilung, aber (die nur) für einen Monat. Du tätest nun gut daran, uns zu bezahlen, damit wir uns keiner Gefahr aussetzen, indem wir Dir auf diese Weise Dienst leisten. Auch ist der Kanal voll. Daher: wenn Du uns bezahlst, (gut); wenn aber nicht, werden wir weglaufen; es geht uns nämlich nicht gut. Gehab Dich wohl.

Die Dammwächter, die sich hier an den Verwalter ihres Dienstherrn wenden, sind für das Erhalten und ordnungsgemäße Füllen der Kanäle zuständig; trotz ihrer untergeordneten Stellung sind sie sich ihrer Bedeutung bewußt, hängt doch von ihrer Sorgfalt das Ernteergebnis nicht unwesentlich ab. Ihre Lohnforderung tragen sie unverblümt vor, weisen darauf hin, daß es sich mit leerem Magen schlecht arbeiten läßt, und drohen, im entscheidenden Augenblick, wenn der Kanal gefüllt ist und die Bewässerung beginnen soll, wegzulaufen. Der Brief gehört zum sogenannten Zenon-Archiv, das Landleute an der Stätte des antiken Philadelphia gefunden und in den Handel gebracht haben; es ist heute über die Papyrussammlungen der Welt verteilt. Von einem Archiv pflegt man in der Papyrologie zu sprechen, wenn aus dem Besitz einer Person oder einer Familie mehrere Papyri überliefert sind; auseinandergerissene Texte bemüht sich die Archivforschung wieder zusammenzuführen. Archive sind als Quellen besonders wertvoll, da sie in losem Zusammenhang breiteren Einblick in den geschäftlichen und privaten Alltag des einstigen Besitzers gestatten als zufällig erhaltene Einzelstücke. In außergewöhnlichem Maße gilt dies für das über 1000 Papyri umfassende Zenon-Archiv, aus dem uns in diesem Band noch mehrere Texte begegnen werden. Dieses Archiv erhellt die sonst gering belegte frühptolemäische Epoche. Es ist die Zeit der größten Machtentfaltung des ptolemäischen Staates; den außenpolitischen und militärischen Anstrengungen, in der Ägäis eine führende Rolle zu spielen, entsprechen im Innern wirtschaftspolitische Maßnahmen, die Staatseinkünfte zur Finanzierung zu sichern und zu fördern. Leiter des Finanzresorts (διοικητής) und damit Inhaber eines in dem absoluten und auf den Zufluß der Geldmittel eminent angewiesenen Staat außerordentlich wichtigen Postens ist unter Ptolemaios II. Philadelphos (284–246) seit etwa 262 Apollonios. Wir wissen nicht allzuviel über ihn

– Herkunft, Familienstand und selbst sein Ende sind unbekannt. Die Papyri lassen aber erkennen, daß er neben seinem
sorgfältig wahrgenommenen Amte ausgedehnte eigene wirtschaftliche Interessen hat und diese wahrnimmt; im Mittelpunkt steht das vom König empfangene Lehensland (δωρεά),
welches allerdings wie die üblichen Militärlehen [s. u. Nr. 13]
erst kultiviert werden muß. Hauptbesitz ist die 10000 Aruren
(= 2756 ha) umfassende δωρεά um Philadelphia, ein weiteres
Gut liegt um Memphis und für ein drittes, in Palästina ge-
legenes sprechen Hinweise. In den Dienst dieses mächtigen
Mannes tritt gegen 260 v. Chr. ein junger Kaunier, Zenon,
Sohn des Agreophon. Einige Zeit reist er im Interesse des
Apollonios nach Palästina, Syrien und in die kleinasiatischen Besitzungen, ab 258 in Ägypten selbst, um Handel zu
treiben und untergeordnete Angestellte zu überwachen;
nebenher kann er auch einige Geschäfte für sich tätigen. Von
Anfang an hat er offenbar einen hohen Vertrauensposten in
des Apollonios „Management", reist ab 258 an dessen Seite
durch Ägypten und wird Anfang 256 Verwalter der δωρεά bei
Philadelphia mit Zuständigkeit auch für die zweite bei Memphis. Nebenbei hat er sich um den Bau der bereits gegründeten Stadt Philadelphia zu kümmern, nimmt gewisse öffentliche Aufgaben wahr (freilich wohl kaum kraft eines Amtes,
sondern wegen seiner praktischen Macht und Verantwortung) und tätigt außerdem – getreu dem Beispiel seines Arbeitgebers – Geschäfte aller Art zu eigenem Nutzen. Diese
sichern ihm eigenen Reichtum, so daß er keineswegs mittel-
los ist, als Apollonios bald nach dem Regierungsantritt
Ptolemaios III. Euergetes I. (246–221) sein Amt und seine Lehen verliert und damit auch Zenon seinen Verwalterposten.
Seine Übung, offenbar jedes in seine Hand gelangte Papyrusblatt aufzubewahren, gestattet Zenons Tätigkeit bis ins 8. Regierungsjahr des Euergetes zu verfolgen; dann kommt er
von dieser Gewohnheit ab oder die Texte sind verloren. Sein
Ende und weitgehend seine Privatsphäre bleiben trotz seiner
vielen Spuren im dunkeln. [s. u. Nr. 36, 41, 55, 92, 98, 103,
104, 105, 109, 117, 118, 122, 129, 131, 155]

*Lit.:* zur Anachoresis s. o. bei Nr. 2; zu den Archiven s. E. Seidl,
Ptolemäische Rechtsgeschichte, Glückstadt–Hamburg–New York,
2. Aufl. 1962, S. 13 ff.; kurze Übersicht über die Aktivitäten Zenons s. C. C. Edgar, Introduction zu P. Mich. Zen. S. 1 ff. S. ferner
H. Braunert, Binnenwanderung [o. bei Nr. 2] S. 29 ff.; C. Préaux,

Les grecs en Égypte d'après les archives de Zenon, Brüssel 1947;
C. Préaux, L'économie [o. bei Nr. 2]; M. Rostovtzeff, A Large
Estate in Egypt in the Third Century B.C., Madison 1922, Nd.
Roma 1967; R. Seider, Beiträge zur ptolemäischen Verwaltungs-
geschichte, Heidelberg 1938, S. 43 ff.; A. Świderek, La societé in-
digène en Égypte au III^e siécle avant notre ère d'après les archives
de Zenon, JJP 7–8, 1953/4, S. 231 ff.; A. Świderek, La société
grecque en Égypte au III^e siècle av. n. è. d'après les archives de
Zenon, JJP 9–10, 1955/6, S. 365 ff.; A.Świderek, Zenon fils d'Agreophon de Caunos et sa famille, Eos 48 (2), 1956, S. 133 ff.; E.
Wipszycka, The dôrea of Apollonios the Dioiketes in the Mem-
phite Nome, Klio 39, 1961, S. 153 ff. Editionen (ohne verstreut ver-
öffentlichte Texte): P. Cair. Zen. I–V; P. Col. Zen. I–II; P. Lond.
VII; P. Mich. Zen.; PSI IV 321–432; V 482–548; VI 551–682.

## 4

## Bescheinigung über abgeleistete Dammfron

SB VIII 9924 (mit BL VI)                    Karanis. 114/5 n. Chr.

῎Ετους ὀκτωκαιδεκάτου Αὐτοκράτορο(ς) Καίσ[αρ]ο(ς)
Νέρουα Τραιανοῦ ᾿Αρίστο(υ) Σεβαστοῦ Γερμανι(κοῦ) Δακικοῦ
εἴργ(ασται) ἐφ᾿ ἡ(μέρας) πέντε ὑπὲρ χωματικ(ῶν)
ἔργων τοῦ αὐ(τοῦ) ιη (ἔτους) κώμης Καρανίδ(ος)
5 ἐν ὀρινῇ Πατσώ(ντεως) καὶ ᾿Απιδ(   )
   (2. Hd.) ᾿Αγχορίμ(φις) ᾿Ιεμούθο(υ) το(ῦ) Πετεῶ(τος)
         [(μητρὸς)] Σοήρεω(ς).
   (3. Hd.) Κράτων σεση(μείωμαι).

5 Απιδ(   ) erg. viell. ᾿Απί⟨α⟩δ(ος) (BL VI)

Im 18. Jahr des Imperator Caesar Nerva Traianus Optimus
Augustus Germanicus Dacicus hat fünf Tage lang für die
Dammarbeiten des Dorfes Karanis in diesem 18. Jahr am
Wüstenrandkanal des Patsontis und Apias (?) Dienst gelei-
stet: (2. Hd.) Anchorimphis, Sohn des Iemuthes, des Peteos
Sohn, seine Mutter ist Soeris. (3. Hd.) Kraton, ich habe (es)
bescheinigt.

Dem Anchorimphis wird bescheinigt, er habe seiner alljährlichen fünftägigen Dammfron genügt. Die Bescheinigung ist offensichtlich vorgefertigt (1. Hd.); der Name des Fronpflichtigen (2. Hd.) und die Unterschrift des Kontrollbeamten (3. Hd.) sind dann bei der Ausgabe hinzugefügt worden. Die fünftägige Dammfron (πενϑήμερος) haben die Römer im Arsinoites-Gau eingeführt. Im 3. Jahrh. verschwindet sie wieder; in dieser Zeit beginnt allgemein ein Verfall des Bewässerungssystems. Die Fronpflichtigen haben die Vegetation auf den Dämmen niederzuschneiden, die Kanäle von Schlamm und Pflanzen zu reinigen, Erdarbeiten an den Dämmen zu verrichten und die Dämme zu überwachen. Die Unterhaltung der staatlichen Dämme und Kanäle geschieht in aller Interesse und obliegt grundsätzlich allen. Mit Ausnahme jenes Zeitraums, während dessen im Arsinoites die πενϑήμερος zu leisten ist, obliegt einschließlich dieses Gaus im ganzen Land den einfachen Ägyptern eine nach einem Raummaß, ναύβιον, bezeichnete Fron, die sich nach dem Landbesitz des Fronpflichtigen bemißt und in den verschiedensten Arbeiten am Kanalnetz besteht. Die privilegierten Klassen – vornehmlich die Griechen, die römischen Siedler und die Priester – sind von persönlicher Fron frei und haben durch Abgaben zur Unterhaltung der staatlichen Dämme und Kanäle beizusteuern. Unberührt von diesen Verpflichtungen bleiben natürlich die Bewässerungsarbeiten auf eigenem oder gepachtetem Grundbesitz.

*Lit.:* P. J. Sijpesteijn, Penthemeros-Certificates in Graeco-Roman Egypt (P. Lug. Bat. XII), Leiden 1964; zur Frage, ob πενϑήμερος und ναύβιον sachlich gleichbedeutend sind, s. zuletzt A. K. Bowman, Einl. zu P. Coll. Youtie I 21.

5

## Deklaration nicht überschwemmten Landes

P.Mich. VI 369                                    Karanis. 171 n. Chr.

Κωμογρα(μματεῖ) κώμης Β[ακ]χιάδος
παρὰ Διογένους Λιμναίου
ἀπὸ κώμης Καραγίδος.
Κατὰ τὰ κελευσϑέντα ἀπογράφο-

5 μαι τὰ[ς] ὑπαρχούσας μοι
περὶ κώμην Βακχιάδα
κλήρου κατοικικοῦ (ἀρούρας) ιδ (ἥμισυ)
γενηματογραφουμένας ἐπ᾽ ὀ-
νόματος Πεθέως ᾽Ατρεί[ου] καὶ

10 [σ]ωματιζομένας εἰ[ς]
.[..]ν..αγ...υ ἡββρο-
χηκύης π[ρὸς τ]ὸ ἐνεστὸς
ια (ἔτος) Αὐρηλ(ίου) [᾽Αν]τωνεί[νου].
Διογένη[ς] ἐπιδέδωκα.
spatium

15 (῎Ετους) ια Αὐρηλίου ᾽Αντωνείνου
Καίσαρος τοῦ κυρίου ᾽Αρμηνιακοῦ
Μηδικοῦ Παρθ[ι]κοῦ μεγ(ίστου).

11 ἡββρο-Ιχηκύης für ἡββροχηκυίας

Dem Dorfschreiber des Dorfes Bakchias von Diogenes, Sohn des Limnaios, aus dem Ort Karanis. Gemäß den Erlassen vermelde ich die mir um den Ort Bakchias gehörenden 14½ Aruren Kleruchenlandes, deren Erträgnisse (wegen rückständiger Abgaben) auf den Namen des Petheus, Sohn des Hatres, beschlagnahmt und zur Besteuerung für ... registriert sind, als unbewässert für das gegenwärtige 11. Jahr des Aurelius Antoninus. Ich, Diogenes, habe (die Erklärung) eingereicht. Im 11. Jahre des Aurelius Antoninus Caesar, des Herrn, Armeniacus Medicus Parthicus Maximus.

Die besondere Aufmerksamkeit des Staates gilt in Ägypten, wie die Quellen immer wieder zeigen, seinen Einnahmen. Um das Einkommen aus der Bodensteuer im voraus abzuschätzen, beobachtet man nach einem bereits in der Pharaonenzeit ausgeübten System den Verlauf der jährlichen Nilflut mit Hilfe von entlang des Niles verteilten Pegeln; aus Erfahrungswerten ergibt sich daraus ungefähr die bewässerte Landfläche und damit indirekt der voraussichtliche Ernteertrag. Die im Durchschnitt sehr regelmäßige Nilflut weist im einzelnen doch merkliche Abweichungen in Beginn, Wasseraufkommen und Dauer der Überflutung auf, was sich über den Grad der Bewässerung auf den landwirtschaftlichen Ertrag auswirkt. Die Steuerlast ändert sich dadurch jedoch nicht unmittelbar, da sich die Steuer nicht nach dem Ertrag, sondern nach der Fläche des Produktivlandes richtet. Dieses ist nach dem Grade der Bewässerung klassifiziert und regelmäßige Aufnahmen stellen sicher, daß Umfang und Güte des ertragfähigen Bodens stets erfaßt bleiben. Entspricht im Einzelfall die Bewässerung nicht der Klassifikation, so bleibt dem Steuerpflichtigen der Weg, durch eine Eingabe wie die vorliegende auf eine Senkung des Steuersatzes hinzuwirken. Militärlehen [s.u. Nr. 13] gibt es seit dem Ende der ptolemäischen Epoche nicht mehr. Daß Diogenes sein Land dennoch so nennt, zeigt die Bestandskraft solcher Bezeichnungen; häufig erscheint dabei sogar noch der Name eines früheren Kleruchen.

*Lit.:* Zum Bodensteuerwesen s. D. Bonneau, Le fisc [o. bei Nr. 1]; zur Erntebeschlagnahme s. U. Wilcken, Grundzüge S. 297.

# 6

## Maßnahmen gegen Steuerbetrug

P. Brem. 12          Hermopolis. Um 115 n. Chr.

'Ερμαῖος 'Απολ[λ]ωνί[ω]ι       κτητόρων τῆ[ς ἰδιω]-
τῶι τιμιω[τά]τωι           τικῆς γῆς, τὰ [ὀνό]-
χαίρειν.                 ματα ἐκγραψάμενος
Λογισάμενος κάλλισ-      διεπεμψάμην σοι,
5 τον εἶναι πρὸς τὴν ἐξέ-    20 κύριε, ἵν', ἐὰν δόξῃ,
τασιν τῶν σημανθ[ε]ι-     κελεύσῃς μεταδοθ[ῆν]αι
σῶν ἐνπεριειλῆφθαι      καὶ εὐθέως πρὸς ἐμὲ
σχοινισμοῖς ὑπολόγου     γενέσθαι τὰ πρόσωπα
δημοσίων καὶ ἰδιωτι-      μετὰ καὶ τοῦ τῆς μητρο-
10 κῶν ἐδαφῶν τοπι-      25 πόλεως γραμματέως.
κοὺς εὐσχήμονας        (2. Hd.)
συνπαραληφθῆναι       'Ερρῶσθαί σε εὔχο(μαι),
εἰς τὸ μὴ διαπλανη-       κύριέ μου.
θῆναι τοῦ ὁρ[ιοδεί]-       Verso: (1.Hd.?)
15 κτου ἐν ὅσοις [.....]      'Απολλωνίωι στρατηγῶι

8 σημανθ[ε]ι-|σῶν für σημανθέντων    14 τοῦ ὁρ[ιοδεί]-|κτου
für τοὺς ὁριοδείκτας

Hermaios dem Apollonios, dem sehr Geehrten, Gruß. Nachdem ich in Rechnung gestellt habe, daß es das Beste ist, wenn für die Prüfung der staatlichen und privaten Felder, die als in den Vermessungen des ertraglosen Ackerbodens aufgenommen gemeldet sind, ortsansässige angesehene Männer mit hinzugezogen werden, damit nicht die Grenzbestimmer ... (von den) Privatlandbesitzern in die Irre geführt werden, habe ich die Namen herausgeschrieben und sende sie Dir, Herr, damit Du, wenn es Dir gut erscheint, anordnest, daß die Leute benachrichtigt werden und sofort zu mir kommen, zugleich mit dem Schreiber der Metropolis. Ich wünsche Dir Wohlergehen, mein Herr. (Verso) An Apollonios, den Strategen.

Dieser Brief aus dem Archiv des Strategen Apollonios [s. u. Nr. 108] hängt mit der Eigenheit der ägyptischen Bodensteuer zusammen, nicht nach dem Ertrag, sondern nach Fläche und Qualität des ertragfähigen Bodens bemessen zu werden. Veränderungen der Ertragsfähigkeit, aus denen sich für den Fiskus finanzielle Folgen ergeben, meldet der Dorfschreiber auf die Deklaration des Betroffenen [s. o. Nr. 5] hin zur Nachprüfung (ἐπίσκεψις) weiter. Der Briefschreiber Hermaios, vielleicht ein Geometer, scheint hier im Rahmen einer derartigen Episkepsis Messungen zu beaufsichtigen. Die betroffenen Bauern nehmen daran teil und die Privateigentümer unter ihnen versuchen, durch Irreführung der Grenzbestimmer (ὁριοδεῖκται) für sich günstige Abgrenzungen zu erzielen. Hermaios will diesen Versuchen entgegentreten, um die Grenzbestimmer vor Haftung zu schützen; er möchte ortsansässige, angesehene Bürger hinzuziehen und sucht bei Apollonios als dem Chef der Gauverwaltung um Erlaubnis hierzu nach. Eine auf eigene Faust schon aufgestellte Namenliste fügt er bei und bittet, diese Männer zugleich mit dem für die Prüfung benötigten Schreiber der Gauhauptstadt zu ihm zu senden. Letzterer (γραμματεύς μητροπόλεως) unterscheidet sich nur nach der Bezeichnung vom Dorfschreiber (κωμογραμματεύς) [s. u. Nr. 8], nicht nach den Funktionen, wie die Metropole ja zwar Sitz der Gauverwaltung ist, sich rechtlich aber von keinem Dorf (κώμη) unterscheidet, ehe Septimius Severus 200 den Metropolen einen Rat (βουλή) und damit eine beschränkte Selbstverwaltung verleiht [s. u. Nr. 13, 147].

*Lit.:* zum Text s. U. Wilcken, P. Brem.; zum Bodensteuerwesen s. D. Bonneau, Le fisc [o. bei Nr. 1]; zur Episkepsis s. D. Bonneau, aaO. S. 89 ff.; H. Kortenbeutel, RE Suppl. VII Sp. 198 f. s. v. Episkepsis; E. Weiss, RE X 2 Sp. 2487 ff. s. v. Kataster; U. Wilcken, Grundzüge S. 176 f., S. 206 ff.; zum Metropolenschreiber s. Schulthess, RE VII 2 Sp. 1708 ff. (1773 f.) s. v. γραμματεῖς; zu den ὁριοδεῖκται s. F. Oertel, Liturgie [o. bei Nr. 1] S. 181 f.


# 7

## Nilstandsanzeige

SB XIV N.N.　　　　　　　Arsinoites (? Soknopaiu Nesos)
　　　　　　　　　　　　　　　15. September 192 n. Chr.

Ὁ ϑε(ὸς) καὶ κύ(ριος) Νῖ(λος) πρ(οσβέβηκεν) ϑ (ἔτους) καὶ η
　　(ἔτους) Θὼϑ 13 εἰς ιη
δακ(τύλους) β, γί(νονται) πήχ(εις) ιγ δάκ(τυλοι) δ. Ἡ
　　π(ερυσινὴ πρόσβασις) πηχ(ῶν) ιδ δακ(τύλων) η.

Der Gott und Herr Nil ist angestiegen im 9. und 8. Jahre, 17. bis 18. Toth um 2 Fingerbreiten, das ergibt 13 Ellen 4 Fingerbreiten. Der vorjährige Anstieg (betrug) 14 Ellen 8 Fingerbreiten.


Diese wohl von einem Nilwächter stammende Notiz unterrichtet offenbar eine Behörde und ist ein Beleg für die genaue Überwachung des Nils im Rahmen des Bodensteuerwesens. In der Nacht von 14. auf 15. September ist der – als Gott verehrte – Nil an dem fraglichen Pegel, vielleicht bei Memphis, um 2 Fingerbreiten auf 6,90 m gestiegen, der vorjährige Vergleichswert von der nämlichen Stelle ist 7,50 m. Der geringe Anstieg zeigt, daß die Flut sich ihrem Höhepunkt nähert.

Die Herkunft des Textes und der Meßort sind nicht sicher zu bestimmen, jedenfalls stammt der Text aus Mittelägypten, wo die maximale Fluthöhe nicht vor Mitte September erreicht wird. Datiert ist der Text in das 9. bzw. 8. Regierungsjahr zweier Kaiser; diese Kombination trifft nur auf das Jahr 292/3 zu, welches das 9. Herrscherjahr Diokletians, aber erst das 8. Maximians ist, während Constantius und Galerius, die späteren beiden weiteren Tetrarchen, erst im März 293 zu *Caesares* erhoben werden und daher jetzt noch nicht in der Datumsformel erscheinen.

*Lit.*: zum Text s. H. C. Youtie, Scriptiunculae II, Amsterdam 1973, S. 744 ff. (= AJPh 61, 1940, S. 480 mit Nachtrag); zur Nilüberwachung s. D. Bonneau, Le fisc [o. bei Nr. 1] (zum Text u. a. S. 43 f. unter P. Aberdeen 18), zur Nilschwelle und zur Verehrung des Nil s. D. Bonneau, La crue du Nil, divinité égyptienne à travers mille ans d'histoire (332 av. – 641 ap. J.-C.), Paris 1964.

## 8

### Phantastischer Vorschlag eine Dürrenot zu beheben

P. Edfou III 8 (S. 334)  Apollonopolis  Magna
(mit BL IV und V)  (245 ?) v. Chr.

[Βασιλεῖ] Πτολεμαίωι χαίριν Φιλώτας πυρσου[ρὸ]ς τῶν
[ἐν ᾿Απόλ]λωνος πόλει τῆι μεγάλῃ κληρο[ύχ]ων. ᾿Επε]ιδὴ
[πυ]κναὶ γίνονται αἱ ἀβροχίαι ἐν τῆι χώραι νῦν ἤδη καὶ
παντελῶς, βούλομαί σοι, βασιλεῦ, μηχανὴν [π]ροσαγ-
5 ῖλαι, ἀ[φ᾿] ἧς σὺ οὐϑὲν μὴ βλαβῆς, σωϑήσεται δὲ ἡ [χ]ώρα.
[Διὰ τὸ λί(?)]αν ἐπὶ τρῖς ἐν⟨ι⟩αυτοὺς μὴ ἀναβῆνα⟨ι⟩ τὸν πο-
[ταμὸν, ±8 ]εσται τοιαύτην λιμὸν μὴ δήσω-
[........]ατες αὐτὰ ἀπολέσται, μηδὲ ...ς μηδὲ πρό-
[.....], ἀλλά, σου ϑέλοντος, βασιλεῦ, ἔσται εὐετηρί[α] πολλή.
10 [Δέομα]ι ο⟨ὖ⟩ν σοῦ, βασιλεῦ, εἴ σοι δοκῖ, συντάξαι ᾿Αρίστωνι τõι
στρατηγõι δόντι [ἐμο]ὶ τριάκοντα ἡμερῶν τὰ ἐπι-
τήδεα τὴν ταχίστην με πρὸς σὲ ἀποστῖλαι κ[ατὰ τὴν]

ἔντευξιν, ἵνα ἐάν σοι δόκξῃ, βασιλεῦ, ἐκ{κ} τοῦ σπόρου
εὐθὺς γένηται· ἔσται δὲ σοῦ βουλομένου δ[ι]ὰ ὅλης
15 τῆς Θηβαίδος ἐν ἡμέραις πεντήκοντα τὸ πολύ.
    Εὐτύχι.

Datierungserwägung D. Bonneau, aaO.      1 χαίριν l. χαίρειν
4 προσαγ-|ῖλαι l. προσαγγεῖλαι      10 δοκῖ l. δοκεῖ; τōι | στρατη-
γōι l. τῶι στρατηγῶι      11 ἐπι-|τήδεα l. ἐπιτήδεια      12 ἀποστῖ-
λαι l. ἀποστεῖλαι      13 δόκξῃ l. δόξῃ      16 Εὐτύχι l. Εὐτύχει

Dem König Ptolemaios Gruß von Philotas, Signalwächter, einem von den Kleruchen in Apollonopolis Magna. Nachdem
die Nichtbewässerungen durch den Nil im Land nun gerade
jetzt überaus häufig werden, will ich Dir, o König, eine Maschine zur Kenntnis bringen, mittels derer das Land, ohne daß Dir
in irgendeiner Hinsicht Schaden entstände, gerettet werden
wird. Da der Fluß während dreier Jahre nicht sehr gestiegen
ist, ist die Hungersnot wieder ausgebrochen. ... aber wenn
Du willst, o König, wird es ein vielfach gesegnetes Erntejahr
sein. Ich bitte Dich nun, o König, wenn es Dir gut erscheint,
den Strategen Ariston zu veranlassen, mir für 30 Tage Lebensunterhalt zu geben, um auf dem schnellsten Wege mich
gemäß dem Bittgesuch zu Dir zu senden, damit, wenn es Dir,
o König, gut erscheint, die Aussaat sofort aufgeht. Dies
wird aber, wenn Du willst, in der ganzen Thebais binnen
höchstens 50 Tagen der Fall sein.
Gehab Dich wohl.

Philotas benutzt die gebräuchliche Form der nominell an den
König gerichteten Rechtsschutzbriefe (s. u. Nr. 40), um den
Behörden einen Vorschlag zur Behebung der großen Dürrenot zu unterbreiten: er bietet an, mittels einer Maschine
binnen 50 Tagen die Dürre in schwellenden Erntereichtum
zu verwandeln, vorab wünscht er für 30 Tage Proviant, um
seinen Plan dem König selbst vortragen zu können. Meldet
sich hier ein Phantast oder ein denkwürdiger Erfinder zu
Wort? μηχανή bezeichnet oft gerade eine wasserfördernde
Maschine und der Grieche Philotas könnte ein Wächter sein,
der mit Feuer Zeichen gibt (πυρσουρός). Als solcher gehörte

er zur Armee und es ist vorstellbar, daß er im Dienst weit herum gekommen ist und eine Anregung aus dem orientalischen Bewässerungswesen aufgegriffen hat. Doch seine Angaben lassen ihn eher als Phantast erscheinen. Bestimmt steht zur Zeit seines Angebotes fest, daß auch im laufenden Jahre die Nilflut ungenügend ausfällt. Die Zeit ist also vorgerückt und nun will Philotas erst noch zu einer Audienz bei Hofe reisen, ehe er binnen 50 Tagen trotz der abgeebbten Flut in ganz Oberägypten die Saat keimen lassen wird ... Dieser Plan kann nicht überzeugen. Die mächtige Verwaltung mit der nichtsnutzigen Bitte um dreißigtägigen Proviant zu reizen, mag man dem Philotas nicht zutrauen; es bleibt daher nur, ihn als skurrilen Erfinder zu betrachten, wie sie die Welt zu allen Zeiten beglückt haben, und ihn unter die Konstrukteure eines Perpetuum mobile und ähnlicher Geräte einzureihen. Den nämlichen Eindruck mag die Verwaltung gehabt haben, denn, wenn die Eingabe überhaupt eingereicht worden ist, so ist sie jedenfalls nicht bearbeitet worden, sie trägt nämlich keinen Bearbeitungsvermerk.

*Lit.:* zum Text s. D. Bonneau, Le fisc [o. bei Nr. 1], S. 129 Anm. 614; H.J. Wolff, Rez. von R. Böhm, L'ἔντευξις de Varsovie (Papyrus Edfou VIII), Wiesbaden 1955, ZRG 74, 1957, S. 415ff.; zum πυρσουρός s. E. Van't Dack, Postes et télécommunications ptolémaïques, CE 37, 1962, S. 338ff.

9

**Gewerbe-Anmeldung eines Dammarbeiters**

P. Oxy. X 1263                    Oxyrhynchos. 128/9 n. Chr

Διογένει τῷ καὶ Ἑρμαίῳ          ἀπ' Ὀξυρύγχων π[όλεως]
τῶν ἐξηγητ(ευσάντων)           ἀμφόδου Ἑρμαί[ου.]
   γρα(μματεῖ) πόλ(εως)         Βούλομαι πρώτως
παρὰ Διοσκόρου ἀπελευ-         ἀπὸ τοῦ ἐνεστῶτος
Θέρου Σαραπίωνος Σα-       10 τρισκαιδεκάτου
5 ραπίωνος τοῦ Διο[.....]        ἔτου[ς] Ἀδριανοῦ Καίσαρος

τοῦ κυρίου χρήσα-        ὑπόμνημα [ὡς πρό-]
σθαι τῇ τῶν ἐργ[ατῶν]    κ[ιται. (Ἔτους)] τρισκα[ιδε-
ποταμοῦ τέχ[νη.]         κάτου]
15 Διὸ ἐπιδίδ[ωμι τὸ]

Hier bricht der Papyrus ab

An Diogenes, der auch Hermaios heißt, einen der ehemaligen
Exegeten, den Stadtschreiber, von Dioskoros, dem Freigelassenen des Sarapion, des Sarapion Sohn, Enkel des Dio...,
von der Stadt Oxyrhynchos aus dem Stadtteil Hermaios.
Ich will erstmalig vom gegenwärtigen 13. Jahr des Hadrianus Caesar, des Herrn, an das Gewerbe der Kanalarbeiter
betreiben. Demgemäß übergebe ich diese Anzeige wie geschrieben. 13. Jahr ...

Fronleistungen und Abgaben werden nur für die staatlichen
Dämme und Kanäle aufgewendet; um die Bewässerungsanlagen auf Privatland müssen sich die Eigentümer oder die
Landpächter selbst kümmern. Aufträge übernehmen die
Deicharbeiter (ποταμῖται). Der Freigelassene Dioskoros will
dieses Gewerbe (τέχνη) ausüben und zeigt das der Behörde
an, wohl damit diese ihn wie andere selbständige und un-
selbständige Handwerker zur Gewerbesteuer (χειρωνάξιον)
heranziehen kann. Die Anmeldung ist an den Schreiber von
Oxyrhynchos gerichtet, der als Stadtschreiber (γραμματεύς
πόλεως) bezeichnet wird und damit daran teilnimmt, daß
Oxyrhynchos stets als Stadt (πόλις) bezeichnet wird, obgleich es rechtlich nur ein Dorf (κώμη) ist; auch Diogenes ist
daher nicht mehr als jeder andere Dorfschreiber (κωμογραμματεύς). Der Komogrammateus bekleidet einen äußerst viel-
seitigen Posten auf der untersten Ebene der vierstufigen
(Zentrale, Gau, Bezirk, Dorf) ägyptischen Verwaltung; zunächst dem Komarchen nachgeordnet, steht er ab dem 2.
Jahrh. v. Chr. an der Spitze der Dorfverwaltung in einem
wohlbezahlten und begehrten Amt. In der römischen Epoche
wird es wie die meisten Verwaltungsposten zu einer Liturgie
[s. u. Nr. 13]; dennoch erhält der Komogrammateus Dienst-
bezüge, die freilich nur einen Unkostenzuschuß darstellen.
Das Schwergewicht seiner Tätigkeit liegt auf dem Gebiete
des Steuerwesens und der Landwirtschaft; vor allem führt

er das Bodenkataster und die Steuerlisten, auf Grund derer er beispielsweise die Vorschläge für die Auswahl der zu einer Liturgie Heranzuziehenden erstellen muß; er wirkt mit bei der Überprüfung der Deklarationen von Ertragsminderungen infolge der Nilflut und bei der Erhaltung der Bewässerungsanlagen. Entsprechend der Vielfalt seiner Aufgaben tritt uns der Komogrammateus häufig auch in den hier abgedruckten Texten entgegen. Der hier angeschriebene Diogenes hat bereits ein weiteres hohes Lokalamt bekleidet, das des ἐξηγητής. Dieser steht an der Spitze der nach dem Vorbild der griechischen Poleis gebildeten, in den κῶμαι freilich nicht autonomen „Stadtverwaltung", die sich um Bau und Unterhaltung der örtlichen griechischen Einrichtungen, wie des Gymnasion, kümmert. Die Stellen (ἀρχαί) sind ursprünglich Ehrenämter, werden unter den Römern aber wie die Verwaltungsposten liturgische Ämter.

*Lit.*: zu den ποταμῖται s. J. Bingen, Documents provenant des Archives d'Héroninos, CE 25, 1950, S. 87 ff. (96); zum χειρωνάξιον s. W. Schwahn, RE V A 1 Sp. 284 ff. s. v. Τέλη 1); S. L. Wallace, Taxation in Egypt from Augustus to Diocletian, Princeton 1938, Index s. v. χειρωνάξιον; zum Komogrammateus s. F. Oertel, Liturgie [o. bei Nr. 1] S. 157 ff.; F. Preisigke, RE XI 2 Sp. 1281 ff. s. v. Komogrammateus; zum ἐξηγητής s. F. Oertel, aaO. S. 325 ff.

## II DIE VERWALTUNG

### 10

## Entwurf einer Proklamation anläßlich der Thronbesteigung Neros

P. Oxy. VII 1021 (mit BL VI)  Oxyrhynchos. 54 n. Chr.

'Ο μὲν ὀφειλόμενος
τοῖς προγόνοις καὶ ἐν-
φανὴς θεὸς Καῖσαρ εἰς
αὐτοὺς κεχώρηκε,
5 ὁ δὲ τῆς οἰκουμένης
καὶ προσδοκηθεὶς καὶ ἐλπισ-

θεὶς Αὐτοκράτωρ ἀποδέ-
δεικται, ἀγαθὸς
δαίμων δὲ τῆς
10 οἰκουμένης [ἀρ]χὴ ὢν
[[μέγισ]] τε πάντων
ἀγαθῶν Νέρων

Καῖσαρ ἀποδέδεικται.      χάριτας. (˝Ἐτους) α Νέρωνος
Διὸ πάντες ὀφείλομεν      Κλαυδίου Καίσαρος Σεβασ·
15 στεφανηφοροῦντας      τοῦ Γερμανικοῦ
καὶ βουθυτοῦντας      20 μη(νὸς) Νέ(ου) Σεβα(στοῦ)
θεοῖς πᾶσι εἰδέναι      κα.

10 οὐκουμένης l. οἰκουμένης    15 στεφανηφοροῦντας l. στεφανη-
φοροῦντες    16 βουθυτοῦντας l. βουθυτοῦντες

Caesar, seinen Ahnen den Tribut schuldend, der Vergöttlichte, ist zu seinen Vorfahren gegangen. Der vom römischen Reich Erwartete und Erhoffte ist als Imperator proklamiert worden, der gute Genius des Weltreichs, der Ursprung alles Guten, Nero Caesar ist ausgerufen worden. Wir alle müssen deshalb bekränzt und Rinder opfernd allen Göttern Dank wissen. Im 1. Jahr des Nero Caesar Augustus Germanicus, am 21. des Monats Neos Sebastos.

Gewöhnlich unterrichtet der ägyptische Präfekt die Bevölkerung über die Thronbesteigung eines Herrschers durch ein Edikt; die Proklamation soll nicht nur die Untertanen dem neuen Kaiser gewinnen, sondern diesem auch die Ergebenheit und die Brauchbarkeit seines Statthalters in Ägypten bezeugen. Der Stil und einige Korrekturen erweisen den vorliegenden Text als Entwurf; dies und der Fundort Oxyrhynchos lassen annehmen, daß hier der Stratege des Oxyrhynchites die Neuigkeit verbreiten will. Der Text ist auf den 17. November datiert, die Nachricht vom Tode des Claudius ist also 45 Tage nach diesem Ereignis in Oxyrhynchos angelangt. Unser Text gibt zunächst Tod und Apotheose des Claudius bekannt; der Verstorbene ist *divus* geworden, was dank unterschiedlicher kultischer Vorstellungen im Griechischen mit ἐμφανὴς θεός nur annähernd wiedergegeben werden kann. Den Herrscherkult im griechischen Raum schuf erst Alexander nach östlichem Vorbild. Ptolemaios II. Philadelphos begründet dann den Kult seiner Eltern Ptolemaios I. und Berenike I., der θεοὶ Σωτῆρες, den seiner Schwesterfrau Arsinoe II., der θεὰ Φιλάδελφος, und seinen mit ihr gemeinsamen der θεοὶ Ἀδελφοί. Dieses Gottkönigtum – für die Ägypter, die schon dem Pharao göttliche Ehren

erwiesen, keine Neuheit – währt die ganze Ptolemäerherr-
schaft und mündet schließlich in den römischen Kaiserkult.
Zu dessen Erscheinungen gehört auch der hier von Nero angenommene Beiname Ἀγαθὸς Δαίμων. Er bezieht sich wohl
auf den gleichnamigen Stadtgott Alexandrias und mag durch
besondere Verbindung Neros zu Alexandrien veranlaßt sein.

*Lit.:* zum Text s. F. Bilabel, Ägyptische Thronbesteigungsurkun-
den, in Cimbria, Dortmund 1926, S. 63 ff.; zum Herrscherkult s.
F. Blumenthal, Der ägyptische Kaiserkult, APF 5, 1913, S. 317 ff,;
C. Habicht, Gottmenschentum und griechische Städte, 2. Aufl.
München 1956, S. 109 ff.; F. Taeger, Charisma. Studien zur Geschichte des antiken Herrscherkultes Bd. I, Stuttgart 1957, S. 171 ff.;
255 ff., 416 ff.; Bd. II, Stuttgart 1960, S. 226 ff.; U. Wilcken, Grundzüge S. 98 ff., 117, 119 ff.; zum Verhältnis Neros zu Ägypten s.
O. Montevecchi, Nerone e l'Egitto, PP 30, 1975, S. 48 ff.

# 11

## Bürgenstellung wegen einer Fischlieferung
## für den Besuch Caracallas in Ägypten

P. Got. 3 (mit BL II und IV)                    Panopolis. 215/6 n. Chr.

    Αὐρηλίωι Διογένει στρατ(ηγῷ) Πανοπολ(ίτου)
    παρὰ Αὐρηλίων Κολλεήτιος Ἀκῆτος
    μητ(ρὸς) Σενκαλῆτ[ο]ς ἁλιέως ἀπὸ Φενεβ(ύθεως).
    Ὁμολογῶ ἑκουσίως καὶ αὐθεραίτως
5 ἐνγυᾶσθαι Ψάις Ψάιτος μητ(ρὸς) Τεκῶτος
    ἁλιέα καὶ εἰσδοθέντα ἐπὶ τῆς ἑτοιμα-
    σίας γάρου τε καὶ ταρείχου λεπτοῦ καὶ
    ἰχθύος πρὸς εἰς τὴν εὔκλειε⟨σ⟩τάτην
    ἐπι[δ]ημίαν τοῦ κυρίου ἡμῶν Αὐτοκρά(τορος)
10 Καίσαρος Μάρκ[ο]υ Αὐρηλίου Σ[εου]ήρου
    Ἀντωνίνου [Παρ]θικοῦ Μ[εγί]στου
    Βρεντανικο[ῦ Μ]εγίσ[τ]ου Γε[ρμ]ανικοῦ

Μεγίστου Εὐ[σεβ]οῦς [Σε]βασ[τοῦ], καὶ ὀμνύω
τὴν τοῦ κυρί[ου τύχην παρασ]τήσειν τὸν
15 προκ(είμενον). Ἐὰν δὲ [μὴ παραστήσω], ἐγὼ αὐτὸς
ὑπεύθυμος ἔσ[ομαι πᾶσι τ]οῖς πρὸς
αὐτὸν ζητηθη[σομένοις].
("Ετους) κδ Αὐτοκράτ[ορος Καίσαρο]ς Μάρκου
Αὐρηλίου Σεουή[ρου 'Αντωνίν]ου Παρθικοῦ
20 Μεγίστου Βρεν[τανικοῦ Μ]εγίστου
[Γερμανικοῦ Μεγίστου Εὐσεβοῦς]
[Σεβαστοῦ. - - -                          ]

2 Αὐρηλίων l. Αὐρηλίου    4 αὐθεραίτως l. αὐθαιρέτως    5 Ψάις
für Ψάιν    7 ταρείχου l. ταρίχου    16 ὑπεύθυμος l. ὑπεύθυννος

An Aurelius Diogenes, den Strategen des Panopolites-Gaues,
von Aurelius Kolleetis, Sohn des Akes und der Senkales, Fischer von Phenebythis. Ich anerkenne, mich freiwillig und aus
eigenem Entschluß zu verbürgen für Psais, Sohn des Psais
und der Tekos, einen Fischer und benannt für die Lieferung
sowohl von Fischsoße als auch von fein eingelegtem und
(frischem) Fisch zum hochrühmlichen Besuch unseres Herrn,
des Imperator Caesar Marcus Aurelius Severus Antoninus
Parthicus Maximus Britannicus Maximus Germanicus Maximus Pius Augustus; und ich schwöre bei der Tyche des (kaiserlichen) Herrn, daß ich den vorgenannten (Psais) herbeischaffen werde. Wenn ich (ihn) aber nicht herbeischaffen
werde, werde ich selbst für alles, was gegen ihn klagend vor-
gebracht werden wird, verantwortlich sein. 24. Jahr des Imperator Caesar Marcus Aurelius Severus Antoninus Parthicus
Maximus Britannicus Maximus Germanicus Maximus Pius
Augustus.

Anlaß dieser Bürgschaftserklärung ist der Besuch Caracallas
215/6 n. Chr. in Alexandrien; die Belieferung des Hofstaates
soll gesichert werden. Die Versorgung des Herrschers und
seines Gefolges ist, wie schon zur Pharaonen- und Ptolemäerzeit, eine kostspielige Ehrenpflicht der besuchten Orte;
ebenso sind die Beamten auf ihren Dienstreisen zu verpfle-
gen. Von einem Besuch des Kaisers im abgelegenen Panopolis

ist freilich hier nicht die Rede, unser Text zeigt nur, welch
weitreichenden Aufwand die Versorgung in diesem Fall bereitet. Bezeichnend ist, daß unter den dem Fischer Psais auf-
erlegten Leistungen das in der römischen Küche höchst beliebte *garum*, eine außerordentlich scharfe Fischsoße, nicht
fehlt. Den ab dieser Zeit in den Papyri verbreiteten Beinamen
Aurelius führen der Stratege Diogenes wie der einfache
Fischer Kolleetis nach Caracalla, durch den sie das römische
Bürgerrecht erhalten haben. Um 212/13 hat Caracalla
durch die *Constitutio Antoniniana* allen freien Bewohnern
seines Reiches das römische Bürgerrecht verliehen. Eine große
Rolle in der Diskussion um die Tragweite dieser *constitutio*
hat ein Papyrus, P. Giss. 40 I, gespielt. Allgemein hat man in
dieser Urkunde eine Wiedergabe jenes Erlasses gesehen; eine
Lücke des fragmentarischen Textes hat jedoch zu vielfältigen
Spekulationen und einer umfangreichen Literatur geführt.
Erst jüngst hat *H. Wolff* freilich dargelegt, daß P. Giss. 40 I
mit der *Constitutio Antoniniana* nichts zu tun hat und dieser
Papyrus folglich aus dem kleinen Kreise jener Texte aus-
scheidet, welche geschichtlich bedeutsame Ereignisse unmittelbar spiegeln. Für die auferlegte Lieferung hat Psais
keine Bezahlung zu erwarten und so sichert sich die Behörde
durch einen Bürgen. Kolleetis – seinen freien Willen (Z. 4)
prüft man besser nicht – hat nicht etwa für die Fischlieferung
einzustehen, sondern für die Gestellung des Psais. Nur wenn
dieser sich dennoch der Verantwortung vor den Behörden zu
entziehen vermag, haftet Kolleetis selbst. Seine Bürgschaft be-
kräftigt er mit einem Eid, eine in Erklärungen gegenüber dem
Staat häufige Praxis. Kolleetis schwört bei der Tyche des Kaisers, was einem römischen Eid beim Genius des Kaisers entspricht. Diese Form hat erst kurz zuvor den Eid bei der Person
des Kaisers abgelöst, der seinerseits eine Fortbildung des letztlich im orientalischen Herrscherkult wurzelnden ptolemäischen Königseides (ὅρκος βασιλικός) darstellt.

*Lit.:* zum Verpflegungswesen s. U. Wilcken, Grundzüge S. 357 ff.;
zum *garum* s. Zahn, RE VII Sp. 841 ff. s. v. Garum; zur *Constitutio
Antoniniana* s. C. Sasse, Die Constitutio Antoniniana. Eine Untersuchung über den Umfang der Bürgerrechtsverleihung auf Grund
des Papyrus Giss. 40 I, Wiesbaden 1958; H. Wolff, Die Constitutio
Antoniniana und Papyrus Gissensis 40 I, phil. Diss. Köln 1976
(2 Bde.); zur Bürgschaft s. J. Partsch, Griechisches Bürgschafts-
recht. Erster (einziger) Teil: Das Recht des altgriechischen Ge-

meindestaates, Leipzig 1909, Nd. Aalen 1966; zum Eid s. E. Seidl, Der Eid im ptolemäischen Recht, jur. Diss. München 1929; E. Seidl, Der Eid im römisch-ägyptischen Provinzialrecht. Erster Teil: Die Zeit von der Eroberung Ägyptens bis zum Beginn der Regierung Diokletians, München 1933.

## 12

## Verordnung über die Versorgung Alexandriens mit Getreide

BGU VIII 1730 (mit BL III)          Herakleopolites. 1. November
                                    50 v. Chr.

Βασιλέως καὶ βασιλίσσης προσταξάντων.
Μηδένα τῶν ὑπὲρ Μέμφιν νομῶν
ἀγοράζοντα πυρὸν ἢ ὄσπριον κατά-
γειν εἰς τὴν κάτω χώραν, ἀλλὰ μη-
5 δ' εἰς τὴν Θηβαΐδα ἀνάγειν παρευρέσει μηδεμιᾶι, πάντας δ' ἀνυφοράτους
ὄντας εἰς Ἀλεξάνδρειαν παρακο[μ]ίζειν,
ἢ ὁ φωραθεὶς θανάτωι ἔνοχος ἔσται.
Μηνύειν δὲ τὸν βουλόμενον περὶ
10 τῶν παρὰ ταῦτα ποιησόντων
τοῖς κατὰ νομὸν στρατηγοῖς, ἐφ' ᾧ
μήμψεται τῆς τοῦ ἐνσχεθη-
σομένου οὐσίας τὸ τρίτον μέρος,
ἐὰν δὲ δοῦλος ᾖ, ἐλεύθερός τ' ἔσται
15 καὶ προσλήμψεται τὸ ἕκτον.
("Ετους) γ Φαῶφι κγ.
(2. Hd.) Ὧρος τοπογραμματεὺς ... δι' Ὀρίου γρα(μματέως)
ἐκτέθεικα ἐναντί[ον τοῦ προεκ]κε[ι]-
μένου προστάγματος.
20 ("Ετους) γ Ἀθὺρ . ε.

11 μήμψεται l. λήμψεται

König und Königin haben verordnet: Keiner, der aus den
Gauen oberhalb Memphis aufkauft, bringe Weizen oder
Hülsenfrüchte nach dem Unterland, aber auch nicht in die
Thebais hinauf, unter keinem Vorwand; vielmehr sollen alle
unbehelligt nach Alexandrien liefern; der aber, der ertappt
wird, wird des Todes schuldig sein. Wer aber diejenigen,
die dieser Verordnung zuwiderhandeln, bei den Gaustrategen
anzeigen will, wird dafür den dritten Teil des Vermögens
des Delinquenten erhalten; wenn (der Anzeigende) aber ein
Sklave ist, wird er frei sein und ein Sechstel (des Vermögens)
dazuerhalten. Im 3. Jahr, am 23. Phaopi. (2. Hd.) Horos, Bezirksschreiber ... durch den Schreiber Onias. Ich habe (eine)
Abschrift gegenüber der vorher ausgehängten Verordnung
ausgehängt. Im 3. Jahr, am 15. (oder 25.) Hathyr.


Diese Verordnung (πρόσταγμα) Ptolemaios XIII. Philopator
Philadelphos (51–47) und seiner Schwestergemahlin Kleopatra VII. Philopator (51–30) regelt den privaten Handel von
Getreide und Hülsenfrüchten und soll die Versorgung Alexandriens sichern. Daß das Prostagma von einer Notlage veranlaßt ist, ist dem Text selbst nicht zu entnehmen, doch ist die
Nilflut dieses Jahres ungenügend [s. o. Nr. 2] und dies wie
auch die angedrohte Todesstrafe und die Denunzianten aus-
gelobte Belohnung machen eine akute Not wahrscheinlich.
Allerdings muß die Versorgung des einwohnerreichen und
zu Aufständen neigenden Alexandriens jedem Herrscher ein
stetes Anliegen sein. Die im Text Z. 2–5 getroffene Gebiets-
einteilung (οἱ ὑπὲρ Μέμφιν νομοί – ἡ κάτω χώρα – Θηβαίς)
mag rein geographisch sein, doch könnten sich darin auch
bereits die seit Augustus nachweisbaren Verwaltungsein-
heiten Unterägypten (Delta), Heptanomia (Mittelägypten)
und Thebais (Oberägypten) abzeichnen. Die 332 v. Chr. von
Alexander gegründete Hauptstadt Alexandria wird, wie auch
der Text zeigt, nicht zum übrigen Land, der χώρα, gerechnet.
Der Papyrus ist ein schönes Beispiel des Verwaltungsganges in
Ägypten. Das Blatt stammt nicht direkt aus Alexandrien,
denn als Kanzleischrift einer Zentralbehörde ist die erste
Hand nicht elegant genug. Der Gedanke liegt nahe, es handle
sich um eine im Büro des Gaustrategen gefertigte Abschrift
zur Kenntnis der (nächsttieferen) Verwaltung eines Bezirkes

(τόπος). Der Papyrus ist ein Palimpsest; Schriftspuren des ausgewaschenen Textes lassen die kaum mehr lesbare Anschrift einer an einen Strategen gerichteten Eingabe erkennen und dies bestätigt jene Vermutung. Bei der Bezirksverwaltung hat der Bezirksschreiber (τοπογραμματεύς) durch den Schreiber Onios eine wohl erst an Ort und Stelle gefertigte Abschrift aushängen lassen. Mit der Angabe des Aushangplatzes und des Vollzugsdatums ist unser Blatt dann wieder zur Bestätigung an das Strategenbüro zurückgewandert, unter dessen Altakten es schließlich gefunden worden ist [s. o. Nr. 2].

*Lit.:* zum Text s. W. Kunkel, Verwaltungsakten aus spätptolemäischer Zeit, APF 8, 1927, S. 169 ff. (212 ff.); M.-Th. Lenger, C. Ord. Ptol. 73; M. Rostovtzeff, The Social and Economic History of the Hellenistic World, Oxford 1941, S. 909 und 1551 Anm. 188; zu königlichen Verordnungen s. J. Modrzejewski, The πρόσταγμα in the Papyri, JJP 5, 1951, S. 187 ff., zur Strafe s. F. Bluche, La peine du mort dans l'Égypte ptolémaïque, RIDA 3ᵉ ser. 22, 1975, S. 143 ff.; zum Bezirk s. H. Kortenbeutel, RE VI A 2 Sp. 1723 s. v. Τόπος; zum Bezirksschreiber s. E. Kießling, RE VI A 2 Sp. 1722 s. v. Topogrammateus.

## 13

### Aus dem Amtstagebuch eines Strategen

BGU VIII 1767 (mit BL III)      Herakleopolites. Nach 64/3 (?) v. Chr.

Der Anfang des Papyrus ist abgebrochen

ὑπέρ τε τ[οῦ] κυρίου βασιλέως καὶ τῶν τέκνων καὶ τοῖς
    παρασταθεῖ[σι]
θύμασιν ἐπισπείσας καὶ εἰς τὸ γυμνάσ[ι]ον ἐλθὼν τό τε τῶν
    κατοίκ[ων]
ἐπισπείσας θῦμα καὶ πρὸς ἣν ἐποιήσαντο ἐντυχίαν ἐκτιθέμενοι
διὰ τὸ ὑπὸ Διονυσίου τοῦ στρατηγήσαντος τοὺς βίους αὐτῶν
    ἐκπεπορ[θ]ῆσ[θ]αι

5 προσδεῖσθαι τῆς ἐσομένης ἐξ αὐτοῦ ἀντιλήψεως οἰκειότερον
διαλεχθείς εἰς τὴν στρατηγικὴν ἀνέστρεψε κατάλυσιν.
(2. Hd.) Ἥριδι ἡ αὐτή.

1 Davor dürfte εὐξάμενος gestanden haben;   7 erg. ἀναφορά o. ä.

(gebetet) für den Herrn und König und für seine Kinder, die
bereitstehenden Trankopfer dargebracht, ins Gymnasion gegangen und die Opfergabe der Katoiken dargebracht, (mit
ihnen) eine Eingabe vertraulich besprochen, die sie machten
und in der sie auseinandersetzten: weil ihre Lebensgrund-
lagen vom ehemaligen Strategen Dionysios ausgeplündert
worden seien, benötigten sie den Beistand künftig von ihm,
(dann) kehrte er zu seinem Strategenquartier zurück (2. Hd.)
Dem Heris derselbe (Bericht).

Das vorliegende Fragment aus den Akten eines Strategen-
büros [s. o. Nr. 2] enthält den Schluß des Rechenschaftsbe-
richtes eines Strategen, der einmal an den Dioiketen, den
Chef des Finanzwesens, geht und in einem weiteren Exemplar
an Heris, der anderwärts als ὑπομνηματογράφος, d. h. als einer
der Chefs der königlichen Kanzlei belegt ist. Ephemeriden,
Tagebücher, dieser Art führen alle höheren Beamten; selbst
die Regierungsgeschäfte des Königs werden so verzeichnet.
Unser Text berichtet, daß der Stratege nach einem Gebet für
den König und dessen Kinder und nach dem Vollzug zweier
Opfer sich mit einem inhaltlich nicht weiter bestimm-
baren Gesuch von Katoiken beschäftigt hat. Κάτοικοι oder
κληροῦχοι sind aktive Soldaten, welche Parzellen verschiedener Größe (κλῆροι) der κληρουχικὴ γῆ erhalten haben;
κάτοικοι bezeichnet spezifisch Kleruchen griechischer Herkunft, im 2. und 1. Jahrhundert griechischer Kultur, nachdem seit Ende des 3. Jahrh. auch Ägypter zum Militärdienst
zugelassen sind. Die Verbindung zum Gymnasion spiegelt in
unserem Text (Z. 2) das Griechentum der Katoiken. Auf
jenem Lehensland lastet die Verpflichtung zu militärischen
oder auch polizeilichen Diensten im Falle des Aufgebotes.
Die Ansiedlung bezweckt nicht nur die Versorgung, sondern
dient ursprünglich auch der Landkultivierung; regelmäßig
wird in der frühen Ptolemäerzeit unfruchtbares Land ver-

geben und nach der Meliorisierung oft wieder eingezogen [s.u. Nr. 125]. Es mag sein, daß die Beschwerde hier mit einem solchen Vorgang zusammenhängt. Die Stellung des Strategen, des Chefs der Gauverwaltung, vereinigt in sich ägyptische wie griechische Einrichtungen. Die Gaueinteilung Ägyptens geht auf das Pharaonenreich zurück und besteht – wenn auch Grenzen, Zahl und Namen der Gaue wechseln – bis zum Beginn des 4. Jahrh. Griechisch ist das ursprünglich rein militärische Amt des Strategen. Auch in Ägypten ist der Stratege zunächst Militärbefehlshaber eines Gaus (νομός). Unter Ptolemaios III. Euergetes (246–221) wird er Chef der ganzen Gauverwaltung und im 2. Jahrh. v. Chr. zu einem reinen Zivilbeamten. Das militärische Kommando übernimmt der Epistratege, der seit 176/5 Militärbefehlshaber in ganz Ägypten (ohne Alexandria) und Vorgesetzter aller Gaubehörden ist. Einzig dem Strategen der häufig von nationalen Unruhen heimgesuchten Thebais unterstehen mehrere Gaue. Leiter der zivilen Gauverwaltung bleiben die Strategen auch in römischer Zeit. Anfang des 4. Jahrh. verschwindet mit der Gauverfassung das Amt des Strategen infolge verschiedener, teilweise schon länger zurückliegender Neuordnungen der Verwaltung. Diese Entwicklung setzt 200 ein, als Septimius Severus den Gaumetropolen die Ratsversammlung (βουλή) verleiht. Maßgebend ist vor allem ein fiskalischer Gesichtspunkt: dem Fiskus steht damit eine für den Eingang der Abgaben und die Erledigung der öffentlichen Angelegenheiten haftende Korporation zur Verfügung. Die Folgen reichen weiter: die βουλή tritt dem Strategen gegenüber und allmählich verschieben sich die Machtverhältnisse zugunsten der Ratsversammlung. Die von Diokletian begonnene Angleichung der Sonderstellung Ägyptens gegenüber dem Reich weiterführend, ersetzt Maximinus Daia 308 die Bezirke durch numerierte πάγοι unter *praepositi pagorum*, vor allem um den Steuereinzug zu verbessern. Gleichzeitig werden die Gaue zu Teritorien der Gaumetropolen, die sich damit von Dörfern (κῶμαι) zu *civitates* nach römischem Vorbild wandeln; die Aufgaben des Strategen fallen anderen Beamten zu.

*Lit.:* zum Text s. Ed. pr. und U. Wilcken, Urkunden-Referat, APF 11, 1935, S. 117ff. (S. 121f.); zum Lehensland s. F. Oertel, RE XI 1 Sp. 1ff. (13 ff.) s.v. Katoikoi; Schulthess, RE XI 1 Sp. 814ff. (831f.) s.v. κληροῦχοι; F. Uebel, Die Kleruchen Ägyptens unter den ersten sechs Ptolemäern, Berlin 1958; U. Wilcken,

Grundzüge S. 280ff.; zur Gaueinteilung und zum Strategen s. H. Bengtson, Die Strategie in der hellenistischen Zeit. Ein Beitrag zum antiken Staatsrecht, Bd. 3, München 1952; F. Bilabel, RE IV A 1 Sp. 184ff. s.v. Strategos 2); H. Kees, RE XVII 1 Sp. 833ff. s.v. νομός 1); E. Kornemann, RE XVIII 2 Sp. 2318ff. (2338f.) s.v. Pagus; H. Volkmann, Pauly 5 Sp. 388ff. s.v. Strategos.

# 14

## Kassenanweisung über Sold

P. Strassb. II 104        Herakleopolites. 194/3 v. Chr.
(mit BL II und III)

Θέων Ἑρμίαι χαί[ρειν].
Κατακολουθήσας τοῖς
ἐπεσταλμένοι[ς]
ὑπὸ Ἀγαθ[οκλέους] τ[οῦ]
5 παρὰ Πρωτάρχωι τ̣ο̣[ῦ]
ἐπιμελητοῦ χρημάτισον
Δίωνι γραμματεῖ ὥστε
τοῖς ἐν τῶι ἐν Τεχθ[ὼ]
φρουρίωι στρατιώταις,
10 οἷς γράφει Ἀγαθ[οκλ]ῆ[ς]
ἠριθμηκέναι, εἰς [Ἀθὺρ]
τοῦ ιβ (ἔτους) χαλκ[ο]ῦ̣ δισ[χιλίας]
πεντακοσίας δέκα̣
ἐννέα (δυόβολον), (γίνονται) χα(λκοῦ) β̣φιθ (δυόβολος) [καὶ]
15 σύμβολον π̣ό̣η̣σα̣ι̣ [πρὸς]
αὐτόν.
Ἔ[ρρωσο]. (Ἔτους) ιβ, Ἀθὺρ κ̅θ̅.
(2. Hd.) Θέων· χρ(ημάτισον), καθότι προγέγρα(πται),
χα(λκοῦ) (δραχμὰς) δισχιλίας πεντακοσίας [δέκα]
20 ἐννέα (δυόβολον), (γίνονται) χ̣α̣(λκοῦ) βφιθ (δυόβολος).
(Ἔτους) ιβ, Ἀθὺρ κ̅θ̅.
(3. Hd.) [    ].....ικα....

5 Πρωτάρχωι für Προτάρχου   22 wahrscheinlich folgt ein Rechnungsvermerk.

Theon dem Hermias Gruß. Entsprechend den Anweisungen des Agathokles vom Büro des Epimeleten Protarchos zahle dem Schreiber Dion für die Soldaten auf dem Posten in Techtho, von denen Agathokles schreibt, sie gezählt zu haben, für den (Monat) Hathyr des 12. Jahres zweitausendfünfhundertneunzehn Kupfer(drachmen) zwei Obolen, macht 2519 (Dr.) 2 Ob., und fertige eine Quittung für ihn. (2. Hd.) Theon, zahle, wie oben geschrieben, zweitausendfünfhundertneunzehn Kupferdrachmen, 2 Obolen, macht 2519 (Dr.) 2 Ob. Im 12. Jahre, am 29. Hathyr. (3. Hd.) …

Sorgfältige Kontrolle des Verwaltungsapparates belegt diese Soldanweisung in Verbindung mit dem zusammenhängenden P. Strassb. II 103. Im Dorfe Techtho im Herakleopolites-Gau steht 194/3 v. Chr. – vielleicht vorübergehend anläßlich politischer Unruhen – ein Militärtrupp, dem hier sein Monatssold angewiesen wird. Vorausgegangen ist ein Antrag des Rechnungsführers Dion jener Einheit. Agathokles, ein Beamter im Büro des zur Finanzverwaltung gehörenden Epimeleten Protarchos, hat den Antrag pflichtgemäß nachgeprüft; nicht nutzlos, denn Dion ist von einer überhöhten Kopfstärke ausgegangen und hat sich zudem noch verrechnet. Unter Berichtigung und Beifügen einer Abschrift des Antrages hat Agathokles den Trapeziten (hier: Staatskassenbeamter) Hermias zur Auszahlung angewiesen (vgl. u. Nr. 23). Die Kassenverfügung des Agathokles genügt allein jedoch noch nicht und ist auch nicht direkt zur Staatskasse gewandert, sondern über das Büro des Theon. Dieser, dessen Dienststellung ungenannt bleibt, weist mit dem vorliegenden Schreiben in Gegenzeichnung und unter Bezug auf die Verfügung des Agathokles (Z. 4 ff.) und dessen Berichtigung (in P. Strassb. II 103) (Z. 10) auch seinerseits den richtigen Betrag zur Auszahlung an. Die Verfügung des Theon dürfte dann der des Agathokles beigefügt worden sein, denn in unserem Text fehlen Adresse und Empfangsvermerk.

*Lit.:* Zu den Vorgängen s. F. Preisigke, Einl. zu P. Strassb. II 103; U. Wilcken, Papyrus-Urkunden, APF 7, 1924, S. 67 ff. (89 f.); zum Epimeleten s. P. Handrock, Dienstliche Weisungen in den Papyri der Ptolemäerzeit, jur. Diss. Köln 1967, S. 44 f.; U. Wilcken, Grundzüge S. 149 f.

## 15

### Warnung vor einer Inspektion

P. Teb. I 17                              Tebtynis. 114 v. Chr.

Πολέμων Μεγχεῖ χαίρειν. Ἐπεὶ
διέγνωσται τὸν ἐπιμελητὴν
παραγίνεσθαι ἄμ' ἡμέραι τῆι ιε εἰς
Βερενικίδα, τῆι δὲ ις παράγειν
5 τὴν κώμην εἰς Θεογο{γο}νίδα, στόχασαι
ὡς πάντα τὰ ἐνοφειλόμενα περὶ τὴν
κώμην ἐν μέτρωι ἔσται, ὅπως
μὴ ἐπικατασχὼν αὐτὸν εἰς δα-
πάνας ἐμπέσῃς οὐκ ὀλίας.
10 Ἔρρω(σο). (Ἔτους) γ Παῦ(νι) ια.

Verso: Κω(μο)γρ(αμματεῖ) Μεγχεῖ.

9 ὀλίας = ὀλίγας

Polemon dem Menches Gruß. Nachdem feststeht, daß der
Epimeletes sich bei Tagesanbruch am 15. nach Berenikis begeben wird (und) am 16. auf dem Weg nach Theogonis (Dein)
Dorf berührt, so sieh danach, daß alle Rückstände hinsichtlich des Dorfes im Lot sind, damit Du ihn nicht festhältst und
Dich in beträchtliche Unkosten stürzest. Gehab Dich wohl. Im
3. Jahr, am 11. Payni. (Verso) Dem Dorfschreiber Menches.

Inspektionsreisen sind ein anderes Mittel der sorgsamen Verwaltungskontrolle, welche uns in der Form der Gegenzeichnung bereits begegnet ist [s.o. Nr. 14]. Hier empfängt Menches, Dorfschreiber zu Kerkeosiris, die freundschaftliche
Warnung, daß ihm ein Besuch des zuständigen Epimeleten
bevorsteht, eines höheren Beamten der Finanzverwaltung,
der die pünktliche Erhebung und Ablieferung der Geld- und
Naturalabgaben prüfen wird. Eine schleunige Weiterreise
des Prüfers liegt im Interesse des Menches, da er während
dessen Aufenthalt die Versorgung stellen muß. Für Fehlbe-
träge haftet er ohnedies.

*Lit.*: zum Epimeletes s.o. bei Nr. 14.

# 16

## Aufstand in der Thebais

P. Bour. 12                    Pathyris. 1. November 88 v. Chr.

Πλάτων τοῖς ἐν Παθύρει
ἱερεῦσι καὶ τοῖς ἄλλοις
τοῖς κατοικοῦσι
χαίρειν. Γέγραφεν
5 ἡμῖν Φιλόξενος
ὁ ἀδελφὸς δι' ὧν κεκό-
μικεν ἡμῖν 'Ορσῆς
γραμμάτων περὶ τοῦ
τὸν μέγιστον θεὸν
10 Σωτῆρα βασιλέα
ἐπιβεβληκέναι
εἰς Μέμφιν, 'Ιέρακα δὲ

προκεχειρίσθαι
μετὰ δυνάμεων
15 μυρίων ἐπὶ κατα-
στολὴν τῆς Θηβαίδος.
'Όπως οὖν εἰδότες
εὐθαρσεῖς ὑπάρ-
χητε, ἐκρίναμεν
20 σημῆναι.
'Ερρ(ωσθε). ('Έτους) λ
Φαῶφι ιθ.
Verso:
Τοῖς ἐν Παθύρει
ἱερεῦσι καὶ τοῖς ἄλλοις.

Platon den Priestern in Pathyris und den anderen Bewohnern Gruß. Philoxenos, mein Bruder, hat uns in dem Brief, den Orses für uns mitgebracht hat, darüber geschrieben, daß der allerhöchste Gottkönig Soter nach Memphis vorgerückt ist, Hierax aber ist mit unendlich großer Streitmacht für die Niederwerfung der Thebais bestimmt worden. Wir hielten es für gut, (dies) mitzuteilen, damit Ihr jetzt Bescheid wißt und tapfer aushaltet. Gehabt Euch wohl. 30. Jahr, 19. Phaophi. (Verso) An die Priester von Pathyris und die anderen.

Die Thebais, d.h. das Gebiet um die bedeutende Stadt Theben = Oberägypten, ist in dem langgestreckten Niltal schon zur Pharaonenzeit nicht stets und nicht ohne weiteres an Unterägypten zu binden gewesen. Unter den Ptolemäern ist dieser fern der Hauptstadt gelegene Landesteil immer wieder der Mittelpunkt national-ägyptischer Freiheitsbestrebungen. Der Ausgang der Schlacht bei Raphia (217 v. Chr.), die Ptolemaios IV. Philopator gegen den Seleukidenherrscher Antiochos III. nur mit Hilfe von 20000 ägyptischen Phalangiten gewonnen hat, hat das Nationalbewußtsein der Ägypter gestärkt und nach anfänglich kleinen Revolten zum großen oberägyptischen Aufstand von 206 v. Chr. geführt. Er hat auch Unterägypten erfaßt und den Ägyptern der Thebais noch einmal für kurze Zeit einen Pharao, Anchmachis, beschert, bis der Aufruhr schließlich 172/1 niedergeworfen worden ist. Um das Land unter Kontrolle zu halten, wird 176/5 das Militärkommando über die ganze Chora [s. o. Nr. 13] dem Epistrategen übertragen, der häufig zusätzlich den Ende des 3. Jahrh. geschaffenen Posten des Strategen der Thebais innehat. Endgültige Ruhe bringt dies ebensowenig wie die bewußte Bevorzugung anderer oberägyptischer Städte gegenüber Theben. Der vorliegende Text bezieht sich auf einen Aufstand im Jahre 88 v. Chr. gegen Ptolemaios IX. Soter II., an dessen Ende, nach dreijährigem Kampf, Theben weitgehend zerstört wird, wovon es sich nicht mehr erholt. Der 106 von seiner Mutter Kleopatra III. vertriebene und soeben von Zypern zurückgekehrte Ptolemaios IX. begibt sich trotz seines Alters selbst nach Memphis (Z. 9ff.) und stellt unter dem Kommando des Hierax Streitkräfte bereit, um nachdrücklich gegen die Aufständischen vorzugehen. Platon, offenbar ein hoher Beamter, unterrichtet die Einwohner von Pathyris von dieser Lage und fordert sie auf, auszuharren – Pathyris hält demnach zum König.

*Lit.:* zu Theben und der Thebais s. H. Kees, RE V A 2 Sp. 1553 ff. s. v. Thebai 2); zu den Aufständen s. H. Kees, aaO. Sp. 1576 f.; zum Epistrategen und zum Strategen der Thebais s. H. Bengtson, Strategie [o. bei Nr. 13], S. 91 ff.; J. D. Thomas, The Epistrategos in Ptolemaic and Roman Egypt, Part 1, The Ptolemaic Epistrategos, Opladen 1975.

## 17

# Aufruf eines Präfekten (?) an die Alexandriner, den Kampf gegen die Juden einzustellen

P. Mil. Vogliano II 47          Tebtynis. 13. Oktober 115 oder
                                135 n. Chr.

Col. I und II sind nur fragmentarisch erhalten.
Col. II Z. 27: ].. πῦρ καϑ' ἡμῶν
Col. III

  ἐτοιμ[ά]ζου[σι] καὶ σίδηρον. Οἶδα ὅτι
  εἰσὶν [ὀ]λίγοι. 'Αλ[λ'] ἐγφέρουσιν αὐτοὺς [οἱ] πλε[ί]-
  ονες [κ]αὶ τρέφουσιν οἱ κρείσσον[ε]ς, ἀγοράζον-
  τες τὸ μὴ λοιδορεῖσϑαι, τὸ μὴ διαρπάζεσ-
5 [ϑ]αι· τὸ ἐν ὀλίγο[ι]ς μεισούμεν[ο]ν ο[ὐ]κ ἀδί-
  [κ]ως ὅλης πόλεώς ἐστιν ἔνκλημα. Οἶδα
  ὅτι ἐν τούτοις πλείονές εἰσιν δοῦλοι· διὰ
  τοῦτο οἱ δεσπότ[α]ι λοιδοροῦγτα[ι]. Πᾶσιν
  οὖν ἐγὼ παραγγέλλω μὴ προσποιεῖσϑαι
10 ὀργὴν ἐπιϑυμ[ί]ᾳ κέρδους. Γεινωσκέτωσαν
  ὅτ[ι] οὐκέτι αὐτοὺς ἀγνοοῦμεν. Μὴ πιστευέ-
  τωσάν μου τῇ [εὐπ]ετίᾳ μηδὲ τα[ῖς .].ταις
  ἡμέραις ..[....]τον ἐβιασάμη[ν ..]ρειν ὅσα
  εὐϑέως ἐδυ[νά]μ[η]ν ε.[..]λειν. ['Αλ]λ' ε[ἴ τις]
15 κατ[η]γορεῖν ϑ[έ]λει τ[ι]νός ἔχει δικα[σ]τὴ[ν]
  ὑπὸ Καίσαρος ἐπὶ τοῦτο πεμφϑέντα. Οὐδὲ γὰρ ἡγεμόσιν ἔξεστιν ἀκρίτους ἀ-
  ποκτεῖναι, ἀλ[λ]ὰ καὶ κρίσις ἴδιον ἔχει
  χρόν[ο]ν, ἴδ[ι]ον [τ]όπον ὡς ἴδιον τύπον
20 κόλα[σ]ις. Παυσάσϑωσαν οἵ τε ἀλη-
  ϑῶς οἵ τε ψευδῶς τραυματίας ἑαυ-
  τοὺς εἶναι λέγοντες καὶ βιαίως ἅμα
  καὶ ἀ[δίκω]ς δ[ί]κην ἐπαιτοῦντες. Μὴ τραυ-
  ματίζεσϑαι γὰρ ἐξῆν. Τινὰ τῶν ἀ-
25 μαρτημάτ[ω]ν ἴσως ἀπολογίαν ἔχειν
  ἐδύνατο πρὸ τῆς 'Ρωμαίων

Col. IV

π[ρ]ὸς Ἰουδαίους μάχης. Νῦν
δὲ μά[ταια] κ[ριτή]ρια, ἃ καὶ
πρότερον οὐκ ἐξῆν.
(Ἔτους) ῑ̅θ̅ .. [.....]Φαῶφι ῑ̅ϛ̅.

5 μεισούμεν[ο]ν l. μισούμενον          12 .].ταις viell. ρ̣]ηταῖς
13 ..[....]τον viell. ὅτ[ι πρῶ]τον; ..]ρειν viell. εὑ]ρεῖν oder
τη]ρεῖν    14 ε.[..]λειν viell. ἐγ[βα]λεῖν Col. IV 4 ..[.....]erg.
Τραιανοῦ oder Ἁδριανοῦ

... Feuer und Eisen halten sie gegen uns bereit. Ich weiß, es
sind wenige. Aber die Mehrzahl der Leute nimmt sie zu sich
und die Mächtigen beköstigen sie, um es sich zu erkaufen,
nicht beschimpft und fortgeschleppt zu werden. Der Haß
weniger Leute ist nicht zu Unrecht eine Anklage gegen die
ganze Stadt. Ich weiß, daß die Mehrzahl von ihnen Sklaven
sind, dies bringt (ihre) Eigentümer in ein schlechtes Licht.
Allen befehle ich nun, keine Leidenschaft um des Vorteils
willen vorzutäuschen. Sie sollen wissen, daß wir sie sehr wohl
noch kennen. Nicht sollen sie auf meine Nachsicht vertrauen,
auch nicht auf die Gerichtstage (?), als ich zum ersten Male
zu finden drang, was ich sofort aus der Welt schaffen
konnte (?). Wenn aber irgendeiner einen anderen anzukla-
gen beabsichtigt, so hat er einen vom Caesar dafür bestellten Richter. Denn auch den Präfekten ist es nicht erlaubt,
ohne Richterspruch hinzurichten, vielmehr gibt es für ein
Gerichtsverfahren eine eigene Zeit und einen bestimmten
Ort wie auch für die Bestrafung ein besonderes Verfahren.
Sie sollen aufhören, teils der Wahrheit gemäß, teils fälschlich, zu sagen, sie seien verwundet worden, und gleichzeitig
gewaltsam und ungerecht Recht zu fordern; denn nicht verwundet zu werden stand jedem frei. Irgendeine Rechtferti-
gung der gesetzwidrigen Vergehen konnte es vielleicht vor
dem Kampf der Römer gegen die Juden geben. Jetzt aber
sind es zwecklose Entscheidungsmerkmale, die auch früher
schon nicht zugelassen waren. Im 19. Jahr des ..., am 16.
Phaophi.

Dieser vielbesprochene Text, der Aufruf eines hohen römischen Beamten, wahrscheinlich sogar ein Erlaß (Edikt) des Präfekten von Ägypten, entspringt dem Bemühen der römischen Verwaltung, in Alexandria der Verfolgung der Juden Einhalt zu gebieten, Ruhe und Ordnung wiederherzustellen. Die Juden, deren erste bekannte Siedlung im 6. Jahrh. v. Chr. auf der Nilinsel Elephantine von jüdischen Söldnern begründet worden ist, sind unter den Ptolemäern in großen Gruppen ins Land gekommen. Die größte Anziehungskraft hat die rege Handelsstadt Alexandria auf sie ausgeübt, aber auch auf dem Land finden wir jüdische Gemeinden, deren Mitglieder in den verschiedensten Berufen tätig sind. Die religiöse Toleranz der Ptolemäer erlaubt es den Juden, trotz ihres Glaubens loyale Untertanen zu sein, wofür sie mit Privilegien belohnt werden. Doch dies und ihre exklusive Religion ziehen den Juden die Feindschaft der griechischen Bevölkerung, vor allem der von Alexandrien, in einem Maße zu, welches über die sonst aus den nationalen Gegensätzen herrührenden Reibereien hinausgeht. Zu Ausschreitungen scheint es anfänglich jedoch nicht gekommen zu sein, immerhin hat sich die Stimmung der Zeit in einer antijüdischen Literatur und deren Beantwortung durch eine jüdische Apologetik niedergeschlagen. Die Loyalität der Juden gegenüber der Regierung dauert unter den Römern zunächst an, dagegen steigert sich die Feindschaft mit den Griechen zu blutigen Straßenschlachten, die bald von der einen, bald von der anderen Seite mit fanatischem Haß herbeigeführt werden. Die Zerstörung Jerusalems 70 n. Chr. durch Titus beendet die jüdische Loyalität, es kommt in Alexandrien zum Aufstand. Er wird niedergeschlagen, der jüdische Tempel in Leontopolis, der kultische Mittelpunkt der Juden in Ägypten, wird geschlossen, und den Juden wird eine besondere Steuer [s. u. Nr. 18] auferlegt. Der Römerhaß der Juden führt 115 zu einem neuen Aufstand, als Truppenteile aus den ägyptischen Garnisonen mit Trajan gegen die Parther im Feld stehen. Auch die Juden der Kyrenaika und auf Zypern erheben sich; in Ägypten weitet sich der Aufstand zu einem regelrechten Krieg aus, in dem die Juden anfangs erfolgreich sind und das Land fürchterlich verwüsten. Erst frisch herangeführten Truppen gelingt es, 117 den Aufstand niederzuschlagen. Schließlich hat die Erhebung des Bar Kochba in Judaea 132–135 ein blutiges Nachspiel in Ägypten gehabt, welches der vorliegende Text betreffen könnte. Eine verbindliche Zuweisung gestattet der unleserliche Kaisername Col. IV Z. 4 nicht. Die Aussage des Textes aber ist klar; er richtet sich an die griechischen Alexandriner, die nach der Niederwerfung der Juden (und dies spricht für eine Datierung in 135, denn 115 flammt der Aufstand gerade auf) ein Pogrom entfacht haben. Die Ausschreitungen begehen Sklaven, die einflußreichen Griechen leisten zwar materielle Hilfe, bleiben aber im Hintergrund. In dieser Lage fordert der vorliegende Text dazu auf, zu rechtmäßigem Verhalten zurückzukehren.

*Lit.:* zum Text und den zugrundeliegenden Verhältnissen s. G. Pugliese-Carratelli, Einl. zu P. Mil. Vogl. II 47; V. A. Tcherikover - A. Fuks, CPJ II S. 225ff. und Einl. zu CPJ II 435; zu den Juden s. CPJ passim; U. Wilcken, Einl. zu P. Brem. S. 14ff.; Grundzüge S. 25ff., 62ff.

## 18

### Quittung über Judensteuer

O. Edfou I 120            Apollonopolis Magna. 2. Juni 72 n. Chr.

Ἰώσηπο(ς) Ἰάσωνος
τιμῆς δηναρίω(ν)
δύο Ἰουδ(αίων) ϟ (ἔτους) ⟨(δραχμὰς)⟩ η (δυοβόλους).
(Ἔτους) δ Οὐεσπασιανοῦ Παῦ(νι)
η̄.

Text nach CPJ II 165 mit anderer Interpunktion.

Josepos, Sohn des Jason, als Äquivalent für zwei Denare an Judensteuer des 4. Jahres 8 Drachmen zwei Obolen. Im 4. Jahr des Vespasianus, am 8. Payni.

Nach dem Fall von Jersualem und der Zerstörung des Tempels 70 n. Chr. ordnete Vespasian an, daß die bislang von den Juden an den Tempel zu leistende Abgabe von ½ Sekel, etwa 2 *denarii*, für den *Jupiter Capitolinus* zu zahlen sei. Was für Vespasian eine willkommene Finanzierungsquelle ist, um den in den seiner Thronbesteigung vorausgegangenen Wirren zerstörten Tempel des *Jupiter Capitolinus* wiedererrichten zu lassen, bedeutet für die Juden eine schwere Belastung; denn nunmehr unterliegt jedes Familienmitglied, gleich welchen Geschlechts, sowie die Sklaven von 3 bis 62 Jahren dem Ἰουδαίων τέλεσμα, während die Tempelabgabe nur von männlichen Juden ab dem 20. Lebensjahre zu zahlen war. Das merkwürdige Mindestalter könnte mit dem Zeitpunkt des ersten Einzugs der Steuer zusammenhängen; zu dieser Zeit sind wohl alle Juden 3 Jahre alt, die zu Beginn der Belagerung Jerusalems ein Jahr und älter gewesen sind; diese Grenze könnte sich dann gehalten haben, bis die Steuer Anfang des 2. Jahrh. verschwindet.

*Li;.:* zum Ἰουδαίων τέλεσμα s. S.L. Wallace, Taxation [o. bei Nr. 9] S. 170ff.; V. A. Tcherikover, CPJ I S. 80ff., II S. 111ff.

## 19

## Erlaubnisschein für eine Hetäre

SB VI 9545, 33                 Elephantine. 23. September 142 n. Chr.

> Ἀμμώνιος καὶ οἱ σὺν αὐτῶι τελ(ῶναι)
> ἑταιρικοῦ Θινμαρείνῃ χα(ίρειν).
> Συνεχωρήσαμέν σοι ἑταιρεῖν
> τῇ κ̄ε τοῦ Θὼϑ τοῦ ϛ (ἔτους) Ἀντωνείνου
> Καίσαρος τοῦ κυρίου. Θὼϑ κ̄ε.
> (2. Hd.) Βρασίδιος Οὐάλης σεσημίωμαι.

6 Βρασίδιος oder Βρουσίδιος oder Βρυσίδιος

Ammonios und die, die mit ihm Pächter der Hetärensteuer sind, der Thinmareine Gruß. Wir haben Dir erlaubt, am 26. des Toth des 6. Jahres des Antoninus Caesar, des Herrn, als Dirne zu arbeiten. 26. Toth. (2. Hand) Brasidius(?) Valens, ich habe gezeichnet.

Dieser Erlaubnisschein für eine Hetäre zeigt, daß kaum ein
Bereich privater Tätigkeit von staatlicher Inspektion frei ist,
vor allem nicht von Abgaben. Zwar ist der Erlaubnisschein
eigentlich keine Quittung, aber die Lizenz ist sicherlich nach
der Zahlung der Hetärensteuer (ἑταιρικόν) erteilt worden
und gilt als Nachweis dafür, zumal sie von den Steuerpäch-
tern ausgestellt worden ist. Die Einkunftsquellen zu verpachten ist in der Ptolemäerzeit der gebräuchliche Weg, über den
der Staat seine Einnahmen erlangt. Nur wenige Steuern
werden direkt an eine staatliche Stelle abgeführt, ferner
Zwangsbeiträge für bestimmte staatliche Einrichtungen
[z. B. u. Nr. 21]. Die Verpachtung aber überwiegt. Verpachtet werden die Rechte, – wie hier – eine bestimmte Steuer
einzuziehen, ein Monopol auszuüben [s. u. Nr. 22 und 119]
oder Zoll einzuziehen. Verpachtet wird aber auch das Kronland (βασιλικὴ γῆ) an die Königsbauern [s.u. Nr. 22]. Der
Staat kann auf diese Weise seine Einnahmen recht gut vor-
ausschätzen. Die Steuerpacht in Ägypten unterscheidet sich
wesentlich von dem freien Pachtunternehmer in den griechischen Poleis, woher sie stammt, und erst recht von der
ob des rigorosen Vorgehens der Pächter gefürchteten römischen Form: die Pächter stehen unter staatlicher Kontrolle
und der genaue Voranschlag seitens der Verwaltung gewährt
ihnen nur in besonders günstigen Jahren ein lukratives Geschäft. Ihr eigentliches Einkommen besteht in den Tantiemen, die ihnen der Staat nach der ordnungsgemäßen Erfüllung des Pachtvertrages zahlt. Unter den Römern wird die
Steuerpacht vielfach durch den von Zwangsbeamten [s.o.
Nr. 2] ausgeübten Einzug ersetzt.

*Lit.*: zum Text s. Ed. pr. W. Müller, Griechische Ostraka, APF 16,
1958, S. 190ff. (212ff.); zur Hetärensteuer s. S.L. Wallace, Taxation [o. bei Nr. 9] S. 209ff.; zum Steuerwesen s. W. Schwahn, RE
V A 1 Sp. 226ff. (262ff.) s.v. Τέλη 1), S.L. Wallace, aaO.

20

## Hausbesitz-Deklaration

UPZ I 116 (mit BL III und IV)          Memphis. 210–183 v. Chr

Μητροδώρωι ἐπιμελητῆι
παρὰ 'Απύγχιος 'Ιναρώυτος
'Ελληνομεμφίτης. 'Απογράφομαι
'κατὰ τὸ ἐκτεθὲν πρόσταγμα' τὴν ὑπάρχουσάν μοι οἰκίαν
5 'καὶ αὐλὴ' ἐν τῶι 'Ελληνίωι ἐν τόπωι 'Ιμεν-
σθωτιείωι, ἧς μέτρα 'τῆς μὲν οἰκίας' π(ήχεις) κα ἐπὶ π(ήχεις) ιγ,
'τῆς δὲ αὐλῆς π(ήχεις) δ ἐπὶ π(ήχεις) [ι]γ,' γείτονες· πρὸς νότον
οἰκία Ταμψώιτος
Φανῶτος, πρὸς βορρᾶν Πάσιτος 'Αριάνιος
καὶ ὁδὸς ἀνὰ μέσον, πρὸς λίβα
10 σιτοποεῖόν μου καὶ ὁδὸς ἀνὰ μέσον,
πρὸς ἀπηλιώτην Ποκαῦς Πετεποίνιος.
Ταύτην οὖν τιμῶμαι (δραχμῶν) 'Δ.
Καὶ ἄλλην οἰκίαν, ἐν ὧι σιτοποιοῦσιν,
καὶ αὐλὴ ὧν μέτρα τῆς μὲν οἰκίας
15 μέτρα π(ήχεις) κα ἐπὶ π(ήχεις) ιγ καὶ τῆς αὐλῆς π(ήχεις) δ
ἐπὶ π(ήχεις) ιγ, γείτονες· ⟨πρὸς νότον⟩ 'Οννῶφρις 'Ώρου οἰκία,
πρὸς βορρᾶν Πάσιτος τοῦ 'Αριάνιος καὶ ὁδὸς
ἀνὰ μέσον, πρὸς λίβα Νεφεργήριος
Παχράτου, πρὸς ἀπηλιώτην ἡ προγεγραμένη
20 οἰκία καὶ ὁδὸς ἀνὰ μέσον. Ταύτην οὖν
τιμῶμαι χαλκοῦ (δραχμῶν) 'Β
(γίνεται) (τάλαντον) α.

3 'Ελληνομεμφίτης für 'Ελληνομεμφίτου    5, 14 αὐλή für αὐλήν
16 'Οννῶφρις für 'Οννώφριος    19 προγεγραμένη l. προγεγραμ-
μένη

An Metrodoros, den Epimeleten, von Apynchis, Sohn des
Inaroys, dem Hellenomemphiten. Ich melde gemäß dem ausgehängten Erlaß das mir gehörende Haus und den Hof im

Hellenion-Viertel im Imensthotieion-Bezirk an. Die Maße
des Hauses sind 21 Ellen auf 13 Ellen, des Hofes 4 Ellen auf
13 Ellen. Nachbarn: nach Süden das Haus der Tampsois,
der Tochter des Phanos, nach Norden das des Pasis, des
Sohnes des Arianios, und ein Weg dazwischen, nach Westen
meine Bäckerei und ein Weg dazwischen, nach Osten Pokaus,
der Sohn des Petemunis. Dies nun schätze ich auf 4000 Drachmen. Und ein weiteres Haus, in dem man backt, und einen
Hof, deren Maße sind: des Hauses 21 Ellen auf 13 Ellen und
des Hofes 4 Ellen auf 13 Ellen. Nachbarn: nach Süden das
Haus des Onnophris, des Sohnes des Horos, nach Norden
das des Pasis, des Sohnes des Arianus, und ein Weg dazwischen, nach Westen das des Nephergeris, des Sohnes des
Pachrates, nach Osten das vorher beschriebene Haus und
ein Weg dazwischen. Dieses nun schätze ich auf 2000 Kupferdrachmen. Macht ein Talent.

Mit dieser Erklärung (ἀπογραφή) meldet Apynchis dem Epimeleten seinen Bestand an Hausbesitz, nämlich ein Haus, in
dem er wohl wohnt, und ein weiteres, von dem ersten durch
eine Straße getrenntes, in dem er seine Bäckerei betreibt; bei
der Schätzung des Wertes bemißt er den Wert des Betriebsge-
bäudes trotz gleicher Grundfläche nur halb so hoch wie den
des Wohnhauses. Die Deklaration dient Steuerzwecken, wie
bereits die Adresse an den im Steuerwesen tätigen Epimeleten zeigt; gewerbliche und andere Gebäude werden offenbar verschieden veranlagt. Während der rascher wechselnde
Besitz an steuerunterworfenen Mobilien jedes Jahr zu deklarieren ist [z.B. u. Nr. 134], werden die Haus- und Grund-
besitz-Erklärungen besonders angeordnet (Z. 4). Die Aufgabe, die Objekte der zahlreichen Steuern festzustellen, haben die Ptolemäer durch eine modern anmutende Verbindung von Selbstdeklaration der Steuerzahler [z.B. o. Nr.
Nr. 9] und amtlicher Prüfung und Überwachung [z.B. o.
Nr. 6] zu lösen versucht; die Römer haben diese Methode
beibehalten. Für die Steuerfestsetzung genügen an sich die
Gebäude- und Grundstückskataster und die Z. 4 erwähnte
Anordnung bezweckt wohl nur deren Kontrolle. Ein Hinweis auf die frühen griechisch-ägyptischen Beziehungen

schließlich ist die Charakterisierung des Apynchis als Ἑλ-
ληνομεμφίτες. Sie kennzeichnet ihn nämlich als einen Ab-
kömmling jener ionischen Söldner, die der Pharao Psammetich I (664–610 v. Chr.) zusammen mit karischen Reisläufern
angeworben und bei Bubastis, im östlichen Delta, angesiedelt
hat. Amasis (570–526), der auch der ersten Polis in Ägypten,
Naukratis, Vergünstigungen gewährt hat, hat die Siedlung
nach Memphis verlegt, wo die Söldnernachkommen weiter
nach ihren Traditionen gelebt haben.

*Lit.:* zum Steuerwesen s.o. bei Nr. 19; zu den Hellenomemphiten
s. U. Wilcken, Einl. zu UPZ I 116 und 149.

# 21

## Zahlung von Arzt- und Polizei-Abgabe

P. Hib. I 103                    Hibeh. 20. November 231 v. Chr.
(mit BL III und VI)

(Ἔτους) 13 Φαῶφι β, ὀλ(υρῶν) ιδ.

Ἀπολλοφάνης Θε-
οφίλωι χαίρειν. Με-
μετρήμεθα παρὰ
5  Στρατίου ὑπὲρ
Διοδώρου Κεφαλλῆ-
νος δε(κανικοῦ) τῶν Ζωίλου
διὰ κωμο(γραμματέως) Εὐπόλεως
(Ἔτους) 13 ἰατρικὸν ὀλ(υρῶν) ε,
10  φυ(λακιτικὸν) ὀλυρῶν ἐννέα, (γίνονται) ὀλ(υρῶν) ιδ.
Ἔρρωσο. (Ἔτους) 13
Φ[α]ῶφι β.

Im 17. Jahr, am 2. Phaophi. 14 (Artaben) Speltweizen. Apollophanes dem Theophilos Gruß. Uns sind zugemessen worden von Stratios für Rechnung des Diodoros aus Kephal-
lenia, Dekanikos der (Reiter unter) Zoilos, durch den Dorf-

schreiber Eupolis für das 17. Jahr an Ärzteabgabe 5 (Artaben) Speltweizen, an Polizeiabgabe 9 (Artaben) Speltweizen, macht 14 (Artaben) Speltweizen. Gehab Dich wohl. Im 17. Jahr, am 2. Phaophi.

Einen guten Einblick in das Kassenwesen gewährt die vorliegende Bescheinigung, wonach Stratios, wohl ein Militärsiedler (κληροῦχος) die Ärzte- und die Polizeiabgabe für Diodoros gezahlt hat. Letzterer ist gleichfalls Kleruch und hat den Rang eines Subalternoffiziers in der dem Zoilos unterstehenden Reiterabteilung. Die gezahlten Abgaben finanzieren die Einrichtungen, deren Namen sie tragen; aus noch ungewissem Grunde obliegt das ἰατρικόν allein Kleruchen. Die verschiedenen in der Bescheinigung genannten Personen lassen die Natur des Textes nicht auf den ersten Blick erkennen. Die Herausgeber dachten an eine Quittung, doch diese würde dem Leistenden oder wenigstens dessen Mittelsmann erteilt – Theophilos aber scheint an dem Vorgang unbeteiligt zu sein. Ihn betrifft erst die Bescheinigung und dies läßt sie als Giromeldung im Rahmen des in Ägypten neben dem Geldumlauf bestehenden Getreide-Giroverkehrs erkennen. Apollophanes ist demnach Beamter des Staatsspeichers, der Theophilos die Gutschrift mitteilt. Dessen Rolle ist ungewiß; er könnte ein Finanzbeamter sein und wegen der Registrierung von dem Zahlungsvorgang benachrichtigt werden. Da die Abgaben über Eupolis gelaufen sind und dieser als Dorfschreiber u.a. für Steuerangelegenheiten zuständig ist, kommt auch eine andere Möglichkeit in Betracht. Eupolis könnte die Abgaben eingezogen und bei einem dem Theophilos unterstehenden Speicher zur Überweisung an den Speicher des Apollophanes abgeliefert haben und Apollophanes bestätigt nun dem Theophilos die Gutschrift.

*Lit.:* zu den Kleruchen s. o. Nr. 13; zu Zwangsabgaben für Staatseinrichtungen s. W. Schwahn, RE V A 1 Sp. 226ff. (297ff.) s.v. Τέλη 1); zum ἰατρικόν s. E. Boswinkel, La medicine [u. bei Nr. 37] S. 186f.; zu Abgaben der Kleruchen s. C. Préaux, L'économie [o. bei Nr. 2] S. 400ff.; zu den Girobescheinigungen s. F. Preisigke, Girowesen im griechischen Ägypten, enthaltend Korngiro, Geldgiro, Girobanknotariat mit Einschluß des Archivwesens. Ein Beitrag zur Geschichte des Verwaltungsdienstes im Altertum, Straßburg 1910, Nd. Hildesheim–New York 1971, S. 138ff.

22

## Quittung für Monopolpachtzins

P. Grenf. II 39        Arsinoites. 1. Jahrh. (80/79?) v. Chr.

Der Anfang des Textes ist abgebrochen

("Ἔτους) β Θωὺθ ι[.]
    spatium
Ψαμμήτιχος Πασίων
καὶ Σενθέως ζυτοποιοῖς
χαίρειν. Ἀπ[έ]χω τὸν
5 [φ]όρον [τοῦ Φαῶ]φ[ι χ]αλκοῦ
[τάλα]ν[τα πέντε, (γίγνονται) (ταλαντα)] ε.
["Ἔτους β Φαῶφι] ῑζ.

2 Πασίων | καὶ Σενθέως für Πασίωνι καὶ Σενθεῖ

Im 2. Jahr, am 10 [+x.] Thoth.
Psammetich den Bierbrauern Pasion und Sentheus Gruß. Ich habe (erhalten) den Monopolpachtzins für (den Monat) Phaophi in Höhe von fünf Kupfertalenten, macht (d.h. in Zahlen) 5 Tal. Im 2. Jahr, am 17. Phaophi.


Der vorliegende Text ist eine von zwölf der gleichen Hand entstammenden, lediglich im Erhaltungszustand und in einigen Schreibvarianten differierenden Quittungen für die allmonatlichen Pachtzinszahlungen im zweiten Jahr eines ungenannten Ptolemäerkönigs. Der Schrifttyp macht eine Zuweisung in die Zeit Ptolemaios XII. Neos Dionysios Auletes (80–51 v. Chr.) wahrscheinlich und damit die Entstehungszeit 80/79 v. Chr. Z. 1 des veröffentlichten Fragments ist das Ende der Quittung aus dem dem Phaophi vorausgehenden Monat Thoth; anscheinend standen die Quittungen mit etwas Abstand auf einem einzigen, heute freilich zerbrochenen Papyrusblatt. Die Berufsbezeichnung der Quittungsempfänger macht den Text zu einem wichtigen Beleg für das Biermonopol. Gepachtet ist das Verkaufsmonopol, doch scheint damit in ptolemäischer Zeit regelmäßig eine Brauerei (ἐργα-στήριον) verbunden zu sein, in der Lohnarbeiter aus staatlichen Gerstelieferungen Bier brauen. Diese Verbindung erklärt wohl, daß gerade Brauer (ζυτοποιοί) gerne das Verkaufsmonopol übernehmen. Empfänger des monatlich zu entrichtenden Pachtzinses (φόρος) ist Psammetichos als Steuerpächter [vgl. u. Nr. 119] oder einzugsbefugter Beamter [vgl. o. Nr. 21]. Das Monopolwesen ist eine noch keineswegs in allen Einzelheiten erforschte, hervorstechende Einrichtung besonders des ptolemäischen Ägypten. Wirtschaftlich gesehen sind die Monopole Ägyptens Vollmonopole, der private Wettbewerb ist grundsätzlich ausgeschaltet, doch werden die Monopole nur teilweise in staatlicher Regie ausgenutzt, vielmehr häufig wie hier über die pachtweise Vergabe von Konzessionen privaten Händen überlassen; die unmittelbare Reichweite des Staates bleibt folglich unklar. In jedem Falle sind die Monopole Ausdruck des Bestrebens der ptolemäischen Herrscher, alle finanziellen Hilfsquellen ihres Landes heranzuziehen, um ihren außenpolitischen Anspruch auf die Nachfolge Alexanders des Großen gegenüber den übrigen Diadochen geltend zu machen. Die Wurzeln dieses Monopolwesens sind im ägyptischen wie im griechischen Bereich zu suchen, was auch das uneinheitliche Erscheinungsbild erklärt. Einerseits bestehen bereits unter den Pharaonen faktische Monopole, die sich aus dem Obereigentum des Pharao am Boden und an vielen Stätten der gewerblichen Produktion und des Handels und der daraus entspringenden Herrschaft über die Produkte ergeben haben. Andererseits sind den griechischen Poleis des vierten vorchristlichen Jahrhunderts vor allem Handelsmonopole durchaus bekannt, wenn diese auch grundsätzlich auf Notfälle beschränkt und somit vorübergehender Natur sind, während das Schwergewicht bei der Privatwirtschaft liegt. Aus beiden Traditionen ein wesentliches Finanzinstrument geschaffen zu haben, ist dann das „Verdienst" der Ptolemäer, vermutlich Ptolemaios II. Philadelphos (285–246 v. Chr.), gewesen.

*Lit.:* zu den Monopolen s. A. Andréadès, De l'origine des monopoles ptolémaïques, Mélanges Maspereo II, Kairo 1935–37, S. 289 ff.; F. Heichelheim, RE XVI 1 Sp. 147 ff. s. v. (zu Monopolen

im Ptolemäerreich s. Sp. 158 ff., zum Biermonopol s. Sp. 170 f.);
C. Préaux, L'économie [o. bei Nr. 2] Index. s. v. monopole; W.
Schwahn, RE V A 1 Sp. 226 ff. (275 ff.) s. v. Τέλη; S. L. Wallace,
Taxation [o. bei Nr. 9] S. 181 ff.; U. Wilcken, Grundzüge S. 239 ff.;
für die altägyptische Zeit s. H. Kees, Ägypten, München 1933,
S. 103 ff.

## 23

## Kopfsteuerquittung

P. Cairo Preisigke 21                Bakchias. 166 n. Chr.

ξ
(1. Hd.) ˝Ἐτους ϛ Αὐτ[ο]κράτορος Καίσαρος Μάρκου
Αὐρηλίου 'Αντ[ωνί]νου Σεβαστοῦ καὶ
Αὐτοκράτορος Κ[α]ίσαρος Λουκίου Αὐρηλίου
5 Οὐήρου Σεβαστοῦ, Μεσορὴ ιε. Δι(έγραψε) (2. Hd.) Σωτή-
[ρ]ιχ(ος) ὁ καὶ ˝Ὡρ[ο(ς)] ˝Ἡρωνος τοῦ Σω[τ]η(ρίχου) (μητρὸς)
Ταμού θ(εως)
(1. Hd.) λαο(γραφίας) ἕκτου (ἔτους) (3. Hd.) Χη(νοβοσκῶν)
(Πρώτων)
(δραχμὰς) εἴκοσι, (γίνονται) κ, ὀβο(λοὺς) χ[α]λ(κοῦ) δέκα.

(1. Hd.) 6. Jahr des Imperator Caesar Marcus Aurelius Antoninus Augustus und des Imperator Caesar Lucius Aurelius
Verus Augustus, 15. Mesore. Es zahlte ein: (2. Hd.) Soterichos, der auch Horos (heißt), Sohn des Heron, des Soterichos
Sohn, seine Mutter ist Tamuthis, (1. Hd.) die Kopfsteuer für
das 6. Jahr (3. Hd.), Stadtteil Chenoboskon Proton, zwanzig
Drachmen, macht 20, zehn Kupferobolen.

Dem Soterichos bestätigt die vorliegende Quittung, er habe
die Kopfsteuer (λαογραφία) für das 6. Regierungsjahr der
Kaiser Marcus Aurelius und Lucius Verus bezahlt, und uns

gewährt sie einen Blick in den Bürobetrieb: Bei der Einzahlung trägt ein Schreiber (2. Hd.) nur noch den Namen des
Steuerzahlers in das blanko vorbereitete Formular (1. Hd.)
ein und der Kassierer vermerkt am Ende den Stadtteil, in dem
Soterichos gemeldet ist und zugunsten dessen Steuerquote
die Zahlung zu verbuchen ist, den Kopfsteuerbetrag von 20
Drachmen und eine sechzehnprozentige Ergänzungsabgabe
(προσδιαγραφόμενα). 20 Drachmen sind nur die Hälfte der
Kopfsteuer, die ein einfacher Ägypter im Arsinoites entrichten müßte; die Kopfsteuer des Arsinoites liegt mit dem Betrag wesentlich über der in den übrigen Gauen Unterägyptens, hierin könnten jene ausgedehnten Bewässerungs- und
Meliorisationsarbeiten unter den ersten Ptolemäern fortwirken, welche den Arsionites zum reichsten Agrargebiet
Ägyptens gemacht hatten und folglich eine höhere Steuerbelastung der Bewohner als zumutbar erscheinen ließen
[vgl. o. Nr. 4]. Die fünfzigprozentige Ermäßigung kennzeichnet den Soterichos als Mitglied der griechischen Bevölkerungsschicht – οἱ ἀπὸ γυμνασίου (der mit dem Gymnasion
Verbundenen) oder μετροπολῖται (Metropolenbewohner).
Der ptolemäischen Kopfsteuer (σύνταξις) sind die Makedonen und Hellenen als Angehörige des Eroberervolkes ungeachtet ihrer sozialen Stellung ebensowenig unterworfen
gewesen wie nach dem Herrschaftsübergang die Römer der
λαογραφία. Zur Bezeichnung der Steuer dient nun der Name
der Steuerunterlage, der „Liste des (steuerpflichtigen) Volkes
(λαοί)", in der jetzt auch die Angehörigen des ehemaligen
Herrenvolkes stehen. Bald nach der Machtübernahme weitet
Augustus nämlich den Kreis der Kopfsteuerpflichtigen aus,
grundsätzlich sind alle männlichen Einwohner Ägyptens
zwischen 14 und 62 Jahren steuerpflichtig, Freie wie Sklaven.
Nur einige Personengruppen bleiben frei oder zahlen einen
verminderten Satz, etwa bestimmte höhere Priester, verschiedene Beamte und die Gewinner berühmter Sportspiele [vgl.
u. Nr. 147]. Für die Griechen gilt ein Satz von 50% der ortsüblichen Kopfsteuer. Die Herabsetzung der Steuer erfolgt
aufgrund einer sorgfältigen Prüfung der persönlichen Voraussetzungen (ἐπίκρισις), der sich auch die Sklaven unterziehen müssen, da sie steuerlich den Status ihres Herrn teilen. Wie wenig tatsächlich noch von der Grenze zwischen
den Nationalitäten geblieben ist, zeigt unser Text: Vater und
Großvater dieses Steuerzahlers tragen griechische Namen,

seine Mutter einen ägyptischen und er selbst führt sowohl
einen griechischen wie einen ägyptischen Namen; von daher
offenbar Angehöriger der gräko-ägyptischen Mischschicht,
rechnet er sich dennoch dem griechischen Bevölkerungsteil
zu.

*Lit.:* zum Steuerwesen s.o. Nr. 19; zur Kopfsteuer s. Laum, RE
XII 1 Sp. 732ff. s.v. Λαογραφία; S.L. Wallace, Taxation [o. bei
Nr. 9] S. 116ff.; zu den προσδιαγραφόμενα s. aaO. S. 324ff., ferner A. Gara, Prosdiagraphomena e circolazione monetaria. Aspetti
dell' organizzazione fiscale in rapporto alla politica monetaria
dell' Egitto Romano, Milano 1976.

# 24

## Einladung zur Feier der fiskalischen Epikrisis

P. Oxy. VI 926 Oxyrhynchos. 3. Jahrh. n. Chr.

Καλεῖ σε Ἡραθέων    5 ἐστὶν ϛ ἀπὸ ὥρ(ας) [θ.]
δειπνῆσαι εἰς τὴν ἐπί-    Verso: (2. Hd.) Χαιλάμωνι
κρισιν αὐτοῦ ἐν τῇ οἰ-    Ἠλασίου.
κίᾳ αὐτ[ο]ῦ αὔριον ἥτις

Heratheon lädt Dich zum Essen ein, zu seiner Epikrisis(feier)
in seinem Haus, morgen, das ist der 5., von 9 Uhr an. (2.
Hd.) An Chailamon, Sohn des Elasios.

Bei all den steuerlichen Lasten, denen die Bewohner Ägyptens ausgesetzt sind, ist es nicht verwunderlich, wenn man
sogar den günstigen Ausgang einer Steuerprüfung zum Anlaß nimmt, ein festliches Essen zu arrangieren, zumal die
Festfreudigkeit im Lande nicht gering ist und sich immer ein
Ereignis findet, um – oft recht kurzfristig – durch einen Boten
ein kleines Einladungsbillet überbringen zu lassen. Hier lädt
Heratheon für die 9. Stunde des nächsten Tages – also für den
frühen Nachmittag, den üblichen Beginn einer Festlichkeit –
zum Essen ein, da er sich (sicherlich erfolgreich) der Epikrisis, der Prüfung des steuerlich begünstigten Status, unter-
zogen hat und daher zumindest als μητροπολίτης δωδεκά-

δραχμος nur die Hälfte der in Oxyrhynchos üblichen Kopfsteuer von 24 Drachmen zahlen muß, falls ihn nicht gar ein
hier nicht ersichtliches Privileg ganz befreit. Obgleich Heratheon im eigenen Namen und in „sein" Haus einlädt, werden
wohl die Eltern hinter der Einladung stecken, denn im Zeitpunkt der Epikrisis ist Heratheon gerade knapp 14 Jahre.

*Lit.*: zu den Feiern im Volksleben s. U. Wilcken, Grundzüge S.
417ff.; die diesbezüglichen Papyri sind abgedruckt in M. Vandoni, Feste pubbliche e private nei documenti greci, Milano-
Varese 1964; zur Epikrisis s. J. Oehler RE VI 1 Sp. 121ff. s.v.
Ἐπίκρισις; S.L. Wallace, Taxation [o. bei Nr. 9] S. 109ff.

## 25

### Geburtsanzeige

P. Fay. 28                                        Theadelphia. 150/1 n. Chr.

Σωκράτῃ καὶ Διδύμῳ τῷ καὶ Τυράννῳ
γραμματεῦσι μητροπόλεως
παρὰ Ἰσχυρᾶτος τοῦ Πρωτᾶ τοῦ Μύσθου
[μ]ητρὸς Τασουχαρίου τῆς Διδᾶ ἀπ[ὸ ἀ]μ-
5 φόδου Ἑρμουθιακῆς καὶ τῆς τούτου γυναικὸς Θαισαρίου τῆς Ἀμμωνίου [τ]οῦ
Μύσθου μητρὸς Θαισᾶτος ἀπὸ τοῦ αὐτοῦ
ἀμφόδου Ἑρμουθιακῆς. Ἀπογραφόμεθα
τὸν γεννηθέντα ἡμεῖν ἐξ ἀλλήλων υἱὸν
10 Ἰσχυρᾶ[ν] καὶ ὄντα εἰς τὸ ἐνεστὸς ιδ (ἔτος) Ἀντωνείνο(υ)
Κα[ί]σαρος τοῦ κυρίου (ἔτους) α· διὸ ἐπιδίδωμ[ι] τὸ
τῆς ἐπιγενήσεως ὑπόμνημα.
[Ἰσχυρ]ᾶς (ἐτῶν) μδ ἄσημος.
Θαισάριον (ἐτῶν) κδ ἄσημος.
15 Ἔγραψ[ε]ν ὑπὲρ αὐτῶν Ἀμμώνιος νομογ(ράφος).

An Sokrates und Didymos, der auch Tyrannos heißt, die
Schreiber der Metropole, von Ischyras, Sohn des Protas,

des Mysthes Sohn, seine Mutter ist Tasucharion, Tochter
des Didas, aus dem Hermuthiakischen Stadtbezirk und von
seiner Frau Thaisarion, Tochter des Ammonios, des Mysthes
Sohn, ihre Mutter ist Thaisas, aus demselben Hermuthia-
kischen Stadtbezirk. Wir melden den uns geborenen Sohn
Ischyras an, er ist im gegenwärtigen 14. Jahr des Antoninus
Caesar, des Herrn, ein Jahr alt. Deshalb reiche ich die Ge-
burtsanzeige ein. Ischyras, 44 Jahre alt, ohne besondere
Kennzeichen; Thaisarion, 24 Jahre alt, ohne besondere
Kennzeichen. Es schrieb für sie der Nomograph Ammonios.

Ischyras und seine Ehefrau Thaisarion melden hiermit den
Metropolenschreibern die Geburt ihres Sohnes Ischyras.
Der Vorgang hängt mit dem Steuerwesen zusammen und ist
eine Neuerscheinung in der Römerzeit. Unter den Ptolemäern
hat der Familienvorstand außer den Besitzdeklarationen alljährlich eine Erklärung zum Hausstand (κατ' οἰκίαν ἀπογραφή) abzugeben; steuerlich relevante Veränderungen werden damit unmittelbar offenbar. Die Römer ersetzen diese
in das Pharaonenreich zurückgehende Übung durch den
alle 14 Jahre erfolgenden Zensus. Die Zensusdeklarationen
heißen weiterhin κατ' οἰκίαν ἀπογραφαί und sind – wie
auch die bekannten Vorgänge bei der Geburt Christi zeigen
(s. Lukas Evang. 2, 1ff.) – am Heimatort der Betroffenen
abzugeben. Da Knaben mit 14 Jahren kopfsteuerpflichtig
werden, genügt der 14jährige Turnus, um die Steuerlisten
mittels Fortschreibung evident zu halten. Umstände dagegen,
die die Steuerpflicht berühren, wie etwa ein Todesfall, muß
der Steuerpflichtige, ggf. seine Familie, im eigenen Interesse
melden [s. u. Nr. 26]. Hierzu rechnen auch das positive Ergebnis einer Epikrisis [s. o. Nr. 23f.] oder eine Geburtsan-
zeige. Zwar bieten derartige Anzeigen dem die Steuerlisten
führenden Dorfschreiber Gelegenheit, seine Unterlagen zu
überprüfen, eigentlicher Zweck solcher Erklärungen ist
aber, den Söhnen den steuerbegünstigten Status der Eltern
zu erhalten. Ischyras und Thaisarion sind damit rasch bei
der Hand, während andere Eltern mehr Zeit nach der Geburt
verstreichen lassen, wohl um angesichts der hohen Kinder-
sterblichkeit möglicherweise unnütze Gebühren zu sparen.

*Lit.:* S.L. Wallace, Taxation [o. bei Nr. 9] S. 96ff.

*II Die Verwaltung*

## 26

### Todesanzeige

P. Fay. 29                                          Euhemeria. 37 n. Chr.

Ἡρακλείδη κωμογραμμ[α(τεῖ)]
Εὐημερίας
παρὰ Μύσθου τοῦ Πενε-
ουήρεως τῶν ἀπ[ὸ Εὐ]η-
5 μερίας τῆ[ς] Θεμίστου
μερίδ[ο]ς. Ὁ ἀδ[ε]λ(φὸς) Πενεοῦρις
Πενεούρεως λαογραφού-
μενος περ[ὶ τ]ὴ[ν] προκιμέ-
νην κώμην τετελεύτη-
10 κεν ἐν τῷ Μεσ[ο]ρὴ μην[ὶ]
τοῦ πρώτο[υ] (ἔτους) Γαίου
Καίσαρος Σεβαστοῦ
Γερμανικοῦ· δ[ιὸ] ἐ[π]ιδί-
δημί σοι τὸ ὑπόμνη[μ]α
15 ὅπως ταγῆι τοῦ[του] ὄν[ο]μα
ἐν τῆι τῶν [τετ]ελευτη-
κότων τάξ[ει κατὰ] τὸ ἔ[θ]ος.
[Μύσθης Πενεούρεως]
ὡς (ἐτῶν) μβ οὐ[λ(ὴ)] πήχ(ει) δεξιῷ
20         υ..ω.
(Ἔτους) α Γαίου Καίσαρος Σεβαστοῦ
Γερμανικοῦ, Μεσ[ο]ρὴ ιδ.
(2. Hd.) ........ (Ἔτους) [α] Γα[ίο]υ Καίσαρος
[Σ]εβαστοῦ Γερμανικ[ο]ῦ,
25         Μεσορὴ ιδ.

18 ἐ[π]ιδί-|δημι l. ἐπιδίδωμι

An Herakleides, den Dorfschreiber von Euhemeria, von Mysthes, dem Sohn des Peneuris, Einwohner von Euhemeria
im Bezirk Themistes. Mein Bruder Peneuris, Sohn des

Peneuris, als Kopfsteuerpflichtiger für die Umgebung des genannten Dorfes registriert, ist im Monat Mesore des 1. Jahres des Gaius Caesar Germanicus gestorben. Deshalb reiche ich Dir die Anzeige ein, damit sein Name entsprechend der Gepflogenheit auf die Totenliste gesetzt wird. Mysthes, Sohn des Peneuris, ungefähr 42 Jahre alt, eine Narbe am rechten Unterarm. Im 1. Jahr des Gaius Caesar Augustus Germanicus, am 14. Mesore. (2. Hd.) [Gezeichnet X] im 1. Jahr des Gaius Caesar Augustus Germanicus, am 14. Mesore.

Mysthes meldet dem Dorfschreiber von Euhemeria den Tod seines Bruders Peneuris und bittet ihn als den für die Führung der Steuerlisten Zuständigen, den Namen des Verstorbenen auf die Totenliste zu setzen. Der Erledigungsvermerk von der Hand eines Büroschreibers, dessen Name nicht zu entziffern ist (jedenfalls ist es nicht der Dorfschreiber Herakleides selbst), (Z. 23 ff.) zeigt, daß der Eingabe entsprochen worden ist. Der Hinweis auf die Kopfsteuerpflicht des Peneouris (Z. 7 ff.) läßt den Zweck derartiger Eingaben erkennen, nämlich die Steuerpflicht mit dem Ablauf des Halbjahres zu beenden, in dem der Todesfall geschehen ist.

*Lit.*: s. E. Kießling, RE VI A 2, Sp. 1641 ff. s. v. Todesanzeigen; S. L. Wallace [o. bei Nr. 9], Taxation S. 106.

27

## Königlicher Erlaß gegen das Auftreten von Anwälten in Finanzstreitigkeiten

P. Amh. II 33 Z. 28–37                    6. Oktober 259 v. Chr.

Βασιλεὺς Πτολεμαῖος Ἀπολλωνίωι χαίρειν. Ἐπειδή τινες τῶν ὑπογεγραμμένων συνηγόρων προσπορεύονται πρὸς τὰς προσοδικὰς κρίσεις καταβλάπτοντες τὰς προσόδους, σύνταξον ὅπως πραχθῶσι εἰς τὸ βασιλικὸν οἱ συνηγορήσαντες διπλοῦν

5 τὸ ἐπιδέκατον καὶ τοῦτ[οι]ς μηκέτι ἐξέστωσυνηγορᾶσαι περὶ μη-
θενὸς πράγματος. Ἐὰν δέ τις τῶν καταβλαπτόντων τὰς προσόδους
ἐλεγχθῆι συνηγορήσας περὶ πράγματός τινος, αὐτόν τε
πρὸς ἡμᾶς μετὰ φυλακῆς ἐπιστείλατε καὶ τὰ ὑπάρχοντα αὐτοῦ
καταχωρίσατε εἰς τὸ βασιλικόν.
10 (Ἔτους) κγ Γορπιαίου ιε.

(Text nach C. Ord. Ptol. 23)

5 συνηγορᾶσαι l. συνηγορῆσαι

König Ptolemaios dem Apollonios Gruß. Da einige der unten
angeführten Anwälte sich an Steuerprozesse heranmachen
und dadurch die Staatseinkünfte schädigen, ordne an, daß
diese Anwälte gezwungen werden, in die königliche Kasse
den doppelten Zehnten zu zahlen, und es soll ihnen nicht
länger erlaubt sein, in irgendeiner Angelegenheit als Anwalt
aufzutreten. Wenn aber einer von denen, die die Staatseinkünfte schädigen, überführt sein wird, daß er (dennoch) in
irgendeiner Sache als Anwalt aufgetreten ist, schickt ihn zu
uns unter Bewachung und beschlagnahmt sein Vermögen
zugunsten der königlichen Kasse. Im 27. Jahr, am 15. Gorpiaios.

Rigorosen fiskalischen Eigennutz läßt dieser Erlaß Ptolemaios II. Philadelphos (283–256) an seinen Dioiketen Apollonios [s. o. Nr. 3] erkennen. Offenbar sind einige Prozeßbei-
stände (συνήγοροι) zum Nachteil des Fiskus in Finanzstrei-
tigkeiten aufgetreten und Ptolemaios nimmt dies zum Anlaß,
darüber hinaus all jenen Beiständen die Berufslizenz zu entziehen, die sich überhaupt nur mit derartigen Verfahren befaßt haben; außerdem haben sie an die Staatskasse zweifach
das Epidekaton zu zahlen, eine bei Gericht zu hinterlegende
Gebühr von einem Zehntel des Streitwertes, die bei Prozeß-
verlust verfällt. Zuwiderhandlungen werden mit dem Ein-
zuge des Vermögens und offenbar noch zusätzlicher Bestrafung geahndet. Die nötigen Maßnahmen hat Apollonios,
der ja für das Finanzwesen zuständig ist, zu treffen. Die dem

Erlaß ursprünglich beigefügten Namen der Delinquenten sind nicht erhalten, denn den Erlaß selbst kennen wir aus einer hundert Jahre später gefertigten Abschrift. Um 157 v. Chr. strengen nämlich fünf Königsbauern aus Soknopaiu Nesos ein Verfahren gegen einen ehemaligen Dorfbeamten wegen unerlaubter Abgabenerhebung an; als sie bemerken, daß ihr Gegner sich der Hilfe von Prozeßbeiständen bedienen will, machen sie eine Eingabe an Ptolemaios VI. Philometor und Kleopatra II., wobei sie sich auf das vorliegende Prostagma Ptolemaios' II. berufen und es zitieren. Das Prostagma macht deutlich, welchen Stellenwert die Herrscher Ägyptens dem ungehemmten Eingang ihrer Einkünfte beimessen.

*Lit.:* zum Text s. M. Th. Lenger, C. Ord. Ptol. 23 (m. w. N.); zu den Rechtsbeiständen s. E. Seidl, RE IV A 2 Sp. 1354ff. s. v. Synegoros 2).

## 28

## Eingabe wegen einer rechtswidrigen Steuerpfändung

P. Ent. 87 Magdola. 222 v. Chr.

Βασιλεῖ Πτολεμαί[ωι χαίρειν] ᾿Απολλόδοτος, τῶν κατοικούν-
των ἐν ᾿Αλαβαν9ίδι. ᾿Αδικοῦμαι ὑπὸ
Μνασέο[υ], τοῦ οἰκονομο[ῦντος] τοὺς ἔξω τόπους. ᾿Εμοῦ γὰρ
οὐϑὲν ὀφείλοντος τῶι βασιλεῖ, οὐδὲ
παραγ[εγ]ραμμένου μ[ου αὐ]τῶι, ἐνεχυράζει με καὶ περισπᾶ[ι]
μου τὸν χηνοβοσκόν. Δέομαι οὖν σου,
[βασ]ιλεῦ, ε[ἴ] σοι δοκ[εῖ, προστάξαι] Διοφάνει τῶι στρατηγῶι
γράψαι ῾Ηροδότωι τῶι ἐπιστάτει, ἐὰν φαί-
5 [νω]μαι μ[η]ϑὲν ὀφ[είλων μηδὲ] παραγεγραμμένομ με Μνασέαι,
μὴ ἐπιτρέπειν τῶι Μνασέαι ἐνεχυ-
ράζειν μ[ε μηδὲ περισπᾶν] τοὺς παρ᾽ ἐμοῦ. Τούτου γὰρ
γενομένου, ἔσομαι διὰ σέ, βασιλεῦ, τοῦ δικαίου τε[τευχώς].

Εὐτύχει.

(2. Hd.) Ἡρ[οδότωι.        ] (Ἔτους) κε, Λώ(ιου) κϛ, Χοίαχ
ῑγ̄.

Verso:

10 (Ἔτους) κε, Λωίου κ̄ϛ̄, Χοιὰχ ῑγ̄.
Ἀπολλόδοτος πρὸς Μνασέαν
περὶ ἐνεχυρασμοῦ.

Dem König Ptolemaios Gruß von Apollodotos, Einwohner
in Alabanthis. Mir wird Unrecht getan von Mnaseas, der als
Oikonomos in den äußeren Bezirken tätig ist. Denn, obwohl
ich dem Fiskus nichts schulde, bei ihm auch nicht als Steuerschuldner auf der Liste stehe, pfändet er mich und behelligt
meinen Gänsehirten. Ich bitte Dich nun, o König, wenn es
Dir richtig erscheint, den Strategen Diophanes anzuweisen,
dem Epistaten Herodotos zu schreiben, daß er, wenn es sich
erweist, daß ich nichts schulde und bei Mnaseas nicht als
Steuerschuldner auf der Liste stehe, dem Mnaseas nicht er-
laube, mich zu pfänden noch meine Leute zu behelligen.
Wenn dies denn geschehen ist, werde ich durch Dich, o
König, Recht erlangt haben. Lebe wohl. (2. Hd.) An Herodotos … 25. Jahr. 26. Loios = 13. Choiak. (Verso) Im 25.
Jahr, 26. Loios = 13. Choiak. Apollodotos gegen Mnaseas
wegen Pfändung.

In einer Enteuxis, einer nominell an den König, tatsächlich
aber an den Strategen gerichteten Eingabe, beschwert sich
Apollodotos über den Oikonomos Mnaseas; dieser habe
grundlos bei ihm gepfändet und behellige seinen Gänsehirten. Der Gauoikonom ist im 3. Jahrh. v. Chr. für die Geld-
und Naturalverwaltung des Gaus zuständig, vor allem verpachtet er die Steuern und Monopole und kontrolliert die
Pächter. Unterstellte Oikonomoi gibt es außerdem in den Bezirken und den Dörfern, ohne daß die örtliche Zuständigkeit
stets aus dem Titel zu ersehen wäre. Die Funktion des Mnaseas hier wird nicht recht klar; daß die Angelegenheit einem
Epistates überwiesen wird, läßt auf keinen hohen Rang des
Mnaseas schließen. Merkwürdig ist auch, daß Mnaseas

nicht den Titel Oikonomos führt, sondern „als Oikonomos tätig ist" (Z. 2, οἰκονομοῦντος), vielleicht also nur Verweser eines zeitweilig vakanten Amtes ist. Dies würde einen möglichen Übergriff als einen durch Irrtum oder Übereifer bedingten Fehler erscheinen lassen. Welchen Anspruch Mnaseas gegen Apollodotos zu haben glaubt, bleibt ungesagt, ebenso in welcher Weise Mnaseas gegen den Gänsehirten vorgegangen ist – περισπάω ist insoweit wenig aussagekräftig. Der Text endet mit der Verfügung des Strategen und dem Datum nach dem makedonischen und dem ägyptischen Kalender. Die Verfügung des Strategen ist leider nicht erhalten; vermutlich wird Herodotos, ein Epistates nicht genau bekannter Zuständigkeit, angewiesen, die Angelegenheit zu untersuchen und die Beteiligten dem Strategen vorzuführen, falls keine gütliche Einigung zu erzielen ist.

*Lit.:* zu den Enteuxeis s. O. Guéraud, Einl. zu P. Ent.; zum Oikonomos s. A. Steiner, Der Fiskus der Ptolemaeer. Ein Beitrag zum ptolemaeischen Verwaltungs-, Staats- und Prozeßrecht, Leipzig-Berlin 1914, S. 2ff.; zum Kalender s. A.E. Samuel, Chronology; T.C. Skeat, Reigns.

# 29

## Beschwerde wegen ungerechtfertigter Steuererhebung

P. Giss. 61                    Hermopolis. 7. Juni 119 n. Chr.

'Απολλωνίωι στρατηγῶι 'Απολλωγοπολ[ίτου]
            ('Επτα)κωμίας
παρὰ Πετεμενεκύσιος Πετεμενεκ[ύσιος]
τοῦ Πτιάσιος καὶ 'Οφιέως Πε[τεμ]εν[ε]κύ[σιος]
5 'κα[ὶ]...' τ[ῶ]ν ἀπὸ κώμ[η]ς Ναβ[ο]ώι. Πολλὰ [αἰ-]
κι[σθ]έ[ν]τες ὑπὸ Ψάιτος κωμογρ[αμ]ματέως
Ναβοὼι ἀναγκαίως μηνύοντ[ες] α[ὐ-]
τὸν λογίαν πε[π]οιηκέναι ἐπὶ τῆς κώ-

μης Ναβοώι, οἱ μὲν ἐξ εἴκοσι δραχμῶν,

10 οἱ δὲ ἐκ δώδ[εκ]α δραχ(μῶν) καὶ ὀκτὼ διές[ει-]
σεν. Καὶ ὁμοίω[ς ἕ]τερα τοῦ κατ' ἄνδρα καὶ (?)
τοῦ σωματισμοῦ ἀπήτησεν ὁ [....]
τω πυροῦ (ἀρτάβας) ϛ ἵνα .[.].τω.[..]τη...
μεν τοῦ τυράννου συνκρίναντ[ος τὸν]

15 σωματισμὸν τοῦ γ (ἔτους) καὶ τοῦ διεληλυθότος
β (ἔτους) πρὸς τὴν εὐθυμετρίαν, ἀξιοῦμε[ν],
κύριε, ἐὰν δόξῃ σοι, τὴν ἐξέτασιν ποιήσασθαι πρὸς τὸ μηδὲν ἔλασσον τῶι φίς[κωι]
ἐπακολουθῆσαι μενόντων ὧν ἔχ[ο-]

20 μεν ἄλλων πρὸς αὐτόν.
(Ἔτους) γ Αὐτοκράτορος Καίσαρος Τραιανοῦ Ἁδριανοῦ
Σεβαστοῦ Παῦνι ιγ̄.
(2. Hd.) Οὐφι[εὺς Π]ετεμενεκύσιο[ς]
ἐπιδ[έδ]ωκα ὡς πρόκ[ε]ιται.

25 (3. Hd.) Πν[εκῦσις Πετε]μενεκῦσις ἐ[πιδὲ]-
δω[κα ὡς πρόκ(ειται). (4. Hd.) ..].νσαρεύς [.....]

Geringe Spuren einer Zeile.

5 'καὶ...' wahrscheinlich stand hier der abgekürzte Name des dritten, Z. 26 genannten Mannes.　7 μηνύοντ[ε]ς für μηνύομεν 9,10 οἱ für τούς　11 καὶ(?)–Ed.pr. ... viell. αὑ-|τοῦ　25 Πν[εκῦσις Πετε]μενεκῦσις für Πετεμενεκῦσις Πετεμενεκύσεως

An Apollonios, den Strategen des Apollonites Heptakomias von Petemenekysis, Sohn des Petemenekysis, des Ptiasis Sohn, und von Ophieus, Sohn des Petemenekysis, und von ... aus dem Dorf Naboo. Gar sehr werden wir benachteiligt von Psais, dem Dorfschreiber von Naboo, und notgedrungen zeigen wir an, daß er eine Umlage im Dorf Naboo veranstaltet hat, die einen erpreßte er um 20 Drachmen, die anderen um 12 Drachmen und um 8. Und desgleichen trieb er sonstige (Abgaben) gemäß der Personenliste und der Steuerliste ein... 6 Artaben Weizen ... indem der Tyrann die Steuerliste des 3. Jahres und des verstrichenen 2. Jahres mit (dem Ergebnis) der Ackervermessung verglich (?). Wir bitten, o Herr, falls es Dir gut dünkt, die Nachprüfung zu veranstalten, damit sich als Folge keine Mindereinnahme für den Fiskus ergibt. (Unberührt) bleiben die sonstigen Beschwerden, die wir gegen jenen haben. Im 3. Jahr des Imperator Caesar Traianus Hadrianus Augustus, am 13. Payni. (2. Hd.) Ich, Uphieus, Sohn des Petemenekysis, habe die Eingabe gemacht, wie oben geschrieben. (3. Hd.) Ich, Pnekysis, Sohn des Petemenekysis, habe die Eingabe gemacht, wie oben geschrieben. (4. Hd.) Reste einer dritten Unterschrift.

Drei Einwohner von Naboo beschweren sich hier bitter beim Strategen über den Ortsschreiber, einen rechten Dorftyrannen. Er hat seine Zuständigkeit für die Führung der Personen- und Landlisten offenbar mißbraucht. Wie, ist dem leider beschädigten Text nicht so recht zu entnehmen. Wahrscheinlich hat der Schreiber ein wenig mit den Katastereinträgen und den Listen des Überschwemmungsergebnisses zweier verschiedener Jahre jongliert und wohl 6 Artaben Weizen (je Betroffenen?) in die eigene Tasche abgeführt. Den gleichen Weg wird auch der Ertrag der λογεία genommen haben, einer außerordentlichen Umlage, die aus einer ursprünglich freiwilligen Tempelkollekte hervorgegangen ist. Interpretiert man den fragmentarischen Text sehr frei, so hat Psais neben anderen Unregelmäßigkeiten (s. Z. 19f.) aus eigener Machtvollkommenheit Abgaben auferlegt und die Register manipuliert. Drei der Betroffenen bitten nun den Strategen als Chef der Gauverwaltung um Überprüfung, wobei ungewiß bleibt, ob lediglich eine Kontrolle oder ein förmliches Verfahren bezweckt wird.

*Lit.:* zum Text und zur λογεία s. P. M. Meyer, Einl. zu P. Giss. 61; zu σωματισμός s. F. Preisigke, Fachwörter S. 168 s. v. σωματισμός; U. Wilcken zu P. Brem. 24 Z. 4.

30

## Anordnung über die Ausstellung amtlicher Quittungen

P. Fay. 21 (mit BL I)                    Theadelphia. 134 n. Chr.

Μάρκος Πετρώνιος Μαμερτῖνος
    ἔπαρχος Αἰγύπτου λ[έ]γει·
πρότερον μὲν ἀποχὰς ἀλλήλοις
παρέχειν ἐκέλευσα π[ε]ρὶ τῶν ἐν-
5 γράφων διὰ τὰς ἀμφισβητήσεις
τὰς ἐπ᾽ ἐμοῦ περὶ τούτων γενομέ-
νας, νυνεὶ δὲ συνλήβδ[ην π]ερ[ὶ πάν-]
των ὁπωσοῦν διδομένων ⟦...⟧
ἢ λογιζομένων εἰς τὸ δημόσιον εἴ-
10 τ᾽ ἐν γένεσιν εἴτ᾽ ἐν ἀργυρίῳ εἴτ᾽ ἐν σω-
ματικαῖς ἐργασίαις ἢ ἄλλῳ ὁτῳδήτινι
τρόπῳ κελεύω παρέχειν ἀλλήλ[οις]
ἀποχὰς τούς τε διδόντας καὶ τοὺς λαμβάν[ο]ντας, ἐπεξελευσόμενος ἐάν
15 τις ἄλλα παρὰ ταῦτα ποιήσας. Ἐπ⟨ε⟩ὶ
δὲ καὶ τοῦτό τινες ἐμέμψαντο
ὡς αὐτοὶ μὲν τὰ βιβλία προσφέρον-
τες ο[ἷ]ς ὀφίλουσιν, ἐκίνους δὲ μὴ
βουλομένους παρ᾽ αὑτῶν λαμ-
20 βάνειν ἵνα τὴν παρολκὴν ἐξωνή-
σωνται τῷ τοῦ προστίμου φόβῳ,
δυνήσωνται μαρτυρίαν ποιήσασθαι
περὶ τῶν μὴ προσιεμένων οἱ μὴ διδόν-
[τε]ς [ὅπ]ως τῆς ἀποθίας ἐκῖνοι τὴν
25 προσήκουσαν δίκη[ν ὑ]πόσχωσι.
(Ἔτους) ιη Αὐτοκράτορος Καίσαρος Τραιανοῦ Ἁ-
δριανοῦ Σεβαστοῦ, Φαμενὼθ κς.

4 τῶν ἐν-|γράφων sc. ὀφειλημάτων      15 ποιήσας für ποιήσῃ,
16 ἐμένψαντο l. ἐμέμψαντο;      22 δυνήσωνται l. δυνήσονται
24 ἀποθίας l. ἀπειθίας oder ἀπαθείας

Marcus Petronius Mamertinus, Präfekt von Ägypten, ordnet an:
Früher (schon) habe ich befohlen, gegenseitig Quittungen über die verbuchten (Steuerschulden) zu geben, da deretwegen Streitigkeiten an mich herangetragen wurden. Nun aber befehle ich zusammenfassend bezüglich allem, was irgendwie dem Fiskus geleistet oder gutgeschrieben wird, sei es in Ernteerträgen, sei es in Geld, oder in körperlicher Arbeit oder in welcher anderen Weise auch immer, daß sowohl die Leistenden als auch die Empfänger einander Quittungen geben, wobei mit Strafe belangt werden wird, wenn einer anders, entgegen dem (Befohlenen) handelt. Da aber einige Leute sich beklagt haben, daß zwar sie ihren Gläubigern die Urkunden vorlegen, jene die (Zahlung) aber nicht von ihnen annehmen wollen, damit (die Schuldner) aus Furcht vor der Bußzahlung sich von (den Folgen) der Fristüberschreitung loskaufen, werden die nicht Zahlenden berechtigt sein, Zeugnis über die Nichtausstellung (von Quittungen) abzulegen, damit jene wegen des Ungehorsams die gebührende Strafe erleiden. Im 18. Jahr des Imperator Caesar Traianus Hadrianus Augustus, am 26. Phamenoth.

Strenge Verwaltungskontrolle, Gegenzeichnung von Kassenanweisungen und Amtsunterschlagung sind uns in den vorausgegangenen Papyri bereits begegnet. Hier nun sieht sich sogar der Präfekt in eigener Person genötigt, mit einem Erlaß auf Mißstände im Quittungswesen zu reagieren. Es liegt auf der Hand, wie wichtig den Einwohnern Ägyptens der Nachweis gegenüber den Behörden sein muß, allen staatlichen Ansprüchen genügt zu haben: die mannigfachen Formen der zahlreichen öffentlichen Lasten sind in dem Erlaß selbst kurz umrissen; die Übersicht über die Leistung ist kaum möglich angesichts der Vielzahl der jeweils für den Einzug, die Überwachung, die Registrierung oder die Annahme zuständigen Steuerpächter oder -erheber, Beamten, Behörden und Kassen. Vor doppelter Inanspruchnahme sichert den Leistungspflichtigen daher nur die Quittung in seiner Hand. Mit der Quittungserteilung klappt es offenbar im Zeitpunkt des Erlasses nicht recht, wenn die Mängel auch nicht sofort erkennbar sind. Geregelt werden ersichtlich zwei Dinge: zum einen sind Quittungen in Zukunft für jegliche Leistungen an den Staat zu erteilen, zum anderen sollen Leistungspflichtige in Zukunft mit dem Vorbringen gehört werden, ihnen sei eine Quittung verweigert worden und sie hätten deswegen nicht geleistet – anscheinend haben Steuereinnehmer die Steuerzahler hingehalten, um nach Fristüberschreitung den Anspruch auf den damit fälligen Säumniszuschlag gegen eine angemessene Zahlung in die eigene Tasche „wohlwollend" zu erlassen. Sprachlich nicht ganz klar ist die erste Regelung, nach dem Wortlaut möchte man zunächst meinen, daß Empfänger und Leistende einander Quittungen auszustellen haben – ein offensichtlich sinnloses Verfahren. Anscheinend ist jedoch ein anderes Vorgehen gemeint: Die auf der staatlichen Seite beteiligte Person, regelmäßig ja nur ein Privatmann im liturgischen Amt, stellt eine vorläufige Quittung aus, welche der Leistende dann bei der zuständigen Behörde in eine endgültige, öffentliche Quittung umtauscht; dabei kann die Behörde anhand ihrer Unterlagen zugleich prüfen, ob alle erhobenen Abgaben vom Einnehmer weitergeleitet worden sind. Die Bedeutung, die man diesem Verfahren beimißt, wird durch dessen Anordnung in einem Erlaß des Präfekten unterstrichen: Der *praefectus Alexandreae et Aegypti* oder kurz *praefectus Aegypti* (ἔπαρχος Αἰγύπτου, in der Anrede ἡγεμών) ist immerhin der unmittelbare Stellvertreter des Kaisers in Ägypten. Er entstammt dem römischen Ritterstand, wird vom Kaiser nach Belieben ernannt und abgesetzt und steht an der Spitze der militärischen wie zivilen Verwaltung Ägyptens.

*Lit.:* zum Text s. B.P. Grenfell, A.S. Hunt, D.G. Hogarth, Einl. und Komm. zu P. Fay. 21; V.B. Schuman, Issuance of Tax Receipts in Roman Egypt, CE 38, 1963, S. 306ff.; zum Steuerwesen s. S.L. Wallace, Taxation [o. bei Nr. 9]; zum Präfekten O.W. Reinmuth, RE XXII 2, Sp. 2553ff. s.v. Praefectus Aegypti.

31

## Amtliches Rundschreiben zur Unterstützung eines konzessionierten Papyrusverkäufers

P. Teb. III (1) 709 (mit BL III)          Tebtynis. 159 v. Chr.

Σοκονῶπις ὁ πρὸς τῆι διαθέσει τῶν βασιλικῶν χαρ[τῶν]
τ.[.].... μιᾳ. ου εἰς τὸ κγ (ἔτος) τῶι ἐν Ταλὶ ἐπ[ι]στάτ[ηι
καὶ ἀρχι-
φυλακίτηι κα[ὶ] φυλακείταις καὶ ἐρημοφύλαξι καὶ κω[μάρχηι]
καὶ κωμογραμματε⸢υσ⸣ῖ χαίρειν. Πετωῦν ὁ ἐπιδικ[νὺς τὴν
ἐντολὴν]
5 ἡμῖν ἐξείληφεν πα[ρ' ἡ]μῶν τὴν διάθεσι[ν τῶν]
βασιλικῶν χαρτῶν Ταλὶ εἰς τὸ αὐτὸ (ἔτος), ἐν[εστι? δὲ]
αὐτῶι λαμβάνειν χιρογραφίας ὅρκου βασιλικοῦ παρὰ τῶν
μονογράφων περὶ τοῦ μὴ χρῆσθαι ἰδιωτικοῖς φορτίοις
τῶν τῆι ὠνῆι συνκυρόντων μηδὲ παρὰ τῶν δ[ια-]
10 κολπιτευόντων συναγοράν, ἀλλ' ἀπὸ τῶν βα[σ]ιλικῶν
πρατηρίων. Ἐν οἷς ἂν οὖν ὑμῶν χρείαν ἔχηι τῶν πρὸ[ς]
ταῦτα ἀνηκόντων, καλῶς ποιήσετε ἀντιλαμ-
βανόμενοι προθύμως, καὶ ἐάν τινας ὑμῖν παραδί-
δωι ἀντιπωλοῦντάς τι ἢ διακολπιτεύοντας,
15 τ[οὺς] τοιούτους παραλαμβάνοντες σὺν οἷς ἐὰν
ἔ[χωσι φορ]τίοις ἀποκαθείστατε ἐπὶ Ζώπυρον
τ[ὸν ἐπιμ]ελητήν, ὅπως εἰσπραχθῶσιν τὰ κα-
[θήκοντα] ἐπίτιμα. Ἔρρωσο. (Ἔτους) κγ Θωὺθ κς.

4 Πετωῦν für Πετωῦς    5 ἡμῖν l. ὑμῖν

Sokonopis, Aufseher über den Vertrieb der königlichen Papyri im Arsinoitischen Gau, für das 23. Jahr dem Vorsteher in Tali, dem Polizeivorsteher, den Polizisten, den Wüstenwächtern, dem Dorfschulzen und dem Dorfschreiber Gruß. Petoys, der Euch das Instruktionsschreiben vorweist, hat von uns den Vertrieb der königlichen Papyri in Tali für das besagte Jahr gepachtet (und) er ist ermächtigt, sich Erklärungen unter Eid beim König von den Berufsschreibern geben zu lassen (des In-

halts), daß diese nicht private Lieferungen des unter diesen
Vertrag fallenden (Materials) verwenden noch von den
Schwarzhändlern kaufen, sondern (nur) vom königlichen
Handel. Soweit er nun im Zusammenhang damit Eurer Hilfe
bedarf, tätet Ihr gut daran, (ihn) bereitwillig zu unterstützen,
und wenn er Euch Konkurrenzhändler oder Schwarzhändler
ausliefert, so überstellt die Ergriffenen samt den Lieferungen,
die sie gegebenenfalls bei sich führen, dem Vorsteher Zopyros, damit sie die gebührende Strafe zahlen. Gehab Dich
wohl. Im 23. Jahr, am 26. Toth.

Das vorliegende Instruktionsschreiben spielt eine wichtige
Rolle in der Diskussion, in wieweit auch das Schreibmaterial
Papyrus (χάρται) einem Monopol [s. o. Nr. 22, u. 120] unterworfen ist. Auf den ersten Blick scheint ein Monopol vorzu-
liegen, da dem Petoys staatliche Hilfe zu leisten ist, Konkur-
renten mit Strafe zu rechnen haben und sein Vertrag die u. a.
für Steuer- und Monopolpachten geläufige Bezeichnung ὠνή
(Z. 9) trägt. Doch die bloße Existenz privater Papyrusvor-
räte und die Angabe einer auf die staatliche Bezugsquelle
beschränkten Personengruppe widerlegt diesen Gedanken:
Offenbar hat Petoys die Konzession gepachtet, an die nächst
der Staatsverwaltung umfangreichste papyrusverbrauchende
(übrigens selbst lizenzierte und registrierte) Gruppe der
Schreiber aus staatlichen Beständen (daher βασιλικαὶ χάρται)
zu liefern. Welche Leistung Petoys dabei obliegt, muß offenbleiben; jedenfalls ist sein Tätigkeitsbereich kaum auf das
Dorf Tali beschränkt, für das allein der Papyrusvertrieb
nicht gewinnbringend wäre. Der Brief ist offenbar die speziell für die Beamten von Tali bestimmte Ausfertigung eines
dem Petoys auch für die übrigen Orte des Gaues mitgegebenen
Rundschreibens und gestattet anhand der Adressaten einen
Blick in die differenzierte Dorfverwaltung Ägyptens. Die gewählte Form der Bitte um Unterstützung (καλῶς ποιήσετε,
Z. 12) zeigt, daß Sokonopis nicht der Vorgesetzte der Adressaten ist, sondern einem anderen Zweig der verästelten
ptolemäischen Beamtenhierarchie angehört.

*Lit.*: Zum Text und umfassend zum Papyrus s. N. Lewis, Papyrus
(zum Text besonders S. 123 ff.); zur ἐντολή s. U. Wilcken, Urkunden-Referat, APF 11, 1935, S. 148 ff.; zur Verwaltungs-
hierarchie s. P. Handrock, Dienstliche Weisungen [o. bei Nr. 14].

## 32
## Anweisung, eine arrestierte Ölschmugglerin zu überstellen

P. Hib. I 59                                    Hibeh. Um 245 v. Chr.

> Ζηνόδωρος Πτολεμαίωι
> χαίρειν. Ὡς ἂν λάβηις
> τὴν ἐπιστολὴν ἀπόσ-
> τειλον πρὸς ἡμᾶς μετὰ
> 5 φυλακῆ[ς] τὴν παραδο-
> θεῖσάν σοι ἔχουσαν τὸ
> κλέπιμον ἔλαιον
> καὶ τὸν παραδόντα σοι
> ἀπόστειλο[ν· κ]αὶ εἰ μὴ
> 10 παύσει κ[α]κοποῶν
> ἐν τῆι κώμη[ι] μεταμε-
> λή[σ]ει σοι.
>       Ἔρρωσο. (Ἔτους) [.] Ἐπεὶφ ι.
>
> Verso:
> [Π]τ[ο]λεμαίωι.

Zenodoros dem Ptolemaios Gruß. Alsbald wenn Du diesen Brief empfangen hast, überstelle uns unter Bewachung die bei Dir eingelieferte (Frau) mit dem hinterzogenen Öl und sende auch den, (der sie) bei Dir abgeliefert hat. Und wenn Du nicht aufhörst, im Dorfe Übles zu treiben, wirst Du es zu bereuen haben. Gehab Dich wohl. Im x. Jahre, am 10. Epeiph. (Verso) Dem Ptolemaios.

Sender und Adressat dieses mit dem Ölmonopol zusammen-hängenden Briefes sind in dem mit Monopolangelegenheiten befaßten Personenkreis der Fiskalverwaltung zu suchen: Zenodoros dürfte (Bezirks-?)Oikonom sein [s. u. Nr. 119], Ptolemaios einer jener Dorfbeamten, die in P. Teb. III (1) 709 [o. Nr. 31] um Unterstützung eines Konzessionspächters gebeten werden, vielleicht ein Polizist, und der Arrestierende folglich ein Monopolpächter. Der Sistierten wird der Besitz hinterzogenen Öls zur Last gelegt, offensichtlich ein Monopoldelikt, doch bleibt der genaue Vorgang undurchsichtig, da das Herstellung und Vertrieb der wesentlichen Ölarten fast vollständig erfassende Ölmonopol vielfach Gelegenheit zu Verstößen bietet. Ob die scharfe Verwarnung am Ende mit dem Vorfall zusammenhängt, ist ungewiß, und auch die Einzelheiten des sich an die Überstellung anschließenden Verfahrens sind unbekannt. Das vorgefundene Öl wird für die gefaßte Frau verloren sein, statt dessen ist ihr eine Strafe gewiß. Am Prozeß ist offenbar auch der Monopolpächter beteiligt, wahrscheinlich als (geschädigter) Kläger. Daß auch er schlicht zu überstellen ist, zeigt die Allgewalt ägyptischen Beamtentums.

*Lit.:* Zum Monopolwesen s. F. Heichelheim, RE [s.o. Nr. 22] (besonders zum Ölmonopol s. Sp. 165 ff.); zum Strafverfahren s. R. Taubenschlag, Das Strafrecht im Rechte der Papyri, Leipzig 1916 (Nd. Aalen 1972), S. 66.

# 33

## Liturgische Vorschlagsliste

P. Strassb. I 55 (mit BL III)     Arsinoites. 2. Jahrh. n. Chr.

Φανιᾶτι στρα(τηγῷ)
  ᾿Αρσι(νοίτου) Θεμίστ(ου)
καὶ Πολέμ(ωνος) μερίδων
παρὰ Πανεσνέως ῞Ωρου
καὶ ῾Ηρω(  ) Φάσει(τος) καὶ
5 τῶν πρεσβ(υτέρων) κώμης
Θεαδελ(φίας). Δίδομεν

τοὺς ὑπογεγρα(μμένους) εἰς
ἀφεσιοφυλακίαν ἀπὸ
στώματο[ς] Ψι⟦α⟧ναλ(  )
10 ἕως κτήματος ἀμπελ(ικοῦ)
᾿Ισίου Λεοντᾶτος. ῎Εστι δέ·
(2. Hd.) Σπαρτασᾶς ῾Ηρα-
κλουίου
Αὐνῆς Πτολεμαίου

5 vor πρεσβυτέρων ist λοιπῶν hinzuzudenken     9 στώματος l. στόματος

Dem Phanias, dem Strategen der Distrikte Themistes und Polemon im Arsinoitischen Gau, von Panesneus, dem Sohn des Horos, und von Hero..., dem Sohn des Phaseis, und von den (übrigen) Ältesten des Dorfes Theadelphia. Wir schlagen vor die unten genannten Männer für das Schleusenwachamt von der Mündung des (Kanales) Psinal( ) bis zum Rebenbesitztum des Isias, Sohn des Leontas. Es sind: (2. Hd.) Spartasas, Sohn des Herakluios, Aunes, Sohn des Ptolemaios.

Eine der eigenartigsten und hervorstechendsten Einrichtungen des römischen Ägypten ist die Liturgie, die zwangsweise Übernahme eines Amtes, etwa wie hier des Amtes des Schleusenwächters (ἀφεσιοφύλαξ). Diesem obliegt die Überwachung jener kleinen Schleusen (ἀφέσεις), durch die der Wasserfluß aus den Kanälen (διώρυγες) in die Bewässerungsgräben des Fruchtlandes geregelt wird; da der Wasserspiegel der Kanäle höher als das umliegende Terrain ist, können schadhafte oder falsch bediente Schleusen zu Überflutungen des Ackerlandes und damit zu bedeutenden Schäden führen [s.u. Nr. 128]. Daß aber selbst ein so niedriger Wächterposten ein Zwangsamt ist, zeigt die umfassende Reichweite der Liturgie. Sie stammt aus dem griechischen Mutterlande und bezeichnet dort die ehrenamtliche Übertragung öffentlicher Aufgaben auf wohlhabende Bürger, etwa die Ausrüstung und Führung eines Kriegsschiffes (Trierarchie) oder die Unterhaltung des Chors (Choregie). Im ptolemäischen Ägypten spielt die Liturgie keine bedeutende Rolle. Es gibt liturgische Ämter überhaupt nur in den drei Poleis und den Gemeinden griechischer Militärsiedler und lediglich insoweit, als sie auch in den autonomen griechischen Poleis vorhanden waren. Unberührt bestehen daneben Frondienste als Erbe der Pharaonenzeit, während die staatliche Beamtenschaft durchweg aus besoldeten Berufsbeamten zusammengesetzt ist. Im Laufe des 1. Jahrh. schaffen die Römer aus dem vorgefundenen Erbe das grundsätzlich unentgeltliche Zwangsbeamtentum, welches die zur Übernahme Verpflichteten wegen der von ihnen zu tragenden Amtskosten und Haftungsrisiken außerordentlich belastet und häufig zur Flucht veranlaßt. Der Staat sichert sein finanzielles Interesse sehr: Für die aufwendigen Ämter kommt in Betracht, wer entsprechenden Grundbesitz (πόρος) hat. Als εὔποροι in Listen erfaßt und nach Poros-Klassen eingestuft, werden die Betreffenden dann von der Gemeinde entsprechend ihrem Vermögen für die verschiedenen Ämter vorgeschlagen, allerdings sollen sie auch dazu befähigt (ἐπιτήδειος) sein. Seit dem 3. Jahrh. wird der Flucht durch Gestellungsbürgschaften vorgebeugt [s.o. Nr. 11] und, um auch weniger Begüterte wesentlicher Ämter teilhaftig werden zu lassen, schreitet man zur Kollegialbesetzung, so daß die Summe der Vermögen der Amtsinhaber zur Abdeckung eventueller Ausfälle auszureichen verspricht. Bei den zwei hier vorgeschlagenen Schleusenwärtern mag das niedere Amt eine Vermögensqualifikation entbehrlich machen und daher jede Poros-Angabe fehlen. Hiervon abgesehen, sind, die sie auswählen, in keiner besseren Lage – auch die πρεσβύτεροι κώμης sind Liturgen unteren Ranges und haben als Kollegium unter der Aufsicht des gleichfalls liturgischen Dorfschreibers die dem Dorf zufallenden öffentlichen Aufgaben zu erledigen. Die Adresse an den die Beamten bestellenden Strategen verweist auf eine Besonderheit der ägyptischen Verwaltungseinteilung: Als einziger Gau ist der Arsinoites in drei Distrikte ('Ηρακλείδου, Θεμίστου und Πολέμωνος μερίδες) unterteilt, die dann wie die anderen Gaue in Topoi zerfallen. Diese besondere Einteilung führt auch zu Abweichungen von dem üblichen Zuständigkeitsbereich von Beamten; so ist Phanias hier nicht für den gesamten Gau, sondern nur für die beiden genannten Distrikte zuständig.

*Lit.:* zur altgriechischen Liturgie s. J. Oehler, RE XII 2 Sp. 1871 ff. s.v. Leiturgie; zur Liturgie in Ägypten s. N. Lewis, Inventory of Compulsory Services in Ptolemaic and Roman Egypt, New Haven, Toronto 1968; F. Oertel, Liturgie [o. bei Nr. 1]; zu den πρεσβύτεροι κώμης aaO. S. 146 ff.

34

## Anordnung eines Strategen zur Auswahl eines Phylarchen

P. Oxy. IX 1187                           Oxyrhynchos. 254 n. Chr.

Αὐρήλιος Ποσειδώ-
νιος στρα(τηγὸς) 'Οξυ-
ρυγχ(ίτου).
Παραγγέλλεται τοῖς
ἀπὸ τῶν μελλόντων
5 λειτουργεῖν τῷ εἰσιόν-
τι ἔτει ἀμφόδων συν-
ελθε[ῖ]ν σήμερον ἐν
τῷ συνήθει τόπῳ κα[ὶ]
ὀνομάσαι ὃν ἐὰν αἱρῶν-
10 ται φύλαρχον ὄ[ν]τα
εὔπορον καὶ ἐπιτήδει-
ον κατὰ τὰ κελευ-
σθέντα ὑπὸ τῶν τὸ
ἀπότακτον συστη-
15 σαμένων, πρ[ὸ]ς τὸ

δύνασθαι αὐτὸν
τοῦ χρόνου ἐνστάν-
τος ὑγιῶς καὶ πιστῶς
ἀντιλαβέσθαι τῆς
20 λειτουργίας. 'Εσημ(ειωσά-
μην).
('Έτους) α Αὐτοκρατόρων
Καισάρων Πουπλίου
Λικιννίου
Οὐαλεριανοῦ καὶ
25 Πουπλίου Λικι[ν]νίου
Οὐαλεριανοῦ
Γαλλιηνοῦ Εὐσεβῶν
Εὐτυχῶν Σ[εβα]στῶν
Παῦνι κϛ.

Aurelios Poseidonios, Stratege des Oxyrhynchites. Aufgegeben ist den Einwohnern der Stadtviertel, die im kommenden Jahre mit dem Liturgendienst an der Reihe sind, heute am
gewohnten Platz zusammenzukommen und namhaft zu machen, wen immer sie zum Phylarchen wählen, (einen Mann)
von Besitz und Eignung gemäß der Anordnung der die Richt-
linie bestimmt habenden (Beamten), damit er zu gegebener
Zeit das Zwangsamt tatkräftig und getreulich übernehmen
kann. Ich habe durch Unterschrift vollzogen. Im 1. Jahr der
Imperatores Caesares Publius Licinnius Valerianus und Pa-
plius Licinnius Valerianus Gallienus, Pii Felices Augusti.
Am 26. Payni.

Wohl ein besonderer Grund veranlaßt hier den Chef der
Gauverwaltung, sich selbst um die Besetzung eines liturgischen Amtes zu kümmern, statt auf einen Kandidatenvor-
schlag zu warten. Vielleicht liegt der (noch nicht genau bestimmte) Zeitpunkt nicht lange zurück, in dem der aus dem
griechischen Mutterland stammende Phylarch nach einer
langen Zeit geringer Bedeutung zumindest in Oxyrhynchos
als liturgischer Beamter den gleichfalls liturgischen Stadt-
viertelschreiber (ἀμφοδογραμματεύς) ersetzt. Es scheint
sich vor allem um einen Wechsel der Bezeichnung zu handeln, wobei man auf den alten Titel des Phylarchen zurück-
greift, während gleichzeitig wohl im Rahmen der Verwal-
tungsorganisationen jener Epoche [s.o. Nr. 13] die Bewohner mehrerer Stadtteile (ἄμφοδα) in einer Phyle zusammen-
geschlossen werden. Ungewöhnlich ist die Wahl des Phylarchen durch die Bürgerschaft. Zuständig ist er für die Benennung anderer Liturgen und haftet bei Säumnis für die
dem Staat infolge des Fehlens eines Benannten entstehenden
Ausfälle. Um derartige Schäden abdecken zu können, muß
der als Phylarch Auserwählte vermögend sein; der Stratege
begnügt sich hier nicht einmal mit einem allgemeinen Hinweis auf Vermögen und Eignung des Kandidaten (Z. 10ff.),
sondern bezieht sich ausdrücklich auf den Richtwert (τὸ
ἀπότακτον) des für dieses Amt erforderlichen Mindestver-
mögens.

*Lit.*: zum Phylarchen (in der gesamten Antike) s. F. Gschnitzer,
RE Suppl. XI Sp. 1067ff. s.v. Phylarchos 5); zum liturgischen Amt
s. N. Lewis, ICS [o. bei Nr. 33]; P. Mertens, Les services de l'état
civil et le contrôle de la population à Oxyrhynchos au IIIe siècle de
notre ère, Brüssel 1958, S. 15ff. u.ö.; F. Oertel, Liturgie [o. bei
Nr. 1] S. 175f.

35

# Privatbrief anläßlich einer Aufenthaltsveränderung

P. Phil. 33 (mit BL IV)  Philadelphia. 1. (?) Jahrh. n. Chr.

Der Anfang des Papyrus ist abgebrochen.

δ[– – –]
α. [...]. [– – –]
μετέλαβον δὲ τ. περὶ το[– – –]
τουτέστ[ι]ν περὶ τοῦ πατρός μου ὅτι
5 ἀναχωρεῖν μέλλει. Διὸ γράφω σοὶ
ὅπως μεταδῷς αὐτῷ περὶ τούτου
ἵνα μὴ ἄνευ τῆς ἐμῆς γνώσ⟨εως?⟩ τοῦτο
ποιήσῃ. ’Εὰν οὖν μὴ θελήσῃ ἐμὲ
ἐπιγνῶναι ποῦ ὑπάγει, πεμψάτω
10 μοὶ δραχμὰς ἑκατὸν ὅπως κἀγὼι
πορευθῶι εἰς ’Αλεξάνδρειαν καὶ μείνω
ἐκεῖ ὀλίγον χρόνον· αὐτοῦ γὰρ στα-
λέντος οὐδ’ ἐγὼ δύνομαι εἰς Ἀρσινοΐ-
την μεῖναι· λείαν γάρ με γινώσκει
15 ὁ στρατηγὸς καὶ ’Αρτεμίδωρος καὶ οἱ σὺν
αὐτῷ πάντες μὴ ἵνα αἰτιασθῶι.
Διὸ γράφω σοὶ οὖν, κύριε, ὅπως ἀναγνοῖς
αὐτῷ τὸ ἐπιστόλειον τοῦτο, ἵν’ εἰδῇ τί φρο-
νῶ. Μὴ οὖν ἄλλως ποιήσις, ἐπεὶ
20 ⟦αυτος...⟧ ἑατὸν μέμψηται. "Ερρωσο.

10 κἀγώι l. κἀγώ    11 πορευθῶι l. πορευθῶ    13 δύνομαι l.
δύναμαι    14 λείαν l. λίαν    16 αἰτιασθῶι l. αἰτιασθῶ    18
ἐπιστόλειον l. ἐπιστόλιον    19 ποιήσις l. ποιήσῃς oder ποιήσῃ
20 ἑατὸν μέμψηται l. ἑαυτὸν μέμψεται.

... ich brachte aber in Erfahrung... das heißt, wegen meines
Vaters, daß er sich davonmachen will. Deshalb schreibe ich
Dir, damit Du ihm davon Nachricht gibst, daß er dies nicht
ohne mein Wissen tun soll. Wenn er nun nicht möchte, daß
ich erfahre, wohin er geht, soll er mir 100 Drachmen schik-

ken, damit auch ich mich nach Alexandria begebe und dort
einige Zeit bleibe. Denn wenn er fort ist, kann ich auch nicht
im Arsionoitischen Gau bleiben. Denn der Stratege kennt
mich zu gut, auch Artemidoros und seine ganze Umgebung,
als daß ich nicht beschuldigt würde. Deshalb schreibe ich Dir
nun, Herr, damit Du ihm diesen Brief vorliest, damit er weiß,
was ich denke. Du handle nun nicht anders, da er sich selbst
tadeln wird. Lebe wohl.

Dieser fragmentarische Brief beleuchtet drastisch die fatalen
Folgen der überzogenen Forderungen des Staates an die
ägyptische Bevölkerung: der Schreiber hat erfahren, daß
sein Vater sich „absetzen'' will, und wendet sich nun an einen
gemeinsamen Bekannten, um sein Verhalten mit dem seines
Vaters abzustimmen. Der Anlaß zu dessen Flucht läßt sich
ahnen: zwar sind die in dieser Zeit einsetzenden Liturgien
weder schon so zahlreich noch bereits so belastend, um
Fluchtursache zu sein. Aber eine schlechte Ernte oder ein
anderes Mißgeschick kann genügen, jemanden zum Staats-
schuldner und damit zum Objekt einer rigorosen Zwangsvollstreckung werden zu lassen, zumal Ägypten nach dem
Tode des Augustus bis zum Regierungsantritt Vespasians
einem drückenden Regiment unterliegt. Aus fiskalischen Erwägungen – um die Wirtschaft in Gang zu halten und die
Bevölkerung zu erfassen – hat es eine allgemeine Freizügigkeit im griechisch-römischen Ägypten nie gegeben, gerade
um diese Zeit aber sind die Bindung an den Wohnort besonders streng und die Folgen einer Flucht weitreichend.
Die Verwandten haben die Flucht zu melden und haften
für die vom Staat direkt eingezogenen Personalsteuern;
die Steuererheber suchen sich an ihnen schadlos zu halten,
um den Ausfall bei den von ihnen zu erhebenden Steuern
nicht aus der eigenen Tasche bezahlen zu müssen, und für
die Gewerbesteuer des Flüchtlings muß die Gilde der Berufs-
genossen aufkommen. Der Vater unseres Schreibers hat also
allen Anlaß, sein Ziel selbst vor dem Sohn geheim zu halten
und dieser wiederum hat guten Grund zur eigenen Abreise,
zumal er den Behörden als Person wohl bekannt ist oder gar
wegen irgendeiner Angelegenheit mit keiner Nachsicht
rechnen kann. Er will daher nach Alexandrien; dort schützt

ihn die Anonymität der Großstadt, und die besondere Sorge der Verwaltung um die Ernährung der Großstadtbevölkerung [vgl. o. Nr. 12] mag außerdem Anziehungskraft ausüben.

*Lit.:* zur gesamten Situation s. H. Braunert, Binnenwanderung [o. bei Nr. 2] S. 195 ff.; derselbe, IΔIA: Studien zur Bevölkerungsgeschichte des ptolemäischen und römischen Ägypten, JJP 9/10, 1955/6, S. 211 ff. (264 ff.).

## 36

## Schwierigkeiten um ein entlaufenes Füllen

P. Cairo Zen. III 59475     Philadelphia. Mitte 3. Jahrh. v. Chr.

Ὑπόμνημα παρὰ Νικίου
Ζήν[ωνι]. Ἀπεστεί[λα]μεν εἰς
Βοῦτον τοῦ Μεμφίτου πῶλον
θηλυκὸν ἐπὶ χόρτον ἑβδόμηι.
5 Ἀποπηδᾶι τῆι ὀγδόηι ἐπιζη-
τῶν τὴμ μητέρα. Ἀπῆλθε δὲ
τὴν ὁδὸν ἧι ἠώθει πορεύεσθαι.
Λαβόντες οἱ φυλακῖται [οἱ ἀπὸ]
Σιμυρὰ ἀπέκλεισαν αὐτόν. Ἐδί-
10 ωξεν φυλακίτης ἐγ Βούτου
καὶ σύγγαμβρός τίς μου κατὰ
τὸ ἴχνος. Ἐλθόντες οὖν ἐπελά-
βοντο τοῦ ὑποζυγίου. Παραγενομένου Νουμηνίου τοῦ φυλακί-
15 του, προσαπήγαγεν αὐτούς.
Δέομαι οὖν σου, εἴ σοι δοκεῖ, γράψαι αὐτῶι περὶ τούτων.
Εὐτύχει.

Bericht von Nikias an Zenon. Ich sandte am Siebten (des
Monats) ein weibliches Jungtier nach Butos im Memphites-
Gau auf die Weide. Am Achten entläuft es, seine Mutter zu
suchen. Es nahm den Weg, den es zu gehen gewohnt war.
Die Polizisten von Simyra fingen es und schlossen es ein. Ein
Polizist aus Butos und ein Schwager von mir folgten der Spur.
Als sie ankamen, bemächtigten sie sich des Tieres. Der Poli-
zist Numenios erschien und führte sie gefangen ab. Ich bitte
Dich nun, wenn es Dir gut dünkt, ihm diesbezüglich zu schrei-
ben. Gehab Dich wohl.

Schon im pharaonischen, aber auch im hellenistischen Ägypten wurden eine bedeutende Viehzucht und Weidewirtschaft
betrieben, für die das wohl bewässerte Land gute Voraussetzungen bot. Hier hat ein entlaufenes Pferde- (oder Esel-)
Füllen reichlich Verwirrung angerichtet. Dorfpolizisten haben es aufgegriffen und ebenso ist es einem das Tier verfol-
genden Polizisten und dessen Begleiter ergangen. Die Phylakiten sind ein von den Ptolemäern geschaffenes, unter den
Römern bald durch deren Militärposten ersetztes militär-
ähnliches Polizeikorps, welches über das Land verteilt ist
und Sicherheit und Ordnung aufrechtzuhalten hat. Hierzu
rechnet, wie der vorliegende Text zeigt, das Aufgreifen ent-
laufener Tiere und die Arrestierung verdächtiger Personen.
Daß letzteres selbst einem Phylakiten bei amtlicher Tätigkeit
widerfahren kann, wirft auf Kommunikation und Organisation der verschiedenen Posten ein zweifelhaftes Licht.
Zenon wird nun um Hilfe angegangen: er soll offenbar kraft
seines Ansehens die Angelegenheit aufklären; daß er damit
dienstlich befaßt wird oder das Füllen zum Tierbestand des
Lehenslandes des Dioiketen Apollonios gehört, ist nicht ersichtlich.

*Lit.:* zu Zenon und seinem Archiv s. o. Nr. 3; zur Viehwirtschaft s.
M. Schnebel, Die Landwirtschaft im hellenistischen Ägypten,
München 1925, S. 211 ff., 316 ff.; zu den Phylakiten s. E. Kießling,
RE XX 1 Sp. 987f. s. v.; P. Kool, De phylakieten in Grieks-Ro-
meins Egypte, Amsterdam 1954.

## 37

## Bericht eines Amtsarztes

P. Oslo. III 95                    Oxyrhynchos. April 96 n. Chr.

Πείσιδι στρα(τηγῷ)
παρὰ Θέωνος τοῦ Ἁρπαή-
σιος ἰα-
τροῦ τῶν ἀπ' Ὀξυρύγχων
πόλε-
ως. Τῇ μιᾷ καὶ ἰκάδι Σεβαστῇ
5 τοῦ ἐνεστῶτος μηνὸς
Φαρμοῦθι τοῦ πεντεκαιδε-
κάτου ἔτους Αὐτοκράτορος
Καίσαρος Δομιτιανοῦ
Σεβαστοῦ Γερμανικοῦ ἐπε-
10 τράπη μοι ὑπὸ σοῦ διὰ Λόχου τοῦ Ὀννώφριος ὑπηρέ-
του ἐφιδεῖν Ἀλεξάνδραν

δούλην Κιλαυδίας Διονυ-
σίας.
Ἐφιδὼν οὖν ταύτην ἐ-
15 πακλουθοῦντος τοῦ ὑπη-
ρέτου εὖρον ἐπὶ τῷ μέσῳ
δακτύλῳ τραῦμα, ὃ καὶ θα-
ραπεύω, καὶ συνδρομὴν
αἵματος ἐπὶ τῷ μασθῷ
20 καὶ ἐξαιμοῦσαν καὶ πυρέτ-
[τουσαν. Διὸ προσ]φ[ωνῶ].
[("Ετους) ιε Αὐτοκράτορος
Καίσαρος]
[Δομιτιανοῦ Σεβαστοῦ]
[Γερμανικοῦ Φαρμοῦθι.]

Der Text weist mehrere in der Sprachentwicklung begründete orthographische Eigentümlichkeiten auf: 4 ἰκάδι l. εἰκάδι    12 ἐφι-δεῖν l. ἐπειδεῖν    13 Κιλαυδία l. Κλαυδία    14 ἐφιδὼν l. ἐπειδὼν; ἐπακλουθοῦντος l. ἐπακολουθοῦντος    17 θαραπεύω l. θεραπεύω    19 μασθῷ l. μαστῷ    20 ἐξαιμοῦσαν l. ἐξεμοῦσαν.

An den Strategen Peisis von Theon, dem Sohn des Harpaesis, Arzt der Stadt Oxyrhynchos. Am 21. – Kulttag des Kaisers – des gegenwärtigen Monats Pharmouthi des fünfzehnten Jahres des Imperator Caesar Domitianus Augustus Germanicus wurde mir von Dir durch den Hilfsbeamten Lochos, den Sohn des Onnophris, aufgetragen, Alexandra, die Sklavin der Klaudia Dionysia in Augenschein zu nehmen. Als ich sie nun in Anwesenheit des Hilfsbeamten begutachtete, fand ich am Mittelfinger eine Wunde, die ich auch behandle, und einen Bluterguß auf der Brust, auch erbrach sie sich und fieberte. Deshalb gebe ich Bericht. Im 15. Jahr des Imperator Caesar Domitianus Augustus Germanicus, am x. Pharmuthi.

Ein öffentlicher Arzt gibt hier sein schriftliches Gutachten über die Verletzungen einer Sklavin ab, wozu ihn – wie meist in diesen Fällen [s. u. Nr. 95] – der Stratege durch einen Beamten seiner Behörde angewiesen hat; dieser nimmt als Kontrollbeamter an dem Augenschein teil, was dessen Charakter als Amtshandlung unterstreicht. Die ärztliche Hilfeleistung ist hier sichtlich Nebensache; der öffentliche Arzt wird als Amtsarzt tätig und erhält eine staatliche Besoldung [s. u. Nr. 110]. Gutachten werden bei Verletzungen durch Unglücksfälle oder Tätlichkeiten sowie bei Todesfällen angefordert. Die diesbezügliche Anordnung ergeht oft auf Ersuchen des Verletzten, der dann das Gutachten zum Vorgehen gegen den Verletzer benutzen mag.

*Lit.*: Zu Arzt und Medizin s. u. bei Nr. 111; speziell zum ὑπηρέτης E. Boswinkel, La medizin et les medicins dans le papyrus grecs, Eos 18 (1), 1956, S. 181ff.; F. Bilabel, RE Suppl. IV Sp. 771f. s. v. Ὑπηρέτης; zu den kaiserlichen Kulttagen s. F. Blumenthal, Der ägyptische Kaiserkult, APF 5, 1913, S. 317ff. (337, 341).

## 38

### Eingabe anläßlich einer Streitigkeit aus Nationalitätenhaß

UPZ I 7 Memphis. 163 v. Chr.

Διονυσίωι τῶν φίλων καὶ
στρατηγῶι
παρὰ Πτολεμαίου τοῦ Γλαυκίου
Μακεδόνος τῶν ὄντων ἐν κατοχῆι
5 ἐν τῶι μεγάλωι Σαραπιείωι ἔτος
ἤδη δέκατον. Ἀδικοῦμαι
ὑπὸ τῶν ἐν τῶι αὐτῶι ἱερῶι

καλλυντῶν καὶ ἀρτοκόπων
τῶν νυνὶ ἐφημερευόντων,
10 καταβαινόντων δὲ καὶ εἰς τὸ
'Ανουβιεῖον, 'Αρχήβιος ἰατροῦ
καὶ Μυὸς ἱματιοπώλου καὶ
τῶν ἄλλων, ὧν τὰ ὀνόματα
ἀγνοῶ. Τοῦ γὰρ ιϑ (ἔτους) Φαῶφι ιᾱ
15 παραγενόμενοι ἐπὶ τὸ
'Ασταρτιδεῖον, ἐν ὧι κατέχομαι
ἱερῶι, εἰσεβιάζοντο βουλό-
μενοι ἐξσπάσαι με καὶ ἀλο-
γῆσαι, καθάπερ καὶ 'ἐν τοῖς' πρό-
20 τερον χρόνοις ἐπεχείρησαν
οὔσης ἀποστάσεως, παρὰ τὸ
"Ελληνά με εἶναι. 'Επεὶ ο[ὖ]ν
ἐγὼ μὲν συνιδὼν αὐτοὺς
ἀπονενοημένους ἐμαυτὸν
25 συνέκλεισα, 'Αρμᾶιν δὲ
τὸν παρ' ἐμοῦ εὑρόντες
ἐπὶ τοῦ δρόμου καταβαλόντες
ἔτυπτον τοῖς χαλκοῖς
ξυστῆρσιν. 'Αξιῶ οὖν σε συν-
30 τάξαι γράψαι Μενεδήμωι
τῶι παρὰ σοῦ ἐν τῶι 'Ανουβιείωι
ἐπαναγκάσαι αὐτοὺς τὰ δίκαιά μοι
ποιῆσαι, ἐὰν δὲ μὴ ὑπομένωσιν,
ἐξαποστεῖλαι αὐτοὺς ἐπὶ σέ,
35 ὅπως διαλάβῃς περὶ αὐτῶν μισοπονήρως.
     Εὐτύχει
(4. Hd.) Μενεδήμωι. Προνοήθητι ὡς τεύξεται
τῶν δικαίων.
40 ("Ετους) ιϑ Φαῶφι ιϑ̄.

     Verso:
(3. Hd.) ("Ετους) ιϑ Φαῶφι ιη̄ (5. Hd.) ΜΕΝΕΔΗΜΩΙ.
Πτολεμαίου.

(2. Hd.) Τῶν καλ-
λυντῶν

Text nach dem Neudruck UPZ I S. 648.

An Dionysios, (im Hofrang) der Freunde und Stratege, von
Ptolemaios, Sohn des Glaukias, Makedone von denen, die im
großen Sarapieion Tempeldienst tun, schon das 10. Jahr.
Mir wird Unrecht getan von denen, die in demselben Tempel
als Reiniger und Bäcker jetzt im Wechsel dienen, die aber
auch zum Anubisheiligtum hinabgehen, von Harchebis, dem
Arzt, und von Mys, dem Kleiderhändler, und den anderen,
deren Namen ich nicht weiß. Denn am 11. Phaophi des
19. Jahres erschienen sie am Astartieion, in welchem Tempel
ich mich aufhalte, sie drangen gewaltsam ein, um mich her-
auszuschleppen und mich stumm zu machen, wie sie es schon
früher, während des Aufstandes, unternommen hatten, weil
ich ein Hellene bin. Als ich nun erkannte, daß sie von Sinnen
waren, schloß ich mich ein, den Harmais aber, einen von
meinen Leuten, fanden sie auf der Tempelstraße, warfen ihn
nieder und verprügelten ihn mit den bronzenen Schabern.
Ich bitte Dich nun, anzuordnen, dem Menedemos, Deinem
Untergebenen im Anubieion, zu schreiben, daß er sie zwinge,
mir Recht widerfahren zu lassen; wenn sie aber nicht dazu
bereit sind, soll er sie zu Dir schicken, damit Du abhold allen
Untaten über sie entscheidest. Gehab Dich wohl. (4. Hd.) An
Menedemos, sorge dafür, daß er Recht erlangen wird. 19.
Jahr, 19. Phaophi. Verso: (3. Hd.) 19. Jahr, 18. Phaophi,
(betrifft) Ptolemaios. (5. Hd.) An Menedemos (2. Hd.) wegen
der Reiniger.

Entsprechend der allgemeinen Übung, auch bei Verletzung
privater Rechte Schutz- und Vollstreckungsmaßnahmen eher
bei den Verwaltungsbehörden als bei den Gerichten zu verlangen [s.u. Nr. 40], wendet Ptolemaios sich hier an den
Strategen des memphitischen Gaus. Es geht um eine aus nationalen Gegensätzen entstandene Streiterei: Ptolemaios
gibt als Grund des Überfalls – weder der erste (vgl. Z. 19f.),
noch der letzte (vgl. UPZ I 8; 15) – an, daß er Hellene sei
(Z. 21f.), und vorher schon hat er sich ausdrücklich als Makedone bezeichnet (Z. 4). Er ist glimpflich davongekommen,
er wohnt in einem Anbau des Astartetempels, in dem er
Tempeldienst verrichtet [vgl. u. Nr. 56], und hat sich eben

noch in seiner Wohnung verbarrikadieren können. Statt seiner hat die Meute den bei ihm wohnenden Ägypter Harmais
auf der Straße zum Tempel aufgegriffen und verprügelt.
Anlaß zu derartigen Reibereien zwischen Griechen und
Ägyptern sind sicherlich keine sozialen Unterschiede, die auf
den Dörfern bereits weitgehend verschwunden sind. Der
Text zeigt vielmehr, daß selbst 170 Jahre ptolemäischer
Herrschaft und das Entstehen einer besonderen gräko-ägyptischen Bevölkerungsschicht den völkischen Gegensatz zwischen Hellenen und Ägyptern nicht getilgt haben. Wieder und
wieder kommt es zu Aufständen [s. o. Nr. 16]; auf einen von
ihnen, vielleicht auf den des Dionysios Petosarapis (vgl.
Diod. 31, 15a) spielt Ptolemaios sogar an (Z. 20f.). Als Ursache wird man die Trennung der Bevölkerung in fest umgrenzte Rechtskreise ansehen dürfen, nachdem die ptolemäischen Herrscher die von Alexander d. Gr. allgemein angestrebte Bevölkerungsvermischung aufgegeben haben und
ihre Untertanen nach Nationen unterschiedlich behandeln.
Die Spitzenstellungen gebühren den Makedonen und den
übrigen Griechen; mit klangvollen Titeln bezeichnete Hofränge, wie der Stratege Dionysios hier einen führt, sollen die
Bindung der Oberschicht an das Herrscherhaus festigen.
Makedonen wie Griechen sehen sich im übrigen einheitlich
als Hellenen (vgl. Z. 4 und 22), die als Bevölkerungsgruppe –
unabhängig vom sozialen Status des Einzelnen – im Gegensatz zu den gewöhnlichen Ägyptern vielerlei Privilegien genießen. Ein solcher Zustand eignet sich naturgemäß dazu,
selbst dann einen tiefen nationalen Graben zu bewahren,
wenn im Alltag der soziale Unterschied gering ist. Bezeichnend ist, daß die nationalen Rivalitäten im vorliegenden Fall
sogar im Gebiet des Großen Serapeum zu Memphis ausgetragen werden – weder der asylgewährende Tempelbezirk
hindert dies noch der Umstand, daß Ptolemaios I. den Serapiskult seinerzeit als Ausdruck einer religiösen Versöhnungspolitik mit Zügen ägyptischer und griechisch-makedonischer
Gottesvorstellungen geschaffen hat.

*Lit.:* zur Bevölkerung s. H. Braunert, Binnenwanderung [o. bei
Nr. 2] (S. 67ff. zu den hier maßgebenden Verhältnissen); W.
Schubart, Die Griechen in Ägypten, Leipzig 1927; zu den Hofrangklassen s. L. Mooren, The Aulic Titulature in Ptolemaic
Egypt. Introduction and Prosopographie, Brüssel 1975; zu Serapiskult, Serapeum und dessen Bewohnern s. u. Nr. 39 und 56.

# III  DIE RECHTSPFLEGE

## 39

## Konzept einer Eingabe wegen Unterschlagungen

UPZ I 18                                               Memphis. 163 v. Chr.

Παρὰ Ταυγῆστος καὶ Ταῦστος δ[ιδ]υμ[ῶ]ν τῶν ἐν [τῶι] ἐν
Μέμφει
μεγάλῳ Σαραπιείωι. Ἀδεικούμεθα ὑπὸ Νε[φό]ρυτος
τῆς μητρὸς ἡμῶν. Καταλιποῦσα τὸν πατ[έρα] ἡμῶν
καὶ συνοικήσασα Φιλίππωι Σωγένου στρατι[ώτ]ης ἐκ τῆς
5 σημείας τοῦ Πυ.. ρῶτος, ὁ δὲ Φίλιππος, κατ᾽ ἀπιστηί-
ην ἐπέταξαν αὐτῷ ἀποκτῖναι τὸν πατέρα ἡμῶν
.. γυν.. τι καὶ ασπασάμενος τὴν μάχαιραν κατέ-
τρεχεν αὐτόν. Ἡ δὲ οἰκίας τοῦ πατρὸς ἡμῶν ἐνγὺς
τοῦ ποταμοῦ ἐστιν, ἀπεπήδησε εἰς τὸν ποταμὸν
10 καὶ κατακολυμβήσας ἕως ἔλθη εἰς νῆσον ἐν τῶι ᾿π[ο]τα᾿μῶι
καὶ πλοῖον ἀναλαμβάνει, καιθειστᾷ αὐτὸν
εἰς Ἡρακλήους πόλειν καὶ ἀποθνήσκει ἐκεῖ ὑπὸ τῆς
λύπης. Οἱ ᾿δελφοὶ αὐτοῦ πορεύονται ἐπ᾽ αὐτὸν
καὶ ἄγουσιν καὶ εἰς τὴν νεκρ⟨ί⟩αν καθειστῶσιν
15 αὐτόν, ἔτει καὶ νῦν ἄταφός ἐστειν. Τὴν δὲ οὐσίαν
αὐτοῦ εἴληφεν καὶ ἐνοίκιον λαμβάνει κατὰ μῆνα
χα(λκοῦ) (δραχμὰς) ᾿Αυ. Ἐκβάλλουσα ἡμᾶς ἀνεχορή⟨σα⟩μεν
᾿ἄνω᾿ εἰς
τὸ Σαραπιεῖην πινόντες πρὸς Πτολεμ[αῖ]ν τῶ⟨ν⟩ ἐν κατοχῇ, ὁ δὲ Πτολεμαῖς φίλος ἡμῶν ἦν τοῦ πατρός,
20 ἀναλαμβάνει ἡμ[ᾶ]ς καὶ τρέφει. Γενομένου δὲ τοῦ πένθου[ς]
κατάγουσιν ἡμᾶς πενθεῖν τῶι θεῶι. Οἱ δὲ γνώριμοι
αὐτῆς ἀναπίθουσιν ἡμᾶς δέξασθαι [τὸν υ]ἱὸν αὐτῆς
Παγχράτην, εἶνα δειακονεῖ ἡμῖν. [Διασ]τέλλομεν
αὐτὸν τοῦ (ἔτους) 13 ἔτους (sic) κομίσα[σθαι ὥ]δε τὸ γινόμε-
25 νον ἡμῖν ἐκ βασιλικοῦ.
Καὶ πάλιν ⟦τοῦτον⟧ οὗτος κλέψασα ἃ εἴχαμεν
ἐν ᾿τῷ᾿ Σαραπειείωι καὶ ἃ ᾿κομίσατο ἐκ βασιλικοῦ παρ᾽ ὑμῶν

ἐλαίου με(τρητὴν) ᾱ καὶ ἀπῆλθεν πρὸς τὴν μητέρα αὐτοῦ.
ʹΟ δὲ Πτολεμαῖς ὁ ἐν κατοχῇ ἐν τῷ αὐτῷ ἱερῶι
30 τοῦ θεοῦ ἐπειτάξαντος ἀναλαμβάνει ἡμᾶς

Hier bricht der Text ab

Auf dem Verso steht der zweizeilige Anfang des Entwurfes einer Eingabe des Ptolemaios und links davon die Rechnung UPZ I 82. 2 ʼΑδεικούμεθα l. ʼΑδικούμεθα 4 στρατι[ώτ]ης für στρατιώτηι 5 ἀπιστηί-|αν l. ἀπιστίαν 6 ἐπέταξαν l. ἐπέταξεν; ἀποκτῖναι l. ἀποκτεῖναι 7 ασπασάμενος anstatt σπασάμενος 8 οἰκίας für οἰκία 11 καιθειστᾷ l. καθιστᾷ 12 πόλειν l. πόλιν 14 καθειστῶσιν l. καθιστῶσιν 15 ἔτει l. ἔτι 18 Σαραπιειῆν πινῦντες l. Σαραπιεῖον πινῶντες (für πεινῶσαι); Πτολεμ[αῖ]ν l. Πτολεμαῖον, entsprechend 19, 29 22 ἀναπιθουσιν l. ἀναπείθουσιν 23 εῖνα δειακονεῖ l. ἵνα διακονῇι 26 πάλειν l. πάλιν; κλέψασα für κλέψας 30 ἐπειτάξαντος l. ἐπιτάξαντος

Von Tauges und Taus, den Zwillingen im Großen Sarapieion zu Memphis. Wir erleiden Unrecht von Nephorys, unserer Mutter. Sie hatte unseren Vater verlassen und lebte zusammen mit Philippos, Sohn des Sogenes, einem Soldaten aus dem Fähnlein des Py..ros. Philippos aber, – aus Treulosigkeit hatte sie ihm aufgetragen, unseren Vater Hargynuti (?) zu töten – und er zog sein Schwert und ging auf ihn los. Das Haus unseres Vaters aber liegt nahe am Strom, (der Vater) entkam in den Fluß und tauchte weg, bis er zu einer Insel im Strom kam. Und ein Schiff nimmt ihn auf, bringt ihn nach Herakleopolis, und dort stirbt er vor Kummer. Seine Brüder reisen zu ihm und bringen ihn und stellen ihn in der Nekropole ab, und jetzt noch ist er unbegraben. Sein Vermögen nahm (die Mutter) und sie erhält monatlich 1400 Kupferdrachmen Miete. Da sie uns hinauswarf, flüchteten wir hungrig hinauf ins Sarapieion zu Ptolemaios, einem von den ins Tempelasyl aufgenommenen. Ptolemaios aber war ein Freund unseres Vaters, er nimmt uns auf und ernährt uns. Als die Trauer(zeit) kam, führen uns (die Priester) hinunter, um dem Gott die Totenklage zu halten. Die Bekannten (unserer Mutter) überreden uns, ihren Sohn Panchrates aufzunehmen, damit er uns diene. Wir beauftragen ihn für das 17. Jahr, um das uns aus dem königlichen Magazin Zustehende zu erhalten. Und wieder stahl dieser, was wir im Sarapieion besaßen und was er aus dem königlichen Magazin von Euch erhalten hatte, 1 Metretes Öl, und ging weg zu seiner Mutter. Ptolemaios aber, der im gleichen Tempel auf Geheiß des Gottes Asyl genießt, nimmt uns auf...

Diese Eingabe gehört zu einer Gruppe ptolemäischer Texte, die uns einerseits über das persönliche Schicksal der beiden Zwillinge Tauges und Taus unterrichten, andererseits vor allem über Kult, Organisation und Asylwesen im Großen Serapeum zu Memphis. In diesem Tempel hat man unter dem Namen Sarapis die dort beigesetzten, nach ihrem Tod in die Gestalt des Unterweltgottes Osiris eingegangenen heiligen Apis-Stiere verehrt; der aus dem ägyptischen Osiris-Apis entstandenen Gottheit hatte Ptolemaios I. griechische Züge beigefügt, um so eine Reichsgottheit für Ägypter wie Griechen zu schaffen, und dieser Kult hatte sich zusammen mit dem der Isis in der antiken Welt rasch ausgebreitet. In der Organisation wie neben den eigentlichen Priestern im Kult des Großen Serapeum spielen jene Personen eine große Rolle, die vor privater oder staatlicher Verfolgung oder aus Not im Tempel eine Zuflucht und Bleibe gefunden haben. Zu diesem Personenkreis gehören Ptolemaios [s. o. Nr. 38], der sich wohl einer privaten Personalexekution aus einer Schuld entzogen hat, und die Schwestern Tauges und Taus. Diese können als Zwillinge ein gerade vakantes Priesteramt übernehmen, nämlich zunächst die Totenklage während der 70tägigen Trauerzeit anläßlich des Todes des soeben (am 6. April 164 v. Chr.) verstorbenen Apis-Stieres und danach die Darbringung der Totenopfer vor den Stiermumien. Hierfür bekommen sie ihren Lebensunterhalt, um dessen wenigstens nachträgliche Aushändigung sie freilich gleich anderen Personen [s. o. Nr. 3, u. 109] manche Eingabe machen müssen. Damit verbinden sie das Vorgehen gegen ihre Mutter und ihren (Stief-)Bruder Pachrates, nachdem Nephorys sie zunächst um ihr Erbteil gebracht und Pachrates sodann mittels eines Berechtigungsscheins die ihnen zustehende Öljahresration erhoben hat und mit dem Öl und ihren Ersparnissen entwichen ist. Der vorliegende Text ist nur ein Konzept, denn es fehlt die Adresse und er ist unvollendet.

*Lit.:* s. U. Wilcken UPZ I S. 7ff. zu Serapis und dem Serapeum, S. 177ff. zu Tauges und Taus; dazu und zum Asylwesen im Serapeum s. L. Delekat, Katoche, Hierodulie und Adoptionsfreilassung, München 1964.

## 40

# Streit wegen eines Geschenks an eine Dirne

P. Ent. 49 (mit BL II, s. a. BL V)  Magdola. 221 v. Chr.

[Βασι]λεῖ Πτολεμαί[ω]ι χ[α]ίρειν Σώπολις. 'Αδικοῦμαι ὑπὸ
[Δη]μοῦς τινος, τῶν κατοικ[ο]υσῶν ἐγ Κροκοδίλων πόλει τοῦ
['Αρσι]νοίτου νομοῦ, ἣ καὶ μισθαρνεῖ. Παραστησαμένη γάρ τινας
[ἐξ ἀπ]άτης, ἀνέπεισεν τὸν υἱόν μου Σώπολιν, οὐδέπω ὄντα
τῶν
5 [ἐτῶ]ν, συγγράψασθαι αὐτῆι δανείου (δραχμὰς) 'Α. Δέομαι
οὖν σου, βασιλεῦ,
[εἴ σο]ι δοκεῖ, συντάξαι Διοφάνει τῶι στρατηγῶι ἀνακαλέσασθαι
[τή]ν τε Δημοῦν καὶ τὸν ἐπιγραφέντ' αὐτῆς κύριον καὶ τὸν συγ-
[γραφο]φύλακα, καὶ ἐξετάσαι μισοπονήρως καί, ἐὰμ μὴ φαίνηται
[χρῆσις] τοῦ ἀργυρίου γεγενημένη κατὰ μηδένα τρόπον, ἡ δὲ
10 [συγγρα]φὴ ἐπ' ἀδικίαι γεγραμμένη, ἡμῖμ μὲν ἐπαναγκάσαι
αὐτὴν
[ἀποδοῦ]ναι ⟦ἡμῖν⟧ τὴν συγγραφήν, περὶ δ' αὐτῆς Διοφάνην
τὸν
[στρατηγ]ὸν διαγνῶναι. Τούτου γὰρ γενομένου, βασιλεῦ, οὐκ
ἀδικη-
[θήσομαι, χ]ρείας καὶ σοὶ καὶ τῶι σῶι πατρὶ ἀμέμπτως
παρεσχημένος.
                                                 Εὐτύχει.
15 (2. Hd.) Συναπεστάλη Δημήτριος Νικαγόρου. ("Ετους) α,
Γορπιαίου λ̄, Τῦβ[ι] ῑγ̄.
Verso:
[("Ετους) α, Γορπιαίου λ̄, Τῦβι] ῑγ̄.
[Σώπολις πρὸς Δημοῦν π]ερὶ
[- - -                          ].ου
[- - -                          ]...

Dem König Ptolemaios (von) Sopolis Gruß. Mir wird Unrecht getan von einer gewissen Demo, Einwohnerin von
Krokodilopolis im Arsinoitischen Gau, die eine Dirne ist.

Betrügerisch zog sie nämlich einige Personen hinzu und überredete meinen minderjährigen Sohn Sopolis, ihr eine Urkunde über ein Darlehen von 1000 Drachmen auszustellen. Ich bitte Dich nun, o Herrscher, falls es Dir gut dünkt, den Strategen Diophanes anzuweisen, die Demo, ihren vermerkten Geschlechtsvormund und den Urkundenverwahrer vorzuladen, unnachsichtig zu prüfen und wenn sich ergibt, daß auf keine Weise eine Ausleihe des Geldes stattgefunden hat, vielmehr die Urkunde zu Unrecht geschrieben worden ist, die (Demo) zu zwingen, uns die Urkunde zurückzugeben, über sie selbst aber soll der Stratege Diophanes entscheiden. Wenn dies geschehen ist, o König, wird mir nicht mehr Unrecht getan sein, der ich Dir und Deinem Vater tadellos gedient habe. Gehab Dich wohl. (2. Hd.) Mitabgesandt wurde Demetrios, Sohn des Nikagoros. Im 1. Jahre, 30. Gorpiaios, 13. Tybi. (Verso) Im 1. Jahr, 30. Gorpiaios, 13. Tybi. Sopolis gegen Demo wegen ...

„Große Kinder – große Sorgen" mag Sopolis denken: Sein gleichnamiger minderjähriger Sohn ist einer Dirne in die Netze gegangen und hat als großzügiges Geschenk wohl einen fiktiven Schuldschein über 1000 Drachmen ausgestellt. Die Dame hat die Sache gut eingefädelt: Mit Hilfe einiger herbeigerufener Freunde ließ sie den Jüngling eine übliche Sechszeugenurkunde [s. u. Nr. 72] ausstellen, in der dieser der Wahrheit zuwider erklärte, er habe von Demo in Anwesenheit ihres Geschlechtsvormundes 1000 Drachmen als Darlehen empfangen. Den Einwand, das Darlehen sei entgegen dem Urkundentext nicht ausbezahlt worden, schneidet die Urkunde ab, deren Text allein maßgeblich ist, und nun liegt der Vertrag beim Urkundenverwahrer. Der wenig erfreute Vater sucht jetzt zu retten und begehrt, die verfängliche Urkunde ausgehändigt zu bekommen sowie Bestrafung der Demo. Leider wissen wir nicht, inwieweit sein Gesuch den Regeln des Rechts entspricht. Die Begründung läßt annehmen, daß ein Minderjähriger gegen eine Übervorteilung durch Ungültigerklärung des Vertrages geschützt wird und der Vater dementsprechend darlegt, sein minderjähriger Sohn habe aus jenem Darlehensvertrag tatsächlich keinen

Vermögenswerten Vorteil erlangt; freilich setzte dies voraus, daß einem Minderjährigen dieses Vorbringen nicht durch die Urkunde verwehrt wird. Ob ein Gericht jener Zeit dieser Argumentation folgen würde, ist unbekannt. Sopolis erhebt freilich gar keine Klage. Sein lediglich formal an den König gerichtetes Gesuch (ἔντευξις) geht direkt an den Strategen zur Bearbeitung; wie andere, insoweit erhaltene Enteuxeis zeigen [s. u. Nr. 45], beschränkt sich der Stratege auf eine kurze Anweisung an einen unterstellten Beamten, wie in der Angelegenheit weiter zu verfahren sei, beispielsweise eine Versöhnung zu versuchen und, falls diese mißlinge, die Parteien dem Strategen zu überstellen [s. o. Nr. 28]. Texte dieser Art machen uns mit einer Eigenheit des ptolemäischen Justizwesens bekannt, nämlich daß die Rechtspflege kein Monopol der Gerichte ist, sondern daß daneben eine bedeutende Beamtenjustiz besteht. Diese liegt nicht nur beim Strategen, die Rechtsuchenden wenden sich (auch in der Römerzeit) gerne an die örtlichen Amtsträger; das Vorgehen der Petentin u. Nr. 45 bietet hiervon ein anschauliches Bild, ebenso die zahlreichen entsprechenden Eingaben. Die Rechtsuchenden erhoffen sich offenbar eine rasche Hilfe kraft der Amtsgewalt des angegangenen Beamten, außerdem vermag dessen absolute Macht auch Begehren durchzusetzen, die ein Gericht nach den Grundsätzen des Rechts nicht zusprechen könnte. So kennt das insoweit urtümliche griechische Recht den Anspruch auf eine Sachleistung nicht – dem Geschädigten oder dem unbefriedigten Vertragspartner bleibt nur ein Geldanspruch, etwa nach Maßgabe einer Strafklausel. Hieran ist ein Gericht gebunden, nicht aber ein Beamter, denn wen der Dorfschulze zur Herausgabe einer Sache oder zu anderem auffordert, der wird sich überlegen, ob er es auf weitere Maßnahmen ankommen lassen will, gegen die es außer einer Petition keinen Schutz gibt. In gleicher Weise mag Sopolis hier allen Grund haben, die Rettung allein von einer der Amtsgewalt des Strategen entspringenden Zwangsmaßnahme (s. Z. 10: ἐπαναγκάζειν) zu erhoffen.

*Lit.:* zum Text (rechtlich) s. H. A. Rupprecht, Untersuchungen zum Darlehen im Recht der graeco-aegyptischen Papyri der Ptolemäerzeit, München 1967, S. 61 ff.; s. ferner P. M. Meyer, Jur. Pap. Nr. 44; zur Unanfechtbarkeit von Urkunden s. H. J. Wolff, Zur Rechtswirksamkeit der griechischen Urkunden Ägyptens in der Ptolemäer- und Prinzipatszeit, Festschrift Max Kaser, München

114     *III Die Rechtspflege*

1976, S. 579 ff.; zu den Enteuxeis s. O. Gueraud, Einl. zu P. Ent.;
F. X. Rösch, Rechtsschutzbitten [u. bei Nr. 45]; s. ferner A. Di Bitonto, Le petizione al re. Studio sul formulario, Aegyptus 47, 1967, S. 5 ff.; dieselbe, Le petizione ai funzionari nel periodo tolemaico. Studio sul formulario, Aegyptus 48, 1968, S. 53 ff.; zum griechischen Recht s. u. Nr. 77.

## 41

### Klage auf Herausgabe eines Kindes

P. Col. Zen. II 83                    Philadelphia. 245/4 v. Chr.
(mit BL III und VI)

Βασιλεῖ Πτολεμαίωι χαίρειν Ἀντίπατρος τῶν ἐκ Φιλαδελφείας.
Ἀδικοῦμαι ὑπὸ Ν[ίκ]ωνος.
Δανείσας γάρ μου τῆι γυναικὶ Σίμωι ἀργυρίου (δραχμὰς) ο,
τόκου ὡς τὴν μνᾶν τὸμ μῆνα ἕκαστον (δραχμῶν) ἕξ,
καὶ κεφαλαιώσας σὺν τῶι ἀρχαίωι συνεγράψατο συγγραφὴν
δανείου πρὸς αὐτὴν (δραχμῶν) ριε ἐφ᾽ ἧς ἐπεγρά-
φην ἔγγυος ἐγώ. Ἀπελθόντος δέ μου ἐκ Φιλαδελφείας διὰ τὸ
συκοφαντεῖσθαι ὑπὸ Ἀρτεμι[δ]ώρου τοῦ
5 παρ᾽ Ἀπολλωνίου τοῦ διοικητοῦ καὶ ἀνοίξαντος καπηλεῖον
ἐν Ἑρμοῦ πόλει τῆι ἄνω, Νίκων ἔγραψεν
ἐπιστολὴν εἰς Φιλαδέλφειαν πρὸς Μενέστρατόν τινα ἡμέτερον
οἰκε[ῖο]ν ἐν ἧι καὶ γράφει ὅρκον βασι-
λικὸν συγγράψεσθαι πρὸς ἡμᾶς τοῦ ἀρχαίου αὐτοῦ τῶν ο
(δραχμῶν). Τοῦ δὲ Μεγεστράτου μοι γράψαντος εἰς
Ἑρμοῦ πόλιν παραγενέσθαι καὶ ἐμοῦ καταπλεύσαντος εἰς
Φιλαδέλφειαν, Νίκων ἀναπλεύσας εἰς Ἑρμοῦ
πόλιν τὴν γυναῖκα μου ἔφη παραδώσειν τῶι πράκτορι πρὸς
τὸ δάνειον ἐὰμ μὴ ἑκοῦσα ἀκολουθῆι
10 αὐτῶι. Εὐλαβηθείσης δὲ τῆς Σίμου καὶ συγκαταπλευσάσης τῶι
Νίκωνι μετὰ τοῦ παιδίου
ἀγαγὼν αὐτοὺς εἰς Ἡρακλέους πόλιν κατέκλεισεν παρά τισιν
χωρὶς ἑκατέρου. Ἡ μὲν οὖν Σίμου
λαθοῦσα ἀπῆλθεν. Τὸ δὲ παιδίον ἔτι καὶ νῦν ἔχει συνκεκλεικὼς
καὶ ἀξιούντων ἡμῶν ἀποδοῦναι

ὅτε μὲν ὁμολογεῖ ἔχειν πρὸς τὸ δάνειον ἠνεχυρακώς, ὅτε δὲ
ἀρνεῖται. Δέομαι οὖν σου, βασιλεῦ, ἀπο϶τα-
λῆναί μου τὴν ἔντευξιν ἐπὶ χρηματιστὰς καὶ ἐὰν ἐνδείξωμαι
ἀληθῆ ὄντα τὰ διὰ τῆς ἐντεύξεως
15 τυχεῖν Νίκωνα τῆς προσηκούσης τιμωρίας περί τε τῶν τόκων
ὧν συνγέγραπται παρὰ τὸ
διάγραμμα καὶ ὅτι τὸν ἐλεύθερον εἴρξας ἔχει δι' αὐτοῦ, ἐμοὶ δὲ
ἀποδοθῆναι τὸ παιδίον, ἵνα ἐπὶ σέ,
βασιλεῦ, καταφυγὼν τοῦ δικαίου τύχω.
Εὐτύχει.

11 ἑκατέρον (so Ed. pr. und Textabb.) l. ἑκατέρων

Dem König Ptolemaios Gruß von Antipatros, Einwohner von
Philadelphia. Ich erleide Unrecht von Nikon. Als er nämlich meiner Frau Simon 70 Silberdrachmen lieh zu einem Zins
von sechs Drachmen pro Mine und Monat und (den Zins) mit
dem ursprünglichen Betrag als Kapital zusammenfaßte,
setzte er ihr gegenüber einen Darlehensvertrag über 115
Drachmen auf, für die ich mich als Bürge eintrug. Nachdem
ich aus Philadelphia weggegangen war, weil ich von Artemidoros, einem Untergebenen des Dioiketen Apollonios, fälschlich verklagt wurde und in dem oben gelegenen Hermopolis
einen Kramladen aufgemacht hatte, schrieb Nikon einen
Brief nach Philadelphia an einen gewissen Menestratos, unseren Verwandten, in dem er auch schreibt, er werde einen
Eid beim König uns gegenüber schriftlich leisten über das
ehemalige Kapital selbst von 70 Drachmen. Während Menestratos mir nach Hermopolis schrieb, ich solle nach Philadelphia kommen, und ich hinab segelte, fuhr Nikon nach Hermopolis hinauf und sagte, er werde meine Frau dem Praktor
übergeben, wenn sie ihm nicht freiwillig folge. Die Simon
wurde von Furcht ergriffen und segelte mit Nikon hinab,
zusammen mit (unserem) Kind. Er führte sie nach Herakleopolis und schloß sie bei gewissen Personen voneinander getrennt ein. Simon entwich nun heimlich. Das Kind aber hält
er jetzt noch gefangen und, wenn wir verlangen, er möge es
zurückgeben, erklärt er manchmal, er habe es als Pfand für

das Darlehen, manchmal leugnet er. Ich bitte Dich nun, o König, übersende meine Eingabe den Chrematisten, und falls ich das in der Eingabe Vorgetragene als wahr beweise, soll Nikon die gehörige Strafe erhalten sowohl wegen der Zinsen, die er entgegen der Verordnung festgesetzt hat, wie auch weil er eine freie Person eingesperrt aus eigener Machtvollkommenheit festhält, mir aber soll das Kind zurückgegeben werden, damit ich, zu Dir, o Herr, geflüchtet, nun Recht erhalten werde. Gehab Dich wohl.

In der gleichen Form wie die häufigen Rechtsschutzbitten an den Strategen erhebt hier ein Mann Klage auf Herausgabe seines Kindes. Daß eine Klage vorliegt, ergibt sich nur aus dem Gesuch, die Eingabe zur Entscheidung den Chrematisten zu senden. Die Chrematisten sprechen anstelle des Königs selbst Recht und verkörpern die eigentliche königliche Gerichtsbarkeit, die neben den übrigen Rechtspflegeorganen (wie den Laokriten, s.u. Nr. 45) steht. Der zu beurteilende Sachverhalt ist teilweise ungewiß, weil der zeitliche Ablauf der Darlehensvergabe mehrdeutig geschildert ist: die 115 Drachmen können ein abgezinstes Darlehen von 70 Drachmen darstellen oder aber nachträglich als Kapital unter Einschluß der inzwischen aufgelaufenen Zinsen festgelegt worden sein. Jedenfalls liegt der Zinssatz von 6 % offenbar über dem nach einer königlichen Verordnung zulässigen Satz von vielleicht monatlich 2 %. Wohl um dies zu verschleiern, ist der Betrag von 115 Drachmen in die Urkunde aufgenommen worden, und Antipatros will nun zu seinen Gunsten den Schwindel aufdecken. Ob das Darlehen überhaupt zur Rückzahlung fällig ist, ist ungewiß, ebenso ob das Kind nun als Sicherheit verpfändet worden ist oder nicht. Keinesfalls aber hat Nikon das Recht besessen, Simon oder das Kind kraft privater Eigenmacht festzusetzen – er hätte sich des Praktors [s.o. Nr. 1] bedienen müssen.

*Lit.:* zum Text und den damit zusammenhängenden rechtlichen Fragen s. H.E. Finckh, Das Zinsrecht der gräko-ägyptischen Papyri, jur. Diss. Erlangen 1962; H. Kühnert, Zum Kreditgeschäft in den hellenistischen Papyri bis Diokletian, jur. Diss. Freiburg 1965; H.-A. Rupprecht, Darlehen [o. bei Nr. 40]; W.L. Westermann, C.W. Keyes, H. Liebesny, P. Col. Zen. II S. 75ff.; H.J. Wolff, Das Justizwesen der Ptolemäer, 2. Aufl. München 1970.

42

## Darlegungen eines Anwalts

SB XIV N.N.                  Karanis. 4. Jahrh. n. Chr.

(1. Hd.) Ν(arratio) Λέγομεν ὑπὲρ Σαμβαθίωνος ‘καὶ ‘Ερᾶ’ ἀπὸ
κώμης Κερανίδος.

Γῆν πολλὴν καὶ διάφορον οἱ συνηγορ(ούμενοι) ἀπεγράψαντο
ἐν τοῖς γεγενημένοις κήνσοις

ἐν τῇ ἐνορίᾳ τῆς κώμης Κερανίδος τοῦ ’Αρσινοΐτου, Σαμβαθίων
μὲν βασιλικῆς

ἀρούρας ἐνενήκοντα καὶ ἰδιωτικῆς δέκα, ὁ δὲ ‘Ερᾶς βασιλικῆς
ἐνενήκοντα.

5 ’Αλλὰ τοῦ ὑδρεύματος καταπεσόντος καὶ οὐκέτι τῶν γῶν ἀρ-
δευομένων, συμβέβηκεν

αὐτὰς ἀσπόρους ἀπομεῖναι καὶ πλίστην ὅσην ζημίαν ἐπενεγκῖν
τοῖς βοηθουμένοις.

Οὐκ ἀντεχόντων τοίνυν αὐτῶν περὶ τοῦτο τὸ μέρος, μείζονα
ἐπήριαν προσάγουσιν

οἱ πρακτῆραις. ’Αλεξάνδρου γὰρ καὶ ‘Ηρακλᾶ οὗ κληρονόμοι
ἐ[σ]τήκασιν ἀπογρα-

ψαμένων πλίστην ὅσην γῆν ἐν τῷ παιδίῳ ἐκίνῳ καὶ ταύτης
[γ]εωργουμένης

10 ὑπό τινων ὁμοκωμητῶν κάκίνων ἐν ἀναχωρήσι γεγενημένων,
οἱ πρακτῆραις

οὐ δέον ἐπιβαίνουσιν τούτοις καὶ ἀναγκάζουσιν μήτε δεσπότας
ὄντας μήτε ἀπο-

γραψαμένους μήτε κατέχοντας τὰς συντελείας πληροῦν, δέον
παρ’ ἐκίνων τῶν

ἀπογραψαμένων καὶ δεσποτῶν καὶ ταῦτα συνεστηκότων, οἱ δὲ
ἐπὶ τοὺς ἀγροίκους

καὶ ἀπράγμονας διαβεβήκασιν. Δεόμεθα τοῦ μεγαλείου τούτου, ἐπειδὴ ἔχομεν καὶ

15 τοὺς κήνσους ἔνθα ἐλέγχονται αἱ γαῖ οὐκ ἑτέρῳ τινὶ διαφέρειν
ἢ ‘Ηρακλᾷ

καὶ Ἀλεξάνδρῳ, ἐπαναγκασθῆναι αὐτοὺς ἐπὶ τῆς πόλεως ὄντας
    τὰς συντελίας

τῶν γῶν ἐπιγιγνώσκιν τὸ δὲ ἀνενόχλητον ἔχιν τοὺς β[ο]ηθ-
ουμένους, ἐπειδὴ

πολλὰ ἐπὶ τῶν τόπων ἐκῖνοι δυνάμενοι καὶ βίαιοι ὄντες τοὺς
    ἀγροίκους προσ-

τρίβουσιν τὰς ἑαυτῶν συντελίας.


Auf dem linken Rand

20 (2. Hd.) Οἱ β(οηθούμενοι) Σανβαθίων καὶ
        Ἑρᾶ⟨ς⟩ ἀπὸ κόμης
                    Κερανίδος
    ἀ(ντίδικοι) Ἀλέξανδρος καὶ
    κληρονόμοι Ἡρακλᾶ
25 ἀπεγράψαντο ἐν τοῖς κήνσοις
    Σανβαθίων βασιλικ(ῆς) (ἀρούρας) q
                ἰδιωτικ(ῆς) (ἀρούρας) ι
    Ἑρᾶς δὲ      βασιλικ(ῆς) (ἀρούρας) q
    ἀλλὰ τοῦ ὑδρεύματος καταπεσόντ(ος)
30 καὶ τῶν γῶν ἐν χερσίᾳ ... νυιῶν
    οἱ πρακτῆρες ἐβιάσαντο οὐ μόνον
    ὑπὲρ αὐτῶν ἀλλὰ καὶ ὑπὲρ
    Ἀλεξάνδρου προφάσι πρὸ πολλοῦ
    χρόνου γεγεωργη[κ](ότων) ἐκίνου γῆς
35 ....( )
    φυγῇ κέχρηνται ἀλλ..υν.το εναλθ( )
    αὐτῶν πάλ[ι]ν βιαζομένων
    ἐκίνους γεω[ργεῖ]ν καὶ τούτους
    βιάζονται. Δ[ε]όμεθα, ἐπιδὴ πρό-
40 εισιν ἀπογ[ρ]αφαὶ οἵ τε δεσπόται
    ἑστήκασιν, π[ρ]οστάξαι προνοίᾳ
        ε..ρυν.σθ(αι) αὐτοὺς καὶ
    ἐπαναγκάσθ(αι) τοὺς γεωργ(οὺς)
    τὴν ἀπαίτησιν ποιήσασθ(αι)
45 ε.ιλλεν οἱ β(οηθούμενοι) παρα.ε
    ἡμῶν τὰ πρόσωπ(α)

[[ἀπεγρ(   )]] οἱ γεωργοί
     ʼΟρσενοῦφις ιϛ
     Σουείς   κ
50     ʼΑσκλᾶς   ε
     ʽΗρᾶς   ε
     Πανοῦφι̅ς̅   β
     Κάστωρ   δʃ
     ʽΗρων   βʃ
55     ἐγεώργουν
γ καὶ β´

Verso:
(3. Hd.) [ʽΥ(πὲρ) Σαμ]βαθίωνος
     [ἀ]πὸ κώμης
     [Κ]εραν(ίδος
60     ʽΩρείων ῥ(ήτωρ).

Zahlreiche Jotazismen. 1 Κερανίδος l. Καρανίδος, entsprechend 3,
22, 59     8, 10 πρακτῆραις l. πρακτῆρες   9 παιδίῳ l. πεδίῳ
21 κόμης l. κώμης

Darlegung. Wir sprechen in Vertretung von Sambathion und
Heras aus dem Dorf Karanis. Viel und vielerlei Land haben
unsere Klienten bei den früheren Census in der Gemarkung
des Dorfes Karanis im Arsinoites-Gau deklariert, und zwar
Sambathion neunzig Aruren Königs(land) und zehn (Aruren)
Privat(land), Heras dagegen neunzig (Aruren) Königs(land).
Aber nachdem das Wasserreservoir zusammengebrochen
und nichts von dem Land bewässert worden war, blieb es
unbesät und unseren Klienten entstand ein außerordentlich
großer Schaden. Während sie nun in dieser Beziehung in
Schwierigkeiten gerieten (lit.: nicht standhielten), fügen die
Steuererheber noch größeren Nachteil zu. Denn Alexandros
und Heraklas, dessen Erben (hier) anwesend sind, deklarier-
ten in jenem Gebiet außerordentlich viel Land, welches von
einigen Dorfgenossen bewirtschaftet wurde, und als diese
landflüchtig wurden, gehen die Steuererheber ungebührlich

gegen diese (unsere Klienten) vor und nötigen sie, die weder (wirkliche) Eigentümer sind noch diese Ländereien deklariert haben (d. h. nach dem Register als Landeigentümer verzeichnet sind) noch Landinhaber sind, die Abgaben zu erfüllen, (obgleich) es sich gehört, (sie) von jenen (einzutreiben), die eingetragen und Eigentümer sind und dies vereinbart haben; die (Steuereinnehmer) aber sind gegen ja gesetzestreue (lit.: friedliche) Landleute vorgegangen. Wir bitten seine Hoheit – nachdem wir eben diese Censuslisten (hier) haben, worin dargetan ist, daß die Ländereien niemand anderem als dem Heraklas und dem Alexandros gehören – diese, die in der Stadt leben, zu zwingen, die Steuerlast für die Ländereien anzuerkennen, damit unsere Klienten unbehelligt bleiben, indem jene, die viel in (diesen) Bezirken vermögen und Gewalt ausüben, ihre eigenen Steuerlasten den Bauern zuteilen.
(Auf dem linken Rand) (2. Hd.). Die Vertretenen (sind) Sambathion und Heras aus dem Dorf Karanis. Prozeßgegner (sind) Alexandros und die Erben des Herakles. Es haben bei dem Census deklariert Sambathion 90 Aruren Königs(land) (und) 10 Aruren Privat(land), Heras dagegen 90 Aruren Königs(land). Aber nachdem das Wasserreservoir zusammengebrochen war und die Ländereien trocken geworden, gingen die Steuereinnehmer gewaltsam vor nicht nur wegen ihres (Land)besitzes, sondern auch wegen dem des Alexandros mit der Begründung, vor langer Zeit hätten sie dessen Land bewirtschaftet... Die wirklichen Pächter haben die Flucht ergriffen... als sie wieder zur Bewirtschaftung genötigt werden, auch diese (unsere Klienten) werden (von den Steuereinnehmern?) bedrängt. Wir bitten (Dich), weil frühere Zensusdeklarationen vorliegen und die Eigentümer anwesend sind, anzuordnen, daß sie ... und gezwungen werden, daß die Rückforderung bei den Pächtern erfolgt ... die Vertretenen ... unsere Namen ... bewirtschaftet haben die Pächter Orsenuphis 16 (Aruren), Sueis 10, Asklas 4, Heras 5, Panuphis 2, Kastor 4½, Heron 2½.        3. und 2.
(Verso) (3. Hd.) In Vertretung des Sambathion aus dem Dorf Karanis der Redner Horeion.

Diese Ausführungen eines Anwalts zeigen wie so mancher andere Papyrus [vgl. o. Nr. 2] das Zusammenwirken der für Ägypten verhängnisvollen Faktoren Bewässerungsmangel, Landflucht und Steuerdruck. Sambathion und Heras haben bereits infolge des Zusammenbruchs der Bewässerungseinrichtungen großen Schaden erlitten, denn ihr eigenes Land blieb unbesäbar. Die verheerenden Auswirkungen des Verfalls des Bewässerungssystems in jener Zeit spiegelt eindrucksvoll der dem vorliegenden Text formal gleiche P. Thead. 16, in welchem drei „verbliebene Einwohner des verlassenen Dorfes Theadelphia" solche Folgen schildern lassen: die etwas tiefer liegenden Nachbarorte nehmen Theadelphia am Ende des Bewässerungssystems das Wasser weg, das Land vertrocknet und die Bevölkerung zieht weg, doch die gesamten Abgaben obliegen unvermindert den Verbliebenen. Zusätzlich wurden hier die Kläger von den Steuereinnehmern genötigt, die Abgaben für Ländereien des Alexandros und des Heraklas zu begleichen, nachdem deren Pächter offenbar wegen des Wassermangels sich davon gemacht hatten und die in der Stadt wohnenden Eigentümer wohl selbst nicht so ohne weiteres erreichbar waren. Das widerrechtliche Vorgehen geschah schwerlich aus Versehen, sicherlich wollten die Steuereinnehmer sich vor Ansprüchen des Fiskus wegen ungenügendem Steuereinzug bewahren. Aus welchem Rechtsgrund die Kläger das Anerkenntnis der Beklagten über deren Steuerpflicht begehren, ist ungewiß. Die Pflicht, als Grundeigentümer die Abgaben zu entrichten, besteht überdies unabhängig von einem solchen Anerkenntnis und wird gegenüber dem Staat auch nicht durch die Abwälzung auf die Pächter [Z. 18f.; vgl. u. Nr. 148] berührt; man erwartete daher eher ein Vorgehen gegenüber den Steuereinnehmern, damit diese zukünftig sich an die wahren Steuerpflichten halten. Vielleicht wird dies letztlich bezweckt und die Kläger handeln nur entsprechend der Devise, den Sack zu hauen, den Esel aber zu meinen, etwa weil es möglicherweise kein förmliches Verfahren gegen die Steuereinnehmer gibt. Im römischen Ägypten liegt die Gerichtsbarkeit beim Präfekten (nach der Aufteilung Ägyptens in Provinzen [s.u. Nr. 54] zusätzlich bei den Provinzstatthaltern), der sie auf dem an verschiedenen Orten abgehaltenen Konvent selbst wahrnimmt oder die Entscheidung delegiert; eigene Gerichte wie in der Ptolemäerzeit gibt es nicht mehr. Da das Justizwesen in die Verwaltung eingebettet ist, ist durchaus denkbar, daß ein Verfahren eine die Verwaltungspraxis ändernde Anweisung veranlassen kann; P. Thead. 16, in dem sich jene drei am Ort verbliebenen Einwohner offenbar um Minderung der öffentlichen Lasten bemühen, zeigt insoweit, daß Texte der vorliegenden Form keineswegs nur der Rechtsverfolgung gegenüber Privatleuten dienen. Die eigentliche Rolle dieser anwaltlichen Darlegungen, die jeweils mit einem durchgestrichenen N beginnen und bislang in fünf Exemplaren vorliegen, ist übrigens noch nicht zweifelsfrei festgestellt. Das einleitende N wird allgemein als Abkürzung für *narratio* (Erzählung) verstanden, dies ist ein technischer Begriff der Rhetorik und bezeichnet in rechtlichem Zusammenhang den Vortrag des Sachverhaltes und der Anträge; tatsächlich ist zwar nicht bei unserem kurzen Text, wohl aber in dem erheblich längeren SB XII 10989 die rhetorische Prägung der Darstellung deutlich [vgl. u. Nr. 91]. Die einheitliche Form, zu der die heraushebenden Überstreichungen und die stichwortartige Zusammenfassung am linken Rand gehören, schließen aus, daß es sich lediglich um Plädoyer-Manuskripte von Anwälten handelt. Zweifellos gehören die so förmlichen Ausführungen vielmehr unmittelbar in den Prozeß; A. A. *Schiller* hält sie für Klageschriften *(litis denuntiationes)* der Anfang 3. – Anfang 4. Jahrhundert vorgeschriebenen Form, auf welchen die Behörde in dem vorschriftsmäßigen Freiraum am Rand ihre Feststellungen zur Schlüssigkeit notierte, und Bedeutsames durch Überstreichen kennzeichnete, ehe sie die Klage – sofern diese zur Verhandlung zugelassen wurde – dem Beklagten zustellte.

*Lit.:* Ed. pr. und zum Urkundentyp s. N. Lewis - A. A. Schiller, Another „Narratio" Document, Daube Noster, Essays in Legal History for David Daube, Edinburgh–London 1974, S. 187 ff.; zum Justizwesen der Römerzeit s. G. Foti Talamanca, Ricerche sul processo nell' Egitto greco-romano I. L'organizzazione del „conventus" del „praefectus Aegypti", Milano 1974; M. Kaser, Das römische Zivilprozeßrecht, München 1966, S. 456 ff.; L. Mitteis, Grundzüge S. 23 ff.; zur Rhetorik in den Papyri s. H. Schmidt, Einfluß der Rhetorik auf die Gestaltung der richterlichen Entscheidungen in den Papyri, JJP 4, 1950, S. 165 ff.

## 43

## Bevollmächtigung eines Prozeßvertreters

P. Oxy. II 261                                      Oxyrhynchos. 55 n. Chr.

Ἔτους δευτέρου Νέρωνος Κλαυδίου [Κ]αίσα[ρ]ος
Σεβαστοῦ Γερμανικοῦ Αὐτοκράτορος, μ[η]νὸς Νέου
[Σ]εβαστοῦ    ἐν Ὀξυρύγχων πόλ[ει] τῆς Θηβαίδος.
[Ὁμολο]γεῖ Δημητρία Χαιρήμονος ἀστὴι μετὰ κυρίου
5 [τοῦ τῆς] ὑ[ι]δῆς αὐτῆς Δημητρίας ἀστῆς ἀνδρὸς Θέω-
νο[ς τ]οῦ Ἀντιόχου Αὐξιμητορείου τοῦ καὶ Ληνείου
τῷ ἑαυτῆς [μ]ὲν υἱωνῷ τῆς δὲ υἱδῆς Δημητρίας
ἀδελφῷ Χαιρήμονι Χαιρήμονος Μαρωνεῖ ἐν ἀ-
γυιᾷ, περὶ ὧν προφέρεται ἡ ὁμολογοῦσα Δημητρία
10 ἔχειν πρὸς Ἐπίμαχον Πολυδεύκους ἢ καὶ αὐτὸς
ὁ Ἐπίμαχος προφέρεται ἔχειν πρὸς αὐτήν, ᾧ δυ-
ναμένη προσκαρτερῆσαι τῷ κριτηρίῳ διὰ γυναι-
κείαν ἀσθένειαν, συνεστακέναι αὐτὴν τὸν προγεγραμμένον υἱωνὸν Χα[ιρ]ήμονα ἔγδικον
15 ἐπί τε πάσης ἐξουσίας καὶ παντὸς κριτηρίου καθὰ καὶ αὐτῇ τῇ συνεστακυίᾳ Δημητρίᾳ παρούσῃ
ἐξῆν· εὐδοκεῖ γὰρ τῇδε τῇ συστάσει. Κυρία
ἡ συγγραφήι.

4 ἀστὴι l. ἀστὴ        18 συγγραφήι l. συγγραφή

Im zweiten Jahr des Nero Claudius Caesar Augustus Germanicus Imperator, am        des Monats Neos Sebastos in
Oxyrhynchos in der Thebais. Es erkennt an Demetria, Tochter des Chairemon, Bürgerin, mit dem Ehemann ihrer Enkelin Demetria, Bürgerin, dem Theon, Sohn des Antiochos, aus
der Auximetorischen Phyle und dem Leneiischen Demos,
als Geschlechtsvormund, ihrem Enkel Chairemon, dem Bruder ihrer Enkelin Demetria, Sohn des Chairemon, aus dem
Maronischen Demos, (vor dem Urkundenschreiber) auf der
Straße, hinsichtlich der Ansprüche, die die anerkennende

Demetria gegen Epimachos, Sohn des Polydeukes, zu haben
behauptet oder die dieser Epimachos gegen sie zu haben behauptet, weil sie aus weiblicher Schwäche nicht vor Gericht
ausharren kann, sie habe den besagten Enkel Chairemon als
Prozeßbevollmächtigten bestellt für jede Behörde und jedes
Gericht, bei denen die bevollmächtigende Demetria auch
selbst auftreten könnte, wenn sie anwesend wäre. Er ist nämlich mit der Bevollmächtigung einverstanden. Die Urkunde
soll maßgeblich sein.

Wenn Demetria ihren erwachsenen Enkel mit ihrer Vertretung
vor Gericht beauftragen kann, so mag nicht „weibliche",
sondern altersbedingte Schwäche der Anlaß gewesen sein.
Anschaulich zeigt die Vollmacht zwei Formen der Vertretung nebeneinander. Rechtlich belanglos ist das Auftreten
des Geschlechtsvormundes (κύριος), der rein formal an den
griechischen Regeln folgenden Rechtsgeschäften von Frauen
(insoweit auch von Jüdinnen und Ägypterinnen, die bei
Verträgen in ihrer Sprache keines Vormundes bedürfen) teilnimmt; den Kyrios hat wohl die frühptolemäische Gesetz-
gebung nach dem Vorbild der attischen Kyrieia, der beschränkten Verfügungsmacht des Ehemanns an der Mitgift
seiner Frau, neu geschaffen, und er wird sein Fortleben entgegen den sozialen Gegebenheiten seiner Ähnlichkeit mit dem
römischen Frauenvormund *(tutor mulieris)* verdanken. Den
römischen Rechtsgrundsätzen, die keine direkte Stellvertretung kennen, gerade entgegengesetzt ist die Bevollmächtigung zur Vertretung bei einem Rechtsgeschäft oder gegenüber einer Behörde oder vor Gericht. Die Beteiligten der vorliegenden Urkunde sind Bürger Alexandriens, denn sie führen
alexandrinische Phylen- und Demennamen [s. u. Nr. 147] und
die bevollmächtigende Demetria ist ausdrücklich als Bürgerin
(ἀστή) bezeichnet. Die zwischen Demetria und Epimachos
streitigen Ansprüche erwähnt der Schreiber auffallend vor-
sichtig. Er sagt nicht, sie beständen, sondern die Parteien berühmten sich ihrer. Dies wird Absicht sein und mag die Sorgfalt spiegeln, mit der ein erfahrener Schreiber seine Urkunden
errichtet – hier in feiner Formulierung Behauptung von Tatsache scheidet, sonst vor allem aber über passende Klauseln
den mannigfachen Interessen seiner Klientel gerecht wird,
ohne Jurist zu sein.

*Lit.:* zum κύριος s. H. J. Wolff, Hellenistisches Privatrecht, ZRG 90, 1973, S. 63 ff. (67 f.); zur Kyrieia s. H. J. Wolff, Eherecht und Familienverfassung in Athen, Beiträge zur Rechtsgeschichte Altgriechenlands und des hellenistischen-römischen Ägypten, Weimar 1961, S. 189 f. (= Traditio 2, 1944, S. 44); zur Stellvertretung s. J. Herrmann, Interpretation von Vollmachtsurkunden, Akten XIII. Intern. Pap. Kongr., München 1974, S. 159 ff.; L. Wenger, Die Stellvertretung im Rechte der Papyri, Leipzig 1906, Nd. Aalen 1966; zum Text S. 142 f.

## 44

### Fahndung nach einer Beklagten

BGU VIII 1774          Herakleopolites, Mitte 1. Jahrh. v. Chr.

> Τοῖς ἐπὶ χρειῶν τεταγμένοις.
> Ἀπολλωνίου καὶ Ἡρακλείδου
> ἀμφοτέρων Ἡρακλείδου
> [ἐ]νκαλεσάντων τῆι ἑαυτῶν
> 5 μητρὶ καὶ τῆι ταύτης
> [δ]ούληι Ζωσίμηι περὶ ἐκφο-
> ρήσεως σκευῶν τε καὶ
> βιβλίων 'πατρικῶν' καὶ ἑτέρων ἀδικη-
> [μ]άτων συνετάξαμ[ε]ν
> 10 παραγγεῖλαι, τῶν δὲ πρὸς τούτοις
> ἀνενηνοχότων πεποιῆσθαι
> τὰ τῆς παραγγελία[ς] καὶ διὰ
> προγράμματος δὲ προσκεκλη-
> μένων [μ]ηδ' οὕτως ἀπην-
> 15 τηκυιῶν, ἐὰν οἱ ἐντετευχότες
> παραδιδῶσι τὴν σημαινο-
> μένην δούλην, παραλαβόντες
> καταστήσατ' ἐφ' ἡμᾶς.

Vielleicht folgte noch eine Zeile mit dem Datum.

An alle Behördenleiter. Nachdem Apollonios und Herakleides, beide Söhne des Herakleides, ihre Mutter und deren Sklavin Zosime wegen Unterschlagung väterlicher Geräte und Urkunden sowie wegen anderer Untaten verklagt hatten, ordneten wir an, sie zu laden. Nachdem die Amtsdiener den Vollzug der Ladung gemeldet haben und jene auch durch Aushang vorgeladen nicht erschienen sind, überstellt uns (die Sklavin) nach Eingreifen, wenn die, welche die besagte Sklavin zufällig finden, sie (einer Behörde) übergeben.

Stets ist es für Kläger und Richter ein Problem, die Beklagten zur Teilnahme am Prozeß zu nötigen. Das vorliegende Rundschreiben zeigt das Vorgehen im ptolemäischen Ägypten. Apollonios und Herakleides haben ihre Mutter und deren Sklavin verklagt, zumindest wohl auf Herausgabe der hinterzogenen Geräte und Urkunden. Die mit der Ladung beauftragten Amtsboten haben die Beklagten nicht angetroffen, und auch eine öffentliche Ladung ist fruchtlos geblieben. Nunmehr wird die Sklavin zur Fahndung ausgeschrieben, nicht aber die Mutter, vielleicht weil gegen letztere ein Versäumnisurteil erwirkt werden kann.

*Lit.*: zum Text s. D. Schäfer, Zwei spätptolemäische Ladungsprogrammata, Aegyptus 13, 1933, S. 610ff. (613f.); zu Justizwesen und Prozeß s. E. Berneker, Zur Geschichte der Prozeßeinleitung im ptolemäischen Recht, jur. Diss. München 1930; H.J. Wolff, Justizwesen [o. bei Nr. 41].

## 45

## Streit zwischen zwei Frauen

P. Ent. 83                                           Magdola. 221 v. Chr.

Βασιλεῖ Πτολεμαίωι χαίρειν Θαμοῦνις, Ἡρακλεοπολῖτ[ις.
᾽Αδικοῦμαι] ὑπ[ὸ Θο]θορτάιτος, τῆς κατοικούσης ἐν ᾽Οξο-
ρύγχοις τοῦ ᾽Αρσινοίτου νομοῦ. Τοῦ γὰρ α (ἔτους), ᾽Αθύρ,
ἐπιξενω[θείσης μ]ου εἰς ᾽Οξόρυγχα καὶ πορευθείσης εἰς τὸ
βαλανεῖον,

ἡ ἐγκαλουμένη, ἐπιπαραγενομένη καὶ καταλαβοῦσά με
λου[ομέν]ην ἐν πυέλωι ἐν τῶι γυναικείωι θόλωι, ἐξέβαλ-
λέν με ἐκ τῆς
πυέλου· ἐμοῦ δὲ οὐκ ἐκχωρούσης, καταγνοῦσά μου ὅτι ξένη
εἰμ[ί, πλ]ηγάς μοι ἐνέβαλεν καὶ πλείους εἰς ὃ τύχοι μέρος
τοῦ σώματός
5 μου, τό τε περιτραχηλίδιον ἐκ καθορμίων λιθίνων ἀφείλετό
μ[ου· μ]ετὰ δὲ ταῦτα καταβοησάσης μου Πετοσίρει τῶι κωμάρχηι περὶ τούτων, ἀνακληθεῖσα ἡ Θοθορτάις καὶ προσ-
φ[ωνήσ]ασα αὐτῶι ὁπότ' ἡβούλετο, συμποιήσας αὐτῆι ὁ
κωμάρχης
προσαπήγαγέν με εἰς τὴν φυλακὴν καὶ συνέσχεν ἐφ' ἡμέρας
ϛ̄ ἕ[ως] τοῦ ἐγδῦσαί με ὃ περιεβεβλήμην ἱμάτιον, ἄξιον
(δραχμῶν) λ, ὃ καὶ
[ἔ]χει ἡ ἐγκαλουμένη, καὶ οὕτως διεί[θ]ην. Δέομαι οὖν σου,
βασιλε[ῦ, πρ]οστάξαι Διοφάνει τῶι στρατηγῶι γράψαι
Μοσχίωνι
τῶι ἐπιστάτηι ἀποστεῖλαι Θο⟨θο⟩ρτάιν ἐπ' αὐτὸν καί, ἐὰν
ἦι τ[αῦτα] ἀληθῆ, ἐπαναγκάσαι αὐτὴν τό τε ἱμάτιόν μοι
ἀπο-
10 δοῦναι ἢ τὴν τιμὴν τὰς λ (δραχμάς), περὶ δὲ ὧν συντετέλεσται
εἴς μ[ε Δι]οφάνην διαγνῶναι, ἵνα διὰ σέ, βασιλεῦ, τύχω τοῦ
δικαίου.                                    Εὐτύχει.
(2. Hd.) Μοσχ[ί]ωνι. Μά(λιστα) διάλυσον αὐτούς· εἰ δὲ [μή],
ἀπό(στειλον) ὅπως ἐπὶ τῶν λα(οκριτῶν) δι(ακριθῶσιν).
(Ἔτους) α, Γορπιαίου κ̄η̄ Τῦβι ῑβ̄.

Verso:
(Ἔτους) α, Γορπιαίου κ̄η̄, Τῦβι ῑβ̄.
Θαμοῦνις πρ(ὸς) Θοτορτάιον
περὶ ἱματίου.

8 ὁπότ' l. ὁπόσ'    15 Θοτορτάιον l. Θοθορτάιν

Dem König Ptolemaios Gruß von Thamunis aus dem Hera-
kleopolitis-Gau. Mir wird Unrecht zugefügt von Thothortais,
Einwohnerin von Oxyrhyncha im Arsinoites-Gau. Als ich
nämlich im Hathyr des 1. Jahres in Oxyrhyncha zu Gast war
und mich ins Bad begab, warf mich die Beschuldigte aus dem

Badebecken, als sie hinzukam und mich beim Waschen im
Becken des Frauenschwitzraumes antraf. Als ich nicht auf-
gab, verabreichte sie mir voll Verachtung, weil ich fremd sei,
Schläge und zwar viele, welchen Teil meines Körpers sie
auch gerade traf, und den Halsschmuck aus Edelsteinketten
nahm sie mir weg. Ich beschwerte mich danach bei dem
Dorfschulzen Petosiris deswegen, die Thothortais wurde vorgeladen und erzählte, was sie wollte; der Komarch machte
mit ihr gemeinsame Sache, warf mich ins Gefängnis und
hielt mich 4 Tage fest, bis er mir das angelegte Kleid – 30
Drachmen wert – raubte, welches nun die Beschuldigte besitzt, und so wurde ich entlassen. Ich bitte Dich nun, o König, beauftrage den Strategen Diophanes, er möge dem Epistates Moschion schreiben, daß dieser ihm die Thothortais
überstelle und, wenn es wahr ist, sie zwinge, mir das Kleid
zurückzugeben oder als Preis die 30 Drachmen, und über die
mir widerfahrene Untat soll Diophanes entscheiden, damit
ich durch Dich, o König, mein Recht erhalten werde, Gehab
Dich wohl. (2. Hd.) Dem Moschion. Vor allem versöhne sie,
wenn nicht, überstelle sie, damit über sie vor den Laokriten
entschieden werde. Im 1. Jahr, am 28. Gorpiaios = 12. Tybi.
(Verso) im 1. Jahr am 28. Gorpiaios = 12. Tybi. Thamunis
gegen Thothortais wegen eines Gewandes.

Feindlichkeit gegen „Zugereiste" ist nichts Neues, kann uns
die Petentin Thamunis berichten. Ihr ist freilich besonders
übel mitgespielt worden im öffentlichen Bad; geprügelt und
um ihren Halsschmuck ärmer geworden, muß sie vier Tage
im Gefängnis verbringen und sogar ihr Gewand (wohl als
„Schadensersatz") hergeben, nur weil der zunächst um
Hilfe angegangene Komarch ihrer Gegnerin Glauben schenkt.
Nunmehr wendet sie sich an den Strategen. Dessen Kanzlei
weist den zuständigen Dorfvorsteher an, einen Vergleich
herbeizuführen. Für den Fall, daß dies mißlingen sollte, ver-
sagt der Stratege Verwaltungsrechtsschutz und verweist an
die Laokriten als das für Streitigkeiten unter Nationalägyptern (λαοί) grundsätzlich zuständige Gericht. Mit der Einrichtung besonderer Gerichte für die verschiedenen Volksgruppen hat der frühptolemäische Staat dem Nebeneinander

von ägyptischen und griechischen Rechtsüberlieferungen entsprochen. Die Entscheidung des Strategen zeigt übrigens, daß das Verhalten der Thothortais keinen staatlichen Strafanspruch auslöst, also nicht wie heute (wenigstens auch) in das Gebiet des Strafrechts fällt, sondern lediglich einen Rechtsstreit unter Privatleuten nach sich zieht.

*Lit.:* der Text wird vielfach herangezogen von F. X. Rösch, Die frühptolemäischen Rechtsschutzbitten und ihre verfahrensrechtliche Behandlung durch den Strategen, jur. Diss. Erlangen–Nürnberg 1965; R. Taubenschlag, Strafrecht [o. bei Nr. 32] (dort zitiert als P. Lille II 42); H. J. Wolff, Justizwesen [o. bei Nr. 41].

## 46

## Gütliche Einigung nach einer Beleidigung

P. Teb. III (1) 821                    Tebtynis. 209 (?) v. Chr.

'Ιστιέα 'Ιστιήου Μακέτα
Ταούθει Μαρρείους
χαίρειν. Περὶ ὧν σοι
ἐνκέκληκα ἐπὶ τοῦ
5 'Αριστοβούλου ἀρ-
χήου συνλύομαί
σοι κοὐθέν σωι ἐνκα-
λῶ περὶ ὧν σοι ἐνκέ-
κληκα καὶ περὶ ὧν
10 σωι ωἱ κοινωί σου κατέ-
γνωσαν, ἂν δέ σωι
ἐπέλθω ὑπὲρ τῆς

ὕβρε[ως ἤ τι]νες
τῶν παρ' ἐμ[ο]ῦ, ἀπο-
15 τίσω σωι δραχμά-
ς τρισχιλίας.
"Ερρωσο.
("Ετους) ιγ Παχὼν ζ.
"Εγραψε Μενεκλῆς
20 ὑπὲρ 'Ιστιείας διὰ
τὸ φάσκειν αὐ-
τὴν μὴ ἐπίστε-
[σθ]αι γρά[μμ]ατα.

1 σωι l. σοι, ebenso 10, 11, 15          10 ωἱ κοινωί l. οἱ κοινοί
22 ἐπίστε-|[σϑ]αι l. ἐπίστασϑαι

Histieia, Tochter des Histieios, Makedonierin, der Tauthes, Tochter des Marres, Gruß. Hinsichtlich dessen, weswegen ich gegen Dich vor der Behörde des Aristobulos geklagt habe, habe ich mich mit Dir auseinandergesetzt und werde nichts gegen Dich einklagen im Zusammenhang mit dem, weswegen ich Dich verklagt habe und weswegen Dich Deine gemeinsam (bestimmten Schiedsrichter) verurteilt haben. Falls ich wegen der Beleidigung gegen Dich vorgehen sollte – oder jemand von den Meinen –, werde ich Dir 3000 Drachmen Buße zahlen. Gehab Dich wohl. Im 13. Jahr, am 7. Pachon. Ich, Menekles, habe für Histieia geschrieben, wegen ihrer Angabe, sie verstehe sich nicht aufs Schreiben.


Obgleich Histieia bereits Klage bei einer nur mit dem Namen des Vorstandes bezeichneten Behörde erhoben hat, einigt sie sich im vorliegenden Text mit ihrer Gegnerin, vermutlich nicht ohne Abgeltung, von der freilich nicht die Rede ist. Die kurze, in Briefform abgefaßte Urkunde soll nur der Tauthes Gewähr geben, daß sie nicht erneut in dieser Sache behelligt wird. Der hohe Bußbetrag zeigt, daß in Kupferdrachmen gerechnet wird; ist aber immer noch hoch genug, denn ein Arbeiter verdient in jener Zeit pro Tag 10–20 Kupferdrachmen. Es mag zunächst überraschen, den grundlegenden Begriff griechischer Ethik, Hybris, in diesem Zusammenhang zu entdecken, er bezeichnet aber nicht nur das den Unwillen der Götter herausfordernde menschliche Verhalten, sondern ist im Alltag ein sehr weiter, Herabwürdigung und Verletzung der körperlichen Integrität umfassender Straftatbestand. In Ägypten sind dergleichen Vorfälle nicht selten gewesen [s.o. Nr. 45], und entsprechend groß ist die Zahl einschlägiger Papyri. Auf einen Prozeß braucht es die Histieia nicht anzulegen, denn da eine Bußzahlung ohnedies an sie zu entrichten wäre, kann sie sich auch „unter vier Augen" abfinden lassen. Die Zuziehung der κοινοί (Z. 10f.) zeigt, daß die Versöhnung auf einem Schiedsspruch basiert; dieses Verfahren, einen Streit zu erledigen, ist im attischen Recht der Rednerzeit weit verbreitet und hat seinen Weg sogar in die Komödie gefunden (Menanders Epitrepontes), es ist in den Papyri dagegen nur selten belegt.

*Lit.:* zum Justizwesen s. H.J. Wolff, Justizwesen [o. bei Nr. 41]; zur Hybris (rechtlich) s. J.H. Lipsius, Das attische Recht und Rechtsverfahren, Leipzig 1905–1915, Nd. 1966, S. 420ff.; R. Taubenschlag, The Law of Greco-Roman Egypt in the Light of the Papyri (332 B.C. – 640 A.D.), 2. Aufl. Warsawa 1955, Nd. Mi-

lano 1972, S. 435 ff.; derselbe, Strafrecht [o. bei Nr. 32] S. 10 ff.,
S. 82 ff., S. 110 ff.; O. Weggel, Hybrisklage und Persönlichkeits-
schutz im geltenden Recht, jur. Diss. Erlangen 1961; zum Schieds-
verfahren s. J. Modrzejewski, Privat Arbitration in the Law of
Greco-Roman Egypt, JJP 6, 1957, S. 239 ff.; A. Steinwenter, Die
Streitbeendigung durch Urteil, Schiedsspruch und Vergleich nach
griechischem Recht, München 1925, 2. Aufl. 1971, S. 91 ff.; R. Taubenschlag, Law S. 402 ff.; zur Schriftkenntnis s. H. C. Youtie,
ΑΓΡΑΜΜΑΤΟΣ: An Aspect of Greek Society in Egypt, Scriptiunculae II, Amsterdam 1973, S. 611 ff. (= HSPh 75, 1971, S.
161 ff.); derselbe, Between Literacy and Illiteracy. An Aspect of
Greek Society in Egypt, Akten XIII. Intern. Pap.kongr., München
1974, S. 481 ff.; derselbe, Βραδέως γράφων: Between Literacy and
Illiteracy, Scriptiunculae II S. 629 ff. (= GRBS 12, 1971, S. 239 ff.);
derselbe, Ὑπογραφεύς. The Social Impact of Illiteracy in Graeco-
Roman Egypt, ZPE 17, 1975, S. 201 ff.

47

## Eingabe wegen Schadensersatz

P. Ryl. II 69 (mit BL I)                    Euhemeria (?). 34 v. Chr.

Εὐτ .. [– – –]
παρ[ὰ ᾽Αρ]νήσιος τοῦ .. ιπ . [.]α(  )
καὶ ᾽Οννῶφρις τοῦ ... σιέως
οἱ β γεωργοῦντος ᾽Αχιλλέως
5 ἐγλογιστοῦ. Τῆι 9 τοῦ
Μεσορὴ τοῦ ιη γ (ἔτους), ἐπιβαλό(ντος)
᾽Αρμιύσι[ο]ς Ψεμπνούτιος
τὰ ἑαυτοῦ πρόβατα ἐφ᾽ ὃν
ἔχομεν ἐν τῶι ψυγμῶι
10 σ[ὺν τῶ]ι ἀχύρωι κνῆκον
ἀρτάβα(ς) ιε κατενενέμηκε(ν)
καὶ συνέστησεν ἐπιδιδό(ναι)
τὸ ὑπόμνημα ὅπως
ἐπαναγκάσῃς ἀποδοῦναι
15 τὰς προκειμένας κνή(κου) (ἀρτάβας) ιε,

πρὸς τὸ μηθὲν τῶν ἐκ-
φορίων διαπεσεῖν, αὐτὸς δὲ
τύχηι ὧν προσήκει.
Εὐτύχει.

1 οἱ β γεωργοῦντος für τῶν β γεωργούντων    3 Ὀννῶφρις für
Ὀννώφρεως

Dem Ent... [amtliche Stellung] von Harnesis, Sohn des ...,
und Onnophris, Sohn des ...sis, beide Pächter des Eklogistes
Achilleus. Am 9. Mesore des 18. = 3. Jahres ließ Harmiysis,
Sohn des Psempnutis seine Schafe an den Saflor, den wir zusammen mit der Spreu auf dem Trockenplatz haben, sie
fraßen 15 Artaben weg und veranlaßten uns, diese Eingabe
zu machen, damit Du (ihn) zwingst, (uns) die vorgenannten
15 Artaben Saflor zu ersetzen, damit nichts vom Pachtzins
verlorengeht, jener aber bekommt, was ihm gebührt. Gehab
Dich wohl.

Die kurze Eingabe spricht im wesentlichen für sich: Wie ge-
wöhnlich wenden sich Geschädigte an einen Beamten, um
Schadensersatz und Bestrafung des Schädigers auf kürzestem
Wege zu erreichen. Saflor (Färberdistel, *Carthamus tincto-
rius*) zählt zu den Ölfrüchten, die unter das ptolemäische
Ölmonopol fallen. Das Datum bezieht sich auf Kleopatra
VII., die Große, und auf ihren und Caesars gemeinsamen
Sohn, den sie im 16. Jahr ihrer Regierungszeit zum Mitherrscher erhoben hat, so daß ihr 18. Jahr auf dem Thron seinem
3. Regierungsjahre entspricht. Achilleus ist Beamter, als
ἐκλογιστής mit Dienstsitz wohl in Alexandrien ist er für die
Steuerfestsetzung und Einnahmeberechnung zuständig, verfügt aber wie viele andere Beamte [s. o. Nr. 5] über privaten
Landbesitz, von dem er ein Stück an die beiden Beschwerde-
führer verpachtet hat.

*Lit.:* zum Justizwesen s. H. J. Wolff, Justizwesen [o. bei Nr. 41]
zum Saflor s. M. Schnebel, Landwirtschaft [o. bei Nr. 36] S. 202;
zur Datierung s. A. E. Samuel, Chronology S. 159; zum Eklogistes
s. F. Preisigke, Fachwörter S. 72 s. v. ἐκλογιστής.

48

## Eingabe wegen eines Raubmords

BGU VIII 1857              Herakleopolites. Mitte 1. Jahrh. v. Chr.

1      Spuren einer Zeile.

τοῦ ἐνεστῶ[το]ς ἔτ[ους.......]
καὶ τούτου [ἡμ]ε̣ῖν συντεταχότος
ἐπιστρέψειν τῆι αὐτῆι καὶ μὴ
5  καταντήσαντος τὴν τούτου
ἀναζήτησιν ποιούμενοι τῆι κ̄ᾱ
εὕρομεν τοῦτον τέλος ἔχοντα
ἐν τοῖς τῆς Τεβέτνοι πεδίοις
ἐρριμμένα ἐπὶ τῆ φερούσηι εἰς τὴν
10 Καινὴν ὁδῶι συνκεκομμένα
μέρη τοῦ σώματος. Ἀξιοῦμεν,
ἐὰν φαίνηται, συντάξαι ἀναζητή-
σαντα τοὺς αἰτίους περὶ τῆς τοῦ
ἀδελφοῦ ἀπωλείας καὶ οὗ εἶχεν ὄνου
15 καὶ ἀργυρ[ίου] (δραχμῶν) ρ [..........]τ̣ι̣
. . . . . . . . . . . . . . . . . . . . . . . . . . . .
[..........] ὅπως ἐκ̣[........]
... [.]νοις β τ̣ω̣σιτο̣[......]
δι' οὗ ἦν τ .. [..]ε .... εμεγη [ἡ]
20 τούτου φονὴ .. [.....] .. ο̣ικ̣ ... ν̣
[.... π]ε̣ρ̣ιβληθ̣[ῶσιν          ]
Ε̣[ὐτ]ύ̣χε̣ι.

...des gegenwärtigen Jahres... und jener hatte mit uns vereinbart, am gleichen Tag zurückzukehren und als er nicht
ankam, suchten wir ihn am 21. und fanden ihn tot in der
Gegend von Tebetny, die zerstückelten Glieder des Körpers
hingeschleudert auf dem Weg nach Kaine. Wir bitten, falls
es Dir gut dünkt, anzuordnen, die am Verlust unseres Bruders
und des mitgeführten Esels und von 100 Silberdrachmen
Schuldigen zu suchen ... seiner Ermordung ... Gehab Dich
wohl.

Der Text gibt Kunde von einem recht scheußlich verübten Verbrechen: als einige Personen einen mit ihnen Verabredeten vermissen, suchen sie nach ihm und finden ihn zerstückelt und seiner Habe – eines Esels und 100 (?) Silberdrachmen – beraubt auf einem Weg. Die aus Papyruskartonage stammende, fragmentarische Anzeige stammt von den Brüdern des Ermordeten (Z. 14); dies erklärt, warum das geraubte Gut aufgezählt und folglich wohl beansprucht wird.

*Lit.*: Taubenschlag, Strafrecht [o. bei Nr. 32] S. 8 ff.

## 49

## Fundunterschlagung

P. Ryl. II 125                                     Euhemeria. 28/9 n. Chr.

Σεραπίωνι ἐπιστάτῃ φυλακειτῶν
παρὰ 'Ορσενούφιος τοῦ 'Αρπαήσιος
ἡγ[ο]υμένου κώμης Εὐημερίας
τῆς Θεμίστου μερίδος. Τῷ Μεσορὴ
5 μηνὶ τοῦ διελη(λυθότος) ιδ (ἔτους) Τιβερίου Καίσαρος
Σεβαστοῦ ποιουμέ[ν]ου μου κα-
τασπασμὸν τειχαρίων παλαιῶ(ν)
ἐν τοῖς οἰκοπέδο[ι]ς μου διὰ Πετεσούχου τοῦ Πετεσούχου οἰκοδόμ(ου),
10 καὶ ἐμοῦ χωρισθέντος εἰς ἀπο-
δημίαν βιωτ[ι]κῶν χάριν
εὗρεν ὁ Πετεσοῦχος ἐν τῷ κατασ-
πασμῶι τὰ ὑπὸ τῆς μητρός
μου ἀποτεθειμένα ἐν πυξι-
15 δίωι ἔτι ἀπὸ τοῦ ις (ἔτους) Καίσαρος
ἐνωτίων χρυσῶ(ν) ζεῦγο(ς) (τεταρτῶν) δ καὶ
μηνίσκο(ν) χρυσο(ῦν) (τεταρτῶν) γ καὶ ψελίω(ν)
ἀργυρῶν ζεῦγο(ς) ὁλκῆ(ς) ἀσήμο(υ) (δραχμῶν) ιβ
καὶ ὁρμίσκον ἐν ᾧ ἀργυρᾶ ἄξιο(ν) (δραχμῶν) π
20 καὶ ἀργυ(ρίου) (δραχμὰς) ξ, καὶ διαπλανήσας
τοὺ[ς ὑπ]ουργοῦντας καὶ τοὺς ἐμοὺς
ἀπηνέγκατο παρ' ἑατὸν διὰ τῆς

ἑατοῦ θυγατρὸς παρθένου·
ἐκκενώσας τὰ προκείμενα
25 ἔριψεν ἐν τῇ οἰκίᾳ μου τὴν
πυξίδα κενήν, ὃς καὶ ὡμολ[ό-]
γησεν τὴν πυξίδα ὡς προ-
φέρεται κενήν. Διὸ ἀξιῶι,
ἐὰν φαίνηται, ἀχθῆναι τὸν
30 ἐνκαλούμενο(ν) ἐπὶ σὲ πρὸς τὴν
ἐσομένη(ν) ἐπέξοδ(ον).
            Εὐτύχ(ει).
᾿Ορσενοῦφ(ις) (ἐτῶν) ν οὐ(λὴ) πήχ(ει) ἀρισ(τερῷ).

16 χρυσō(ν) l. χρυσῶν      22 ἑατὸν l. ἑαυτὸν, entsprechend 23;
25 ἔριψεν (so Ed. pr.) l. ἔρριψεν      28 ἀξιῶι l. ἀξιῶ

An den Polizeivorsteher Serapion von Orsenuphis, Sohn des Harpaesis, Vorsteher des Dorfes Euhemeria im Themistes-Bezirk. Im Monat Mesore des vergangenen 14. Jahres des Tiberius Caesar Augustus ließ ich einige alte Mauern auf meinem Land durch den Baumeister Petesuchos, Sohn des Petesuchos, niederreißen. Und während ich in Geschäftsangelegenheiten auf Reisen war, fand Petesuchos im Schutt die von meiner Mutter noch vom 16. Jahr des Caesar in einem Kästchen deponierten Dinge, nämlich ein Paar goldener Ohrringe von 4 Tetartai Gewicht, und einen goldenen Halbmond von 3 Tetartai Gewicht und ein Paar silberner Armringe von einem Gewicht von 12 Drachmen ungemünzten Metalls und ein Halskettchen mit Silberornamenten von 80 Drachmen Wert und 60 Silberdrachmen, und während er die Arbeiter und meine Leute irreführte, schaffte er (die Sachen) durch seine unverheiratete Tochter nach Hause. Nachdem er das Vorbezeichnete herausgeraubt hatte, warf er mir die leere Dose ins Haus, dazu gestand er, die Dose (gefunden zu haben), leer, wie er behauptet. Deshalb bitte ich Dich, wenn es Dir gut dünkt, den Beschuldigten Dir vorführen zu lassen wegen der (ihm) bevorstehenden Buße. Gehab Dich wohl. Orsenuphis, 50 Jahre alt, Narbe auf dem rechten Unterarm.

Diese Eingabe eines niederen Dorfbeamten noch nicht genau bestimmter Zuständigkeit spricht für sich selbst. Der kleine Schatzfund scheint versteckt gewesen zu sein, und man möchte gerne wissen, welches Ereignis im 16. Jahre des Augustus (15/14 v. Chr.) in Euhemeria das Verbergen von Wertgegenständen angezeigt erscheinen ließ. Gleichfalls nicht eindeutig ist, ob eine (staatliche) Strafverfolgung oder eine (private) Bußleistung nebst Schadensersatz (oder Rückgabe des unterschlagenen Gutes) bezweckt wird. Bemerkenswert ist die detaillierte Beschreibung der seit 45 Jahren verborgenen Schmuckstücke. Da dergleichen Schmuck sehr wohl zum Heiratsgut (insoweit als παράφερνα bezeichnet) der Mutter gehört haben kann, mag Orsenuphis seine Beschreibung auf die diesbezüglichen Angaben im Heiratsvertrag seiner Eltern [vgl. u. Nr. 72, 79] stützen.

*Lit.:* zum Text s. T. Reekmans, Treasure-Trove and Parapherna, Le monde grec, pensée, littérature, histoire, documents. Hommages à C. Prèaux, Bruxelles 1975, S. 748 ff.

# 50

## Erbstreit in besseren Kreisen

P. Ryl. II 116                              Hermopolis. 194 n. Chr.

   Ἀντίγραφον ἐγκλήματος Σαπρίωνος.
   Ἡρακλείδῃ στρατ(ηγῷ) Ἑρμοπ(ολίτου)
   παρὰ Σαπρίωνος τοῦ καὶ Ἑρμαίου υἱοῦ Σαραπίωνος κοσμητ(εύσαντος) καὶ γυμνασιαρχήσαντος Ἑρμοῦ πό-
5 λεως τῆς μεγάλης. Κοινολογουμένου μου
   τῇ μητρὶ Εὐδαιμονίδι Εὐδαίμονος πρεσβυτέ-
   ρου Σωτᾶ περὶ τῶν καταλειφθέντων μοι ὑ-
   πὸ τοῦ πατρός μου Σαραπίωνος ἀκολούθως
   ᾗ ἔθετο διαθήκῃ, καὶ θλειβομένη τῇ συνει-
10 δήσει περὶ ὧν ἐνοσφίσατο ἔν τε ἐνδομε-
   νείᾳ καὶ ἀποθέτοις (2. Hd.) καὶ ἄλλοις πλείστοις οὐκ ὀ-
   λίγοις οὖσι ἐπῆλθέ μοι μετὰ Σερήνου τοῦ καὶ

Τιβερείνου γυμνασιαρχήσαντος ἀνδρὸς
τῆς ἀδελφῆς, καὶ οὐ μόνον ἐξύβρισαν ἀλ-
15 λὰ καὶ τὴν ἐσθῆτά μου περιέσχισαν βου-
λόμενοι ἀποστερέσαι τῶν ἐμῶν. Ὅθεν
ἐπιδίδωμι τόδε τὸ βιβλείδιον ἀξιῶν εἶναι
ἐν καταχωρισμῷ πρὸς μαρτυρίαν ἄχρις
τῆς κατ' αὐτῶν προ⟨σ⟩ελεύσεως, λόγου μοι
20 φυλασσομένου περὶ ὧν ἔχω δικαίων
πάντων. (Ἔτους) β Αὐτοκράτορος Καίσαρος
Λουκί[ο]υ Σεπτιμίου Σευήρου Περτίνακος
Σεβαστοῦ Παχὼν κ. Σαπρίων ὁ καὶ Ἑρ-
μαῖο[ς] ἐπιδέδωκα.

Abschrift einer Klage des Saprion.

An Herakleides, Strategen des Hermopolites-Gaus, von Saprion, auch Hermaios genannt, Sohn des Sarapion, einsti-
gem Kosmeten und Gymnasiarchen von Hermopolis magna.
Als ich mit meiner Mutter Eudaimonis, Tochter des Eudaimon des Älteren, des Sohnes des Sotas, über das mir von
meinem Vater Sarapion gemäß dem von ihm errichteten Testament Hinterlassene abrechnete, hat sie – gedrückt von ihrem Gewissen wegen des von ihr an Hausrat und an (von ihr)
verwahrtem Gut und sehr viel mehr Entwendetem – mich angegriffen, unterstützt von dem Ex-Gymnasiarchen Serenos,
auch Tiberinos genannt, dem Mann ihrer Schwester. Und
sie schmähten mich nicht nur, sondern zerrissen meine Kleider, wobei sie mich meiner Habe berauben wollten. Deswegen mache ich diese Eingabe und bitte, daß es als Zeugnis
verwahrt werde bis zum Prozeß gegen sie, so daß all meine
Rechte festgehalten sind. Im 2. Jahr des Imperators Caesar
Lucius Septimius Severus Pertinax Augustus, am 20. Pachon.
Ich, Saprion, auch Hermaios genannt, habe (dies) eingereicht.

Erben bringt Streit, gerade in besseren Kreisen, wo der
Zankapfel den Streit lohnt. Diese Erfahrung muß auch Saprion nach dem Tode seines Vaters machen; seine Mutter
hat – nach seinen Angaben – schon kräftig Gegenstände aus
dem Nachlaß an sich genommen und, obgleich die Beteilig-

ten, wie die Titel (Z. 4 u. 13) zeigen, der ersten Gesellschaftsschicht der Metropole angehören [vgl. u. Nr. 147], wird
Saprion verbal [vgl. o. Nr. 46] und tätlich angegriffen. Saprion macht daraufhin eine Petition an den Strategen, deren
genaues Ziel freilich wie oft bei laienhaften Eingaben nicht
so recht auszumachen ist. Eine Bitte um Registrierung einer
Tat ist nur bei unbekannten Tätern üblich, und von einer
Frist, wie sie etwa für einen modernen Strafantrag gilt und
die Saprion vielleicht wahren will, wissen wir nichts. Letztlich ungewiß bleibt auch, ob Saprion alle Schlechtigkeiten
seiner Mutter aktenkundig machen will oder den Erbfall nur
als Motiv für die ihm widerfahrenen Beleidigungen und Tätlichkeiten anführt.

*Lit.:* zum Text s. P. M. Meyer, Jur. Pap. S. 313 f.

## 51

## Haftbefehl

P. Hib. I 60                                    Hibeh. Um 245 v. Chr.

Ζηνόδωρος Πτολεμαίωι
χαίρειν. Ἐὰμ μὴ ἀποσ-
τείληι Κτησικλῆς
εἰς Σινάρυν πρὸ ἕκτης
5 ὥρας τῆι ιθ (δραχμὰς) κ
ἀπόστειλον αὐτὸν πρὸς
ἡμᾶς μετὰ φ[υ]λα-
κῆς ἤδη, καὶ ὅπως
μὴ ἄλλως ποιήσεις.
10          Ἔρ[ρωσο. (Ἔτους)..]
          [– – –          ]

          Verso:
          Πτολεμαίωι.

Zenodoros dem Ptolemaios Gruß. Wenn Ktesikles nicht vor
der sechsten Stunde des 19. zu Sinarys 20 Drachmen zahlen
sollte, so sende ihn rasch mit einem Polizisten. Mach es ja
nicht anders. Gehab Dich wohl. Im x. Jahre... (Verso) An
Ptolemaios.

Kurzen Prozeß zu machen ordnet hier Zenodoros an; falls
ein Schuldner nicht zahlt, soll er umgehend festgenommen
und vorgeführt werden. Solche Haftbefehle sind zahlreich
überliefert, der Haftgrund ist, wenn überhaupt, nur indirekt
zu erschließen. So auch hier: Ein ähnlicher Auftrag aus der
Hand des Zenodoros ist uns bereits begegnet [s.o. Nr. 32],
und entsprechend seiner vermutlichen Amtsstellung als
Ökonom in der Finanzverwaltung liegt es näher, auch hier
eher an ein Fiskalvergehen denn an eine Vollstreckung im
privaten Interesse zu denken.

*Lit.:* zu Haftbefehlen s. E. Michael, A Critical Edition of Select
Michigan Papyri, phil. Diss. Michigan 1966 (University Microfilms, Inc., Ann Arbor, Michigan), S. 43ff.; zur Strafgewalt der Beamten s. H.J. Wolff, Justizwesen [o. bei Nr. 41] S. 160ff.

## 52

### Schutzbrief

BGU VIII 1811 (mit BL III)          Abusir el-Melek. 47 v. Chr.

1 [Εὐ]ρύλοχος Ζείνωι καὶ
  ['Ἀρ]τεμιδώρωι ἀμφο-
  τέροις Σατύρου καὶ
  [τ]αῖς τούτων γυναιξὶ καὶ
5 [τ]έκνοις τῶν ἀπὸ
  [Τ]αγχάεως.
  Δέδονθ' ὑμεῖν

πίστεις ἀπὸ τῆς ὑπο-
κειμένης ὡς ἡμέ-
10  ρας τριάκοντα, ἐν αἷς
ὑπ' οὐδενὸς περισπασ-
θήσεσθε.
(Ἔτους) ε Μεσορὴ ι.

Eurylochos dem Xeinos und dem Artemidoros, beide Söhne des Satyros, und ihren Frauen und Kindern, (alle) von Tanchais. Euch (sind) Schutzbriefe erteilt ab dem untenstehenden Monat auf 30 Tage, während deren ihr von niemand behelligt werden werdet. Im 5. Jahre, am 10. Mesore.

Eine Eigenheit der Ptolemäerzeit, die unter der Herrschaft des Augustus verschwindet, sind Schutzbriefe (πίστεις), die den Begünstigten vor der Vollstreckung bewahren. Der Stratege oder ausnahmsweise der König erteilt sie solchen Personen, an deren Arbeitsleistung dem Staate liegt und die er deshalb vom Aufenthalt in einem Asyl abhalten will, beispielsweise Monopolarbeiter oder Königsbauern. Die Flucht in das Asyl eines Tempels und der Unterschlupf in den unwegsamen Gebieten des Deltas und der Wüstenränder sind neben dem Untertauchen in der Großstadt Alexandrien [s.o. Nr. 35] die einzigen Möglichkeiten, dem Zugriff des Staates nach einem (vor allem fiskalischen) Vergehen oder der Vollstreckung aus staatlichen oder privaten Ansprüchen zu entgehen.

*Lit.:* zur Fluchtbewegung (ἀναχώρησις) s.o. Nr. 2 (mit Lit.) und Nr. 35; zum Tempel-Asyl. s. L. Delekat, Katoche [o. bei Nr. 38], F. von Woess, Das Asylwesen Ägyptens in der Ptolemäerzeit und die spätere Entwicklung. Eine Einführung in das Rechtsleben Ägyptens besonders der Ptolemäerzeit, München 1923; zu den Schutzbriefen s. W. Schmitz, Ἡ πίστις in den Papyri, jur. Diss. Köln 1964, S. 17ff.

53

## Arrestbefehl

P. Merton I 29                    Arsinoites. 3./4. Jahrh. n. Chr.

Ἀραβ[ο]τοξόταις κώμ(ης) Βακχιαδ(ος).
Τὴν γυναῖκα Σαραπίωνος τ[ο]ῦ
γραμματέως τῆς Ἡφαιστιάδος
ἐνέγκατε ἐνθάδε· χρία γὰρ αὐτῆς
5 ἐστίν. Καὶ πάντα τὰ τοῦ Σαραπίωνος
ἐν ἀσφαλεῖ ποιήσατε. Εἰ δ' οὖ[ν τ]ρύ-
[τ]ων ἀμελήσητε ὑμῖς ὑπὲρ αὐτοῦ
[λόγον δώσετ]ε.

7 ἀμελήσητε ὑμῖς l. ἀμελήσετε ὑμεῖς

An die arabischen Bogenschützen des Dorfes Bakchias.
Bringt die Frau des Sarapion, des Schreibers (des Ortes) He-
phaistias hierher, man bedarf ihrer nämlich. Und belegt
alles Eigentum des Sarapion mit Beschlag. Solltet ihr diesbezüglich nachlässig sein, werdet ihr für ihn Rechenschaft
geben.

Während bei Streitigkeiten unter Privatleuten wohl nur selten
eine Strafverfolgung im modernen Sinn ausgelöst wird, vielmehr anfallende Bußen an den Geschädigten gehen, verfolgt
der Staat eine Verletzung seiner Interessen unnachsichtig.
Ein solcher Fall wird unserem Arrestbefehl zugrunde liegen,
denn entgegen ihrem kriegerischen Namen sind die Araboto-
xotai mit dem Zolldienst im Arsinoites verbunden und wohl
eine Art berittene Polizei. Daß ein Schreiber in die Angelegenheit verwickelt ist, läßt an ein Fiskalbelange berühren-
des Amtsdelikt des Sarapion denken, für das er mit seinem
Vermögen haftet und zu dessen Aufklärung seine Frau als
Zeugin benötigt wird.

*Lit.:* H. Idris Bell, C. H. Roberts, P. Merton I S. 105.

## 54

### Erlaß eines praeses: Verbot der Auspeitschung

P. Oxy. IX 1186 (s. a. BL V)                    Oxyrhynchos. 4. Jahrh.

Αὐρήλιος Ἡρώδης ὁ διασημότατος ἡγούμενος
Θηβαίδος λέγει· τὸ τὴν διὰ τῶν ἱμάντων λη-
ταρι[.]ων ἐπιχωρίως οὕτω καλουμένων αἰκεί-
αν ὑπομένειν ἐστὶν μὲν καὶ ἐπὶ τῶν δουλι-
5  κὴν τύχην εἰληχότων ἀνιαρόν, οὐ μὴν κατὰ
τὸ παντελὲς ἀπηγορευμένον, ἐλευθέρους δὲ
ἄνδρας τοιαύτην ὕβρειν ὑπομένειν οὔτε τοῖς
[νόμοις] ἀκόλ[ου]θον ἀδικείαν τε [ἔ]χον ἐστὶν ἐν
[              33 Bstb.                    ].ατε

Hier bricht der Papyrus ab

8 ὕβρειν l. ὕβριν

Aurelios Herodes, der hochberühmte *Präses* der Thebais,
verkündet: Die Züchtigung mit Lederpeitschen, in einhei-
mischer Sprache ... genannt, ist zwar auch für die Angehörigen des Sklavenstandes schmerzhaft, aber nicht schlechthin verboten; daß aber freie Männer diese schmähliche Behandlung erdulden, ist gegen die Gesetze und bedeutet eine
Ungerechtigkeit, ...

Aus unbekanntem Anlaß weist Aurelios Herodes in der Form
eines Erlasses darauf hin, daß das Auspeitschen nur bei
Sklaven, nicht aber bei freien Männern zulässig sei; letztere
haben das zweifelhafte Privileg, nur mit dem Stock geprügelt
zu werden. Prügel werden sowohl als Strafe für ein Delikt
wie auch als Untersuchungsmittel, zum Erpressen von Ge-
ständnissen, angewendet. In dem Erlaß spiegelt sich die
Reichsreform Diokletians, in deren Rahmen Aegypten seinen
Status als eigene Provinz verloren hat, später zur *dioecesis
Orientis* geschlagen und in drei Teilprovinzen zertrennt worden ist. Eine von ihnen ist die Thebais, die als Herd national-
ägyptischer Umtriebe und als Grenzgebiet verwaltungsmäßig
immer schon eine Sonderrolle gespielt hat. An der Spitze der
– durch Diokletian vom militärischen Kommando getrenn-

ten – Zivilverwaltung steht nunmehr ein *praes* (ἡγεμών) im Rang eines *vir perfectissimus* (διασημότατος).

*Lit.:* zur Prügelstrafe s. M. San Nicolò, Ein neuer Beleg für die Prügelstrafe als Inquisitionsmittel im römischen Ägypten, ZRG 52, 1932, S. 295 f.; R. Taubenschlag, Strafrecht [o. bei Nr. 32] S. 74, 107, 124 f. (der den Text fälschlich als Oxy. 1165 zitiert); zur Neueinteilung Ägyptens s. U. Wilcken, Grundzüge S. 71 ff.; zur Verwaltung s. J. Lallemand, L'administration civile de l'Égypte de l'avènement de Diocletian à la création du Diocèse (284–382). Contribution à l'étude des rapports entre l'Égypte et l'Empire à la fin du IIIᵉ et au IVᵉ siecle, Bruxelles 1964; G. Rouillard, L'administration civile de l'Égypte byzantine, 2. Aufl. Paris 1928; zum Praeses s. W. Enßlin, RE Suppl. VIII, Sp. 598 ff. s. v. Praeses.

## 55

### Bitte um Entlassung aus dem Gefängnis

PSI IV 416 (mit BL IV)         Philadelphia. 256–246 v. Chr.

1 Ὑπόμνημα Ζήνωνι
   Πετακοος (sic) ὁ αὐλητής.
   Πρὸ τοῦ σε ἀποδημῆ-
   σαι, ἵνα μέ με καταλί-
5 πῃς ἐν τῶι δεσμω-
   τηρίωι· οὐ γὰρ ἔχω
   τὰ ἀναγκαῖα· ἐνα-
   ρῶμαί σοι τὴν ὑγί-
   εαν τοῦ πατρὸς καὶ
10 τῶν ἀδελφῶν καὶ
   τὴν Ἀπολλωνίου σω-
   τηρίαν. Εὐτύχει.

2 Πετακοος: welchen Namen der Schreiber gemeint hat, ist unklar.
4 μέ l. μή

Eingabe an Zenon von dem Flötenspieler Petakos. Bevor Du abreisest, damit Du mich nicht im Gefängnis sitzen läßt, denn ich habe nicht den nötigen Lebensunterhalt. Ich beschwöre Dich bei der Gesundheit Deines Vaters und Deiner

Brüder und dem Heil des (Dioiketen) Apollonios. Gehab
Dich wohl.

Nachdrücklich und mit einem pathetischen Schwur fleht der
Flötenspieler Petakos Zenon an, ihn aus dem Gefängnis zu
entlassen. Der Freiheitsentzug findet sich in den Papyri als
Strafe für Verbrechen gegen Privatpersonen und für Vergehen gegen den Fiskus, ferner als Folge der Personalexekution, d. h. der Vollstreckung in die Person des Schuldners.
Obgleich Zenon als Verwalter des Dioiketen ein hohes Maß
an faktischer Gewalt in sich vereinigt, wird man doch ver-
neinen dürfen, daß er hier für den Fiskus tätig wird oder sich
richterliche Macht anmaßt. Gleichviel, mag Zenon hier seine
Macht anläßlich eines Vergehens des Petakos gebraucht
oder lediglich durch seinen Antrag die Personalvollstreckung
veranlaßt haben, in jedem Fall spiegelt der Text wie ähnliche
aus dem Zenon-Archiv anschaulich die Nöte des Betroffenen, der sich – wie Z. 6f. erkennen lassen – selbst versorgen
muß und dazu offenbar nicht die Mittel besitzt.

*Lit.*: zu Zenon und seinem Archiv s. o. Nr. 3; zur Haft R. Tauben-
schlag, L'emprissonement dans le droit gréco-égyptien, Opera
Minora II, Warszawa 1959, S. 713 ff. (= Omagiu Professorului
Stoicescu, Bukarest 1940, S. 362 ff.).

# IV RELIGION UND ABERGLAUBEN

## 56

### Der betrogene Tempeldiener

UPZ I 2                                    Memphis. 163 v. Chr.

Διονυσίωι τῶν φίλων καὶ στρατηγῶι
παρὰ Ἁρμάιος τῶν ἐν τῶι μεγάλωι Σαραπιείωι
ὄντων ἐν κατοχῆι ἔτος πέμπτον, διαζῶντα
δὲ καὶ ἀφ' ὧν ἐπαιτῶ ἐν τῶι ἱερῶι. Ἀδικοῦμαι ὑπὸ
5 Νεφόριτος τῶν ἀπὸ Μέμφεως. Τοῦ γὰρ ταύτης
θυγατρίου Ταθήμιος συνδιατρί{λ}βοντος ἐν τῶι

ἱερῶι, διαιτώμενον δὲ καὶ ἐξ ὧν ἐλόγευεν
διὰ δομάτων, συναγαγούσης δὲ αὐτῆς χα(λκοῦ) Ἀτ
καὶ δούσης μοι αὐτὰς παραθήκην, μετὰ δέ τινα
10 χρόνον τῆς Νεφόρ[ι]τος παραλογισαμένης με
καὶ προενεγκαμέ[ν]ης τὴν Ταθῆμιν ὥραν
ἔχειν ὡς ἔθος ἐστὶ[ν] τοῖς Αἰγυπτίοις περι[[τε]]-
τέμνεσθαι, ἀξιωσά[σ]ης τ' ἐμὲ δοῦναι αὐτῆι
τὰς Ἀτ, ἐφ' ὧι τοῦτ[ο] ἐπιτελέσασα ἱματιεῖ αὐτὴν
15 καὶ ἐὰν ἐγ[δ]ῶται αὐτὴν ἀνδρὶ φερ[ν]ιεῖν, ἐὰν δὲ
μὴ ποιῆι ἕκ[α]στον τ[ού]των ἢ καὶ μὴ περιτέμηι
τὴν Ταθῆμ[ι]ν ἐν τῶ[ι] Μεχεὶρ μηνὶ τοῦ ιη (ἔτους),
ἀποτείσει [μο]ι παραχρῆμα χα(λκοῦ) Βυ, ἐφ' οἷς συγχωρή-
σαντός μου καὶ δόντο[ς] αὐτῆι ἐν τῶι Θῶυθ μηνὶ
20 τὰς Ἀτ (δραχμὰς), οὐδὲν τῶν διωμολογημένων πεπόηκεν,
δι' ἣν αἰτίαν περισπώμενος ὑπὸ τῆς Ταθήμιος
καὶ ἀπαιτούμενος τὰς Ἀτ συμβαίνει μὴ δύνασθαι
καταβῆναι εἰς Μέμφιν πρὸς ἀναγκαίας χρείας.
Ἀξιῶ οὖν σε μὴ 'ὑ'περιδεῖν με περισπώμενον
25 μισοπονηρῆσαί τε καὶ ἐφ' οἷς διαπέπρακται
ἐπὶ παραλογισμῶι, ἐάν σοι φαίνηται, συντάξαι
ἀνακαλέσασθαι αὐτὴν ἐπὶ σὲ κἂν ἦι οἷα γράφω,
ἐπαναγκάσαι παραχρῆμα τὰ δίκαιά μοι ποῆσαι,
ὅπως καὶ αὐτὸς τῆι Ταθῆμει ἀποδοὺς μὴ περισπῶμαι.
30 Τούτου δὲ γενομένου τεύξομαι βοηθείας.
Εὐτύχει.

8 διαζῶντα für διαζῶντος   7 διαιτώμενον für διαιτωμένου
καὶ ⟨αὐτὸ oder αὐτοῦ⟩?   15 φερνιεῖν für φερνιεῖ   20 πεπόηκεν
l. πεποίηκεν   25 ποῆσαι l. ποιῆσαι

An Dionysios, (von der Hofrangklasse) der Freunde und
Stratege, von Harmais, der im 5. Jahr einer von denen ist,
die sich im großen Serapeion im Tempeldienst befinden, und
der ich auch von dem lebe, was ich im Tempelbezirk erbettle.
Mir wird Unrecht getan von Nephoris, einer Bewohnerin
von Memphis. Denn als ihr Töchterchen Tathemis, das
sich mit im Tempelbezirk aufhält und auch von dem ihr Leben fristet, was sie durch Gaben einsammelt, selbst 1300

Kupfer(drachmen) beisammen hatte, gab sie sie mir als Verwahrgut. Nach geraumer Zeit aber hinterging mich Nephoris und erklärte, daß es für Tathemis an der Zeit sei, beschnitten zu werden, wie es bei den Ägyptern Sitte ist, und sie verlangte von mir, ihr die 1300 (Kupferdrachmen) zu geben unter der Bedingung, daß sie, nachdem sie die (Beschneidung) erledigt habe, sie einkleide und, wenn sie sie einem Mann in die Ehe gäbe, mit einer Mitgift ausstatte. Wenn sie aber keines davon tue oder auch Tathemis nicht im Monat Mecheir des 18. Jahres beschneide, werde sie mir sofort 2400 Kupfer(drachmen) als Buße zahlen. Nachdem ich unter diesen Bedingungen zugestimmt und ihr im Monat Thoth die 1300 Drachmen gegeben hatte, hat sie nichts von dem Vereinbarten getan. Aus diesem Grund werde ich von Tathemis behelligt und sie fordert die 1300 (Drachmen), ich (aber) kann wegen notwendiger Dienste nicht nach Memphis hinunter gehen. Ich bitte Dich nun, nicht darüber hinwegzusehen, daß ich behelligt werde, und die schlechte Tat zu verfolgen und auf Grund dessen, was (Nephoris) mit Betrug ausgeführt hat, wenn es Dir gut dünkt, anzuordnen, sie vor Dich zu laden, und wenn es so ist, wie ich schreibe, sie zu zwingen, mir sofort Recht widerfahren zu lassen, damit auch ich, indem ich selbst an Tathemis zurückzahle, nicht (mehr) behelligt werde. Wenn dies geschieht, wird mir geholfen sein. Gehab Dich wohl.

Diese Eingabe an den Strategen des memphitischen Gaus führt uns erneut [s. o. Nr. 38 und 39] in das Große Serapeum zu Memphis, die Stätte des von Ptolemaios I. aus religiöser Versöhnungspolitik mit Zügen ägyptischer und griechischer Gottesvorstellungen versehenen Serapiskultes [s. o. Nr. 39]; die Sachverhaltsangaben gestatten einige Einblicke in die Verhältnisse der Bewohner des Tempelbezirks. Harmais sucht in der üblichen Weise um Rechtsschutz beim Strategen nach. Er hat Tathemis, der Tochter der Nephoris, 1300 Kupferdrachmen verwahrt und diesen Betrag im Hinblick auf eine beabsichtigte Verheiratung des Mädchens der Mutter ausgehändigt. Zwar hat er versucht, durch Vereinbarung einer Strafklausel die Weiterleitung des Geldes an das Mädchen zu sichern (Z. 15 ff.), aber nun scheint er doch das Geld an die Mutter losgeworden und zugleich einem Rückforderungsanspruch der Tochter ausgesetzt zu sein. Menschlich verständlich wird die Lage, wenn man annimmt, daß Nephoris auch die Mutter jener beiden Zwillinge sein dürfte, die sich vor ihrer Mutter in den Tempel gerettet haben [s. o. Nr. 39]; Tathemis wäre demnach die ältere Schwester der beiden und hätte sich gleichfalls in das Tempelasyl geflüchtet. Wahrscheinlich entspringt die Flucht dieser wie anderer Mädchen dem Wunsch, nicht unter Ersparnis jeglicher Mitgift bar jeder rechtlichen Absicherung verheiratet zu werden. Dabei würde zwar die Mutter wohl durch eine Abfindung gewinnen, angesichts der leicht möglichen Scheidung fehlt einem so verheirateten Mädchen aber der materielle Schutz, den eine – angesichts der Verhältnisse noch so kleine – Mitgift bietet. Tathemis hat sich daher dem Zugriff der Mutter durch die Flucht ins Tempelasyl entzogen, wo sie mit Betteln bei den Tempelbesuchern und wohl auch mit Prostitution ihren Beitrag für das Zusammenleben mit Harmais und den letzterem anvertrauten Betrag von 1300 Kupferdrachmen erworben hat. Es handelt sich um keine allzu hohe Summe, etwa einen guten Monatslohn eines einfachen Arbeiters; doch läßt sich damit schon ein Wörtchen im Ehealltag mitsprechen – ein Mann wird sich die Scheidung überlegen, ehe er diesen Betrag herausrückt. Nephoris hat jedoch Harmais das Geld abgeschwatzt, angeblich um das Mädchen beschneiden zu lassen und es auszustatten. Unser Text zeigt damit, daß die bei vielen Völkern bestehende Sitte der Beschneidung in Ägypten auch für Mädchen gilt, doch ist gänzlich unbekannt, in welchem Umfang und aus welchem Grund die Mädchenbeschneidung üblich gewesen ist. Nephoris hat sich an jene Abmachung nicht gehalten und Harmais ist gegenüber Tathemis daher in einer unangenehmen Lage. Harmais ist uns durch mehrere Texte aus dem Serapeum bekannt. Er lebt seit 8 Jahren im Tempelbezirk und hat sich vor fünf Jahren in „Katoche" gegeben, d. h. sich der Gottheit geweiht, um im niederen Kultdienst verwendet zu werden. Sein Auskommen findet er als Kapellenhüter im Astarte-Heiligtum [s. o. Nr. 38], ein Zubrot erwirbt er sich durch Bettelei und so ist er nicht im Stande, der Tathemis ihre 1300 Drachmen zurückzuzahlen. Die Angelegenheit drängt und zumal er sich gerade nicht ins nahe Memphis begeben kann, verzichtet er auf gerichtliche Schritte und wendet sich an den Strategen, der kraft seiner Amtsgewalt die Nephoris rasch zum Einlenken bringen kann.

*Lit.:* zum Serapeum s. o. Nr. 38 und 39; besonders L. Delekat, Katoche [o. bei Nr. 38]; zum Text S. 29, 70, zu Harmais S. 22ff., zu Tathemis S. 46, 70 und zur Katoche passim; zu Mitgift und Eherecht s. E. Seidl, Ptolemäische Rechtsgeschichte [o. bei Nr. 3], S. 170ff.; R. Tanner, Untersuchungen zur ehe- und erbrechtlichen Stellung der Frau im pharaonischen Ägypten, Klio 49, 1967, S. 5ff. (16ff.). Zur Verwahrung (παραθήκη) s. W.-D. Roth, Untersuchungen zur Kredit-παραθήκη im römischen Ägypten. Ein Beitrag zum Zinsrecht der Papyri und zum νόμος τῶν παραθηκῶν, jur. Diss. Marburg 1970; D. Simon, Quasi-παρακαταθήκη. Zugleich ein Beitrag zur Morphologie griechisch-hellenistischer Schuldrechtstatbestände, ZRG 82, 1965, S. 39ff.; zur Beschneidung s. H. Bonnet, Reallexikon der ägyptischen Religionsgeschichte, Berlin 1952, Nd. 1961, S. 109ff. (111) s. v. Beschneidung.

## 57

## Anzeige wegen Grabräuberei

UPZ II 187                                        Theben. 127/6 v. Chr.

Δι[...... τῶν φίλω]ν καὶ ἱππ[άρχηι]
ἐπ' ἀνδρ[ῶν καὶ ἀρχιφ]υλακίτηι
τοῦ Περὶ Θήβας π[αρ' 'Οσ]οροήριος τοῦ
᾽Ώρου χοαχύ[του τ]ῶν ἐκ τῶν
5 Μεμνονείω[ν. Προ]σαγγέλλω
ὅτι τοῦ μδ (ἔτους)[   ] Λόχου τοῦ
συνγενοῦς [ἐπι]βεβληκότ[ος]
εἰς Διὸς πόλιν [τὴν] Μεγάλην
ἐπελθόντ[ες τι]νὲς ἐφ' ἔν[α]
10 τάφον τῶν [ὑπαρ]χόντων μοι
ἐν τῶι Περ[ὶ Θή(βας)] καὶ ἀνοί-
ξαντες τ[ιν]ὰ μὲν τῶν
τεθαμμέν[ω]ν σωμάτων
ἐξέδυσαν, ἀπηνέγκαντο

15 δὲ ὁμοῦ ἃ ἐτύ[γχ]ανον ἀπηρεισ-
μένος ἐκ[εῖ] ἔπιπλα
ἄξια χα(λκοῦ) (ταλάντων) ι. Συνέβη δὲ καὶ
διὰ τὸ ἀχα[νῆ] τὴν θύραν
ἀφεθῆνα[ι ὑ]πὸ λύκων
20 λυμανθῆ[ναι] ἄταφα
σώματα κ[ατ]αβρωθέντα.
'Επεὶ οὖν ὑπ[οπτε]ύω κατὰ
Ποήριος ⟨τοῦ⟩ καὶ Πκαλή⟨ους⟩ Σοναθὺρ (?)
καὶ Φαγώνιος τοῦ ἀδελφοῦ
25 αὐτοῦ, ἀξιῶ ἀναγαγεῖν
αὐτοὺς ἐπὶ [σ]ὲ καὶ τὴν
προσήκουσ[αν] ἐξ ἐπισκέ-
ψεως διάληψ[ιν] ποιήσασθαι.
Εὐτύχ[ει].

An Di......, (vom Hofrang) der Freunde, Reiterführer ἐπ'
ἀνδρῶν und Polizeichef des Perithebischen Gaues, von
Osoroeris, dem Sohn des Horos, einem Choachyten von denen aus (dem Ort) Ta Memnoneia. Ich erstatte Anzeige, daß
im 44. Jahr, als der hochwohlgeborene Stratege Lochos nach
Großdiospolis gekommen war, irgendwelche Leute, nachdem sie sich an eines der mir im Perithebischen Gau gehörenden Gräber herangemacht und es geöffnet hatten, einige
der bestatteten Mumien auswickelten; zugleich haben sie
aber Geräte im Wert von 10 Kupfertalenten, die ich dort
abgestellt hatte, weggenommen. Weil die Türe offengeblie-
ben war, geschah es aber auch, daß unbestattete Mumien
von Schakalen gefressen und zerstört worden sind. Da ich
nun Verdacht gegen Poeris, auch Pkales genannt, den Sohn
(?) des Sonhathyr (?), und gegen seinen Bruder Phagonis
habe, bitte ich, sie vor Dich zu führen und die auf Grund
einer Untersuchung gebührende Entscheidung zu treffen.
Gehab Dich wohl.

Wer über die Geschichte der Ausgrabungen in Ägypten gelesen hat, weiß um die Bemühungen der Pharaonen, ihre
Grabesruhe und ihre Grabbeigaben vor räuberischen Ein-

griffen zu bewahren. Zu keiner Zeit aber sind die Ruhestätten der Toten minderen Ranges weniger gefährdet gewesen – schon für die Ramessidenzeit (ca. 1300–1000 v. Chr.) berichten die Papyri von eingehenden Untersuchungen wegen Grabräubereien in der thebanischen Totenstadt, und nach Theben führt uns auch der vorliegende Text, mit dem ein Choachyt einen Fall von Grabräuberei anzeigt. Die Räuber sind in das Grab eingedrungen und haben einige Mumien ausgewickelt, um möglicherweise unter den umhüllenden Binden beigegebenen Schmuck zu finden; außerdem haben sie im Grabraum abgestellte Geräte gestohlen und durch das Offenlassen der Grabtüre Schakalen den Zugang ermöglicht. Die Angaben des Osoroeris beleuchten den ägyptischen Totenkult und sind nur vor diesem Hintergrund verständlich. Der ägyptische Jenseitsglauben mißt für das Fortleben des Verstorbenen der körperlichen Unversehrtheit des Leichnams und der Versorgung des Toten mit Gegenständen des irdischen Bedarfs große Bedeutung zu. Um nicht auf die Sorgfalt der Erben angewiesen zu sein, vertrauen viele Ägypter ihre Versorgung im Jenseits mittels Stiftungen den Totenpriestern an; allerdings genügen für die Versorgung grundsätzlich Symbole – Modelle der Alltagsgegenstände oder auch nur deren Abbildung; wie das Bild überträgt die schriftliche Fixierung im Grab die zu Lebzeiten errungenen Erfolge ins Jenseits u.a.m. Die Erhaltung des Körpers geschieht durch Mumifizierung, immerhin so erfolgreich, daß die moderne Forschung an den Mumien vielfach noch die Krankheiten jener Zeit feststellen kann. Vorbild dürften die Leichen vorgeschichtlicher Gräber gewesen sein, die der trockene Sand bewahrt hatte. Die Mumifizierung geht in die Frühzeit der ägyptischen Geschichte zurück, bereits in der 2. Dynastie (um 2800 v. Chr.) sind die nötigen Grundkenntnisse für eine künstliche Mumifizierung vorhanden, wenn auch die Einzelheiten der Mumiengestaltung – Modellierung der Hülle, Mumienmasken, Mumienporträts usf. – wechseln. Grundsätzlich jedenfalls entfernt man die Eingeweide mit Ausnahme des Herzens als Sitz des Denkens; sie werden in vier Tongefäßen (Kanopen) gesondert beigesetzt, später statt dessen in vier Packungen in die Leibeshöhle der Mumie gelegt. Der übrige Körper wird u.a. mit Salz und Natron behandelt, gereinigt, gesalbt und schließlich in Mumienbinden eingewickelt. Die der Obhut des Osoroeris anvertrauten

Mumien sind offensichtlich in einem zugänglichen Felsengrab untergebracht, und die gestohlenen Gerätschaften lassen annehmen, daß es sich um Kultgeräte gehandelt und Osoroeris folglich auch den Totenkult im Grab, nicht in einem Totentempel verrichtet hat. Die Choachyten – eine von χοαί und χέω abzuleitende Bezeichnung – sind niedere Priester, die neben ihrer Tätigkeit bei der Leichenbestattung vor allem die Trankopfer für die Toten spenden und an wiederkehrenden Feiertagen Gebete und Opfer darbringen. Ihren Unterhalt beziehen sie von den Hinterbliebenen oder den diesbezüglichen Stiftungen der Verstorbenen. Unser Text zeigt Z. 10, daß diese Dienstpflichten als echter Besitzstand angesehen werden – Osoroeris beklagt den Eingriff in eines „seiner" Gräber–, und dem entsprechend vererben und verkaufen in vielen Urkunden Choachyten die ihnen gehörenden Kulttage. Der Text gehört übrigens zu einem großen Fund griechischer und demotischer Papyri aus dem Grab einer Choachytenfamilie; dieses Archiv hatte eine besondere Bedeutung bei der Erforschung des Demotischen.

*Lit.:* s. H. Bonnet, Reallexikon [o. bei Nr. 56] u. a. s. v. Choachyten (S. 140), Felsengrab (S. 182 ff.), Grab (S. 257 ff.), Mumifizierung (S. 482 ff.); zum Eigentum an Priesterämtern s. E. Seidl, Ägyptische Rechtsgeschichte der Saiten- und Perserzeit, 2. Aufl. Glückstadt 1968, S. 58 ff.; zu den Totenstiftungen s. S. Allam, Vom Stiftungswesen der alten Ägypter, Das Altertum 20, 1974, S. 131 ff.

## 58

### Bitte um Verwahrung des väterlichen Leichnams

P.Princ. III 166          Herkunft unbekannt. 2./3. Jahrh. n. Chr.

Verso: Βησᾶς χρυσοχοῦς Εἰδῶς πολλὰ χαίρειν. Ἀσπάζομαί σε πολλὰ μετὰ τῶν τέκνω(ν) σου. Κόμισον τὸν πατέρα
5 μου τὸν νεκρὸν καὶ ἀσφά-
λισον ἕως ἂν σὺν θεῷ ἀναπλεύσω εἰς ἐκφορά[ν]. Δώσις οἰκείως. Οὐ πάλιν ἀμελεῖς ὑπὲρ κτήσεως. Εἰς ἄλ-
10 λην ἡμ[έρα]ν τὸ σῶμα

ϑάψῃς.
'Ερρῶσϑαί σε εὔχομαι.

Rekto:
Εἰδῶς ἁ(πὸ) Βησᾶς χρυ-
σοχοῦς.

1 Εἰδῶς ist undeklinierbar.

Besas, der Goldschmied, an Eidos, viele Grüße. Ich begrüße Dich mit Deinen Kindern vielmals. Nimm die Leiche meines Vaters auf und verwahre sie, bis ich mit Gottes Willen zur Bestattung stromaufwärts fahren werde. Du wirst es wie ein Familienangehöriger tun. Hinsichtlich des Besitzes wirst Du nicht wiederum nachlässig sein. Eines Tages wirst Du die Mumie bestatten. Ich wünsche Dir Wohlergehen. (Rekto) An Eidos von Besas, dem Goldschmied.

Diese Bitte, den Leichnam des verstorbenen Vaters zu verwahren, ist außergewöhnlich; sie zeigt, wie dringlich die schon im vorausgehenden Text anklingende Sorge um die Unversehrtheit des Körpers im Hinblick auf das Leben nach dem Tode ist: Der abwesende Sohn bittet einen Bekannten, als wahrer Freund der Familie (Z. 7f.) sich um die Mumie des Verstorbenen zu kümmern, bis der Sohn selbst zum förmlichen Begräbnis kommen oder eine Gelegenheit dazu sich früher bieten sollte. Die Umstände erinnern an eine von Diod. 1, 92–93 berichtete Übung, wonach ein verpfändeter Körper bis zur Tilgung der Schuld unbegraben bleibe. Die Papyri schweigen über einen derartigen Brauch und verweisen jene Erzählung damit ins Reich der Fabel.

## 59

### Brief über die Versendung einer Mumie

P. Par. 18 bis                        Theben. 2./3. Jahrh. n. Chr.

Σενπαμώνϑης Παμώνϑῃ
τῷ ἀδελφῷ χαίρειν.

Senpamonthes (ihrem) Bruder Pamonthes Gruß.

Ἐπεμψά σοι τὸ σῶμα Σε-     Ich habe Dir die mumifizierte
νύριος
5 τῆς μητρός μου κεκηδευ-     Leiche meiner Mutter Senyris,
μένος, ἔχων τάβλαν κατὰ     mit einem Mumienschild
τοῦ τραχήλου διὰ Γαλῆτος     um den Hals, durch Gales,
πατρὸς Ἱέρακος ἐν πλοίῳ     sein Vater ist Hierax, auf dessen
ἰδίῳ, τοῦ ναύλου δοθέντος     eigenem Schiff geschickt. Der
ὑπ᾽ ἐμοῦ πλήρης. Ἔστιν δὲ     Frachtlohn ist von mir vollstän-
10 σημεῖον τῆς ταφῆς· σιν-     dig bezahlt. Das Kennzeichen
δών ἐστιν ἐκτὸς ἔχων χρῆ-     der Mumie: die Leinwand ist
μα ῥόδινον, ἐπιγεγραμμέ-     außen mit Stuckrosen, aufge-
νον ἐπὶ τῆς κοιλίας τὸ ὄ-     schrieben auf dem Bauch ist
νομα αὐτῆς. (2. Hd.) Ἐρ-     ihr Name. (2. Hd.) Ich wünsche,
ρῶσθαί σε,     daß es Dir, Bruder, wohlergehe.
15 ἄδελφε, εὔχομαι.
(Ἔτους) γ Θώθ ῑα.     Im 3. Jahr, am 11. Toth.

Verso:
(3. Hd.) Παμώνθῃ Μώρωι π(αρὰ) Σενπαμών(θου) ἀδελ(φῆς).
An Pamonthes Moros von (seiner) Schwester Senpamonthes.

Text nach W. Chr. 499

4 κεκηδευ-|μένος für κεκηδευμένον    5 ἔχων l. ἔχον    7 πατρὸς
dürfte hier statt wie sonst [z. B. o. Nr. 11] μητρός stehen und da-
her nicht ‚der Vater des Hierax' bedeuten;    11 χρῆ-|μα l. χρῖμα
=χρῖσμα „Stuck".

Der Brief zeigt, daß man bestrebt ist, die Leichen der Fami-
lienangehörigen nicht am zufälligen Todesort zu bestatten,
sondern in Familiengräbern in der Heimat. Dies ermöglicht
den notwendigen Totenkult in den Nekropolen. Die Verstorbene ist offenbar die Mutter nur der Briefschreiberin
(vgl. Z. 4), und diese ist religiös wie rechtlich als Erbin zur
Bestattung verpflichtet; zur Erfüllung dieser Pflicht bedient
sie sich aber der Hilfe des Stiefbruders. Senpamonthes ist
sehr fürsorglich; wohl für den Fall, daß das wie üblich an-
gehängte Mumientäfelchen [s. u. Nr. 60] abreißen sollte, beschreibt sie das Äußere der Mumie, auf der zusätzlich der
Name steht.

60

### Sarkophagaufschrift

SB I 3931(*)                    Herkunft unbekannt. 123 n. Chr.

Ταφὴ Πετεμενώφιος υἱοῦ
Παβῶτος. Ἐγεννήθη γ (ἔτους) Ἁδριανοῦ
τοῦ κυρίου, Χοιὰκ κ̄δ̄, ἐτελεύτα
ζ (ἔτους) Ἐπαγομένων δ̄, ὥστε ἐβίωσεν
5 ἔτη δ̄ μῆνας η̄ ἡμέρας ῑ.
Εὐψύχει.

Sarg des Petemenophis, Sohn des Pabos. Geboren im 3. Jahr Hadrians des Herrn, am 24. Choiak, gestorben im 7. Jahr am 4. Epagomenen-Tag. Er lebte also vier Jahre, acht Monate, 10 Tage. Zeige Dich tapfer.

Im wesentlichen entspricht diese Sarkophaginschrift den zu vielen Hunderten erhaltenen Mumientäfelchen und mag auch dem gleichen Zweck gedient haben, nämlich der Identifizierung der Mumie auf dem Transport in die Nekropole [vgl. o. Nr. 59], sofern der kleine Petemenophis nicht erst dort eingesargt worden ist. Die Mumientäfelchen sind freilich in der Regel noch knapper gefaßt; oft tragen sie nur den Namen des Toten, meist aber zusätzlich den seines Vaters, auch den der Mutter sowie den des Vatersvaters und häufig die Angabe des Lebensalters (z.B. SB X 10501:

Βῆσις Φθρῆτος μητρὸς          Besis, Sohn des Phthretos, seine
Σενφούλιος ἐβίωσεν            Mutter (war) Senfulis, er lebte
(ἔτη) μς                      46 Jahre

– Herkunft unbekannt. 4. Jahrh. n. Chr.). Mitunter schließen die Mumientäfelchen mit einem letzten frommen Gruß wie die vorliegende Sarkophaginschrift. Deren Ähnlichkeit mit den Täfelchen ist offenbar und der Gedanke W. *Spiegelbergs,* jene Täfelchen seien ursprünglich nur ein billiger Ersatz der Totenstele gewesen, leuchtet ein. Die geläufige Formel der demotischen Täfelchen „Die Seele des N. N. lebt vor Osiris, dem großen Gott, dem Herrn von Abydos" o.ä. macht dies jedoch deutlicher als die im wesentlichen auf die Angaben zur

Person beschränkten griechischen Mumienschilder. Großen Nutzen besitzen diese unscheinbaren Texte übrigens für die linguistische Erforschung der ägyptischen Namen und damit des Ägyptischen selbst sowie für Untersuchungen zur Bevölkerungsstatistik.

*Lit.:* H Bonnet, Reallexikon [o. bei Nr. 56] S. 479f. s.v. Mumienetikett; W. Spiegelberg, Catalogue général des antiquités égyptiennes du Musée du Caire, Die demotischen Denkmäler 30601–31166, I Die demotischen Inschriften, Leipzig 1904, S. 3; zum Begräbniswesen s. A. Bataille, Les Memnonia. Recherches de papyrologie et d'épigraphie grecques sur la nécropole de la Thèbes d'Égypte aux époques hellénistique et romaine, Le Caire 1952 (zu den Mumientäfelchen S. 241); zur sprachlichen Auswertung der Mumien-Täfelchen s. W. Spiegelberg, Ägyptische und griechische Eigennamen aus Mumienetiquetten der römischen Kaiserzeit auf Grund von großenteils unveröffentlichtem Material, Leipzig 1901; zur statistischen Auswertung s. B. Boyaval, Remarques à propos des indications d'âges des etiquettes de momies, ZPE 18, 1975, S. 49 ff.

# 61

## Grabepigramm

P. Ross. Georg I 14          Herkunft unbekannt. 3. Jahrh. n. Chr.

Τὸν σοφὸν εἰν ἀγορῆι Χαιρήμονος υἱά ποτ' ἐσθλὸν
    εὐγενέων ἀνδρῶν αἷμα λαχόντα βλέπεις.
Οὔνομα μέν με γονῆες 'Ανουβίωνα κάλεσκον,
    τοῖς δὲ χρόνοις τέθνηκ' εἰκοσιενναέτης·
ὥστε, φίλ', ἥν με θέλῃς στεφάνοισί ποτ' εὐκλέα θέσθαι,
    γεινώσκων τάβλαν τήνδε, φίλε, πρόσαγε.

Den redegewandten, einst berühmten Sohn des Chairemon, von edler Vorfahren Blut, erblickst Du. Mit Namen riefen mich die Eltern Anubion; im Alter von 29 Jahren bin ich gestorben. Also, oh Freund, wenn Du mich mit Kränzen ehren willst, nähere Dich dieser Tafel, o Freund, wissend, (wer ich bin).

Dieses auf einem Holztäfelchen erhaltene Grabepigramm besteht aus drei elegischen Distichen. Wie sonst dient das der Mumie beigegebene Täfelchen der Kennzeichnung des Toten [vgl. o. Nr. 60], zusätzlich aber auch seiner Verherrlichung; ein textlich so anspruchsvolles Mumienetikett soll zugleich die kostspielige Totenstele ersetzen.

*Lit.:* zum Text s. G. Zereteli und O. Krueger zu P. Ross. Georg. I 14.

## 62

## Bescheinigung über den Vollzug eines Opfers

P. Meyer 15                     Theadelphia. 27. Juni 250 n. Chr.

     Τοῖς ἐπὶ τῶν θυσιῶν ᾑρημένοι(ς)
     παρὰ Αὐρηλίας Λευλὶς Α.[..]υος
     ἀπὸ κώμης Εὐημερίας τῆς
     Θεμίστου μερίδος. Ἀεὶ τοῖς θε-
 5 οῖς θύουσα καὶ ἐπιτελοῦσα
     καὶ νῦν ἐπὶ παρόντων ὑ-
     μῶν κατὰ τὰ προστεταγμέ-
     να ἔθυσα καὶ ἔσπεισα καὶ
     τῶν ἱερείων ἐγευσάμην
10 σὺν τοῖς ἀφήλιξί μου τέ-
     κνοις Παλέμπι καὶ
     Τ...ηρι. Διὸ ἐπιδίδωμι
     ἀξιοῦσα ὑμῶν λαβεῖν τὴν
     ὑποσημίωσιν. Διευτυχεῖτ(ε).
15 Αὐρηλία Λευλὶς ἐπιδέδωκα
     ἐτῶν τριάκοντα πέντε
     (2. Hd.) καταμένων ἐπὶ κό(μης) Θεαδελφίας.
     (3. Hd.) Αὐρήλιοι Σερῆνος καὶ Ἑρμᾶς εἴ-
     δαμέν σε θυσιάζοντα.

20 (1. Hd.) (Ἔτους) α Αὐτοκράτορος Καίσαρος

Γαίου Μεσσίου Κυίντου
Τραιανοῦ Δεκίου Εὐσεβοῦ(ς)
Εὐτυχοῦς Σεβαστοῦ Ἐπεὶφ
γ΄.

2 Λευλὶς für Λευλίδος    5 Nach ἐπιτελοῦσα ist διετέλεσα oder
διατετέλεκα ausgelassen    14 ὑποσημίωσιν l. ὑποσημείωσιν
17 καταμένων für καταμένουσα; κό(μης) l. κώ(μης)    19 θυσιά-
ζοντα für θυσιάζουσαν.

An die Opferkommission von Aurelia Leulis, Tochter des
A..., aus dem Dorfe Euhemeria im Themistes-Bezirk. Ich
habe immer den Göttern Tieropfer dargebracht und sonstige Dienste verrichtet, auch jetzt in Eurer Gegenwart gemäß den (kaiserlichen) Erlassen Tier- und Trankopfer ge-
spendet und von den Opfertieren gekostet zusammen mit
meinen unmündigen Kindern Palempis und T...eris. Deshalb übergebe ich (dieses Gesuch) und bitte um Eure Unterschrift. Gehabt Euch wohl. Ich, Aurelia Leulis, habe es übergeben, 35 Jahre alt, (2. Hd.) wohnhaft im Dorf Theadelphia.
(3. Hd.) Wir, Aurelius Serenus und Aurelius Hermas, sahen,
daß Du geopfert hast. (1. Hd.) Im 1. Jahr des Imperator
Caesar Gaius Messius Quintus Traianus Decius Pius Felix
Augustus, am 3. Epeiph.

Auf dem vorliegenden Papyrus läßt sich Aurelia Leulis be-
scheinigen, daß sie samt ihren Kindern an einer Opferfeier
teilgenommen habe; damit hat sie bewiesen, keine Christin
zu sein. Das Blatt ist ein Zeugnis der strengen Christenverfolgung unter dem Kaiser Decius (249–251), die man wohl
als erste systematische Verfolgung bezeichnen kann. Zwar
hat sich das aufstrebende junge Christentum alsbald mit den
Religionen seiner Umgebung auseinanderzusetzen, wesentlich für das Verhältnis zum Staat ist jedoch der Glaube an
einen Gott, der mit dem immer obligatorischer werdenden
Kaiserkult kollidiert, ohne daß sich die Christen um eine
Sonderstellung bemüht hätten, wie die Juden sie genossen
haben. Eine erste allgemeine, aber noch lokale Verfolgung
ist jene 64. n. Chr. von Nero veranlaßte. Im 2. Jahrh. sind

Christenprozesse und -verfolgungen zwar häufig, aber noch
immer Einzelfälle, die mitunter sogar von Christen selbst
provoziert werden. Der Krise des Reiches im 3. Jahrh. aber
glauben die Herrscher durch eine Rückkehr zum Glauben an
die alten Götter begegnen zu müssen, was zu schweren
Christenverfolgungen führt. Dank zweier Toleranzedikte
des Kaisers Gallienus (260) werden die Christen dann mit
Ausnahme erneuter strenger Verfolgungen 303–311 geduldet,
ehe ihr Glaube unter Konstantin d. Gr. zur neuen Staatsreli-
gion heranwächst. Jene Verfolgung durch Decius ist von besonderer Strenge gewesen: wer sein Christentum bekannte,
wurde zu Tode gefoltert; es überlebte nur, wer tatsächlich
geopfert hatte oder sich wenigstens eine Bescheinigung über
ein solches Opfer zu beschaffen wußte. Unser Text gehört
zu einer ganzen Reihe solcher Bescheinigungen aus Theadelphia und läßt daher den Vorgang klar erkennen: Der Nach-
weispflichtige erscheint mit einem von einem Nomographen
(wohl ein konzessionierter Urkundenschreiber) einschließlich des Datums vorgefertigten Formular, bringt eine
Opferhandlung hinter sich und erhält von der Prüfungs-
kommission die bestätigende Unterschrift – ein nichts weniger
als glaubensverbundenes Verfahren. Mit welcher Routine
solche Bescheinigungen *(libelli)* ausgestellt werden, zeigen
zwei bezeichnende Fehler: Z. 19 hat das Kommissionsmit-
glied die maskuline statt der femininen Form gesetzt, und
das gleiche ist Z. 17 dem Schreiber unterlaufen, der den ver-
gessenen Wohnort nachgetragen hat.

*Lit.:* zu den Christenverfolgungen s. C. Colpe, Pauly 1. Sp. 1161 ff.
s. v. Christenverfolgungen; R. Freudenberger, Das Verhalten der
römischen Behörden gegen die Christen im 2. Jahrhundert, dargestellt am Brief des Plinius an Trajan und den Reskripten Tra-
jans und Hadrians, München 1962; P.M. Meyer, Libelli aus der
decianischen Christenverfolgung, Anhang zu den Abhandlungen
der königlich preußischen Akad. d. Wiss., Phil.-Hist. Kl., Berlin
1910; J. Moreau, Die Christenverfolgung im römischen Reiche,
Berlin 1961; zum Nomographen s. W. Hellebrand, RE Suppl. VII
Sp. 572 ff. (575 ff.) s. v. Νομογράφοι.

## 63

# Privatbrief anläßlich der Verbannung einer Christin

P. Grenf. II 73 (mit BL II)     Große Oase. 3./4. Jahrh. n. Chr.

Ψενοσίρι πρεσβ[υτέ]ρῳ
  Ἀπόλλωνι
πρεσβυτέρῳ ἀγαπητῷ ἀδελ-
φῷ ἐν κ(υρί)ῳ χαίρειν.
Πρὸ τῶν ὅλων πολλά σε
  ἀσπά-
5 ζομαι καὶ τοὺς παρὰ σοὶ
  πάντας
ἀδελφοὺς ἐν 9(ε)ῷ. Γινώσ-
  κειν
σε 9έλω, ἀδελφε, ὅτι οἱ νε-
  κρο-
τάφοι ἐνηνόχασιν ἐν9άδε
εἰς Τοετὼ τὴν Πολιτικὴν
  τὴν
10 πεμφ9εῖσαν εἰς Ὄασιν ὑπὸ
  τῆς
ἡγεμονίας. Καὶ [τ]αύτην πα-

ραδέδωκα τοῖς καλοῖς καὶ
  πι-
στοῖς ἐξ αὐτῶν τῶν νεκροτά-
φων εἰς τήρησιν, ἔστ' ἂν ἔλ-
15 9ῃ ὁ υἱὸς αὐτῆς Νεῖλος.
  Καὶ
ὅταν ἔλ9ῃ σὺν 9εῷ, μαρ-
  τυρή-
σι σοι περὶ ὧν αὐτὴν πε-
  ποι-
ήκασιν. Δ[ή]λω[σ]ον [δέ]
  μοι
κ[αὶ σὺ] περὶ ὧν 9έλεις
  ἐνταῦ-
20 9α ἡδέως ποιοῦντι.
Ἐρρῶσ9αί σε εὔχομαι
ἐν κ(υρί)ῳ 9(ε)ῷ.

Verso: Ἀπόλλωνι  ✕ παρὰ Ψενοσίριο[ς]
    πρεσβυτέρῳ  ✕ πρεσβυτέρου ἐν κ(υρί)ῳ.

Text nach Naldini, aaO.

1 Ψενοσίρι πρεσβ[υτέ]ρῳ für Ψενοσῖρις πρεσβύτερος

Presbyter Psenosiris dem Presbyter Apollon, dem geliebten
Bruder im Herrn, Gruß. Vor allem grüße ich Dich vielmals
und alle bei Dir befindlichen Brüder in Gott. Wissen lassen
möchte ich Dich, Bruder, daß die Totengräber hierher nach
Toeto die Politike gebracht haben, die von der Regierung in
die Oase verschickt wurde, und ich habe sie den Guten und
Gläubigen von den Totengräbern in Obhut gegeben, bis ihr

Sohn Neilos kommt. Und sobald er kommt mit Gott, wird er Dir bezeugen, was sie an ihr getan haben. Gib aber auch Du mir Nachricht über das, was Du hier (getan haben) möchtest, ich tue es gern. Ich wünsche Dir Wohlergehen in Gott dem Herrn. (Verso) Dem Presbyter Apollon von dem Presbyter Psenosiris, im Herrn.

Diesen oft erörterten und der Schrift nach nur in die Wende des 3. zum 4. Jahrh. datierbaren Text darf man nach Ton, Inhalt und Umständen sicherlich der Zeit der diokletianischen Christenverfolgungen zuweisen, wenn auch einige Einzelheiten offen bleiben. Wahrscheinlich unterrichtet hier ein Priester seinen Amtskollegen von der Deportation einer Christin in dessen Gemeindesprengel. Als christlich kennzeichnen den Brief Wendungen wie „Bruder im Herrn" (Z. 2f.), „mit Gott" (Z. 6) und die aus Bibelhandschriften bekannten Abkürzungen Κω und Θω für Κυρίω und Θεῶ. Daß Schreiber und Empfänger des Briefes Priesterämter bekleiden, muß eine Hypothese bleiben angesichts der Vieldeutigkeit des Wortes πρεσβύτερος, doch spricht dafür die zum Ausdruck kommende Fürsorge. Daß eine Deportation vorliegt, ist zweifelsfrei. Εἰς Ὄασιν πέμπειν ist dafür eine technische Bezeichnung (vgl. z.B. Cod. Just. 9.47.26); die Oasen, und besonders die Große Oase, sind von der Pharaonenzeit bis in die byzantinische Epoche von den Behörden geschätzte Verbannungsorte gewesen. Zum Vorgang ergibt der Text, daß offenbar Glaubensgenossen die vom Statthalter Verbannte warmherzig aufgenommen haben; ungewiß bleibt freilich, ob Z. 15ff. sich auf die ihr von ihren Verfolgern angetanen Leiden bezieht oder auf das Gute, was die christlichen Brüder an ihr getan haben. Diese Ungewißheit ist um so bedauerlicher, als jegliche Entscheidungshilfe dafür fehlt, ob πολιτικη (Z. 9) als ein Name oder als eine Standesbezeichnung zu verstehen ist. Der Eigenname Πολιτική ist belegt. Gleichwohl ist denkbar, daß πολιτική eine öffentliche Dirne meint und hier auf eine an sich ehrbare Frau angewendet wird, die im Rahmen der Christenverfolgung in ein Bordell eingewiesen worden ist. Derartige Strafmaßnahmen sind für Ägypten überliefert (vgl. Euseb. de mart. Pal V 3 und HE VIII 14, 14f.); eine entsprechende Legende knüpft sich auch an die am ehemaligen Zirkus des Domitian (Piazza Navona) in Rom gelegene Kirche Sant'Agnese.

*Lit.:* zum Text s. M. Naldini, Il Cristianesimo in Egitto. Lettere private nei papiri dei secoli II–IV, Florenz 1968, Nr. 21 (Kommentar); U. Wilcken, Chrestomatie Nr. 127 (Kommentar); zur Agneslegende s. Die Legenda aurea des Jacobus de Voragine, ed. R. Benz, Heidelberg 1975, S. 132 ff.

## 64

### Einladung zur Geburtstagsfeier eines Gottes

P. Oxy. I 112                    Oxyrhynchos. 3./4. Jahrh. n. Chr.

> Χαίροις, κυρία μου Σερηνία [    ]
> π(αρὰ) Πετοσείριος.
> Πᾶν ποίησον, κυρία, ἐξελθεῖ[ν τῇ]
> κ᾽ τοῖς γενεθλείοις τοῦ θεο[ῦ καὶ]
> 5 δήλωσόν μοι, ἢ πλοίῳ ἐξέρχ[ει]
> ἢ ὄνῳ, ἵνα πεμφθῇ σοι. Ἀλ⟨λ⟩᾽ ὅρα, [μὴ]
> ἀμελήσῃς, κυρία. Ἐρρῶσθ[αί σε]
> εὔχομαι [πο]λλοῖς [χρόνοις].

Text nach W. Chr. 488.    5 ἢ l. εἰ

Zum Gruß, meine Herrin Serenia, von Petosiris. Tue alles, Herrin, um am 20. zur Geburtstagsfeier des Gottes herauszukommen und gib mir Nachricht, ob Du lieber mit einem Kahn oder einem Reitesel herauskommst, damit (das Gewünschte) Dir geschickt werde. Aber sieh zu, daß Du es nicht vergißt, Herrin. Ich wünsche, daß es Dir allezeit wohl ergehe.

Eines sehr höflichen Stiles befleißigt sich hier der Schreiber einer Einladung zum Geburtsfest eines Gottes. Da das Billet in Oxyrhynchos gefunden worden ist, darf man dort den Wohnort der Serenia vermuten; Petosiris wohnt offensichtlich in einem nahegelegenen Dorf, dessen Gottheit die Feier gilt. Der ganze Stil wie das Angebot, nach Wunsch ein Boot oder einen Reitesel zu senden, weisen das Briefchen in die bessere Gesellschaftsschicht.

*Lit.:* zum Einladungsstil s. U. Wilcken, Grundzüge S. 419.

65

**Aus einem Orakelbuch**

P. Oxy. XII 1477                     Oxyrhynchos.  Spätes  3./
(mit BL III und VI)                  frühes 4. Jahrh. n. Chr.

οβ, εἰ λήμψομαι τὸ ὀψώνιον;

ογ, εἰ μενῶ ὅπου ὑπάγω;

οδ, εἰ πωλοῦμαι;

οε, εἰ ἔχω ὠφέλιαν ἀπὸ τοῦ φίλου;

5 οϲ, εἰ δέδοταί μοι ἑτέρῳ συναλλάξαι;

οζ, εἰ καταλλάσσομαι εἰς τὸν γόγον; [    ]

οη, εἰ λαμβάνω κομίατον;

οϑ, εἰ λήμψομαι τὸ ἀργύριον;

π, εἰ ζῇ ὁ ἀπόδημος;

10 πα, εἰ κερδαίνω ἀπὸ τοῦ πράγματ[ος;]

πβ, εἰ προγράφεται τὰ ἐμά;

πγ, εἰ εὑρήσω πωλῆσαι;

πδ, εἰ δύναμαι ὃ ἐνθυμοῦμαι ἆρα[ι;]

πε, εἰ γίνομαι βιόπραγος;

15 πϲ, εἰ φυγαδεύσομαι;

πζ, εἰ πρεσβεύσω;

πη, εἰ γίνομαι βουλευτής;

πϑ, εἰ λύεταί μου ὁ δρασμός;

ϙ, εἰ ἀπαλλάσσομαι τῆς γυναικό[ς;]

20 ϙα, εἰ πεφαρμάκωμαι;

ϙβ, εἰ λαμβάνω [λ]ηγᾶ[το]ν;

Hier bricht der Papyrus ab

1ff.) εἰ l. ἤ

72 ob ich den Lohn erhalten werde?
73 ob ich bleiben werde, wohin ich reise?
74 ob ich verkauft werde (als Sklave)?
75 ob ich von meinem Freund einen Vorteil haben werde?
76 ob es mir gegeben wird, mit einem anderen (einen Vertrag) abzuschließen?
77 ob ich auf die Nachkommenschaft (meines Herrn) übergehen werde (?)?
78 ob ich Urlaub bekomme?
79 ob ich das Geld erhalten werde?
80 ob der in der Fremde Weilende noch lebt?
81 ob ich von dem Geschäft Gewinn habe?
82 ob meine Habe öffentlich (zur Versteigerung?) ausgeschrieben wird?
83 ob ich etwas zum Verkaufen finde?
84 ob ich das wegschaffen kann, was ich möchte?
85 ob ich erfolgreich werde?
86 ob ich entfliehen soll?
87 ob ich als Gesandter (Bote?) tätig sein werde?
88 ob ich Ratsherr werde?
89 ob meine Flucht vereitelt wird?
90 ob ich von meiner Frau geschieden werde?
91 ob ich vergiftet worden bin?
92 ob ich ein Vermächtnis erhalte?

Der Text entstammt dem ersten, 92 Fragen enthaltenden Teil eines einem sagenhaften Magier Astrampsychos zugeschriebenen Orakelbuchs, den *Sortes Astrampsychi*. Allerdings handelt es sich nicht um das Ende jenes ersten Teils, denn um die Komposition undurchschaubar zu machen, hat der Verfasser die Fragen von 12 bis 103 numeriert und unter die Antworten gezielt „Nieten" verstreut, zu denen allerdings bei weisungsgemäßer Benutzung kein Weg führt. Auf jede Frage gibt es zehn Antworten. Der Ratsuchende muß sich eine Zahl zwischen 1 und 10 denken und diese zu der Kennziffer der ihn betreffenden Frage hinzuzählen. Da die Antworten zur Verschleierung umgestellt und durch jene „Nieten" vermehrt sind, hat der Frager allerdings nun noch nicht die Nummer der Antwort. Statt dessen findet er eine Zahlentafel mit schwarzen und – jenen gegenübergestellt – roten Zahlen. Kennziffer der Frage zuzüglich gedachter Zahl ergeben die schwarze Nummer, deren rotes Gegenüber verweist auf die betreffende Zehnergruppe der Antworten und innerhalb dieser Zehnergruppe entspricht die Antwort der zuerst gedachten Zahl.

*Lit.*: zu Astrampsychos s. Riess, RE II 2 Sp. 1796 f. s. v. Astrampsychos; zur Zusammenstellung der Sortes Astrampsychi s. G. M. Browne, The Composition of the Sortes Astrampsychi, BICS 17, 1970, S. 95 ff.; Ausgabe der Sortes nach den Papyri s. G. M. Browne, The Papyri of the Sortes Astrampsychi, Meisenheim 1974.

## 66

### Orakelanfrage

SB XII 11227                    Soknopaiu Nesos, 2. Jahrh. n. Chr.

> Κυρίῳ Σοκνοπαίῳ καὶ
> Ἄμμωνι ἀνικήτῳ· δότε
> μοι κληδόνα ἣν ἡμῖς
> θέλεται. Ἠ μέλλω μέ-
> 5 νιν ἐν τῇ πρακτορίᾳ
> καὶ [ο]ὺ μεθείσταμαι, τοῦ-
> τό μο[ι] ἐξενένκετε.

8 ἡμῖς l. ὑμεῖς    4 θέλεται. Ἠ l. θέλετε. Εἰ; μέ-|νιν l. μένειν
6 μεθείσταμαι l. μεθίσταμαι

Dem Herrn Soknopaios und dem Ammon Invictus. Gebt mir das Orakel, welches ihr für richtig haltet. Wenn ich im Amt eines Steuereinnehmers verbleiben und nicht ausscheiden soll, gebt mir dieses (Kärtchen) heraus.

Demotische und griechische Orakelanfragen, mit denen sich die Leute wegen alltäglicher Sorgen an die lokalen Gottheiten wenden, sind in großer Zahl überliefert. Die Art der Orakelerteilung ist in der abschließenden Bitte angedeutet: Die Anfragen werden zweifach eingereicht, einmal positiv, einmal negativ formuliert; eine der Anfragen erhält der Bittsteller als Antwort zurück. Diese Trennung erklärt, daß in den meisten Fällen nur die eine Alternative des Fragenpaares erhalten ist. Eine Ausnahme beispielsweise sind P. Harris 54 und P. Oxy. XVI 1926, ein an Gott den Allmächtigen und den hl. Philoxenos gerichtetes Fragenpaar aus dem 6. Jahrh.: Es bezeugt das Fortleben dieser Sitte auch in christlicher Zeit, ist erkennbar auf das gleiche Papyrusblatt geschrieben und dann auseinander geschnitten worden; durch seine Zugehörigkeit zu zwei verschiedenen Papyrussammlungen beleuchtet es die getrennten Wege, die die beiden Alternativen nach dem Bescheid genommen haben. Der vorliegende Text ist an Soknopaios, eine lokale Form des Krokodilgottes Suchos, und an den wohl in dessen Tempel mitverehrten Ammon gerichtet. Dem Fragesteller geht es um ein existenzbedrohendes Problem, da die – zumal erneute – Heranziehung zur Liturgie [s. o. Nr. 33] des Steuereinnehmers wegen der Haftung des Betroffenen auf den Steuerbetrag zum finanziellen Ruin führen kann. Während das Amt zu Beginn des 2. Jahrh. n. Chr. wohl noch einträglich ist, wird es zunehmend zur Last und schon in der zweiten Hälfte dieses Jahrhunderts fliehen die zum Amte Vorgeschlagenen lieber als das Amt zu übernehmen [vgl. o. Nr. 35].

*Lit.:* Zum Text (Erstedition) A. Henrichs, Zwei Orakelfragen ZPE 11, 1973, S. 115ff.; zu P. Harris und P. Oxy. XVI 1926 H. C. Youtie, Questions to a Christian Orakel, ZPE 18, 1975, S. 253ff.; zu Soknopaios und Ammon W. Rübsam, Götter und Kulte im Fayum während der griechisch-römisch-byzantinischen Zeit, phil. Diss. Marburg 1974, S. 154 und 162ff.; zum Praktor als Steuereinnehmer s. o. Nr. 1.

67

## Horoskop

P. Oxy. XXXI 2556                    Oxyrhynchos. 161 n. Chr.

α (ἔτους) 'Αντωνίνου καὶ          "Αρης 'Ερμῆς Παρθέν(ῳ)
Οὐήρου τῶν κυρίω[ν]              Ζεὺς Ταύρῳ
Μεσορὴ κβ εἰς κγ                  'Αφροδείτη Καρκίνῳ
    ὥρας ζ γγ[κτός]        10 ὡροσκόπος Διδύμοι(ς)
5 "Ηλιος Λέοντι                       ἐπ' ἀγαθῶι.
Σελήνη Κρόνο(ς) Σκορπίῳ

1. Jahr des Antoninus und des Verus, der Herren. 22. auf
den 23. Mesore, zur 7. Stunde der Nacht. Sonne im Löwen,
Mond und Saturn im Skorpion, Mars und Merkur in der
Jungfrau, Jupiter im Stier, Venus im Krebs. Horoskop in den
Zwillingen, Glück.

Zahlreiche Horoskope zeigen, wie beliebt das Horoskop-
stellen besonders in der Römerzeit ist. Den Griechen und
Römern ist die Astrologie ursprünglich fremd, doch faßt sie
von ihrem Ausgangspunkt Mesopotamien aus bereits während der hellenistischen Epoche in der ganzen Mittelmeerwelt Fuß. Unser vorliegendes Horoskop beschränkt sich auf
eine Glücksverheißung; das Schriftbild erweist, daß die gewünschte Konstellation der Gestirne zunächst niedergeschrieben (Z. 5 ff.), Datum und Stunde dagegen erst nachträglich eingefügt worden sind (Z. 1–4). Die Konstellation
trifft exakt auf den 16. August 161 n. Chr., 1 Uhr, zu und
zeigt damit die trotz gegensätzlicher Zwecke engen Verbin-
dungen zwischen Astrologie, Astronomie [s. u. Nr. 113] und
Mathematik.

Lit.: zu den Horoskopen s. O. Neugebauer – H.B. Van Hoesen,
Greek Horoscops, Philadelphia 1959; dieselben, Astrological
Papyri and Ostraca: Bibliographical Notes, PAPhS 108, 1964,
S. 57 ff., zur Konstellationsberechnung s. B. Tuckerman, Planetary,
Lunar and Solar Positions A. D. 2 to A. D. 1649, Philadelphia 1964;
s. ferner F. Cumont, L'Égypte des Astrologues, Brüssel 1937; H. G.
Gundel, Weltbild und Astrologie in den griechischen Zauberpapyren,
München 1968.

## 68

### Aus magischen Unterweisungen

PGM II 13 Z. 234–244          Theben(?). 3./4. Jahrh. n. Chr.

Ἔστιν οὖν πρώτη ἡ θαυ-
235 μάσιος ἀμαυρά. Λαβὼν ὠὸν ἱέρακος τὸ ἥμισυ αὐτοῦ χρύσω-
σον, τὸ δὲ ἄλλο ἥμισυ χρῖσον κινναβάρει. Τοῦτο φορῶν ἀθε-
ώρητος ἔσῃ ἐπιλέγων τὸ ὄνομα. Ἐπὶ δὲ ἀγωγῆς πρὸς τὸν
ἥλιον
εἰπὲ γ' τὸ ὄνομα· ἄγει γυναῖκα ἀνδρὶ
καὶ ἄνδρα γυναικὶ ὥστε θαυμάσει. Ἐάν τινα θέλῃς μὴ ῥικνῶσ-
240 αι πρὸς ἄνδρα γυναῖκα ἢ ἄνδρα πρὸς γυναῖκα, λαβὼν ἀνφ-
ώδευμα κυνὸς βάλε κα⟨τὰ⟩ τοῦ στροφέως τῆς θύρας αὐτῶν
εἰπὼν
τὸ ὄνομα γ', λέγων· 'διακόπτω τὸν δεῖνα ἀπὸ τοῦ δεῖνα.'
Ἐ⟨ὰ⟩ν δαιμονιζομένῳ
εἴπῃς τὸ ὄνομα προσάγων τῇ ῥινὶ αὐτοῦ θεῖον καὶ ἄσφαλτον,
εὐθέως
λαλήσει, καὶ ἀπελεύσεται.

Nach K. Preisendanz, Einl. zu PGM II 13, ist die Hand gleich der
von P. Holm. [s. u. Nr. 112], dessen Herkunftsangabe und Datierung daher für PGM II 13 übernommen wurden.

Das erste (Rezept) betrifft nun das wunderbare Unsichtbar-
(machen). Nimm ein Falkenei, vergolde seine eine Hälfte,
die andere Hälfte aber färbe mit Zinnober. Dieses trage (bei
Dir) und Du wirst unsichtbar sein, sobald du den Namen
dazu sagst. Für das Zuführen (eines Liebespartners) sage
den Namen dreimal zur Sonne hin. Er führt eine Frau dem
Manne und einen Mann der Frau zu, so daß Du Dich wun-
derst. Wenn Du (aber) willst, daß eine Frau nicht mit einem
Manne verkehre oder ein Mann mit einer Frau, (so) nimm
Kot eines Hundes und wirf ihn auf die Angeln ihrer Türe,
rufe den Namen dreimal und sage: Ich trenne N.N. von
N.N. Wenn Du einem, der von einem Dämon bessen ist, den
Namen sagst, an seine Nase Schwefel und Pech hälst, wird
er sofort reden und (dem Dämon) entrissen werden.

Die vier Rezepte sind aus sich selbst verständlich, sie stammen aus einem langen, zu näherer Betrachtung einladenden magischen Text. Über seinen Zweck kann man nur Vermutungen anstellen. Gute Ratschläge an ihre Kinder von Eltern hat es bestimmt zu allen Zeiten gegeben, und ein solcher Rat in Form eines schriftlichen Vermächtnisses könnte eine Anregung zu jenem Texte gewesen sein. Ein Verfasser schreibt an „sein Kind" (z.B. Z. 343) und hinterläßt ihm seine magischen Kenntnisse. Ein derartiger Vorgang – wohl von vornherein nicht an ein bestimmtes Kind, sondern an eine Kultgemeinde gerichtet – mag der Ursprung sein; der vorliegende Text verrät freilich bereits deutlich die literarische Überarbeitung, was das Äußere (Codex von ursprünglich 8 Doppelblättern; $15 \times 26,5$ cm; gut lesbare Buchschrift) bestätigt: der Papyrus enthält in zwei Fassungen hintereinandergeschrieben eine Sammlung von Zauberrezepten, verwoben mit einem religionsgeschichtlich bedeutsamen Schöpfungsbericht (Z. 697 κοσμοποιία genannt). Schon der Anfang betont den literarischen Charakter; der Text ist θεός, |² θεοί (Gott, Götter) überschrieben und beginnt |² βίβλος ἱερὰ ἐπικαλουμένη Μονὰς ἢ ᾽Ογδόη Μουσέως |⁴ περὶ τοῦ ὀνόματος τοῦ ἁγίου – „Heiliges Buch, genannt ‚die Monas' oder ‚Achtes (Buch) Moses' über den heiligen Namen". Bereits der Titel läßt spüren, aus welch mannigfachen Quellen insbesondere in dieser Zeit des Synkretismus die Magie hier wie anderwärts schöpft. Der jüdische Einfluß ist unübersehbar; im Text daneben besonders merklich sind das griechische und das ägyptische Erbe. Bedeutsamstes Mittel des Zaubers ist hier, wie im Titel bereits anklingt und unsere Rezepte gleichfalls zeigen, der heilige Name, nämlich der der obersten Gottheit. Seit alters gilt der Name religionsgeschichtlich als besonderer Kraftträger, er ist mit dem Benannten untrennbar verknüpft und oft sogar wesensgleich. Bezeichnend schildert das babylonische Schöpfungsepos Enuma Elisch: „Als droben die Himmel nicht genannt waren, |als unten die Erde keinen Namen hatte |... als noch kein Gott erschienen|, mit Namen nicht benannt, Geschick ihm nicht bestimmt war" (Z. 1f., 7f.). Selbst die Gottheit kann sich dem Willen dessen nicht entziehen, der ihren wahren, mit dem üblichen nicht identischen Namen kennt. Und hierin liegt das vorgebliche Machtmittel unserer Rezepte: Der Magier stellt sich, als kenne er den (freilich unwißbaren) Namen des höchsten Gottes, um so andere Götter und Dämonen zu schrecken und zu zwingen, oder er droht deren ihm bekannte wahre Namen zu nutzen. Auf wessen Namen der Schreiber hier abstellt, bleibt ungewiß, da der 1078 Zeilen umfassende Text zahlreiche heilige Namen und Zauberworte enthält. In der zweiten Fassung genannt (Z. 735 ff.) und hier vielleicht gemeint ist Ogdoas, der Gott, der alles anordnet und verwaltet (Z. 742 f. τὸ κυρίου | ὄνομα ὅ ἐστι ᾿Ογδοᾶς Θεὸς ὁ τὰ πάντα ἐπιτάσσων καὶ διοικῶν). Doch der Gedanke ist in diesem so stark jüdisch geprägten Text verwirrend, denn hinter diesem Namen verbirgt sich die Achtheit der vier ägyptischen Urgötterpaare und gleichzeitig ist der wahre Name des höchsten Gottes unsagbar und unwißbar. Rätsel um Rätsel stellt die Magie dem ihr Nachspürenden hemmend in seinen Weg.

*Lit.*: Enuma Elisch zitiert nach Quellen des Alten Orients, Die Schöpfungsmythen I, Einsiedeln, Zürich, Köln 1964, S. 134; zur Magie und Zauberei s. H.G. Gundel, Weltbild und Astrologie [s.o. bei Nr. 67]; Th. Hopfner, Griechisch-ägyptischer Offenbarungszauber I. Band (Stud. Pal. XXI), Leipzig 1921, Nd. Amsterdam 1974, II. Band (Stud. Pal. XXIII), Leipzig 1924; C. Zintzen, Pauly 5, Sp. 1460 ff. s.v. Zauberei, Zauberer; zum Namen s. H. Bonnet, Reallexikon [o. bei Nr. 56] S. 501 ff. s.v. Name; Th. Hopfner, aaO. I §§ 680 ff.; zu den Urgöttern s. H. Bonnet, aaO. Sp. 5 ff. s.v. Achtheit (falsche Verweisung s.v. Ogdoas); E. Hornung, Der Eine und die Vielen, Ägyptische Gottesvorstellungen, Darmstadt 1971, Index A. s.v. Achtheit, Index B s.v. Urgötter; S. Morenz, Ägyptische Religion, Stuttgart 1960, Index A 1 s.v. Achtheit.

## 69

### Offenbarungszauber

P. Warren 21 Recto Col. I Z. 23 – II 45      Herkunft unbekannt. 3. Jahrh. n. Chr.

κτλ. (2. Hd.) Φυλακτήρ(ιον)· σεληνόγ[ο]να γ̄ περιειλήσας φοροῦ [ἀ]ριστερῷ βραχ(ίονι).

Col. II ᾿Ελθέ μοι ὁ τῶν Θεῶν Θεός, ὁ ἐκ πυρὸς καὶ πνεύματος φανίς,

25 μόγ[ο]ς ὁ τὴν ἀλήθειαν ἔχων ἐπὶ τῆς κεφαλῆς, ὁ τὸ σκότος
     τέμνων,
   ὁ κύριος τῶν πνευμάτων. Λωϑ μουλωϑ πνουτ᾽ει εσιωϑ.
   Χαίροις κύριε λαμφουρη ιααω ιαα..β. Ταῦτα λέγε πολλάκις.
   Ἐὰν δὲ σοῦ διώκοντος βραδύνῃ τὸ φάσμα·
   ἄνυγε οὐρ[α]νέ, ἄνυγε ῎Ολυμπ{ι}ε, ἄνυγε ῎Αιδη, ἄνυγε
     ἄβυσσε· διασταλήτω
30 τὸ σκότος κατ᾽ ἐπιταγὴν θεοῦ ὑψίστου, καὶ προελθέτω τὸ
     ἱερὸν φῶς
   ἐκ τοῦ ἀπίρου εἰς τὴν ἄβυσσον.
   Ἐπὰν πάλιν βραδύνῃ, λέγε ἐκφωνῶν οὕτω πάλι⟨ν⟩ κατα-
     θύων τὸν παῖδα·
   αβρα α᾽ ο᾽ χια βαβρουϑι βιε βαραχε. Ὁ θεὸς, εἴσελθε κύριε,
   (auf dem Rand) χαῖρε ἱερὲ φῶς, χαῖρε ὀφθαλμὲ κόσμου, χαῖρε
     αὐγὴ ἔξω ἐπὶ κόσ[μ]ου,
35 καὶ χρημάτισόν μοι περὶ ὧν σε ἀξιῶ, καὶ ὃ θέλις πυνθάνου.
   ..᾽Απόλυσις. Ε[ὐ]χαριστῶ ὑμῖν ὅτι ἤλθατε κ[α]τ᾽ ἐπιταγὴν
     θεοῦ. ᾽Αξιῶ δὲ ὑμᾶς
   τηρῆσαί με ὑγιῆ, ἀθάμβητον, ἀνιδωλόπληκτον. Αθαθε
   αθαθαχθε αδων[α]ι. ᾽Αποκατάστητε εἰς τὰς ἀποιερώσις
     ὑμῶν.
   ᾽Επὶ φιάλης, εἰς ἣν βαλ[εῖς] ἐλαίου χρηστοῦ κοτ(ύλην) α᾽ καὶ
     θήσις ἐπὶ πλίνθου
40 καὶ γλύψ[ι]ς τοὺς χαλακ[τῆρ]ας τούτους εἰς μάγνητα τὸν
     πνέοντα·
   οἱ δὲ χαλ[α]κτῆρες οὗτοι π[οιο]ῦνται.
   Καὶ πῆξις τὸν λίθον ἐξ [ἀρ]ιστερῶν τῆς φιάλης ἔξωθεν καὶ
     συνπεριλαβὼν
   ταῖς δυσὶ χερσὶ δίωκε ὡς ὑπεδίχθη σοι. Βάλλε δὲ εἰς τὴν
     φιάλην. Βύθιζε
   χόριον κυνὸς καλουμένη⟨ς⟩ Λευκῆς κυνὸς λευκοῦ γεγενημένου
     ἢ ασκαιον χόρ(ιον).
45 — Εἰς δὲ τὸ στῆθος τοῦ παιδὸς γρ(άφε) ζ(μύ)ρ(νη) καρβαωθ.

28 φανίς l. φανείς    29 ἄνυγε l. ἄνοιγε    30 ἀπίρου l. ἀπείρου
34 ἱερὲ für ἱερόν    35 θέλις l. θέλεις    37 ἀνιδωλόπληκτον l.
ἀνειδωλόπληκτον    39 θήσις l. θήσεις    40 γλύψ[ι]ς l. γλύψεις;
χαλακ[τῆρ]ας l. χαρακτῆρας    41 χαλ[α]κτῆρες l. χαρακτῆρες
42 πῆξις l. πήξεις    43 ὑπεδίχθη l. ὑπεδείχθη    44 ασκαιον vgl.
σκαιός

(2. Hd.) *Schutzmittel:* 3 Päonien (Pfingstrosen) trage um den linken Arm gewickelt. „Es komme zu mir der Gott der Götter, die Offenbarung aus Feuer und Wind, der allein die Wahrheit im Haupt besitzt, der die Finsternis zerteilt, der Herr der Winde. (Zauberworte) Freude Dir, o Herr. (Zauberworte)" Dies sage oftmals. Wenn aber, obgleich Du fortfährst, die gespenstische Erscheinung zögert: „Öffne, Himmel; öffne, Olymp,; öffne, Hades; öffne, Abgrund; es teile sich die Finsternis gemäß dem Befehl des obersten Gottes und es dringe das heilige Licht aus dem Unendlichen in den Abgrund." Wenn sie wiederum zögert, sprich dies erneut laut, den Knaben beschwörend: „(Zauberworte) Gott, o Herr, komme; sei gegrüßt, heiliges Licht; sei gegrüßt, Auge des Weltalls; sei gegrüßt, Morgenglanz über dem All, und gib mir Bescheid über die Dinge, wegen der ich Dich bitte." und frage, was Du willst. *Entlassung:* „Ich danke Euch, daß Ihr kamt gemäß dem Befehl des Gottes. Ich bitte, daß Ihr mich unversehrt bewahrt, furchtlos, von Geistern ungeplagt. (Zauberworte) Begebt Euch zurück zu Euren heiligen Sitzen." *(Vollzug:)* Mittels einer Schale, in die Du 1 Kotyle guten Öles geben und (die) Du auf einen Ziegelstein stellen wirst. Und Du wirst diese (Zauber-)Zeichen in einen atmenden (d.h. magnetische Kräfte ausstrahlenden) Magnetstein ritzen; diese Zeichen aber werden gemacht (Z 51, auf dem unteren Rand: ⊳⋈ᗯ⦂⋌⊕⊹). Und Du wirst den Stein links außerhalb der Schale befestigen und mit beiden Händen umfassend fahre fort, wie es Dir gezeigt ward. Wirf aber (den Stein?) in die Schale. Tauche hinein die Nachgeburt einer Hündin, die „die Weiße" genannt wird, nachdem (ihr) ein weißer Welpe geboren worden ist, oder eine ... Nachgeburt. Aber auf die Brust des Knaben schreibe mit Myrrhe „Karbaoth".


Der Inhalt des Papyrus hat vor allem magischen Charakter, lediglich die erste Seite des Verso ist der Astrologie gewidmet. Allerdings verdanken wir diese Gewichtsverteilung einem antiken Leser, der das Erhaltene aus dem weiteren Zusammenhang gerissen und dabei offenbar entsprechend seinem Interesse Wert auf den Text des Recto gelegt hat. Dieser beginnt mit einem Liebeszauber und fährt fort mit dem hier wiedergegebenen Offenbarungszauber mit Schalenprophetie: der Beschwörende bedient sich einer Schale, gefüllt mit Öl und anderen Substanzen (hier mit einer Nachgeburt, der auch sonst zauberische Wirkung beigemessen wird); nach einigen magischen Handlungen erwartet er, selbst oder durch den assistierenden Knaben Erscheinungen auf der spiegelnden Schalenfüllung zu sehen. Mit der Beschreibung des Orakelvollzugs endet das Rezept, vorausgehen Angaben über die Behandlung der herbeigerufenen Götter. Zum eigenen Schutz bindet sich der Magier drei Pfingstrosen um den linken Arm; die Pflanze wird hier nicht mit ihrem üblichen Namen παιωνία benannt, sondern als „vom Mond gezeugt" (σεληνόγονον), was die mystische Verbindung der Paeonie zum Mond ausdrückt. Der Beschreibung des Schutzmittels folgen die Schilderung des Beschwörungszaubers und dann die der formgerechten Entlassung – der Umgang mit Göttern und Dämonen fordert Sorgfalt. Welche Gottheit beschworen wird, ist ungewiß. Die beigelegten Attribute und die vorgeschriebenen Zauberworte sind mehrdeutig, denkbar wären unter anderen die ägyptischen Götter Horus oder Toth, aber auch der jüdische Jahwe ('Ιαώ).

*Lit.:* zum Text s. Kommentar zu P. Warren 21; zur Päonie s. Th. Hopfner, Offenbarungszauber I [o. bei Nr. 68] §§ 495, 507.

# 70

## Frühchristliches Fieberamulett

P. Princ. III 159          Herkunft unbekannt. 3./4. Jahrh. n. Chr.

ʒαγουρ[η]παγουρη
αγουρηπαγουρ
γουρηπαγου
ουρηπαγο
5   υρηπαγ
ρηπα
ηπ
π

| | |
|---|---|
| κύριοι ἄγγελοι | Ihr (über uns) herrschenden |
| 10 καὶ ἀγαθὴ παύ- | und guten Engel er- |
| σαται [..]δ̣ιαν ὂν | löst den …dias, den |
| ἔτεκεν [Σ]οφία | Sophia geboren hat, |
| ἀπὸ τ[οῦ] ἀνέ- | von dem Fieber, |
| χοντος αὐτὸν | das ihn festhält. |
| 15 πυρετοῦ ἐν τῇ | |
| σήμερον ἡμέρᾳ | am heutigen Tage |
| ἐν τῇ ἄρτι ὥρᾳ | und zur jetzigen Stunde, |
| [ἤδη ἤ]δη τα- | rasch, rasch, |
| [χὺ τα]χύ. | schnell, schnell. |

8 Das Zeichen ist als Ligatur, gebildet aus den zwei Buchstaben der vorhergehenden Zeile, zu verstehen.
10 ἀγαθὴ l. ἀγαθοί; παύ-|σαται l. παύσατε

Selbst heute noch lassen sich viele Erscheinungen des Christentums auf heidnisches Brauchtum zurückführen, und es liegt auf der Hand, daß bereits die junge Religion gegenüber den Gebräuchen ihrer Umgebung allein die Wahl hat, die später in allen Ländern der Erde der missionierenden Kirche offensteht: Kampf oder angleichende Übernahme. Die junge Kirche wendet sich gegen die Amulette (φυλακτήρια); vergeblich, wie das vorliegende Blatt zeigt. Sein einziges christliches Element ist die Bitte an die Engel, im übrigen folgt es dem hergebrachten Schema. Es beginnt mit zwei nicht übersetzbaren heidnischen Zauberworten (ϡαγουρη und παγουρη), die in Form eines magischen Dreiecks auf Null verkürzt werden, ein als βοτροειδῶς (traubenförmig) bezeichnetes Muster. Auffällig ist, daß in derartigen Amuletten regelmäßig die Personen mit dem Namen der Mutter, nicht wie sonst üblich mit dem des Vaters, gekennzeichnet sind. Das kleine Blatt (14 × 6 cm) ist offenbar eng zusammengefaltet und vom Schutzflehenden am Hals getragen worden.

*Lit.*: A.C. Johnson, S.P. Goodrich, Kommentar zu P. Princ. III 159; s. ferner C. Bonner, Studies in Magical Amulets, chiefly Graeco-Egyptian, Ann Arbor 1950; O. Weinreich, Antike Heilungswunder. Untersuchungen zum Wunderglauben der Griechen und Römer, Gießen 1909, Nd. Berlin 1969; U. Wilcken, Heidnisches und Christliches aus Ägypten, APF 1, 1901, S. 396ff. (419ff.).

# 71

## Liebeszauber

PGM II 17a                    Herkunft unbekannt. 4. Jahrh. n. Chr.

Rechts des Textes zwei Zauberworte (Z. 13: αβλαναθαναλβα ακραμμαχαμαρι), 25zeilig in Eiform, sich von Zeile zu Zeile um je einen Buchstaben vermehrend bzw. verjüngend. Der Text beginnt mit zwei Zeilen magischer Zeichen und Zauberworten und fährt fort:

᾿Ανουβι, θεὲ ἐπίγε[ιε κ]αὶ ὑπόγειε καὶ οὐρ[ά]νιε,
κύον, κύον, κύο[ν, ἀ]νάλαβε σεαυτοῦ τὴν πᾶσαν
5 ἐξουσίαν καὶ πᾶσ[α]ν δύναμιν κατὰ τῆς Τιγηροῦ,
ἣν ἔτεκεν Σοφία· ⟨ἀ⟩νάπαυσον αὐτὴν τῆς ὑ-
περηφανείας καὶ τ[οῦ] λογισμοῦ καὶ τῆς
αἰσχύνης. ᾿Αξον δ[έ μ]οι αὐτὴν ὑπὸ
τοὺς ἐμοὺς πόδας [ἐρ]ωτικῇ ἐπι-
10 θυμίᾳ τηκομένην ἐν πάσαις
ὥραις ἡμεριναῖς καὶ νυκτερι-
ναῖς, ἀεί μου μιμνησκομένην
τρώγουσαν, πίνου[σα]ν, ἐργαζομέ-
νην, ὁμιλοῦσαν, κ[οι]μωμένην,
15 ἐνυπνιαζομένην, ὀνειρώττουσαν,
ἕως ἂν ὑπό σου μαστιζομένη ἔλθη
ποθοῦσά με, τὰς χεῖρας ἔχουσα πλήρεις,
μετὰ μεγαλοδώρου ψυχῆς καὶ χαριζομέ-
νη μοι ἑαυτὴν καὶ τὰ ἑαυτῆς [κ]αὶ ἐκτελοῦσα,
20 ἃ καθήκει γυναιξ[ὶν πρὸς ἄνδρ]ας, καὶ τῇ ἐμῇ
καὶ ἑαυτῆς ἐπιθυ[μίᾳ ὑπη]ρετουμένη ἀόκνω[ς]
καὶ ἀδυσωπήτως μηρὸν μηρῷ καὶ κοιλίαν κοιλίᾳ
κολλῶσα καὶ τὸ μέλαν αὐτῆς τῷ ἐμῷ μέλανι ἡδυτάτῳ.
Ναί, κύριε, ἄξον μοι τὴν Τιτηροῦν, ἣν ἔτεκεν Σοφία, ἐμοὶ τῷ
῾Ερμείᾳ, ὃν ἔτεκεν ῾Ερμιόνη,
25 ἤδη ἤδη, ταχὺ ταχύ, τῇ σῇ μάστιγι ἐλαυνομένην.

Anubis, Gott der Erde und der Unterwelt und des Himmels,
Hund, Hund, Hund, sammle deine ganze Macht und ganze
Kraft gegen Tigêrûs, der Sophia Tochter: endige ihren Hoch-
mut und ihre Vernunft und Schamhaftigkeit. Führ sie mir
her unter meine Füße, schmelzend in Liebesbegierde zu allen
Stunden von Tag und Nacht; immer denke sie an mich,
wenn sie ißt, trinkt, arbeitet, spricht, ruht, im Schlaf und
Traum liegt, bis sie von dir gepeitscht kommt, mich begeh-
rend, mit vollen Händen, mit reichspendender Natur, sich
und das ihrige mir schenkend und vollbringend, was
Frauen gegen Männer gebührt, und dienend meinem und
ihrem Liebesverlangen ohne Zögern und ohne Scham,
Schenkel an Schenkel, Leib an Leib pressend und ihr Schwarzes an mein Schwarzes, das höchste Wonne bringt. Ja, Herr,
führ mir her die Titêrûs, der Sophia Tochter, mir, dem Hermeias, Hermiones Sohn, jetzt jetzt, schnell schnell, von deiner Geißel gejagt. (Übersetzung K. Preisendanz, PGM.)

Zauberei und Magie, vor allem gerade Liebeszauber, sind in
der Antike allgemein verbreitet und dementsprechend durch
die Papyri und andere Schriftträger (aus magischen Gründen
ist Blei beliebt) reich belegt; sie haben ihren Weg sogar in
die Literatur gefunden (z. B. Vergil, Ekloge 8.64–109). Un-
übersehbar sind orientalische Einflüsse auf die magischen
Vorstellungen. Inhaltlich folgt man Zauberbüchern, weswegen sich immer wieder ähnliche oder die gleichen magischen Zeichen und Buchstabenspiele, Zauberworte und For-
meln finden wie etwa die Wendung „jetzt, jetzt, schnell,
schnell" (Z. 25), oder der Brauch, statt des Vatersnamen
den der Mutter zu nennen. Nach der Abfassung wird der
Text an einem seiner Wirkung dienlichen Platz, beispielsweise auf einem Friedhof, deponiert. Entsprechende uns geläufige Zauberzeichen und -worte sind der Drudenfuß (Penta-
gramm), das auf antike Buchstabenzauberei zurückgehende
„Abrakadabra" und das Zauberwort „Hokuspokus". Die
Anrede „Hund" (Z. 4) dankt Anubis seiner Darstellung als
Schakal oder als Menschengestalt mit Schakalskopf; diesem
aasfressenden Tier entsprechend ist er ein Totengott, und
hat seine Funktion bei der Einbalsamierung eines Toten.

Warum Hermeias gerade Anubis bemüht, bleibt uns verborgen; vielleicht hat seine Familie Beziehungen zu diesem Gott oder dieser genießt im Herkunftsort des Textes besondere Verehrung. Hermeias schildert seine Wünsche recht drastisch, immerhin klingt das Begehren ernstlich und mag der Mutter des Mädchens angenehmer sein als der folgende Zauber: „Mache, daß die Nike, Tochter der Apollonus, von Liebe ergriffen werde zu Pantus, Sohn der Tmesis, für fünf Monate" (SB III 6225, 1. Jahrh. n. Chr.)

*Lit.:* zu Magie und Zauberei s. F. Gifford, Liebeszauber, Stuttgart 1964; Th. Hopfner, Griechisch-Ägyptischer Offenbarungszauber [o. bei Nr. 68]; zu Anubis s. H. Kees bei H. Bonnet, Reallexikon [o. bei Nr. 56] S. 40 ff.

# V EHE, FAMILIE, PRIVATLEBEN

## 72

### Ehevertrag

P. Teb. I 104 (mit BL I)                    Tebtynis. 92. v. Chr.

(1. Hd.) (Ἔτους) κβ Μεχ(εὶρ) ια. Ὁμο(λογεῖ) Φίλισκο(ς) Ἀπολλω(νίου) Πέρσης τῆ[ς ἐπιγο(νῆς)] Ἀπολλωνίαι τ(ῆι) καὶ Κελλαύθε⟨ι⟩

Ἡρα(κλείδου) Περσ(ίνηι) μετὰ κυ(ρίου) τοῦ [ἀδελφοῦ] α[ὐτ(ῆς) Ἀ]πολ[λωνί]ου ἔχειν παρ' α(ὐτῆς) εἰς χα(λκοῦ) νομ(ίσματος) λό(γον) (τάλαντα) β καὶ (δραχμὰς) Δ

τὴν διωμο(λογημένην) αὐτῶι φερνὴ(ν) [ὑπ]ὲρ [αὐ]τῆ[ς] Ἀπ[ο]λλω(νίας), ἐὰν ε[...] τὴν φερνὴ(ν) .ανεκικ( )

οτολ( ).                    [Συ(γγραφοφύλαξ)] Διονύ(σιος).

5 (2. Hd.) Βασιλεύοντος Πτολεμαίου τοῦ [καὶ Ἀλεξ]άν[δρου θεοῦ Φι]λομήτορος ἔτους δευτέρου

καὶ εἰκοστοῦ ἐφ' [ἱε]ρ[έως Ἀλεξάνδρου κα]ὶ τῶ[ν] ἄλλ[ω]ν τῶν [γρ]αφομένων ἐν

Ἀλεξανδρείαι μηνὸς Ξανδικ[ο]ῦ ἑνδεκάτηι Μ[εχεὶ]ρ ἑνδεκάτηι

ἐν Κερκεοσίρει τῆς Πολέμωνος μερίδος τοῦ Ἀρ[σινοί]του νομοῦ. Ὁμολογεῖ

Φίλισκος Ἀπολλωνίο[υ] Π[έρσ]ης τῆς ἐπιγονῆς Ἀπολλωνίαι τῆι

10 καὶ Κελλαύθει Ἡρακλε[ίδου] Περσίνηι μετὰ κ[υρί]ου τοῦ ἑαυτῆς

⟨ἀ⟩δαλφοῦ Ἀπολλωνίου ἔ[χει]ν παρ' [α]ὑτῆς εἰς χαλκοῦ νομίσ-

ματος λόγον τάλαντα δύο καὶ δραχμὰς τετρακισχιλία[ς] τὴν διω-

μολογημένην αὐτῶι φερνὴν ὑπὲρ αὐτῆς Ἀπολλωνίας. [Ἔ]στω δὲ

Ἀπολλωνίαι π[α]ρὰ Φιλίσκωι πειθαρχοῦσα α[ὑ]τοῦ ὡς προσῆ[κό]ν ἐστιν

15 γυναῖκα ἀνδρός, κυρ⟨ι⟩εύουσα{ν} μετ' αὐτοῦ κοινῇ τῶν ὑπαρχόντων αὐτοῖς.

Τὰ δὲ [δ]έοντα π[ά]ντα καὶ τὸν [ἱμ]ατισμὸν καὶ τἆλλα ὅσα προσήκει γυναικὶ

γαμετῆι παρεχέσθω Φίλισκος Ἀπολλωνίαν ἐνδημῶν καὶ ἀποδημῶν

κατὰ δύναμιν τῶν ὑπαρχόντων αὐτοῖς, καὶ μὴ ἐξέστω Φιλίσκωι

γυναῖκα ἄλλην ἐπ[ει]σ[ά]γεσθαι ἐ[πὶ] τὴν Ἀπολλωνίαν μηδὲ παλλακὴν μηδὲ

20 π[αιδ]ικὸν ἔχειν μηδ[ὲ τεκνο]ποιεῖσθαι ἐξ ἄλλης γυναικὸς ζώσ[η]ς

Ἀπ[ο]λλωνίας μηδ' ἄλλην [οἰκία]ν οἰκεῖν ἧς οὐ κυριεύσει Ἀπολλωνίαι

μηδ' ἐγβάλλειν μηδὲ ὑβ[ρίζ]ε[ι]ν μηδὲ κακουχεῖν αὐτὴν μηδὲ τῶν ὑπαρ-

χόντων μηδὲν ἐξαλλοτ[ρ]ιοῦν ἐπ' ἀδικίαι τῆι Ἀπολλωνίαι. Ἐὰν δέ τι

τούτων ἐπιδειχθῇ ποιῶν ἢ τὰ δέοντα ἢ τὸν ἱματισμὸν ἢ τἆλλα

25 μὴ παρέχῃ αὐτῆι καθὰ γέγραπται ἀποτεισάτωι Φίλισκος Ἀπολλωνίαι

παραχρῆμα τὴν φερνὴν τὰ δύο τάλαντα καὶ τὰς τετρακισχιλίας δραχμάς

τοῦ χαλκοῦ. Κατὰ τὰ αὐτὰ δὲ μηδὲ Ἀπολλωνίαι ἐξέστω
ἀπόκοιτον μη[δὲ]

ἀφήμερον γίνεσθαι ἀπὸ τῆς Φιλίσκου οἰκίας ἄνευ τῆς Φιλίσκου
γνώ[μ]ης μηδ' ἄλλω[ι]

ἀνδρ[ὶ] συνεῖναι μηδὲ φθε[ί]ρειν τὸν κοινὸν οἶκον μηδὲ
αἰσχύνεσθ[αι]

80 Φιλίσκον ὅσα φέρει ἀνδρὶ αἰσχύνειν. Ἐὰν δὲ Ἀπολλωνία
ἑκοῦσα βούλη[ται]

ἀπαλλάσσεσθαι ἀπὸ Φιλίσκου ἀποδότω αὐτῆι Φίλισκος τὴν
φερνὴν ἀπ[λῆν]

ἐ[ν] ἡμέραις δέκα ἀφ' ἧς ἐὰ[ν ἀπ]αιτηθῆι. Ἐὰν δὲ μὴ ἀπ[ο]δῷ
καθὰ γέγραπ[ται]

[ἀπ]ο[τ]εισάτω αὐτῆι παραχρῆμα ἣν εἴληφεν ἡμι[όλ]ιον
τὴ[ν] φερνήν.

Μάρτυρες Διονύσιος Πάτρωνος Διονύσιος Ἑρμαίσκου Θέων
Πτολεμαίου

85 Δίδυμος Πτολεμαίου Διονύσιος Διονυσίου Ἡράκλειος Διο-
κλ[έους] ο[ἱ] ἐξ Μακεδόνες

τ[ῆ]ς ἐπιγονῆς. Συγγραφοφύλαξ Διονύσιος.

(3. Hd.) Φίλισκ[ος] Ἀπολλωνίου Πέρσης τῆς ἐπιγονῆς
ὁμολογῶ ἔχειν τὴν φερνὴν τὰ δύο τάλαντ[α]

κ[αὶ τὰς τε]τρακισχιλίας δραχμὰς τοῦ χαλκοῦ καθότι προγέ-
γραπται καὶ τέθειμαι [τὴν συγγρα]-

φὴν κυ[ρία]ν παρὰ Διο[νυ]σίωι. Ἔγραψεν ὑπὲρ αὐτοῦ
Διονύσιος Ἑρμαίσκ[ου]

40 [ὁ προγεγραμμένος διὰ τ]ὸ αὐτὸν μὴ ἐπίστασθ[αι γρά]μματα.

(4. Hd.) Διονύσιος ἔχω κυρίαν.

(1. Hd.) Ἔτους κβ Μεχεὶρ ια πέπ(τωκεν) εἰς ἀναγρ(αφήν).

Verso: Ἀπ[ολ]λωνίας [πρό]ς Φί[λ]ισκον
ὁμο(λογία) γάμου κεχ.[......]..κοιν.

45 Ἀπολλωνίας

| Φιλίσκου | Διονυσίου | Διονυσίο[υ] | Διδύμου |
| Ἀπολλωνίου | Θέωνος | Ἡρακλείους | Διονυσίου |

quer dazu am linken Rand ]... περιγισ( )

Text bis Z. 42 nach M. Chr. 285

11 ⟨ἀ⟩δαλφου l. ⟨ἀ⟩δελφοῦ   17 Ἀπολλωνίαν für Ἀπολλωνίαι
80 αἰσχύνειν l. αἰσχύνην   43 [πρὸ]ς oder [εἰ]ς, letzteres schlägt
U. Wilcken, APF 3, 1906, S. 389 vor.

(1. Hd.) Im 22. Jahre, am 11. Mecheir. Philiskos, Sohn des
Apollonios, Perserabkömmling, anerkennt gegenüber Apollonia, auch Kellauthis (genannt), Tochter des Herakleides,
Perserin, mit ihrem Bruder Apollonios als Geschlechtsvor-
mund, (erhalten) zu haben von ihr ausgedrückt in Kupfer-
währung 2 Talente und 4000 Drachmen als die ihm für diese
Apollonia zugesagte Mitgift, wenn … Urkundenverwahrer
(ist) Dionysios. (2. Hd.) Im zweiundzwanzigsten Jahre der
Herrschaft des Ptolemaios, auch Alexander genannt, des
Gottes Philometor, unter dem Priester des Alexander und
den anderen in Alexandria Eingetragenen, am Elften des
Monats Xandikos (gleich) elften Mecheir zu Kerkeosiris im
Polemon-Bezirk des Arsinoitischen Gaus. Es anerkennt Philiskos, Sohn des Apollonios, Perserabkömmling, gegenüber
der Apollonia, auch Kellauthis genannt, Tochter des Herakleides, Perserin, mit ihrem Bruder Apollonios als Geschlechtsvormund, (erhalten) zu haben von ihr ausgedrückt
in Kupferwährung zwei Talente und viertausend Drachmen
als die ihm für diese Apollonia zugesagte Mitgift. Apollonia
aber soll bei Philiskos wohnen, ihm gehorchen, wie es der
Ehefrau zukommt, und mit ihm gemeinsam über das ihnen
Gehörende verfügen. Den ganzen Lebensunterhalt und die
Kleidung und das Sonstige, was einer verheirateten Frau gebührt, soll Philiskos Apollonia zu Hause und in der Fremde
nach Maßgabe des ihnen Gehörenden gewähren und dem
Philiskos ist es untersagt, ein anderes Weib zur Apollonia
hinzu heimzuführen oder eine Kebse oder einen Knaben zu
haben oder mit einer anderen Frau Kinder zu zeugen bei
Lebzeiten der Apollonia oder in einem anderen Hause zu
wohnen, dessen Hausherrin nicht Apollonia ist, oder sie hin-
auszuwerfen, zu beleidigen oder schlecht zu behandeln oder
etwas vom Vermögen zum Nachteil der Apollonia zu veräu-
ßern. Wenn er aber überführt wird, davon etwas zu tun, oder
den Unterhalt, die Kleidung oder das Übrige ihr nicht ge-

währt gemäß dem Geschriebenen, soll Philiskos der Apollonia sofort die Mitgift – die zwei Talente und die viertausend Drachmen in Kupfer – zurückzahlen. In gleicher Weise soll es der Apollonia nicht erlaubt sein, sich bei Tag oder Nacht vom Hause des Philiskos zu entfernen ohne die Einwilligung des Philiskos, noch mit einem anderen Manne zusammen zu sein, noch das gemeinsame Heim zu verderben oder dem Philiskos auf die Weise Schande zu bereiten, wie es einem Ehemann Schande bringt. Wenn aber Apollonia sich freiwillig von Philiskos trennen will, soll Philiskos ihr die Mitgift im einfachen Wert zurückzahlen binnen zehn Tagen, ab jenem gerechnet, an dem sie (sie) fordert. Wenn er (sie) aber nicht zurückzahlen sollte entsprechend dem schriftlich Festgelegten, soll er ihr sofort die Mitgift, die er erhielt, anderthalbfach als Buße zahlen. Zeugen: Dionysios, Sohn des Patron; Dionysios, Sohn des Hermaiskos; Theon, Sohn des Ptolemaios; Didymos, Sohn des Ptolemaios; Dionysios, Sohn des Dionysios; Herakleios, Sohn des Diokles; diese sechs Makedonier von Abstammung. Urkundenverwahrer (ist) Dionysios. (3. Hd.) Ich, Philiskos, Sohn des Apollonios, Perserabkömmling, anerkenne, die Mitgift – die zwei Talente und viertausend Drachmen in Kupfer – zu haben, wie vorstehend geschrieben ist, und ich habe die maßgebliche Vertragsurkunde bei Dionysios deponiert. Für ihn schrieb der oben genannte Dionysios, Sohn des Hermaiskos, da jener der Schrift nicht kundig ist (4. Hd.) Ich, Dionysios, habe die maßgebliche (Vertragsurkunde). (1. Hd.) Im 22. Jahr, am 11. Mecheir eingereicht zur Registrierung. (Verso) Ehevertrag der Apollonia mit Philiskos ... (Partei-, Geschlechtsvormund- und Zeugenbeischriften).

Ihre Eheschließung ist für Apollonia und Philiskos der Anlaß, in einer umfangreichen Urkunde die beiderseitigen Rechte und Pflichten – nicht zuletzt vermögensrechtlicher Natur – schriftlich niederlegen zu lassen. Uns mag dieses ausführliche Dokument anregen, einen ersten Blick auf Urkundenwesen und Recht im griechisch-römischen Ägypten zu werfen. Weitere Gelegenheiten werden sich bieten, denn das eher spärliche, aber höchst wertvolle literarische Vermächt-

nis [s. u. Nr. 98], die religiösen und magie-bezogenen Belege
[s. o. Nr. 56 ff.] und einiges mehr bilden mengenmäßig nur
die Randbereiche der Papyrologie; die Masse des Papyrusmaterials setzt sich vor allem aus der Privatkorrespondenz,
den kaum überschaubaren Aktenbergen der Verwaltung
und eben zahlreichen Vertragsurkunden zusammen. Letztere
spiegeln nicht nur den geschäftlichen Alltag, sondern sind
Erkenntnisquellen für das Recht einer Zeit, in der es keine
Rechtswissenschaft gibt, sondern nur die allgemeine Rechts-
auffassung, und in der die Verordnungen der Obrigkeit zwar
gerne das Finanzaufkommen fördern, aber kaum das Privatrecht entwickeln. So bezeugen die Vertragsurkunden Rechtspraxis wie Rechtsentwicklung. Betrachten wir zunächst das
Urkundenformular, da das griechisch-römische Ägypten
verschiedene Formen kennt. Vor uns liegt eine Sechszeugen-
Doppelurkunde, wie sie besonders für die frühptolemäische
Zeit charakteristisch und zudem unmittelbar griechisches
Erbgut ist. Sie berichtet in objektivem Stil über Abschluß
und Inhalt eines – von der schriftlichen Niederlegung unabhängig geschlossenen – Vertrages und nennt die sechs Ge-
schäftszeugen. Zum Schutz vor Fälschungen wird die Urkunde bei einem Urkundenverwahrer (συγγραφοφύλαξ)
hinterlegt und außerdem zuvor zweifach auf dem gleichen
Blatte ausgefertigt. Das obere Exemplar („Innenschrift")
wird versiegelt und beweist im Streitfalle den wahren Wortlaut, stets einsehbar ist die nur lose um die Innenschrift ge-
wickelte untere Fassung („Außenschrift"). Wie auch unser
insoweit knapper und abkürzungsreicher Text zeigt, ver-
kümmert die Innenschrift bereits früh zu einem bloßen Auszug. Der Vertrag beginnt jeweils mit dem Datum, das sich
in der Innenschrift auf das Herrschaftsjahr beschränkt, aber
auch in der Außenschrift nicht voll ausgeschrieben ist; in der
Ptolemäerzeit wird gerne zusätzlich neben dem Herrscherjahr nach den jeweiligen Priestern Alexanders d. Gr. und einiger Ptolemäer-Herrscher datiert; der Schreiber unseres Textes hat auf die förmliche Nennung verzichtet zugunsten einer
unserem „usf. – und so fort" entsprechenden Angabe. Der
Datierung folgen die unten noch auf ihren materiell-recht-
lichen Gehalt hin zu betrachtenden Klauseln, die den Vertragsinhalt bestätigende „Unterschrift" (ὑπογραφή) des
Philiskos, der Empfangsvermerk des Urkundenhüters und
der Vermerk des Registerbeamten (der übrigens auch die In-

nenschrift nachgetragen hat), daß der Vertrag zur Registrierung beim Staatsnotariat (γραφεῖον) eingereicht (und registriert) sei. Auf der Rückseite stehen die Vertragsbezeichnung
und die Namen der Beteiligten, letztere im Genitiv, da sie
sich auf die Siegel beziehen und keine Unterschriften sind.
Der Vertragsinhalt zeigt, daß Mann und Frau einander gleich-
berechtigt gegenüberstehen, von dem lediglich formalen Er-
fordernis des Geschlechtsvormundes der Frau abgesehen.
Dies ist eine den gegenüber den klassischen Poleis veränder-
ten soziologischen Verhältnissen entsprechende Neuerung,
während die griechischen Urkunden sonst im wesentlichen
auf hergebrachten gemein-griechischen Rechtsgedanken
beruhen. Das Familienrecht aber spiegelt, daß die aus der
ganzen griechischen Welt nach Ägypten gezogenen Menschen
als Individuen gekommen sind, ledig aller Bindungen an den
Familienverband (οἶκος) der alten Polis, und daß sich in der
neuen Heimat derartige auf sakraler Grundlage patriarchal
oder genossenschaftlich verfaßte Hausverbände nicht mehr
gebildet haben. Damit werden die Verheiratung des Mädchens durch den Vater und feierliche Übertragungsakte,
wie etwa die Engye des attischen Rechts, überflüssig; es genügt die faktische Herstellung der ehelichen Gemeinschaft
durch die Eheleute. Die Papyri gestatten, die stetig zunehmende Lösung von den alten Formen zu verfolgen; in unserem Vertrag ist sie vollzogen. Entsprechend hat sich auch
das Ehegüterrecht gewandelt. Die attische Mitgift (προίξ)
ist ein letztlich den Kindern der Frau zugedachter Anteil am
großväterlichen Vermögen, eine Zuwendung der Frauen-
familie an die des Mannes. Die φερνή dagegen, wie man die
Mitgift überall dort bezeichnet, wo sie nicht mit dem Oikos-
system verknüpft ist, dient vor allem der Sicherstellung der
Frau, was sich nach manchen Eheverträgen in Strafzuschlä-
gen (und umgekehrt mitunter im Verlust des Rückzahlungs-
anspruchs) für den Fall einer verschuldeten Scheidung nieder-
schlägt. Auch im vorliegenden Vertrag klingt dies an; die
Herausgeber *B.P. Grenfell* und *A.S. Hunt* vermuten
dem entsprechend, daß nur infolge eines Versehens Z. 25 ff.
ein Bußzuschlag von der Hälfte des Phernewertes (ἡμιόλιον)
unerwähnt geblieben sei. Die Pherne besteht regelmäßig in
Geld und in persönlichen Gegenständen der Frau sowie
Hausgerät, nicht aber in Sklaven oder Grundeigentum, und
unterliegt grundsätzlich der Verfügungsgewalt des Ehe-

mannes, soweit nicht gemeinsame Verfügung darüber
(aber schwerlich, wie der Wortlaut von Z. 15 annehmen lassen könnte, zusätzlich über das Vermögen des Ehemannes)
vorbehalten wird. Für den Fall der Rückerstattung wird der
Gesamtwert der Pherne geschätzt (Vgl. Z. 11f. εἰς – – –
λόγον) und ist in Geld zurückzuzahlen. Die Eigenheit des
griechischen Rechts, rechtliche Bindungen nur aufgrund einer Verfügung anzuerkennen [s.u. Nr. 77], gibt der – noch
so geringen – Mitgift Bedeutung, zwar nicht für die Begründung der ehelichen Gemeinschaft, wohl aber der beiderseitigen Pflichten. Eine weitere Besonderheit berührt die die
Verfügungsgemeinschaft betreffende Klausel: Dem jeglicher
Rechtswissenschaft entbehrenden griechischen Recht fehlen
grundsätzlich abstrakte Begriffe, ein Rechtsverhältnis auszu-
drücken; es bleibt nur, in den Vertragsklauseln dessen Wir-
kungen zu beschreiben – hier etwa, einer Sache gemeinsam
Herr zu sein. Prüft man vor dem Hintergrund der hier zum
griechischen Recht gemachten Ausführungen die Vertragsklauseln, so wird man feststellen, daß der einfache Urkundenschreiber hier wie anderwärts ausgezeichnet und mindestens ebenso gut wie ein moderner „studierter" Jurist den
Interessen der Beteiligten durch anpassungsfähige Klauseln
gerecht zu werden versteht.

*Lit.:* Zur Sechszeugen-Doppelurkunde s. P.M. Meyer, Jur. Pap.
S. 101ff.; H.J. Wolff, Zur Geschichte der Sechszeugen-Doppelurkunde, Akten XIII. Intern. Pap. Kongr. München, 1974, S. 469ff.
zur Datierung s. J.Ijsevijn, De sacerdotibus sacerdotisque Alexan-
dri magni et Lagidarum eponymis, Brüssel 1961; H. Kaletsch,
LAW Sp. 3307ff. (3311f.) s.v. Zeitrechnung; U. Wilcken, Grundzüge S. LVIIff.; zur Bedeutung der „Unterschrift" (Hypographe)
s. M. Hässler, Die Bedeutung der Kyriaklausel in den Papyrusurkunden, Berlin 1960, S. 98ff.; zu Grapheion und Vertragsregistrierung s.u. bei Nr. 143; zum griechischen Ehe- und Ehegüterrecht s. G. Häge, Ehegüterrechtliche Verhältnisse in den griechischen Papyri Ägyptens bis Diokletian, Köln, Graz 1968; H.J.
Wolff, Written and Unwritten Marriages in Hellenistic and Post-
classical Roman Law, Haverford 1939; derselbe, Eherecht [o. bei
Nr. 43] S. 155ff.; derselbe, Die Grundlagen des griechischen Ehe-
rechts, TR 20, 1952, S. 1ff., 157ff.; derselbe, RE XXIII 1 Sp. 133ff.
s.v. προίξ; derselbe, Hellenistisches Privatrecht [o. bei Nr. 43]
S. 68ff.

## 73

## Hochzeitsanzeige

UPZ I 66                                    Memphis. 153 v. Chr.

Σαραπίων Πτολεμαίωι καὶ 'Απολλωνίωι 'τοῖς ἀδελφοῖς'
χαίρειν. Εἰ ἔρρωσθαι, ἔρρω-
μαι δὲ καὐτοί. Συγγέγραμμαι τῆι 'Εσπέρου θυγατρί, μέλλω
δὲ ἰσάγειν
ἐν τῷ Μεσορὴ μηνί. Καλῶς ποιήσεις ἀποστεῖλαί μοι ἡμίχουν
ἐλαίου. Γέγραφ' ἡμῖν, ἵνα εἰδῆται.
5 Παραγενομένου δὲ εἰς τὴν ἡμέραν,        Ἔρρωσο. (Ἔτους) κη
'Απολλώνιος.                              'Επεὶφ κ̄ᾱ.
Verso:
..ς            Πτολεμαίωι
........        'Απολλωνίωι

1 ἔρρωσθαι l. ἔρρωσθε    2 καὐτοί für καὐτός    3 ἡμίχουν l.
ἡμίχουν    4 ἡμῖν l. ὑμῖν; εἰδῆται l. εἰδῆτε    5 Παραγενομένου
– – – | 'Απολλώνιος für Παραγενοῦ – – – | 'Απολλώνιε; dieser
Satz ist nachgetragen worden, nachdem bereits Z. 5 rechts die
Grußformel geschrieben war.

Sarapion seinen Brüdern Ptolemaios und Apollonios Gruß.
Wenn es Euch gut geht, befinde auch ich mich wohl. Ich habe
mit der Tochter des Hesperos einen (Ehe)vertrag geschlossen; ich will sie im Monat Mesore heimführen. Du wirst gut
tun, mir einen halben Chus Öl zu schicken. Ich habe Euch
geschrieben, damit Ihr Bescheid wißt. Gehab Dich wohl.
28. Jahr, 21. Epiph. (Nachtrag:) Komm aber zum (Hoch-
zeits)tage, Apollonios! (Verso) An Ptolemaios und Apollonios

Entgegen dem gemäß unserem Sprachgebrauch durch den
Titel hervorgerufenen Eindruck liegt keine allgemeine Be-
kanntmachung, sondern eine Nachricht unter Brüdern vor
uns: Sarapion schreibt seinen Brüdern, daß er den Ehevertrag mit der Tochter des Hesperos geschlossen habe und daß
die feierliche Heimholung im Mesore, also in sieben Mona-

ten erfolgen solle. Der Fundzusammenhang verrät uns, daß mit dieser Hochzeit zugleich ein alter Streit unter Nachbarn begraben wird, in dessen Rahmen wohl einst Ptolemaios vor einer privaten Zwangsvollstreckung in das Asyl des Serapeions zu Memphis geflohen war [vgl. o. Nr. 39]. Inzwischen hat er sich dem Gott geweiht und darf offenbar den Tempelbezirk nicht verlassen, so daß Sarapion in einem Nachsatz nur den Apollonios zur Hochzeitsfeier einlädt; das gewünschte Öl – nach dem Sprachgebrauch ist Sesamöl gemeint – mag ein Geschenk dazu sein. Der lange Zeitraum zwischen Ehekontrakt und Heimführung berührt zunächst merkwürdig, und folglich hat der Herausgeber von UPZ I 66, *U. Wilcken*, in dem Text eine Verlobungsanzeige gesehen. Doch eine Verlobung, also das bindende Versprechen, eine Ehe einzugehen, ist dem griechischen Rechtskreis unbekannt und liegt somit auch hier nicht vor. In Deutschland sind wir inzwischen an den mitunter langen Zeitraum zwischen der standesamtlichen Trauung und der regelmäßig mit einer Feier verbundenen kirchlichen Hochzeit gewöhnt – ein Zwischenraum zwischen der eigentlichen Hochzeit und deren förmlicher Feier vermag uns daher nicht mehr zu überraschen.

*Lit.:* zum Textzusammenhang und zur Person des Ptolemaios s. L. Delekat, Katoche [o. bei Nr. 39] S. 83 ff.; zum griechischen Eherecht s.o. Nr. 72; zur Nichtexistenz der Verlobung im griechischen Rechtskreis s. J. v. Mammen, Zur Frage des Verlöbnisses im alten griechischen Recht, jur. Diss. Würzburg 1972.

## 74

## Einladung zu einem Hochzeitsessen

Oxy. III 524                                    Oxyrhynchos. 2. Jh. n. Chr.

Ἐρωτᾷ σε Διον[ύσ]ιο[ς δειπνῆ]-
σαι εἰς τοὺς γάμους τῶν τ[έκνων]
ἑαυτοῦ ἐν τῇ Ἰσχυρίω(νος) α[ὔριον],
ἥτις ἐστὶν λ, ἀπὸ ὥρας [θ].

Es lädt Dich ein Dionysios, zu speisen (mit ihm) anläßlich der Hochzeit seiner Kinder im (Hause) des Ischyrion morgen, das ist der 30., ab der 9. Stunde.

Einladungen zum Gastmahl – hier anläßlich einer Hochzeit – sind in ähnlicher Form zahlreich überliefert [vgl. o. Nr. 24 und 64]. Das Billett trägt keine Adresse, denn es wird wie die übrigen, gleichlautenden Einladungen durch einen Boten zugestellt, der die Empfänger anhand einer Adressenliste aufsucht. Die Festlichkeit beginnt, wie sich nach anderen Texten ergänzen läßt, zur neunten Stunde, also 3 Uhr nachmittags.

*Lit.:* Zum Einladungsstil s. U. Wilcken, Grundzüge S. 419; eine Sammlung von Einladungstexten bringt M. Vandoni, Feste [o. bei Nr. 24].

75

## Gratulation zur Hochzeit

BGU IV 1080          Herkunft unbekannt. 3. Jahrh. n. Chr.

'Ηρακλείδης 'Ηρᾷ υἱῷ χα[ί]ρειν.
Πρὸ τῶν ὅλων ἀσπάζομαί σε συνχαίρων
ἐπὶ τῇ ὑπαρχθείσῃ σοι ἀγαθῇ [ἐ]σευβεῖ καὶ
εὐτυχῆ [σ]υμβιώσι κατὰ τὰς κοινὰς ἡμῶν
5 εὐχὰς καὶ προσευχάς, ἐφ' αἷς οἱ θεοὶ τέλιον
ἐπακούσαντες παρέσχον. Καὶ ἡμεῖς δὲ ἀκοῇ
ἀπόντες ὡς παρόντες διαθέσι ηὐφράνθη-
μεν κατευχόμενοι ἐπὶ τοῖς μέλλουσι 'καὶ' ὅπως
γενόμενοι παρ' ὑμῖν συνάρωμεν δι-
10 πλῆν ε[ἱ]λαπίνην 'τε' τεθαλυῖαν. ⟦καὶ⟧ Καθὼς
οὖν ὁ ἀδελφός σου 'Αμμωνᾶς διείλεκταί μοι
περὶ ὑμῶν καὶ τῶν ὑμῶν πραγμά-
των, ὡς δέον ἐστίν, γενήσεται καὶ περὶ
τούτου θαρσῶν ἀμέλι καὶ σὺ δ[ὲ] σπούδασον
15 ἡμᾶς καταξιῶσαι τῶν ἵσ[ω]ν γραμμάτων καὶ περὶ ὧν βούλει, ἐπίστελλέ μοι
ἡδέως ἔχοντι καὶ εἴ σοι ἀβ[α]ρές ἐστιν
καὶ δυνα[τόν σ]υναπόστιλόν μοι σιππί-
ου τρυφεροῦ λίτρας δέκα γ(ίνονται) λί(τραι) ι καλῶς
20 κεχειρισμένας τῆς οὔσης παρὰ σοὶ τειμῆς, ἐν τούτῳ μηδὲν βλαπτόμε-
νος. Προσα[γ]όρευε ἀπ' ἐμοῦ πολλὰ
τήν σοι φιλτάτην σύνευνον, μεθ' ὧν
(2. Hd.) ἐρρῶσθαί σε καὶ εὐανθοῦντα
25 εὔχομαι, κύριέ μου υἱέ.
Verso: 'Οξυπώγων 'Ηρᾷ υἱῷ.

Text nach W. Chr. 478

3 ἐσευβεῖ l. εὐσεβεῖ      4 εὐτυχῆ l. εὐτυχεῖ      18 σιππίου = στιπ-
πίου

Herakleides seinem Sohne Heras Gruß. Vor allem grüße ich
Dich voll Mitfreude über Deinen guten, gottgefälligen und
glücklichen Ehestand, der Dir zuteil geworden ist nach unseren gemeinsamen Wünschen und Gebeten, denen die Götter Gehör und Erfüllung gewährten. Und wir haben uns
über die Kunde in der Ferne (ebenso) gefreut wie wenn wir
dem Augenblick beigewohnt (hätten). Dabei wünschen wir
(das Beste) für die Zukunft und daß wir, zu Euch gelangt,
ein zweifach „schwellendes Festmahl" veranstalten werden.
Wie nun Dein Bruder Ammonos mir über Euch und Euer
Ergehen erzählt hat – wie es soll, wird es geschehen und diesbezüglich sei getrost und ohne Kummer – und Du nun eile,
uns mit einem gleich (ausführlichen) Brief zu beehren und
wegen Deiner Wünsche trage mir auf, ich halte mich gern
(verfügbar). Und wenn es Dir keine Mühe bereitet und
möglich ist, so sende mir zugleich zehn Pfund weichen Wer-
ges, macht 10 Pfund, gut bearbeitetes zu dem bei Dir (d.h.
am Ort) geltenden Preise, ohne Dich dabei irgendwie zu be-
nachteiligen. Grüße von mir vielmals Deine trauteste Ge-
fährtin, womit (2. Hd.) ich Dir Gesundheit und blühendes
Gedeihen wünsche, o mein Herr Sohn. (Verso) Der Spitzbart dem Sohne Heras.

Launig gratuliert hier ein Vater seinem Sohne zur Hochzeit:
sich selbst nennt er in der Adresse bei seinem Spitznamen
„Spitzbart" und um das Essen beim ersehnten Wiedersehen
zu bezeichnen, bemüht er Homers „schwellendes Festmahl"
(Od. 11, 415). Auch die freundliche Mahnung, dem Berichte
des Bruders nun einen eigenen Brief folgen zu lassen, ist kein
vorwurfsvolles εἰδοὺ τρεῖς ἔπεμψά σοι | καὶ οὐδὲ μίαν μοι
ἔγραψας – „siehe, drei (Briefe) habe ich Dir gesandt und
nicht einen hast Du mir geschrieben" (P. Mich. III 217 Z. 8 f.),
sondern ein liebevoller Wunsch und ein Zeichen der Teilnahme. Der feine Stil und Ausdruck zeigen die Bildung des
Herakleides. Er gehört offenkundig den besseren Schichten
an und hat den Brief auch diktiert und nur die Schlußformel
eigenhändig geschrieben. Homer wird im griechisch-römischen Ägypten gerne gelesen und im Unterricht benutzt; er
steht mit der Zahl der Belege seiner Werke weit an der Spitze

aller durch die Papyri belegten Schriftsteller. Unser Brief bezeugt diese Beliebtheit und verrät damit, daß die Papyrusbriefe mitunter deutlich die geistigen Strömungen ihrer Zeit spiegeln.

*Lit.:* zur Literatur in den Papyri s. O. Montevecchi, La papirologia, S. 337 ff.

## 76

### Brief wegen Einstellung einer Amme

| | |
|---|---|
| P. Lond. III (S. 213) 951 Verso | Herkunft unbekannt. 3. Jahrh. |
| (s. a. Bl. IV) | n. Chr. |

Der Anfang des Papyrus ist abgebrochen

αὐτὴν [.......]ουτ.[.....]κης ἀποϑανούσης
κατέπλευσαν. Ἤκουσ[α] ὅ[τ]ι ϑηλάζειν αὐτὴν
ἀναγκάζεις. Εἰ ϑέλ[ει, τ]ὸ βρέφος ἐχέτω
τροφόν, ἐγὼ γὰρ οὐκ ἐπιτ[ρέ]πω τῇ ϑυγατρί μου
5 ϑηλάζειν. Ἀσπάζομαι πο[λ]λὰ τὴν γλυκυτάτην
μου ϑυ[γα]τέρα Ἀπολλωνί[α]ν κ[α]ὶ Εὐφροσίνην.
Ἀσπά[ζομ]αι Πίνναν. Ἀσπάζεται ὑμᾶς πο[λ]λὰ
ὁ ἀδελφ[ό]ς σου Βησᾶς καὶ Σύρος καὶ ἡ σύμ[βιος α]ὐτοῦ.
Πᾶν δὲ ποίησον, μετὰ τὰς Καλάνδας ἥκετ[α]ι ὡς
10 ἐγράψατε.
Verso: Ῥουφίνωι.

Text nach W. Chr. 483. 9 BL IV: μετὰ = ἅμα(?); ἥκεται l. ἥκετε

…Ich hörte, Du zwingest sie zum Stillen. Wenn sie will, soll der Säugling eine Amme haben; ich wünsche nämlich nicht, daß meine Tochter stillt! Ich grüße vielmals meine allersüßeste Tochter Apollonia und Euphrosyne. Ich grüße Pinna. Es grüßt Euch vielmals Dein Bruder Besas sowie Syros und seine Lebensgefährtin. Erledige alles, kommt nach dem Monatsanfang, wie ihr geschrieben habt. (Verso) Dem Rufinus.

Wo ein junges Paar ist, gibt es meist auch Schwiegereltern, die sich bei Gelegenheit melden. Nur mäßig entzückt wird der Schwiegersohn die oben wiedergegebene Anweisung lesen, bezeichnenderweise vermutet *U. Wilcken* (Grundzüge S. 418) in dem Schreiber der Zeilen die Schwiegermutter! Da ein kluger Schwiegersohn gerade mit dieser ein gutes Einvernehmen wünscht, wird sich der Empfänger beeilt haben, eine Amme anzuwerben. Verträge mit Ammen sind mehrfach überliefert; ihre Klauseln zum Verhalten der Amme sind ein interessantes Abbild der ärztlichen Kenntnisse und Vermutungen jener Zeit [vgl. u. Nr. 77].

*Lit.:* zum Ammenwesen s. W. Braams, Zur Geschichte des Ammenwesens im klassischen Altertum, Jena 1913; G. Herzog-Hauser, RE XVII 2 Sp. 1491 ff. s. v. Nutrix; Th. Hopfner, RAC I 381 ff. s. v. Amme; W. Schubart, Die Amme im alten Alexandrien, Jahrb. für Kinderheilkunde 70, 1909, S. 82 ff.; K. Sudhoff, Ärztliches aus den griechischen Papyrusurkunden, Leipzig 1909; zum Ammenvertrag (rechtlich) s. B. Adams, Paramoné und verwandte Texte. Studien zum Dienstvertrag im Rechte der Papyri, Berlin 1964 S. 146 ff.; J. Hengstl, Private Arbeitsverhältnisse freier Personen in den hellenistischen Papyri bis Diokletian, Bonn 1972, S. 61 ff.

77

**Ammenvertrag**

BGU IV 1106          Abusir el-Melek. Februar/März 13 v. Chr.

(1. Hd.) [Πρωτάρχω]ι τῶι ἐπὶ τοῦ κριτηρίου
(2. Hd.) [παρὰ] Μάρκου Αἰμιλίου Μάρκου Καλλιδία κ[αὶ παρὰ]
    Θ[εοδ]ότης τῆς Δωσιθέου Περσεί[ν]ης με[τὰ κυρίου]
    κ[αὶ ἐ]γγύου τῶν κατὰ τήνδε τὴν συνχώ[ρησιν]
5  σημαινομένων τοῦ ἀνδρὸς Σώφρονος [τοῦ]
    [....]...άρχου ⟦Σώφρονος⟧ Πέρ[σ]ου τῆ[ς ἐπι-]
    [γονῆς.] Περὶ τῶν διεσταμένων [συγχωρεῖ ἡ Θεο-]
    δότη ἐπὶ χρόνον μῆνας δέκα [ὀκτὼ ἀπὸ Φα-]
    μενὼθ τοῦ ἐνεστῶτος ιϛ ⟨⟨ἔτους⟩⟩ Καί[σαρος τρο-]
10 [φεύσειν καὶ θηλάσειν ἔξω] παρ' ἐατῆ [κατὰ πόλιν]
    [τῷ ἰδίῳ αὐτῆς γάλακτι καθαρῷ καὶ ἀφθόρῳ]
    [ὃ ἐνκεχείρικεν αὐτῇ ὁ Μᾶρκος ἀναίρετον]
    [δουλικὸν παιδίον ἐατοῦ ὑποτίθιον Τύχην]
    [λαμβάνουσα παρ' αὐ]τοῦ κατὰ μ[ῆνα ἕκαστον]

15 [μισθὸν τοῦ τε γάλακτος καὶ τῆς τροφήας σὺν]
[ἐλαίῳ ἀργυρίου (δραχμὰς) η, ἀπέσχηκεν δὲ ἡ Θεο-]
[δότη] δι' ἐγγύου [τ]οῦ Σ[ώ]φρονος παρὰ τοῦ Μ[άρκου]
[διὰ χειρὸς ἐ]ξ οἴκου εἰς τοὺς προκιμένους μῆν[ας δέκα]
[ὀκτὼ τ]ροφῆα μηνῶν ἐννέα τὰς συναγο[μένας]
20 [δραχμὰ]ς ἑβδομήκοντα δύο, καὶ ἐὰν συνβῇ ἐντὸς [τού-]
[των] παθῖν τι ἀνθρώπινον τὸ παιδίον, τῆ[ν Θεο-]
[δότην ἀ]νελομένην ἕτερον παιδίον τρο[φεύσειν]
[καὶ θηλ]άσειν καὶ παραστήσειν τῷ Μάρκ[ῳ ἐπὶ]
[τῶν] ἴσων μηνῶν ἐννέα μηδὲν τὸ καθόλου λα-
25 [βοῦσ]α διὰ τὸ ἀθάνατον αὐτὴν ἐπιδεδέχθαι τρ[ο-]
[φεύει]ν, εὐτακτουμένην αὐτὴν τοῖς λο[ιποῖς]
[κατ]ὰ μῆνα τροφήοις ποιεῖσθαι τήν τε ἑατῆς
[καὶ] τοῦ παιδίου προσήκουσαν ἐπιμέλησαν μὴ
[φθίρουσ]αν τὸ γάλα μηδ' ἀνδροκοιτοῦσαν μηδ' ἐπ[ι-]
30 [κ]ύουσαν μηδ' ἕτερον παραθηλάζουσαν παιδίον, ἅ τε ἐὰν λάβῃ ἢ πιστευθῇ σῶα συντηρήσιν
καὶ ἀποδώσειν ὅταν ἀπαιτῆται ἢ ἐκτίσειν τὴν
ἑκάστου ἀξίαν πλὴν συνφανοῦς ἀπωλήας, ἧς καὶ
φανερᾶς γενηθείσ[ης ἀ]πολελύσθω, καὶ μὴ ἐγλείπ[ειν]
35 τὴν τρ[ο]φῆαν ἐντὸς τοῦ [χ]ρόνου· ἐ[ὰν δ]έ τι παραβαί-
νῃ, εἶναι αὐτήν τε καὶ τὸν Σώφρον[α ἀ]γωγίμους
καὶ συνέχεσθαι μέχρει τοῦ ἐκτε[ῖσ]αι ἅ τε εἴληφεν τ[ρο]φῆα καὶ ἃ ἐὰν λάβ[ῃ] σὺν ἡμ[ι]ολίᾳ καὶ τὰ
βλάβη καὶ δαπανήματα καὶ ἄλλας ἀργυ(ρίου) (δραχμας) τ τῆς
40 πρᾶξ[ε]ως γινομένης ἔκ τε ἀμφοτέρων ὄντω[ν]
ἀλληλενγύων εἰς ἔκτισιν καὶ ἐξ ἑνὸς καὶ ἐξ οὗ ἐ[ὰν]
αὐτῶν αἱρῆται καὶ ἐκ τῶν ὑπαρχόντων αὐτοῖς
πάντων καθάπερ ἐγ δίκης ἀκύρ[ω]ν οὐσῶν καὶ
ὧν ἐ[ὰν ἐ]πενέγκωσιν πίστεων πασ[ῶ]ν σκέπ[ης]
45 πάσης, ἕκαστα δὲ αὐτῆς ἐπιτελούσης κα[ὶ τ]ὸν
[Μᾶρκο]ν Αἰμίλιον χορηγεῖν αὐτῇ τὰ κατὰ μῆ[να]
τροφῆα ἐπὶ τοὺς λοιποὺς μῆνας ἐννέα καὶ μὴ [ἀ-]
ποσπάσιν τὸ παιδίον ἐντὸς τοῦ χρόνου ἢ κα[ὶ αὐ-]
τὸν ἐκτίνιν τὸ ἴσον ἐπίτιμον, παραβαλε[ῖ δὲ]
50 ἡ Θεοδότη πρὸς τὸν Μᾶρκον τοῦ μηνὸς τρὶς
ἑκοῦσα καὶ τὸ παιδίον πρὸς τὸ ἐπιθεωρεῖσθαι
ὑπ' αὐτοῦ.

Datum fehlt.

Unten in großer, steifer Schrift, der Urkunde entgegengesetzt gerichtet: BEBA̤I̤[...

(2. Hd.) Θεοδότη Δωσιθέου

55 κ(αὶ) ἀνὴ(ρ) Σώφρων δουλικοῦ παιδίο(υ) Τύχη(ς) μη(νῶν) ιη
ὣγ ἀπέσχη(κεν)

(δραχμὰς) η μη(νῶν) ϛ̄ ἐν τῇ πόλει.

Von dem Vertrag sind zwei fragmentarische Ausfertigungen und ein Entwurf gefunden worden, welche zusammen die Wiederherstellung des Textes ermöglicht haben. Die Inhaltsangabe (Z. 54ff.) steht nur am obersten Rand der einen Ausfertigung.
2 Καλλιδία l. Κλαυδία    10 ἐατῇ l. ἑαυτῇ, entsprechend 18, 27
15 τροφήας l. τροφείας, entsprechend 19, 27, 35, 38, 47    21
παθῖν l. παθεῖν    28 ἐπιμέλην l. ἐπιμέλειαν    33 ἀπολήας l.
ἀπολείας    47 [ἀ-]|ποσπάσιν l. ἀποσπάσειν    49 ἐκτίνιν l.
ἐκτίνειν    50 τρὶς oder δὶς    51 ἐκοῦσα anstatt ἄγουσα

An Protarchos, den „Gerichtspräsidenten" von Marcus Aemilius, Sohn des Marcus, aus der claudischen *tribus* und von Theodote, Tochter des Dositheos, Perserin, mit ihrem Ehemann Sophron, Sohn des ...archos, Perserabkömmling, als Geschlechtsvormund und Bürge für die gemäß dieser Vereinbarung bezeichneten (Bedingungen). Bezüglich des Vereinbarten räumt die Theodote ein, für achtzehn Monate ab Phamenoth des gegenwärtigen 17. Jahres des Caesar werde sie nähren und stillen außerhalb (der Wohnung des Marcus) bei sich in der Stadt mit ihrer eigenen und unverdorbenen Milch den Säugling Tyche, welchen ihr Marcus als sein Sklaven-Findelkind ausgehändigt hat. Sie erhält von ihm pro Monat als Entgelt für Milch und Verpflegung sowie Öl 8 Drachmen. Die Theodote aber hat erhalten durch den Bürgen Sophron von Marcus bar (lit.: durch die Hand aus der Hauskasse) hinsichtlich der vorgenannten achtzehn Monate als Ammenlohn für neun Monate zusammen zweiundsiebzig Drachmen und falls innerhalb dieser (neun Monate) das Kind stirbt (lit.: es etwas Menschliches erleidet), wird die Theodote ein anderes (Findel)kind aufnehmen und ebendieses neun Monate lang nähren und stillen und (danach) dem Marcus abliefern, gänzlich ohne Lohn zu nehmen, da sie das Kind als „unsterbliches" zu nähren unternommen hat. Und indem sie die restlichen monatlichen Ammenlöhne erhält, wird sie die für sie und das Kind angemessene Sorgfalt aufwenden, wobei sie weder die Milch verdirbt noch Geschlechtsverkehr hat noch schwanger wird, oder daneben ein (anderes) Kind stillt; was immer sie empfangen oder ihr anvertraut wird, wird sie sicher verwahren und zurückgeben, wann man es zurückfordern wird, oder den Wert eines jeden Gegenstandes zahlen, ausgenommen offenkundigen Verschleiß, wofür sie nach Beweislegung entlastet sein soll. Und mit der Ernährung darf sie während der ganzen Zeit nicht aufhören. Falls sie gegen etwas (von dem Vereinbarten) verstößt, sollen sie selbst und Sophron abführbar sein und festzuhalten bis zur Zahlung der empfangenen Ammenlöhne und der, die sie noch erhalten wird, samt eines Zuschlages in Höhe des halben Wertes und der Schäden und Aufwendungen und weiterer 300 Silberdrachmen. Dabei erfolgt die Vollstreckung sowohl in die Person beider als gegenseitige Bürgen für die Zahlung wie in die eines (von ihnen) und (zwar) in den, der gerade ausgewählt wird, und in ihr ganzes Vermögen gemäß (den Regeln eines) Gerichtsverfahrens, wobei unwirksam sein (soll), was immer sie vorbringen an Schutzbriefen jeder Art. Wenn sie aber alles verrichtet, zahlt auch Marcus Aemilius ihr den monatlichen Ammenlohn für die restlichen neun Monate und wird ihr innerhalb der (Vertrags)zeit das Kind nicht wegnehmen oder selbst die gleiche Buße zahlen. Die Theodote wird zu Marcus dreimal (?) im Monat zusammen mit dem Kind kommen, damit es von ihm inspiziert werde. Gewähr... . (Inhaltsangabe) Theodote, Tochter des Dositheos, und (ihr) Ehemann Sophron wegen des Sklavenkindes Tyche, wegen 18 Monaten, wovon sie erhalten hat (je) 8 Drachmen für 9 Monate, in der Stadt.

Diese aus Alexandria stammende Urkunde ist mit anderen bereits in der Antike in das Landesinnere gelangt und so vor dem Vermodern bewahrt worden. Ausführlich legen darin der Römer Marcus Aemilius und die Amme Theodote (vgl. CPJ. II 146) die Bedingungen fest, unter denen Theodote 18 Monate als Amme tätig sein wird. Diese Ausführlichkeit ist nicht unsinnig, denn Theodote hat das Kind bei sich und ist, von den gelegentlichen Inspektionen abgesehen, der Aufsicht des Marcus entzogen; zumindest teilweise aber, insbesondere bei den umfangreichen Strafklauseln am Ende, wird die eingehende Fassung auf einer örtlichen Übung beruhen – lokaler Brauch spielt bei der Urkundenstilisierung merklich eine Rolle, die bislang jedoch noch nicht untersucht worden ist. Die Verwendung einer Amme ist in der Antike nicht unumstritten; Ärzte und Philosophen empfehlen immer wieder, daß die Mütter selbst stillen. Letztlich ist dies eine Kostenfrage, und dementsprechend wird in Ägypten eine Amme vorwiegend nur dann angeworben, wenn sie benötigt wird, weil die Mutter nicht stillen kann, oder für ein angenommenes Findelkind, falls keine stillfähige Frau im Haus verfügbar ist. Tatsächlich betrifft die Mehrzahl der erhaltenen Ammenverträge Findelkinder, worin sich zugleich die in der Antike allgemein verbreitete Sitte der Aussetzung unerwünschter Kinder spiegelt. Das angenommene Kind wird faktisch (aber nicht rechtlich, vgl. BGU VII §§ 41 und 107 – doch wird sich niemand zu seinen Gunsten verwenden) Sklave des Finders. Im vorliegenden Fall ist allerdings die Annahme des Findelkindes nicht unmittelbar der Anlaß zum Vertragsschluß, sondern die Amme wird gewechselt: Auf einer der Vertragsausfertigungen sind Reste einer Ammenvertragsaufhebung zwischen Marcus Aemilius und einer anderen Frau zu erkennen, und dies erklärt auch die gegenüber den üblichen zwei Jahren kürzere Vertragsdauer von 18 Monaten. Bemerkenswert ist die besondere Garantie (ἀθάνατος-Klausel), welche Theodote für die vorausbezahlte Zeit übernimmt: stirbt die Tyche währenddessen, muß Theodote ein anderes Kind besorgen und es über einen der vorausbezahlten Pflegezeit entsprechenden Zeitraum ohne neuerliche Bezahlung aufziehen – verständlich ist, daß diese Abrede nur bei der Pflege von Findelkindern anzutreffen ist.

Der ausführliche Vertrag gibt Anlaß zu einem Blick auf das griechische Vertragsrecht, welches den Hintergrund für die Klauseln dieser Urkunde und der unten noch folgenden Verträge bildet und sie erklärt. Wir sind gewohnt, Leistungen

durch eine schlichte Abrede verbindlich zu vereinbaren;
lediglich die Form kann kraft Vereinbarung oder durch Ge-
setz vorgeschrieben sein, etwa die Eheschließung unter gleich-
zeitiger persönlicher Anwesenheit vor dem Standesbeamten.
Anders das griechische Recht, welches gleich den übrigen
antiken Rechten (mit Ausnahme des entwickelten römischen)
die Pflicht zu einer Leistung nicht kennt. Auf die Vertrags-
erfüllung wirken vielmehr nur die Folgen des Vertrags-
bruches hin, welche in unserem Vertrag die Vollstreckungs-
(Praxis-)Klausel recht drastisch, zugleich aber auf Lohn-
rückzahlung nebst Bußen und Schadensersatz beschränkend,
schildert: Für den Fall, daß er die Vereinbarung nicht erfüllt, unterwirft sich der Vertragschließende dem Zugriff des
Vertragspartners; er haftet diesem mit seiner Person und
seinem Vermögen, und um dem zu entgehen, erfüllt man eben
lieber den Vertrag. Aber auch diese Haftungsunterwerfung
ist nicht durch eine einfache Zusage möglich; die Rechtsver-
bindlichkeit setzt vielmehr einen realen Vorgang voraus –
herrschendes Denkmodell hierfür ist die Theorie der „Zweck-
verfügung": Darnach liegt dem griechischen Vertragsrecht
die Vorstellung eines vergeltenden Zugriffs wegen eines
rechtswidrigen Eingriffs in die Rechtssphäre des Vollstrek-
kenden zugrunde. Dieser Eingriff liegt in der Vereitelung des
Zwecks einer Verfügung, obwohl der Zweck bei der Vor-
nahme der Verfügung übereinstimmend festgestellt und ge-
billigt worden ist. Der Vertragsschluß erschöpft sich demnach in der Zweckbestimmung und der Verfügung, und diesem Bild entspricht unser Vertrag. Verfügt worden ist über
den Säugling, Marcus Aemilius hat ihn nämlich der Theodote ausgehändigt, und hieran knüpfen auch sprachlich die
Vertragsbedingungen, die den Verfügungszweck – nämlich
Säuglingspflege gegen Entgelt – bestimmen. Diese Konstruk-
tion ist auch den weiteren hier wiedergegebenen Verträgen
zu entnehmen; eine Ausnahme bildet der Barkauf, der sich
im Austausch von Ware gegen Geld erschöpft. Es versteht
sich, daß diese kurze Skizze zu den Grundlagen des griechischen Vertragsrechts deren Problematik nicht erschöpfend
darstellt, insbesondere auf die noch keineswegs vollständig
erhellte Rolle der Praxisklausel kann hier nicht näher eingegangen werden. Abgeschlossen sei die rechtliche Erörte-
rung mit einer Bemerkung zur Urkundenform. Es handelt
sich um eine für Alexandria typische gerichtsnotarielle Ur-

kunde, die Synchoresis. Diese hat sich aus dem Prozeß-
anerkenntnis entwickelt, welches als gemeinsame Eingabe
beider Prozeßparteien – der das Anerkenntnis abgebenden
und der es annehmenden – erfolgte. Die Form ist ersichtlich
geblieben, lediglich die in der Adresse genannte Gerichts-
person hat sich vom Richter zum Urkundsbeamten entwickelt.

*Lit.*: zu Ammenwesen und -verträgen s. o. bei Nr. 76; zur Kindesaussetzung s. J. Bieżuńska-Małowist, Die Expositio von Kindern als
Quelle der Sklavenbeschaffung im griechisch-römischen Ägypten;
Jb. f. Wirtschaftsgeschichte 1971/II S. 129 ff.; R. Tolles, Untersu-
chungen zur Kindesaussetzung bei den Griechen, phil. Diss. Breslau
1941; zur Synchoresis s. P. M. Meyer, Jur. Pap. S. 92 f.; H. J. Wolff,
Justizwesen [o. bei Nr. 41] S. 79 ff.; zur Rechtsstellung von Findelkindern s. P. M. Meyer, aaO. S. 329; zum griechischen Vertragsrecht grundlegend s. H. J. Wolff, Die Grundlagen des griechischen
Vertragsrechts, ZRG 74, 1957, S. 26 ff. (abgedruckt bei E. Bernecker
[Herausg.], Zur griechischen Rechtsgeschichte, Darmstadt 1968,
S. 483 ff.); zuletzt J. Herrmann, Verfügungsermächtigungen als Ge-
staltungselemente verschiedener griechischer Geschäftstypen, Symposion 1971. Vorträge zur griechischen und hellenistischen Rechtsgeschichte, in Gemeinschaft mit J. Modrzejewski und D. Nörr
herausg. von H. J. Wolff, Köln-Wien 1975, S. 231 ff.; zur Gegen-
meinung (sogen. Prinzip der notwendigen Entgeltlichkeit) s. E.
Seidl, Ptolemäische Rechtsgeschichte [o. bei Nr. 3] S. 114 f.; zur
Praxisklausel grundlegend H. J. Wolff, Die Praxisklausel in Papy-
rusverträgen, Beiträge [o. bei Nr. 43] S. 102 ff. (= TAPhA 72, 1942,
S. 418 ff.); zuletzt H. Meyer-Laurin, Zur Entstehung und Bedeutung
der καθάπερ ἐκ δίκης-Klausel in den griechischen Papyri Ägyptens, Symposion S. 189 ff.; zu den Strafklauseln s. A. Berger, Die
Strafklauseln in den Papyrusurkunden. Ein Beitrag zum gräko-
ägyptischen Obligationsrecht, Leipzig 1911, Nd. Aalen 1965; zur
ἀγώγιμος-Klausel s. F. v. Woess, Die ἀγώγιμος-Klausel und die
Πέρσαι τῆς ἐπιγονῆς, ZRG 42, 1921, S. 176 ff.; zur gegenseitigen
Bürgschaft s. E. Cantarella, La fideiussione reciproca („ἀλληλεγ-
γύη" e „mutuo fideiussio"). Contributo allo studio delle obliga-
zioni solidali, Milano 1965; H. W. van Soest, De civielrechtelijke
ἐγγύη (garantieoverenkomst) in de griekse Papyri uit het ptole-
maische Tijdvak, Leiden 1963 (beide mit Rez. von H. J. Wolff,
ZRG 84, 1967, S. 487 ff. bzw. 81, 1964, S. 349 ff.); zu Schutzbriefen
s. W. Schmitz, Ἡ πίστις [o. bei Nr. 52], zur σκέπη s. M. Piatowska,
A propos de la σκέπη dans l'Égypte ptolémaïque, Eos 54, 1964,
S. 239 ff.

## 78

## Erbvertrag unter Eheleuten

P. Eleph. 2            Elephantine. 285/4 v. Chr.

Βασιλεύοντος Πτολεμαίου (ἔτους) μ μηνὸς Γορπιαίου ἐφ'
ἱερέως Μενελάου τοῦ Λαάγου. Συγγρα-
φὴ καὶ ὁμολογία. Τάδε διέθετο Διονύσιος Τημνίτης Καλλίσται
Τημνίτει τῆι αὐτοῦ γυναι-
κί. Ἐὰν δέ τι πάσχηι Διονύσιος, καταλείπειν τὰ ὑπάρχοντα
αὐτοῦ πάντα Καλλίσται καὶ κυρίαν
εἶναι τῶν ὑπαρχόντων πάντων μέχρι ἂν ζῆι. Ἐὰν δέ τι
πάσχηι Καλλίστα Διονυσίου ζῶντος,
5 κύριον εἶναι Διονύσιον τῶν ὑπαρχόντων. Ἐὰν δέ τι πάσχηι
Διονύσιος καταλειπέτω τὰ ὑπάρχοντα
πᾶσιν τοῖς υἱοῖς τοῖς αὐτοῦ, κατὰ ταὐτὰ δὲ καὶ Καλλίστα ἐάν
τι πάσχηι, καταλειπέτω τὰ ὑ-
πάρχοντα πᾶσι τοῖς υἱοῖς πλὴν τῶν μερῶν, ὧν ἂν λαμβάνωσι
παρὰ Διονυσίου καὶ Καλλίστας ἐργαζό-
μενοι Βάκχιος Ἡρακλείδης Μητρόδωρος τοῦ πατρὸς ζῶντος
καὶ τῆς μητρός. Γημάντων δὲ καὶ κα-
ταχωρισθέντων Βακχίου Ἡρακλείδου Μητροδώρου ἔστω τὰ
ὑπάρχοντα τὰ Διονυσίου καὶ Καλλίσ-
10 τας κοινὰ πάντων τῶν υἱῶν· ἐὰν δέ τι ἐξαπορῶνται ἢ χρέος
ὀφείλωσιν Διονύσιος ἢ Καλλίστα ζῶντες
τρεφέτωσαν αὐτοὺς οἱ υἱεῖς πάντες κοινῆι καὶ συναποτινέ-
τωσαν τὰ χρέα πάντες. Ἐὰν δέ τις αὐτῶν
μὴ θέληι ἢ τραφεῖν ἢ συναποτίνειν ἢ μὴ συνθάπτωσιν,
ἀποτεισάτω ἀργυρίου δραχμὰς χιλίας
καὶ ἡ πρᾶξις ἔστω ἐκ τοῦ ἀτακτοῦντος καὶ μὴ ποιοῦντος κατὰ
τὰ γεγραμμένα. Ἐὰν δὲ
καταλείπωσιν Διονύσιος ἢ Καλλίστα χρέος τι, ἐξέστω τοῖς
υἱοῖς μὴ ἐμβατεύειν, ἐὰμ μὴ βούλων-
15 ται τελευτήσαντος Διονυσίου καὶ Καλλίστας. Ἡ δὲ συγγραφὴ
ἥδε κυρία ἔστω πάντηι πάντως,
ὅπου ἂν ἐπιφέρηται ὡς ἐκεῖ τοῦ συναλλάγματος γεγενημένου.
Τὴν δὲ συγγραφὴν ἑκόντες ἔθεν-

το παρά συγγραφοφύλακα ῾Ηράκλειτον. Μάρτυρες· Πολυκρά-
της ᾽Αρκάς, ᾽Ανδροσθένης Κῶιος,
Νουμήνιος Κρής, Σιμωνίδης Μαρωνίτης, Λύσις Ηράκλειτος
Τημνῖται.

Es folgt die fast vollkommen identische Außenschrift. Auf dem
Verso sind die Namen und Siegel des Ehepaares, seiner drei
Söhne und der sechs Zeugen erhalten.

Im 40. Jahr der Königsherrschaft des Ptolemaios, im Monat
Gorpiaios, zur Zeit des Priesters Menelaos, Sohn des Lagos.
Vertrag und Anerkenntnis. Dieses verfügt Dionysios aus
Temnos von Todes wegen seiner Frau Kallista aus Temnos.
Wenn aber Dionysios stirbt, soll sein ganzes Vermögen
Kallista hinterlassen sein, und sie soll Herrin sein über das
ganze Vermögen, solange sie lebt. Wenn aber Kallista zu
Lebzeiten des Dionysios stirbt, soll Dionysios Herr des Vermögens sein. Wenn dann aber Dionysios stirbt, wird das
Vermögen allen seinen Söhnen hinterlassen sein; demgemäß
wird das Vermögen, wenn Kallista verstirbt, allen Söhnen
zufallen außer jenen Teilen, die Bakchios, Herakleides und
Metrodoros zu Vaters und Mutters Lebzeiten als Mitarbei-
tende (im elterlichen Betrieb?) von Dionysios und Kallista erhalten. Wenn aber Bakchios, Herakleides und Metrodoros
heiraten und eingeschrieben werden, dann soll das Vermögen
des Dionysios und der Kallista allen Söhnen gemeinschaftlich
zufallen. Wenn jedoch Dionysios oder Kallista zu Lebzeiten in
Not sein oder Schulden haben sollten, sollen alle Söhne gemeinsam sie ernähren und alle Schulden bezahlen. Wenn aber
einer von ihnen (sie) weder beköstigen noch (die Schulden)
mitzahlen oder (die Eltern) nicht gemeinschaftlich bestatten
will, soll er tausend Silberdrachmen als Buße zahlen, und die
Vollstreckung soll gegen den vorgenommenen werden, der
vertragswidrig und nicht nach dem Geschriebenen handelt.
Wenn aber Dionysios oder Kallista irgendeine Schuld hinterlassen, sei es den Söhnen erlaubt, die Erbschaft nicht anzu-
nehmen, wenn sie nicht wollen, nachdem Dionysios und Kallista gestorben sind. Dieser Vertrag soll in jeder Hinsicht voll
maßgeblich sein, wo auch immer er vorgelegt wird, wie wenn

dort die Vereinbarung getroffen worden wäre. Sie haben den Vertrag aus freien Stücken bei dem Urkundenhüter Herakleitos hinterlegt. Zeugen: Polykrates, Arkadier; Androsthenes, Koer; Numenios, Kreter; Simonides, Maronite; Lysis (und) Herakleitos, Temniten.

Gemäß der vorliegenden Urkunde haben Dionysios und seine Frau Kallista einander gegenseitig als Erben eingesetzt, ihre drei Söhne sollen zu gleichen Teilen Erben des Letztverstorbenen sein. Ein im Rahmen der Mitarbeit im elterlichen Betrieb gewährter Voraus ist auf den Erbteil des Bedachten nicht anzurechnen. Eine vorweggenommene Erbfolge ist für den Fall vorgesehen, daß die Söhne heiraten und eingeschrieben werden. Die Eltern werden dann ihr Vermögen vorzeitig den Söhnen übergeben und sich auf das Altenteil zurückziehen; die Formulierung läßt allerdings ungewiß, ob dies erst anläßlich der Eheschließung des letzten Sohnes oder bereits des ersten geschehen soll oder ob jeweils der Heiratende versorgt wird (welche Bedeutung der Eintragung zukommt, ist nicht festzustellen: Bürgerschafts-[Demen-]Register gibt es außerhalb der griechischen Poleis nicht, und dafür, daß die Söhne als Militärsiedler in eine militärische Stammrolle einzutragen sind, fehlt jeglicher Hinweis). Als Gegenleistung obliegt den Söhnen, ihre Eltern zu ernähren und deren Schulden zu begleichen, falls jene in Not geraten. Wer sich hieran oder an den Aufwendungen für das Begräbnis der Eltern nicht beteiligt, soll eine Buße von 1000 Silberdrachmen bezahlen und der Vollstreckung ausgesetzt sein. Stellt sich beim Tode der Eltern deren Verschuldung heraus, so dürfen die Söhne die Erbschaft ausschlagen, um eine eigene Haftung zu vermeiden. Ein Ausschlagungsrecht der Kinder ist im griechischen Rechtskreis nicht überall anerkannt worden, und so ist für unseren frühen Papyrus nicht ganz zu entscheiden, ob jene Klausel lediglich ein anerkanntes Recht zur Ausschlagung wiedergibt oder dieses erst begründet. Für die erste Möglichkeit sprechen folgende Erwägungen: Die Funktion des Erbrechts war ursprünglich, den Fortbestand des Familienverbandes (οἶκος) als sakrale und wirtschaftliche Einheit in der griechischen Polis [s. o. Nr. 72] vermögensmäßig zu sichern. Diesem Zweck entsprechend

stand das Erbrecht in erster Linie den ehelichen oder adop-
tierten Söhnen zu, danach den weiteren Verwandten, und
schloß eine letztwillige Regelung der Oikosnachfolge grundsätzlich aus; der Erblasser war (von der Möglichkeit der
Adoption abgesehen) auf Teilungsanordnungen beschränkt,
die den Ursprung des Testaments (διαθήκη) bilden. Die Beschränkung der Testierfreiheit entfiel mit dem Verschwinden
des Oikossystems und letztere tritt uns in der Erbeinsetzung
der Ehefrau in unserem Text bereits vollkommen ausgebildet
entgegen; umgekehrt darf man daher annehmen, daß auch
das Ausschlagungsrecht nunmehr allgemein anerkannt ist.
Der trotz seines Umfangs nicht immer ganz zweifelsfrei abgefaßte Vertrag endet mit der Kyria-Klausel sowie der Angabe des Urkundenverwahrers und der Zeugen. Die Kyria-
Klausel, die in vielen Verträgen des griechisch-römischen
Ägypten erscheint und deren Wortlaut als für die Parteien
maßgeblich, d.h. unangreifbar, bezeichnet, ist ein zur Floskel
verblaßtes Relikt der altgriechischen Urkundspraxis. Dort
sollte sie das vereinbarte Zugriffsrecht an einem anderen Ort
als dem des Vertragsschlusses gegen das Leugnen ihrer Voraussetzungen sichern; in Ägypten jedoch mit seinem letzten
Endes insgesamt von einem Herrscher getragenen Justiz-
system ist sie gegenstandslos. Die Söhne nehmen an dem
Vertragsschluß nicht unmittelbar teil; sie bekunden lediglich
ihre Zustimmung durch Beisiegeln, während ihre Haftung
erst durch den Antritt des Erbes begründet wird. Die Datierung des Vertrages zeigt, daß Ptolemaios I. seine „Dienstzeit"
als Satrap Ägyptens auf seine Herrschaftsjahre anrechnet.
Zusätzlich ist die Urkunde – wie in der Ptolemäerzeit üblich – nach einem eponymen Priester datiert, dem des von
Ptolemaios I. begründeten Alexanderkultes; dieses Amt hat
hier der Bruder des Ptolemaios inne. Die Einleitung des als
6-Zeugen-Syngraphophylax-Urkunde [s. o. Nr. 72] abgefaßten Vertrages ist der Testamentsformel τάδε διέθετο κτλ.
entnommen. Sprachlich überrascht das überflüssige δέ im
folgenden Satze (Z. 3). Offensichtlich hat sich der Schreiber
an das Testamentsformular gehalten und zwar die beim
Erbvertrag unpassenden Worte εἴη μέν μοι ὑγιαίνοντι τῶν
ἐμαυτοῦ κύριον εἶναι, ἐὰν δὲ κτλ. – „möge es mir beschieden sein, in guter Gesundheit Herr meines Eigentums zu sein,
wenn aber ..." weggelassen, das sich hierauf beziehende δέ
dann aber versehentlich nicht gestrichen.

*Lit.:* zum Text s. H. Kreller, Erbrechtliche Untersuchungen aufgrund der graeco-aegyptischen Papyrusurkunden, Leipzig–Berlin 1919, Nd. Aalen 1970, passim; L. Mitteis, Einl. zu M. Chr. 311; zum Erbrecht s. H. Kreller, aaO.; H. J. Wolff, LAW Sp. 2516 ff. (2524 f.) s. v. Recht I; derselbe, Privatrecht [o. bei Nr. 43], S. 72 ff.; zur Kyria-Klausel s. M. Hässler, Kyria-Klausel [o. bei Nr. 72] S. 1 ff., 74 ff.; H. J. Wolff, Rechtswirksamkeit [o. bei Nr. 40] S. 596 ff.

# 79

## Ehescheidungsvertrag

P. Kron. 52 Tebtynis. 30. August 138 n. Chr.

Ἀντίγρα(φον) ὁμολογείας. (Ἔτους) β Ἀντωνείνου Καίσαρος
 τοῦ κυρίου
μηνὸς Σεβαστοῦ β ἐν Τεβτύνι τῆς Πολέμ[ω]νος μερίδο(ς)
τοῦ Ἀρσινοίτου νομοῦ. Ὁμολογοῦσιν ἀλλήλοις
Κρονίων Κρονίων[ο]ς (ὡς ἐτῶν) νδ οὐλ(ὴ) πήχι ἀριστερῶι
5 καὶ ἡ γεγαμένη αὐτοῦ γυνή, οὖσα δὲ καὶ ὁμοπάτριο(ς)
καὶ ὁμομήτριος ἀδελφή, Ταορσενοῦφις (ὡς ἐτῶν) ν ἄσημ(ος),
αὐτὴ [δ]ὲ μετὰ κυρίου τοῦ ἀμφοτέρων πατρὸς
Κρονίωνος τοῦ Χεῶτος (ὡς ἐτῶν) [ο]ς οὐλ(ὴ) χειρὶ δεξ(ιᾶ)
σ[υν]ῆρσθαι τὴν πρὸς [ἀ]λλή[λους συμβί]ωσιν
10 ἥτις αὐτοῖς συνηστήκει ἀγράφως κ(αὶ) ἐ[ξ]εῖναι
ἑκατέρου αὐτῶν τὰ καθ᾽ ἑαυτ[ὸ]ν ο[ἰκ]ονομῖν
ὡς ἐὰν αἱρῆται, τῇ δὲ Ταορσενοῦφι σὺν ἑτέρωι
ἀνδρὶ συμβιοῖν ἀσυκοφαντήτωι οὔσῃ κατὰ πάντα τρόπον· ὃν δὲ προφέρον[τ]αι [πά]ντες οἱ προ-
15 γεγραμμένοι τὸν Κρονίωνα ἀπενεγκάμενο(ν)
τῆς ἀδελφῆς Ταορσενούφεως κόσμον τὸν χρυσίου μναιειαίου ἑνὸς καὶ τεταρτῶν δέκα καὶ ἀσήμ(ου)
ὁλκῆς στατήρων εἴκοσι ὀκτὼι καὶ ἐξ[α]ργυρίσαντα
εἰς τὸ ἴδιον ἐπάναγκον τὸν ὁμολογοῦντα Κρονίω(να)
20 ἀποδώσ[ι]ν τῇ ἀδελφῇ Ταορσενο(ύφει) ἐν τοῖς ἴσ[ο]ις κοσμαρί-
 οις

ἐν ἡμέραις ἑξήκοντα ἀπὸ τῆς ἐνεστώσης ἡμέρας, γεινο-
μένης αὐτῇ Ταορσενο(ύφει) τῆς πράξεω(ς) ἐκ τοῦ ἀδελφοῦ
[Κρο]νίω(νος) καὶ ἐκ τῶν ὑπαρχόντων αὐτῶι πάντων· περὶ δὲ
τῶν ἄλλων εἰς τὴν συμβίωσιν ἀνηκόντων μὴ ἐπε-
25 λεύσασθαι ἐπ' ἀλλήλους περὶ μηδεμίαν παρεύρεσιν,
τὸν δὲ Κρονίω(να) ἐπὶ τὴν Ταορσενο(ῦφιν) μηδὲ περὶ ὧν
ἑωνήσατο
καθ' ὁνδήπ[ο]τε τρόπον διὰ τὸ τὴν τούτων τιμὴν αὐτὴν
ἐξ ἰδίων διαφόρων ἐξωδιακέναι, ἀλ[λ]ὰ μηδὲ περὶ ἄλλου
μηδενὸς ἁπλῶς πράγ[μ]ατος ἐνγράπτου μηδὲ ἀγράφου
80 μέχρι τῆς ἐνεστώσης [ἡ]μέρας. Γέγονε δὲ αὐτοῖς ἐξ ἀλλήλω(ν)
υἱοὶ Σασῶπις καὶ Πακῆβκις καὶ θυγ(άτηρ) Τεφορσάειν.

2 Τεβτύνι ]. Τεβτύνει   4 πήχι ]. πήχει   11 ἑκατέρου für
ἑκατέρῳ; ο[ἰκ]ονομῖν ]. οἰκονομεῖν   18 συμβιοῖν ]. συμβιοῦν
18 ὀκτὼι ]. ὀκτῶ   20 ἀποδώσ[ι]ν ]. ἀποδώσειν   24 ἐπελεύσασ-
θαι ]. ἐπελεύσεσθαι   80 Γέγονε für Γεγόνασιν   81 Τεφορσάειν
für Τεφορσάις

Abschrift der Vereinbarung. Im 2. Jahr des Antoninus Caesar, des Herrn, am 2. des Monats Sebastos in Tebtynis im
Bezirk Polemon im Arsinoitischen Gau. Es anerkennen einander Kronion, Sohn des Kronion, 54 Jahre alt, eine Narbe am
linken Unterarm, und seine einstige Frau, die von väterlicher wie mütterlicher Seite seine Schwester ist, nämlich
Taorsenuphis, 50 Jahre alt, ohne besonderes Kennzeichen,
sie selbst mit ihrer beider Vater Kronion, Sohn des Cheos,
76 Jahre alt, eine Narbe an der rechten Hand, als Geschlechtsvormund, das gemeinschaftliche eheliche Zusammenleben
aufgelöst zu haben, das zwischen ihnen ohne schriftlichen
Vertrag vereinbart war. Einem jeden von ihnen soll es erlaubt
sein, das Seine zu verwalten, wie er es für zweckmäßig hält;
Taorsenuphis aber soll es gestattet sein, mit einem andern
Mann zusammenzuleben, ohne sich Anschuldigungen irgend-
welcher Art auszusetzen. Alle die Vorgenannten erklären,
daß Kronion den Schmuck seiner Schwester Taorsenuphis,
den er empfangen hat und der aus einer Mine und 10 Te-
tarten Gold und aus Gold von 28 Stateren Gewicht ohne Ge-
wichtsstempel besteht und den er für den Eigenbedarf frei-

willig verkauft hat, daß nämlich der anerkennende Kronion dies seiner Schwester Taorsenuphis in gleichartigen Schmuckstücken zurückgeben wird binnen 60 Tagen vom heutigen Tag an gerechnet. Taorsenuphis selbst soll die Vollstreckung zustehen gegen ihren Bruder Kronion und aus seinem ganzen Vermögen. Wegen der anderen Dinge, die sich auf die Ehe beziehen, sollen sie unter keinem Vorwand gegeneinander klagen, Kronion vor allem nicht gegen Taorsenuphis über die Dinge, die sie auf irgendeine Weise gekauft hat, und zwar deswegen, weil sie den Betrag hierfür aus eigenen Mitteln ausgegeben hat; aber auch nicht wegen irgendeiner anderen Angelegenheit, ohne Ausnahme, sei sie schriftlicher oder schriftloser Art, bis zum heutigen Tage. Ihnen aber wurden die Söhne Sasopis und Pakebkis und die Tochter Tephorsais geboren.

Dieser Abschrift eines Ehescheidungsvertrages liegt ein Formular zugrunde, das im Arsinoitischen Gau über einen längeren Zeitraum hinweg – mindestens von 113 bis 177 n. Chr. – gebräuchlich gewesen ist. Es ist uns durch eine Reihe von Scheidungsverträgen überliefert, deren gesamte Klauseln teils wörtlich, teils wenig verändert übereinstimmen. Bis zur Einschränkung der Scheidung durch Konstantin im 4. Jahrhundert können Ehepaare sich jederzeit trennen: wenn die Papyri, soweit sie hellenistisches Recht betreffen, bislang keinen konkreten Fall von Ehebruch oder Konkubinat belegen, so spiegelt dies nicht etwa eine ungewöhnliche Stabilität der ehelichen Bindung, sondern im Gegenteil die Schwäche und bequeme Lösbarkeit der Ehe. Die Scheidungsurkunden dienen nur zum Beweis der Trennung und vor allem dafür, daß die Rückzahlung der Mitgift geregelt ist. So auch in unserem Fall, wo die Pherne [s. o. Nr. 72] aus wertvollem Goldschmuck der Frau besteht. Daß Taorsenuphis ihn nicht sofort mitnehmen kann, erklärt sich aus der Funktion der Mitgift, dem ehelichen Haushalt zu dienen, wobei der Mann im Rahmen seiner Sachherrschaft und Verfügungsgewalt frei darüber verfügen kann, wie es Kronion auch getan hat (s. Z. 18). Kronion hat daher den Schmuck in gleichwertigen Stücken nicht sofort, sondern erst binnen 60

Tagen zurückzugeben. Da er weiter zur Rückgewähr verpflichtet ist, unterwirft er sich der Vollstreckung. Die übrigen
Teile unseres Scheidungsvertrages sind im wesentlichen formaler Natur; den geschiedenen Eheleuten wird zugestanden,
was sie nach der Eheauflösung ohnehin dürfen: ihr Vermögen verwalten, wie es ihnen beliebt, und sich wieder verheiraten. Die später folgende Klageverzichtsklausel (Z. 23 ff.)
soll jegliches gerichtliches Nachspiel verhindern, ausgenommen wegen der Rückzahlung der Mitgift. Das in seiner Ausführlichkeit einzig dastehende Scheidungsformular ist das
Produkt einer erfahrenen Notariatskanzlei, die allerdings
aus lauter Vorsicht auch Überflüssiges aufgenommen hat,
etwa das Recht auf Wiederverheiratung der Frau. Kronion
und Taorsenuphis haben in Geschwisterehe gelebt; eine Erscheinung, deren Ursprung noch nicht voll aufgeklärt ist.
Bei den Griechen des Mutterlandes waren Ehen zwischen
Vollgeschwistern nicht erlaubt, wohl aber solche zwischen
Halbgeschwistern. Die Regelungen waren nicht einheitlich –
verboten war die Ehe bald unter Stiefgeschwistern von der
Mutterseite (wie in Athen), bald von der Vaterseite (wie in
Sparta), und die Einschränkungen mögen einander dann im
hellenistischen Ägypten aufgehoben haben. Die Gründe für
die Geschwisterehe bleiben letztlich im Dunkel. Vor allem
maßgeblich dürften ökonomisch-finanzielle Erwägungen
sein: die Geschwisterehe hält das Familienvermögen zusammen.

*Lit.:* zu Ehescheidung und Scheidungsverträgen s. W. Erdmann,
Die Ehescheidung im Rechte der graeco-aegyptischen Papyri,
ZRG 61, 1941, S. 44 ff.; A. Merklein, Das Ehescheidungsrecht nach
den Papyri der byzantinischen Zeit, jur. Diss. Erlangen–Nürnberg 1967; R. Taubenschlag, Law [o. bei Nr. 46], S. 121 ff.; G.
Häge, Ehegüterrechtliche Verhältnisse [o. bei Nr. 72], S. 75, 157 ff.,
160 f.; zur Geschwisterehe s. J. Modrzejewski, Die Geschwisterehe in der hellenistischen Praxis und nach römischem Recht, ZRG
81, 1964, S. 52 ff.; H. Thierfelder, Die Geschwisterehe im hellenistisch-römischen Ägypten, Münster 1960.

80

## Abrechnung über Haushaltsausgaben

UPZ II 158 A Col. I–III Z. 17,   Herkunft  unbekannt.  3.  Jahrh.
V und VI                          v. Chr.

### Col. I

| | | | |
|---|---|---|---|
| Μεσορὴ λ. ⟦Δ[ι]ονυσίωι⟧ | | 30. Mesore. ⟦Dem Dionysios.⟧ | |
| ’Αφ’ ὧν ἀνήνεγκα Διονυ- | | Von den 4 Drachmen, von de- | |
| σίωι | | nen ich berichtet habe, daß ich | |
| νεωτέρωι δεδωκὼς εἰς ἀ- | | sie Dionysios dem Jüngeren für | |
| νήλωμα ι’ δ, ἔστι τὸ | | Ausgaben gegeben habe, ist | |
| 5 ἀνηλωμένον εἰς τὸ καθ’ ἡ- | | ausgegeben worden für die täg- | |
| μέραν: ’Επεὶφ | | lichen Bedürfnisse: im Epiph | |
| λ̄ ἄρτοι | cν | am 30. Brote | ½ ¼ Ob. |
| ὄψον | –c | Zukost | 1½ Ob. |

### Col. II

| | | | |
|---|---|---|---|
| ξύλα | cν | Holz | ½ ¼ Ob. |
| 10 ..(?) | = c∕ſ. | ...(?) | 2½ Ob., |
| | | macht | 3 Ob. |
| Μεσορὴ | | Mesore | |
| ᾱ ἄρτοι | –ν | am 1. Brote | 1¼ Ob. |
| τάριχος | – | Pökelfische | 1 Ob. |
| ξύλα | c | Holz | ½ Ob. |
| 15 κολόκυνθα | cν | Kürbis | ½ ¼ Ob. |

### Col. III

| | | | |
|---|---|---|---|
| ἅλες | ν | Salz | ¼ Ob. |
| / ſcν /ac⟦.⟧ν. | | macht 3½ ¼ Ob., | |
| | | macht 1 Dr. ½ ¼ Ob. | |

### Col. V

| | | | |
|---|---|---|---|
| 31 δ̄ οτε..τος | | am 4. ... | |
| ὄψον | ſ– | Zukost | 4 Ob. |
| τάριχος | – | Pökelfische | 1 Ob. |

| λάχανα | ν | Gemüse | ¼ Ob. |
|---|---|---|---|
| 85 ἄρτοι | –c | Brote | 1 ½ Ob. |
| κῖκι | – | Rizinusöl | 1 Ob. |
| ξύλα | c | Holz | ½ Ob. |

Col. VI

| βαλανεῖ | cν | Dem Bademeister ½ ¼ Ob. |
|---|---|---|
| /α ſ | | macht 1 Dr. 3 Ob., |
| 40 καὶ Δωρίωι καὶ | | und dem Dorios und |
| 'Αμμωνίωι εἱ'ς' | | Ammonios für Back- |
| πέ'πτρα' | α | lohn 1 Dr., |
| Στίβωνι εἱς τὸ ὀψώνιον α | | dem Stibon für sein Gehalt 1 Dr., |
| /β /γſ /s – c | | macht 2 Dr., macht 3 Dr. 3 Ob., macht 6 Dr. 1½ Ob. |

Auflösung der (teilweise ungewöhnlichen) Siglen: V = δραχμή (und Fälle), ν = δίχαλκον (¼ Ob.), c = ἡμιωβέλιον (½ Ob.) – = ὀβολός (1 Ob.), = = διωβέλιον (2 Ob.), ſ = τριώβολον (3 Ob.), / = γίνεται/γίνονται.　　　10 Unklar ist die Bedeutung der der korrekten Summe (3 Ob.) vorausgehenden 2½ Obolen. 17 Der Tagessumme folgt jeweils der Gesamtbetrag der bis dahin gemachten Angaben.

Die in großer Zahl erhaltenen Abrechnungen aller Art wirken auf den ersten Blick recht langweilig, gestatten aber eine oft aufschlußreiche Analyse des Bereiches, den sie betreffen. Für die Lebenshaltung zeigt dies der hier auszugsweise wiedergegebene Text, der übrigens durch seine ungewöhnlichen Abmessungen auffällt: er ist nur 7,5 cm hoch, aber 229 cm breit und enthält 25 Kolumnen. Der Rechnungsführer schreibt am 18. des Monats Mesore, beginnend mit dem 30. des Vormonats, die Ausgaben für die vergangene Zeit tageweise auf; er scheint sich also zuvor nur Notizen gemacht zu haben. Die einzelnen Posten lassen auf eine sehr anspruchslose Lebenshaltung schließen. Leider ist der Abrechnung nirgends die Zahl der versorgten Personen oder die Menge der eingekauften Waren zu entnehmen. Nicht einmal die Kasseneingänge sind vermerkt; die anfangs erwähnten 4

Drachmen sind jedenfalls bald aufgezehrt, und dem Haushalt müssen daher noch andere Mittel zufließen. Hervorzuheben ist, daß mit Ausnahme einer Ägypterin (A Z. 64) die namentlich genannten Zahlungsempfänger in UPZ II 158 sämtlich Griechen sind – die Abrechnung führt damit vor Augen, daß der Alltag im eroberten Ägypten keineswegs jedem Griechen eine anspruchsvolle Lebensführung gestattet.

*Lit.:* Zum Text s. U. Wilcken, Kommentar zu UPZ II 158 A, B, C; zu den Haushaltsabrechnungen s. L. Bandi, I conti privati nei papiri dell'Egitto greco-romano, Aegyptus 27, 1937, S. 349ff.; zu den Preisen für Haushaltsbedarf s. A.C. Johnson, Roman Egypt to the Reign of Diocletian, Baltimore 1936, Nd. Patterson (N.J.) 1959, S. 301ff.; G. Mickwitz, Ein Goldwertindex der römisch-byzantinischen Zeit, Aegyptus 13, 1933, S. 95ff.

## 81

## Fleischverbrauchsliste eines Kochs

P. Oxy. I 108 Col. I und II     Oxyrhynchos. 183 oder 215 n. Chr.
Z. 1–10

| Col. I | Θὼϑ δ κδ (ἔτους), | Am 4. Thoth, im 24. Jahr: |
|---|---|---|
| | κρέως μν(αῖ) δ, | 4 Minen Fleisch, |
| | ἄκρα β, | 2 (Schweins?)füße, |
| | γλῶσσα μία, | Eine Zunge, |
| 5 | ῥυγχίον α. | 1 Schweineschnauze. |
| | ς, γλωσοπωγώνιον. | Am 6.: Unterkiefer mit Zunge. |
| | ια, κρέω(ς) μν(αῖ) β, | Am 11.: 2 Minen Fleisch, |
| | γλῶσσα μία, | eine Zunge, |
| | νεφρία β. | 2 Nieren. |
| 10 | ιβ, κρέω(ς) μν(ᾶ) α, | Am 12.: 1 Mine Fleisch, |
| | στέρνα μία, | ein Bruststück. |
| | ιδ, κρέω(ς) μν(αῖ) β, | Am 14.: 2 Minen Fleisch, |
| | στέρνα α. | 1 Bruststück. |
| | ις, κρέως μν(αῖ) γ. | Am 16.: 3 Minen Fleisch. |

| | |
|---|---|
| 15 13, κρέω(ς) μν(αῖ) β, | Am 17.: 2 Minen Fleisch, |
| γλῶσσα μία. | eine Zunge. |
| ιη, γλῶσσα μία. | Am 18.: eine Zunge. |
| κα, κοιλία. | Am 21.: Bauchstück. |
| Col. II κβ, | Am 22.: |
| κοιλία, | Bauchstück, |
| νεφρία β. | 2 Nieren. |
| κγ, | Am 23.: |
| 5 κρέω(ς) μν(αῖ) β, | 2 Minen Fleisch, |
| κοιλία α, | 1 Bauchstück, |
| ἄκρα β. | 2 (Schweins?)füße. |
| κς, | Am 26.: |
| γλῶσσα μία. | eine Zunge. |
| 10 λ, στέρνα μία. | Am 30.: ein Bruststück. |
| Verso: λόγος | Abrechnung |
| μαγείρου | des Kochs. |

Über den meisten Zahlen steht ein waagrechter Strich.

Aus einer zweispaltigen Aufstellung über den Fleischver-
brauch in einer Küche ist hier der den Monat Thoth betreffende Teil wiedergegeben. Im Original folgt, von einer anderen Hand nachgetragen, die Verbrauchsangabe für den
Vormonat Mesore und die Epagomenentage. Die Mengen
und Fleischarten entsprechen denen im Toth, außer daß
auch ein ὠτίον (Ohr) auf dem Speisezettel gestanden hat
(Z. 11–20). Von welchen Tieren das Fleisch stammt, ist
schwer zu entscheiden; überwiegend wird es Rind- und
Schweinefleisch sein. Die Fleischmengen sind nicht gering –
eine Mine ist etwas weniger als ein Pfund – und gerne wüßte
man etwas über den Haushalt, für den der listenführende
Koch gearbeitet hat, und über die Zahl wie den sozialen
Status der ihm angehörenden Personen, ebenso über die
Fleischpreise. Nach der Schrift ist der Text auf die Wende
2./3. Jahrh. n. Chr. zu datieren; ein 24. Regierungsjahr haben in der fraglichen Zeit nur Commodus (183) und Caracalla (215) erreicht, so daß unsere Liste in einem dieser beiden
Jahre entstanden sein muß.

*Lit.:* zur Viehzucht s. M. Schnebel, Landwirtschaft [o. bei Nr. 36]
S. 316ff.

## 82

# Brief des kleinen Theon an seinen Vater Theon

P. Oxy. I 119          Oxyrhynchos. 2./3. Jahrh. n. Chr.
(mit BL I–IV und VI)

Θέων Θέωνι τῷ πατρὶ χαίρειν.
Καλῶς ἐποίησες· οὐκ ἀπένηχές με μετ' ἐ-
σοῦ εἰς πόλιν. 'Η οὐ θέλις ἀπενέκκειν με-
τ' ἐσοῦ εἰς 'Αλεξανδρίαν, οὐ μὴ γράψω σε ἐ-
5 πιστολὴν οὔτε λαλῶ σε οὔτε υἱγένω σε
εἶτα. "Αν δὲ ἔλθῃς εἰς 'Αλεξανδρίαν οὐ
μὴ λάβω χεῖραν παρὰ [σ]οῦ οὔτε πάλι χαίρω
σε λυπόν. "Αμ μὴ θέλῃς ἀπενέκαι μ[ε],
ταῦτα γε[ί]νετε. Καὶ ἡ μήτηρ μου εἶπε 'Αρ-
10 χελάῳ, ὅτι ἀναστατοῖ μέ· ἆρρον αὐτόν.
Καλῶς δὲ ἐποίησες. Δῶρά μοι ἔπεμψε[ς]
μεγάλα, ἀράκια. Πεπλάνηκαν ἡμῶς ἐκε[ίνη]
τῇ ἡμέρᾳ ιβ ὅτι ἔπλευσες. Λυπὸν πέμψον εἴ[ς]
με, παρακαλῶ σε. "Αμ μὴ πέμψῃς οὐ μὴ φά-
15 γω, οὐ μὴ πείνω. Ταῦτα.
      'Ερῶσθέ σε εὔχ(ομαι).
Τῦβι ιη.
Verso: 'Απόδος Θέωνι [ἀ]πὸ Θεωνᾶτος υἱῶ.

2 ἐποίησες l. ἐποίησας;   ἀπένηχες l. ἐπήνεγκας     8 'Η l. Εἰ;
ἀπενέκκειν l. ἀπενεγκεῖν     4 σε l. σοι     5 σε l. σοι; υἱγένω l.
ὑγιαίνω     6 "Αν l. ἐὰν     7 χεῖραν l. χεῖρα; πάλι l. πάλιν     8
λυπόν. "Αμ l. λοιπόν. 'Εάν;   ἀπενέκαι l. ἀπενέγκαι     9 γε[ί]νετε
l. γίνεται     10 ἆρρον l. ἆρον     11 ἐποίησες l. ἐποίησας; ἔπεμψες
l. ἔπεμψας     12 ἡμῶς l. ἡμᾶς     18 ὅτι l. viell. ὅτε; ἔπλευσες l.
ἔπλευσας; Λυπὸν l. Λοιπὸν     14 "Αμ l. 'Εάν     15 πείνω l.
πίνω     16 ἐρῶσθε l. ἐρρῶσθαι     18 υἱῶ l. υἱοῦ
Text nach A. Deissmann, Licht vom Osten [s. u. bei Nr. 84] S. 168
mit späteren Verbesserungen.

Theon seinem Vater Theon Gruß. Das hast Du schön gemacht, nicht mitgenommen hast Du mich mit Dir in die

Stadt. Wenn Du mich nicht mit Dir nach Alexandria nehmen willst, dann werde ich Dich weder einen Brief schreiben
noch spreche ich mit Dich, noch wünsch ich Dich Gesundheit. Wenn Du nach Alexandria gehst, nehme ich keine Hand
von Dir und grüße Dich nie wieder. Wenn du mich nicht mitnehmen willst, wird es so. Und meine Mutter hat zu Arche-
laos gesagt: „Er macht mich nervös, nimm ihn fort." Das
hast Du schön gemacht, Geschenke hast Du mir geschickt
(und was für) große, Schötchen (waren es)! Sie haben uns
an jenem Tag hinters Licht geführt, am 12., als Du Dich ein-
schifftest. Also schicke nach mir, ich bitte Dich. Wenn Du
nicht schickst, esse und trinke ich nicht. So! Ich wünsche Dir
Wohlergehen. Am 18. Tybi. (Verso) Auszuhändigen an Theon
von seinem Sohn Theonchen.

Voll Zorn und mit vielen grammatikalischen und orthographischen Fehlern schreibt der kleine Theon seinem Vater
und droht, äußerst ungehorsam zu sein. Möglicherweise hat
der Vater zunächst mehr oder minder fest versprochen, den
Jungen nach Alexandrien mitzunehmen, dann aber wohl ver-
schwiegen, daß der Aufbruch am 12. Tybi den Anfang der
Reise bildete (vgl. Z. 12f.). Jedenfalls ist der Knabe nun sehr
enttäuscht, daß der Vater ohne ihn losgefahren ist, und sendet
ihm rasch eine drohendes Bittschreiben nach Oxyrhynchos
(εἰς πόλιν), der ersten Reisestation, nach, um doch noch an
der Reise teilnehmen zu dürfen. Die Geschenke vermögen
ihn nicht zu trösten, verächtlich schilt er sie „Schötchen"
und meint wohl „Tand" mit diesem Wort – Arakos ist eine
schotentragende Pflanze, ähnlich unserer Futtererbse. Verständlich, daß ein paar Geschenke den Vergleich mit einem
Besuch in der Weltstadt Alexandrien nicht aushalten. Schmei-
chelnd schließt der Junge den Brief mit der Koseform seines
Namens.

# 83

## Ermahnungen an einen studierenden Sohn

P. Oxy. III 531 (s. a. BL IV)          Oxyrhynchos. 2. Jahrh. n. Chr.

Κορνήλιος Ἱέρακι τῷ γλυκυτάτωι υἱῷ
χαίρειν.
Ἡδέως σε ἀσπαζόμεθα πάντες οἱ ἐν οἴκωι καὶ
τοὺς μετ' ἐσοῦ πάντας. Περὶ οὗ μοι παλλάκεις
5 γράφεις ἀνθρώπου μηδὲν προσποιηθῇς
ἕως ἐπ' ἀγαθῷ πρὸς σὲ παραγένομαι σὺν Οὐ-
ηστείνῳ μετὰ καὶ τῶν ὄνων. Ἐὰν γὰρ θεοὶ θέλω-
σι τάχιον πρὸς σὲ ἥξω μετὰ τὸν Μεχεὶρ μῆνα
ἐπεὶ ἐν χερσὶν ἔχω ἐπείξιμα ἔργα. Ὅρα μηδε-
10 νὶ ἀνθρώπων ἐν τῇ οἰκίᾳ προσκρο[ύ]σῃς, ἀλλὰ τοῖς
βιβλίοις σου αὐτὸ μόνον πρόσεχ[ε] φιλολογῶν
καὶ ἀπ' αὐτῶν ὄνησιν ἕξεις. Κόμ[ι]σαι διὰ Ὀν-
νωφρᾶ τὰ ἱμάτια τὰ λευκὰ τὰ δυ[ν]άμενα
μετὰ τῶν πορφυρῶν φορεῖσθαι φαινολίων,
15 τὰ ἄλλα μετὰ τῶν μουρσίνων φορέσεις.
Διὰ Ἀνουβᾶ πέμψω σοι καὶ ἀργύριον καὶ
ἐπιμήνια καὶ τὸ ἄλλο ζεῦγος τῶν ὑσγείνων.
Τοῖς ὀψαρίοις ἐξήλλαξας ἡμᾶς, τούτων καὶ τὴν
τιμὴν δι' Ἀνουβᾶ πέμψω σοι, μέντοιγε
20 ἕως πρὸς σὲ ἔλθῃ Ἀνουβᾶς' ἀπὸ τοῦ σοῦ χαλκοῦ τὸ
ὀψώνιόν σου καὶ τῶν σῶν ἐξοδίασον
ἕως πέμψω. Ἔστι δὲ τοῦ Τῦβι μηνὸς
σοὶ ὃ θέλεις, Φρονίμῳ (δραχμαὶ) ις, τοῖς περὶ Ἀβάσκ(αντον)
καὶ Μύρωνι (δραχμαὶ) θ, Σεκούνδῳ (δραχμαὶ) ιβ. Πέμ-
25 ψον Φρόνιμον πρὸς Ἀσκληπιάδην ἐμῶι
ὀνόματι καὶ λαβέτω παρ' αὐτοῦ ἀντιφώνη-
σιν ἧς ἔγραψα αὐτῷ ἐπιστολῆς καὶ πέμψον.
Περὶ ὧν θέλεις δήλωσόν μοι. Ἔρρωσο, τέκνον.
          Τῦβι ις.
Verso: Ἱέρακι [ὑ]ιῶι ἀπὸ Κορνηλίο(υ) πατρός.

4 παλλάκεις l. πολλάκις     6 παραγένομαι l. παραγένωμαι
8 BL IV: μετὰ = ἅμα (?)

Cornelius dem Hierax, dem liebsten Sohne, Gruß. Herzlich grüßen wir alle zu Hause Dich und alle, die bei Dir sind. An den Menschen, von dem Du mir oft schreibst, mache Dich bloß nicht heran, bis ich in guter Absicht zu Dir komme mit Vestinus und mit den Eseln. Denn wenn die Götter wollen, werde ich bald zu Dir kommen, nach dem (im?) Monat Mecheir, denn ich habe dringende Geschäfte in Händen. Sieh zu, daß Du Dich mit niemandem von den Leuten im Haus anlegst, vielmehr wende Dich nur Deinen Büchern im Studium zu, und Du wirst von ihnen Nutzen haben. Empfange durch Onnophras die weißen Kleider, die zu den Purpurmänteln getragen werden können, die anderen wirst Du zu den myrrhenfarbigen tragen. Durch Anubas werde ich Dir Geld, Verpflegung für einen Monat und das andere Paar der scharlachfarbenen Kleider schicken. Mit den Salzfischen hast Du uns eine Freude gemacht; für sie werde ich Dir auch den Preis durch Anubas schicken. Indessen, bis Anubas zu Dir kommt, bezahle von Deinem Kleingeld Deine Nahrung und die der Deinen, bis ich es schicke. Du bekommst für den Monat Tybi, was Du willst, Phronimos 16 Drachmen, Abaskantos und die Seinen und Myron 9 Drachmen, Secundus 12 Drachmen. Schicke Phronimos zu Asklepiades in meinem Namen, und er soll von ihm eine Antwort entgegennehmen auf den Brief, den ich ihm schrieb, und schicke sie mir. Teile mir mit, was Du Dir wünschest. Gehab Dich wohl, mein Kind. 16. Tybi. (Verso). An seinen Sohn Hierax vom Vater Cornelius.

Aufwand und Mittel, mit denen Cornelius für seinen Sohn sorgt – Dienerschaft und Naturalien –, legen es nahe, in Cornelius einen wohlhabenden Gutsbesitzer vom Lande zu sehen. Hierax wird in Alexandria studieren; allerdings wurde der Brief in Oxyrhynchos gefunden, wohin ihn aber Hierax zurückgebracht haben kann. Großen Raum nimmt die Frage der richtigen Bekleidung ein, gleichsam als ob Hierax repräsentieren soll. Mit ἀργύριον (Z. 16) ist der regelmäßige Monatswechsel, eine große Summe, mit χαλκός (Z. 20) wohl das Taschengeld gemeint. Im Vordergrund stehen die Ermahnungen eines besorgten Vaters.

84

## Brief eines jungen Flottensoldaten an seinen Vater

BGU II 423 (mit BL I, s. a. BL II)          Arsinoites. 2. Jahrh. n. Chr·

Ἀπίων Ἐπιμάχῳ τῶι πατρὶ καὶ
    κυρίῳ πλεῖστα χαίρειν. Πρὸ μὲν πάν-
των εὔχομαί σε ὑγιαίνειν καὶ διὰ παντὸς
ἐρωμένον εὐτυχεῖν μετὰ τῆς ἀδελφῆς
5 μου καὶ τῆς θυγατρὸς αὐτῆς καὶ τοῦ ἀδελφοῦ
μου. Εὐχαριστῶ τῷ κυρίῳ Σεράπιδι,
ὅτι μου κινδυνεύσαντος εἰς θάλασσαν
ἔσωσε εὐθέως. Ὅτε εἰσῆλθον εἰς Μη-
σήνους, ἔλαβα βιατικὸν παρὰ Καίσαρος
10 χρυσοῦς τρεῖς καὶ καλῶς μοί ἐστιν.
Ἐρωτῶ σε οὖν, κύριέ μου πατήρ,
γράψον μοι ἐπιστόλιον πρῶτον
μὲν περὶ τῆς σωτηρίας σου, δεύ-
τερον περὶ τῆς τῶν ἀδελφῶν μου,
15 τρ[ί]τον, ἵνα σου προσκυνήσω τὴν
χέραν, ὅτι με ἐπαίδευσας καλῶς
καὶ ἐκ τούτου ἐλπίζω ταχὺ προκό-
σαι τῶν θε[ῶ]ν θελόντων. Ἄσπασαι
Καπίτων[α πο]λλὰ καὶ το[ὺς] ἀδελφούς
20 [μ]ου καὶ Σε[ρηνί]λλαν καὶ το[ὺς] φίλους μο[υ.]
Ἔπεμψά σο[ι εἰ]κόνιν μ[ου] διὰ Εὐκτή-
μονος. Ἔσ[τ]ι [δέ] μου ὄνομα Ἀντῶνις Μά-
ξιμος.                    Ἐρρῶσθαί σε εὔχομαι.
        Κεντυρί(α) Ἀθηνονίκη.

Auf dem linken Rand, parallel zu diesem:

25 Ἀσπάζεταί σε Σερῆνος ὁ τοῦ Ἀγαθοῦ [Δα]ίμονος [καὶ ....]ς
        ὁ τοῦ [...]-
ρος καὶ Τούρβων ὁ τοῦ Γαλλωνίου καὶ Δ[...]νᾶς ὁ τ[οῦ...]-
        σεν[...]
    [....] . [...] . [      ]
    Verso:
Ε[ἰς] Φ[ιλ]αδελφίαν Ἐπιμ × άχῳ ἀπὸ Ἀπίωνος υἱοῦ.

In entgegengesetzter Richtung sind zwei Zeilen beigefügt:

Ἀπόδος εἰς χώρτην πρῖμαν     Ἀπαμηνῶν Ἰο[υλι]α[ν]οῦ

    Ἀν. [..]

80 λιβλαρίῳ ἀπὸ Ἀπίωνος ὡσ   τε Ἐπιμάχῳ πατρὶ αὐτοῦ.

---

4 ἐρωμένον l. ἐρρωμένον    11 πατήρ für πάτερ    16 χέραν l. χεῖρα
17 προκό-|σαι l. προκόψαι    21 εἰ]κόνιν l. εἰκόνιον    22 Ἔρτι κτλ.
und Z. 24 sind nachträglich hinzugefügt, nachdem die Grußformel
(Z. 24) geschrieben war.    29 Ἰο[υλι]α[ν]οῦ wohl für Ἰουλιανῷ;
λιβλαρίῳ l. λιβελλαρίῳ

Apion dem Epimachos, seinem Vater und Herrn, vielmals
Grüße. Vor allem wünsche ich Dir Gesundheit, allzeit Wohlergehen und Glück samt meiner Schwester und deren Tochter und meinem Bruder. Ich danke dem Herrn Sarapis, weil
er mich sofort gerettet hat, als ich auf dem Meer in Gefahr
geriet. Als ich nach Misenum kam, erhielt ich als Marsch-
geld vom Kaiser drei Goldstücke, und es geht mir gut. Ich
bitte Dich nun, o mein Herr Vater, schreibe mir ein Briefchen, erstens über Dein Befinden, zweitens über das meiner
Geschwister, drittens damit ich (die Schrift) Deiner Hand
verehren (kann), weil Du mich wohl erzogen hast, und deswegen hoffe ich rasch zu avancieren, so die Götter wollen.
Grüße den Kapiton vielmals und meine Geschwister, Serenilla
und meine Freunde. Ich habe Dir mein Bildchen durch Eukte-
mon gesandt. Mein Name ist Antonius Maximus. Ich wünsche, daß Du gesund bleibst. Centurie Athenonike. Es grüßt
Dich Serenos, Sohn des Agathos Daimon, und ..., Sohn des
..., und Turbon, Sohn des Gallonios, und D...as, Sohn
des ... (Verso) Nach Philadelphia an Epimachos von (seinem)
Sohn Apion. Gib an die *cohors I Apamenorum*, dem *libel-
larius* Julianus An... von Apion für seinen Vater Epimachos.

Apions erster Brief aus dem Soldatenstand nach Hause ist ob
seines liebenswürdigen Tones vielfach abgedruckt und besprochen worden. Apion ist nach glücklich überstandener
Seereise in Misenum – neben Ravenna der zweite Kriegshafen
in Italien – in die römische Flotte eingetreten und nutzt offensichtlich rasch die Gelegenheit, eine Nachricht von seinen

Erlebnissen zu geben. In der neuen Umgebung hat er sich einen römischen Namen, Antonius Maximus, zugelegt; er wird ihn – wie ein späterer Brief aus seiner Hand zeigt – beibehalten. Rechtlich besagt der Namenswechsel freilich nichts; im Gegensatz zum Legionär [vgl. u. Nr. 159] erhält der Flottensoldat das römische Bürgerrecht erst nach Vollendung seiner Dienstzeit. Sein Schiff, hier als Centurie bezeichnet, trägt den Namen Athenonike. Die Grüße von verschiedenen Seiten, die er am Rande seinem Vater übermittelt, zeigen, daß außer ihm noch einige Männer aus dem gleichen Heimatorte ihr Glück bei der Flotte suchen. Einnehmend ist, wie dankbar Apion die genossene Erziehung würdigt, mit ihrer Hilfe hofft er rasch vorwärts zu kommen; der erwähnte Brief Apions (BGU II 632) gibt uns übrigens Nachricht, daß Apion später geheiratet hat und in der Fremde geblieben ist, aber wenigstens brieflich die Verbindung zu seinen Angehörigen gehalten hat. Den vorliegenden Brief befördert die Militärpost; wie die ausführliche Angabe auf dem Verso zeigt, läuft er über die Schreibstube der in Alexandrien stehenden 1. Apamenerkohorte, die ihn in den Arsionoitesgau übersendet. Sein Bild, welches ihn sicherlich nach Art aller Rekruten in „Uniform" darstellt, hat Apion bereits durch einen Gelegenheitsboten, wie ihn Privatleute regelmäßig benötigen [s. u. Nr. 85], geschickt.

*Lit.:* zum Text A. Deissmann, Licht vom Osten. Das neue Testament und die neuentdeckten Texte der hellenistisch römischen Welt, 4. Aufl. Tübingen 1923, S. 145 ff.; W. Schubart, Ein Jahrtausend am Nil. Briefe aus dem Altertum, 2. Aufl. Berlin 1923, Kommentar zu Nr. 70; U. Wilcken, Einl. zu W. Chr. 480; zum Bürgerrecht der Flottensoldaten s. H. Wolff, Die cohors II Tungrorum milliaria equitata c(oram ?) l(audata ?) und die Rechtsform des ius Latii, Chiron 6, 1976, S. 267 ff.

## 85

### Briefbote gesucht

P. Brem. 62                    Hermopolis. Anfang 1. Jahrh. n. Chr.

Φιλία  ᾿Απολλωνίωι  τῶι
τιμιοτάτωι        χαίρειν.
῾Οσάκις ἂν εὕρω τοὺς ἐρχομένους
πρὸς σέ, ἀνάγκην ἔχω, κύ-
5    ριέ [μο]υ, ἀσπάζεσθαί σε καὶ
. [.....]λλε[ι]ν [......]ν α[.]
[‒ ‒ ‒]ε. [‒ ‒ ‒]

Hier bricht der Papyrus ab

Verso:
(2. Hd.)  ᾿Απολ[λ]ωγ[ίωι ‒ ‒ ‒]
παρὰ Φιλίας.

Philia dem hochgeschätzten Apollonios Gruß. Sooft ich
Leute finde, die zu Dir reisen, verspüre ich die Notwendig-
keit, Dich zu grüßen und ... (Verso) (2. Hd.) Dem Apollonios ... von Philia.

Die wenigen erhaltenen Zeilen dieses aus dem Archiv des
Strategen Apollonios [s.u. Nr. 108] stammenden persönlichen Briefes illustrieren sehr hübsch die postalischen Verhältnisse: Die in gewissem Umfang bestehenden postalischen
Einrichtungen dienen nur dem Staat; Privatleute sind dagegen allein auf private Hilfe angewiesen, und so muß oft
auf eine Transportgelegenheit gewartet werden, wie sich
mitunter aus brieflichen Äußerungen ergibt. Die Briefe fallen
dann für unser Gefühl häufig überraschend nichtssagend
aus: Ein kurzer Hinweis auf das eigene Wohlergehen und
dann eine manchmal recht lange Reihe von Grüßen [s.u.
Nr. 86] ist alles, genügt aber auch den Bedürfnissen in einem
Land mit hoher Sterblichkeit, großen Distanzen und geringer
Kommunikation.

*Lit.*: zum Postwesen s. U. Wilcken, Grundzüge S. 372ff.

86

## Brief zweier Christen an ihre Mutter

SB XII 10840        Herkunft unbekannt. 4. Jahrh. n. Chr.

Originaler Text:       Korrigierte Fassung des Herausgebers:

| Originaler Text | Korrigierte Fassung des Herausgebers |
|---|---|
| Κ̣υρίᾳ [μο]υ μητηρ Σ̣υρα ..[.]. | Κυρίᾳ μου μητρὶ Συρᾶτι (?) |
| Ε̣ὐθάλις καὶ Μικης πολλὰ χαίριν. | Εὐθάλιος καὶ Μίκκη πολλὰ χαίρειν. |
| Π̣ρὸ μὲν πάτων εὔχομα̣ι τὴν | Πρὸ μὲν πάντων εὔχομαι τὴν |
| . ην ὀλοκλ[ηρία]ν σου παρὰ τῷ̣ | {.ην} ὀλοκληρίαν σου παρὰ τῷ |
| 5 κυ(ρίῳ) θε(ῷ). Αἰθέλαισαν ἐλθιν προσαι | 5 κυ(ρίῳ) θε(ῷ). ᾿Εθέλησα ἐλθεῖν πρός σὲ |
| πρὸ τῆς ἰορτῆς [καὶ] κατέσχε μοι | πρὸ τῆς ἐορτῆς [καὶ] κατέσχε με |
| [ἡ] ἀδελφή μου Μίκη, λαί- γουσά̣ν μου | ἡ ἀδελφή μου Μίκκη, λέ- γουσά μοι |
| [ἵ]να φθάσῃ πρὸς τὴν μη- τέρα ἡμῷ̣ν | ἵνα φθάσῃς πρὸς τὴν μητέρα ἡμῶν |
| πρὸς τὴν λύσηῃ τῆς νησίας. | πρὸς τὴν λύσιν τῆς νηστείας. |
| 10 ᾿Εκτίνασον τὰ .ρόματα τὰ ἰς τὸ σφυριδο'γ'. | 10 ᾿Εκτίνασσον τὰ ἀρώματα (?) τὰ εἰς τὸ σφυρίδιον. |
| [Π]ροσδόκα τὴν ἀδελφή μου. ῎Ερχομαι πρὸ- ς τῇ ἰορτῇ. Αἰθέλαι̣σα πέψῳ τινα ἵνα | Προσδόκα τὴν ἀδελφήν μου. ῎Ερχομαι πρὸ- ς τὴν ἑορτήν. ᾿Εθέλησα πέμψαι τινὰ ἵνα |
| [ἔ]χ̣οις αὐτὰ πρὸ τῆς νισίας καὶ οὐδάν- | ἔχοις αὐτὰ πρὸ τῆς νηστείας καὶ οὐδέν- |
| [α ἔχ]ω ἀνακέων ἄνθροπου. Εὐθυμ- | α ἔχω ἀναγκαῖον ἄνθρω- πον. Εὐθύμ- |
| 15 [ο]υ περὶ το̣[ῦ ν]αύλου Μί̣κ̣καις, | 15 ει περὶ τοῦ ναύλου Μίκκης, |
| [ὃ ἔ]χ̣ω̣ν δοῦναι ἀντὶ ὑμῶν. | ὃ ἔχω δοῦναι ἀντὶ ὑμῶν. |
| [᾿Ασπ]άδωμα̣ι ὑμῖν. Νόνα ἀσπάδεται | ᾿Ασπάζομαι ὑμᾶς. Νόννα ἀσπάζεται |

[ὑμᾶς] πολλά. Σιλβανή ἀσ-
πάδαιται ὑμῆς.
Ἀγνοῦτις καὶ Θεωνίλας καὶ
Ἰσχυρίων
20 ἀσπάδωμαι ὑμᾶς. Ἀπίων'
ἀσπά-
δωμαι καὶ τὸ`ν´ αἰπιστάτην
καὶ τὴν σύ-
βιων αὐτοῦ καὶ τὰ πεδα.
Καὶ ἐγὼ Μίκη
ἀσ[π]άδωμαι τὸν αἰπιστά-
την σὺ τοῖς
τέκνυς καὶ την συβίῳ αὐτοῦ.

25 Γράφε σὺ οὖν Καλα..ίδᾳ
περὶ τοῦ
κλυκυου τέκνον ὅτι νικηται.
Οὐ-
δὲν δυνάμηθα πρὸς τῶν
θάνα-
τον· οἶδες καὶ σὺ ὅτι α......
εὔχομαι
σι καὶ ὁ οιιο μου Δωρόθαιος.
Ἀσπάδωμαι
30 τὸν κύριώ μου πατέρα.
Φαρμοῦτι ā.
Ἐ[ρρῶ]σθαί σαι εὔχομαι
π[ο]λλοῖς χρόνοις.

---

ὑμᾶς πολλά. Σιλβανή ἀσ-
πάζεται ὑμᾶς.
Ἀννοῦτις καὶ Θεωνίλλα καὶ
Ἰσχυρίων
20 ἀσπάζονται ὑμᾶς. Ἀπίωνα
(?) ἀσπά-
ζομαι καὶ τὸν ἐπιστάτην
καὶ τὴν σύμ-
βιον αὐτοῦ καὶ τὰ παιδία.
Καὶ ἐγὼ Μίκκη
ἀσπάζομαι τὸν ἐπιστάτην
σὺν τοῖς
τέκνοις καὶ τῇ συμβίῳ αὐ-
τοῦ.

25 Γράφε σὺ οὖν Καλα..ίδᾳ
περὶ τοῦ
γλυκυτάτου τέκνου ὅτι ἐν-
είκηται (?). Οὐ-
δὲν δυνάμεθα πρὸς τὸν
θάνα-
τον· οἶδας καὶ σὺ ὅτι α......
εὔχομαί
σοι καὶ ὁ υἱός μου Δωρόθεος.
Ἀσπάζομαι
30 τὸν κύριόν μου πατέρα.
Φαρμοῦθι ā.
Ἐρρῶσθαί σε εὔχομαι πολ-
λοῖς χρόνοις.

---

Meiner Frau Mutter Syras Euthalios und Mikke vielmals
Gruß. Vor allem bete ich zu Gott, dem Herrn, um Dein
Wohlergehen. Ich wollte vor dem Fest zu Dir kommen, aber
meine Schwester Mikke hielt mich davon ab, indem sie mir
sagte: „Daß du zu unserer Mutter erst zum Ende der Fastenzeit gehst." Schüttle (zum Reinigen?) die Gewürze (?, viell.
hier: Räucherwerk), die in den Korb (kommen). Erwarte
meine Schwester. Ich werde zum Fest kommen. Ich wollte jemanden senden, damit Du sie vor der Fastenzeit hättest, aber

ich habe keinen (mir) nahestehenden Menschen. Sei guten
Mutes hinsichtlich der Schiffsreisekosten der Mikke, die ich
statt Eurer zahlen kann. Ich grüße Euch. Nonna grüßt Euch
vielmals. Silvana grüßt Euch. Annutis und Theonilla und
Ischyrion grüßen Euch. Den Apion (?) grüße ich und den Vorsteher und seine Frau und die Kinder. Auch ich, Mikke, grüße
den Vorsteher mit den Kindern und seiner Ehefrau. Schreibe
Du nun der Kala...idas wegen des allersüßesten Kindes, daß
sie es austragen soll (?). Nichts vermögen wir gegen den Tod;
Du weißt ja, daß ... ich für Dich bete und (für?) mein(en)
Sohn Dorotheos. Ich grüße meinen Herrn Vater. Am 1. Pharmuthi. Ich wünsche Dir vielmals Wohlergehen.

Der Brief der Geschwister Euthalios und Mikke an ihre Mutter ist einer jener zahlreichen Familienbriefe, die mitunter
einmal sogar historische Ereignisse spiegeln und oft unsere
Kenntnisse vom Alltag erweitern, vielfach aber, wie hier,
von kargem sachlichem Interesse sind. Es schreibt offenbar
Euthalios. Er äußert zahlreiche Grüße und gute Wünsche,
nimmt Bezug auf die bevorstehende Fastenzeit und kündigt
unter anderem sein Kommen zum (Oster-)Fest an. Der Text
ist hier als ein grammatikalisch und orthographisch besonders fehlerreiches Beispiel des Vulgärgriechischen aufgenommen und vertritt die Masse der Papyri, die es gestattet, die
Entwicklung des gesprochenen Griechisch nachzuvollziehen.
Dementsprechend haben erst die nichtliterarischen Papyri,
Ostraka und Inschriften das Neue Testament als Zeugnis der
Umgangssprache seiner Entstehungszeit erwiesen.

*Lit.:* zum Text s. J.R. Rea, Two Christian Letters: PSI VII 831
and VIII 972, CE 45, 1970, S. 357ff.; zur Bedeutung der Papyri für
das sprachgeschichtliche Verständnis des neuen Testaments A.
Deissmann, Licht vom Osten [o. bei Nr. 84] S. 48ff.

## 87

### Brief eines Bruders

P. Oxy. VI 928                    Oxyrhynchos. 2./3. Jahrh. n. Chr.

Λο[ύ]κιος 'Απολιναρίωι τῶι
 ἀδελφῶι χαίρειν.
'Επὶ Ζωπύρου τελευτήσαν-
 τος τῇ
Ταΐδι τοῦ 'Αμφιθαλέος εἰσὶν
 οἱ
5 ἐπεδρεύοντες, ὡμείλησας
 δέ μοί ποτε περὶ τούτου,
 φα-
 νερόν σοι ποιῶ ἵνα ἐὰν δοκι-
 μάσῃς ποιήσῃς πρὶν προ-

λημφθῆναι· οὐδὲ γὰρ ὁ τοῦ
10 Σεβαστείνου μητέρα ἔχει.
'Εὰν ταρείχια σεαυτῷ ποι-
 ῇ[ς] κἀμοὶ κεράμιον πέμ-
 ψ[ο]ν. Τὰ παιδία παρ'
 ἐμοῦ καὶ
'Ισιδωρίωνος προσαγό-
 ρε[υ]ε.
15 'Ερρῶσθαί σε εὔχομαι.
 Verso: 'Απολιναρίωι.

Lucius seinem Bruder Apolinarios Gruß. Seit Zopyros tot
ist, sind Männer da, die es auf Thais, die Tochter des Am-
phithales, abgesehen haben, Du sprachst einmal mit mir
darüber; ich lasse es Dich wissen, damit Du, wenn Du es für
richtig hältst, etwas tun kannst, bevor sie (Dir?) wegge-
schnappt wird. Denn der (Sohn?) des Sebasteinos hat auch
keine Mutter. Wenn Du Dir Salzfische machst, schicke mir
auch einen Topf. Grüße die Kinder von mir und Isidorion.
Ich wünsche Dir Wohlergehen. (Verso) An Apolinarios.

Lucius gibt hier offenbar dem Apolinarios die freundliche
Warnung, daß dieser keineswegs als einziger an dem Mädchen Thais interessiert sei, sondern sich noch andere Männer
um sie bemühten, nachdem Zopyros tot sei. Dieser mag zuvor
der aussichtsreichste Bewerber gewesen sein, der Sohn des
Sebasteinos dagegen ein anderer Verehrer. Der Hinweis auf
dessen verstorbene Mutter könnte meinen, daß er deswegen
ein besonderes Interesse daran habe, eine Hausfrau zu finden.
Leider sind die Z. 3–10 für uns nicht eindeutig verfaßt, die

Herausgeber *B.P.Grenfell* und *A.S.Hunt* haben sogar vermutet, es sei ein Anschlag auf jenes Mädchen geplant gewesen. Z. 11 ff. zeigen, wie gerne Briefe aus jeglichem Anlaß benutzt werden, am Ende kurz ein eigenes Begehren zu äußern [vgl. o. Nr. 75, u. Nr. 89]. Die beliebte Anredeform „Bruder" läßt mangels jeglichen zusätzlichen Hinweises ungewiß, ob Lucius und Apolinarios wirkliche Brüder sind.

## 88

## Zwischen Liebe und Groll (Ehegattenbrief)

P. Oxy. III 528                 Oxyrhynchos. 2. Jahrh. n. Chr.

Σερῆνος Εἰσιδώρᾳ [τῇ ἀδελ-]
φῇ καὶ κυρίᾳ πλαῖστ[α χαίρειν].
Πρὸ μὲν παντὸς εὔχομ[αί σε ὑγιαί-]
νει⟨ν⟩ καὶ καθ᾽ ἑκάστης [ἡμέρα]ς κα[ὶ]
5 ὀψ⟨ί⟩ας τὸ προσκύνημά σου πυῶ
παρὰ τῇ σε φιλούσῃ Θοήρι. Γινόσκειν
σε θέλω ἀφ᾽ ὧν ἐ{κ}ξῆλθες ἀπ᾽ ἐμοῦ
πένθος ἡγούμην νυκτὸς κλέων
ἡμέρας δὲ πενθῶ⟨ν⟩. ιβ Φαῶφι ἀφ᾽ ὅτε
10 ἐλουσάμην μετ᾽ ἐσοῦ οὐκ ἐλουσάμην
οὐκ ἤλιμ⟨μ⟩ε μέχρει ιβ ᾽Αθύρ, καὶ ἔπεμ-
σάς μυ ἐπιστολὰς δυναμένου λίθον
σαλεῦσε, οὕτως ὑ λόγυ σου καικίνη-
κάν με. Αὐτῇ{ν} τῇ ὁρᾳ ἀντέγρα-
15 ψά σου καὶ ἔδωκα τῇ ιβ μετὰ τῶν
σῶν ἐπιστολῶν ἐσ{σ}φραγιζμένα.
Χωρεὶς δὲ τῶν σῶν λόγων κὲ γρα-
μ⟨μ⟩άτων ὁ Κόλοβος δὲ πόρνην με πεπύ-
ηκεν, ἔλεγε δὲ ὅτι ἔπεμσέ μυ φάσειν
20 ἡ γυνή σου ὅτι αὐτὸς πέπρακεν τὸ ἀλυ-
σίδιον καὶ αὐτὸς κατέστακέ με ε[ἰ]ς τὸ

πλῦν· τούτους τοὺς λόγους λέγεις ῆνα
μηκέτι [φ] πιστευθῶ μου τὴν ἐνβολ[ήν].
Ἐδοῦ ποσά{ρ}κεις ἔπεμσα ἐπὶ σέ. Ἔρχῃ [εἴτε]
οὐκ ἔρχῃ δήλοσόν μυ.[        ]

25

Verso:

Ἀπόδος Εἰσιδόρᾳ π(αρὰ) Σερήνου.

1,26 Εἰσιδώρᾳ l. Ἰσιδώρᾳ  2 πλαῖστ[α l. πλεῖστα  5 πυῶ l. ποιῶ
6 Γινόσκειν l. Γινώσκειν  7 ὧν: Ed. pr. hat ὡς  8 κλέων l. κλαίων
11 ἥλιμ⟨μ⟩ε l. ἥλιμμαι; ἔπεμ-|σας l. ἔπεμψας, entsprechend 19,24
12 μυ l. μοι; δυναμένου für δυναμένας  18 σαλεῦσε l. σαλεῦσαι;
ὑ λόγυ l. οἱ λόγοι; καικίνη-|καν l. κεκίνηκαν  14 ὁρᾳ l. ὥρα
15 συ l. σοι     17 κὲ l. καὶ     18 πεπύ-|ηκεν l. πεποίηκεν
19 μυ φάσειν l. μοι φάσιν     22 πλῦν l. πλοῖον; ῆνα l. ἵνα
24 Ἐδοῦ ποσά{ρ}κεις l. Ἰδοῦ ποσάκις  25 δήλοσόν μυ l. δήλωσόν
μοι

Serenos seiner Schwester und Herrin Isidora viele Grüße.
Vor allem wünsche ich Dir Gesundheit und an jedem Tage
und Abend bete ich für Dich bei der Dich liebenden Thoeris.
Du sollst wissen, seitdem Du von mir gingst, trug ich Trauer,
nachts mit Weinen, tags mit Trauern. Seit dem 12. Phaophi,
als ich mit Dir badete, habe ich nicht gebadet und mich
nicht gesalbt bis zum 12. Hathyr. Und Du hast mir Briefe geschickt, die einen Stein erweichen könnten, so haben mich
Deine Worte ergriffen. Zur selben Stunde schrieb ich Dir
eine Antwort und gab (sie) am 12. auf, mit Deinen Briefen
zusammen versiegelt. Abgesehen von Deinen Worten und
Zeilen: „Kolobos hat mich zur Hure gemacht" hat er gesagt: „Deine Frau hat mir eine Nachricht geschickt: ‚er selbst
hat das Schmuckkettchen verkauft und er selbst hat mich in
das Schiff gesetzt'." Diese Reden führst Du, damit man mir
die Verschiffung nicht mehr glaubt. Sieh' doch, wie oft ich
zu Dir geschickt habe. Ob Du kommst oder nicht kommst,
teile es mir mit. (Verso): Auszuhändigen der Isidora von
Serenos.

Serenos schreibt nicht nur mit fehlerhafter Orthographie und
Sprache, sondern auch so unklar, daß der Sinn mehr zu er-

raten als zu lesen ist. Aber so wirr wie sein Stil werden seine augenblicklichen Gefühle sein. Offenbar ist Isidora seine Frau (die Anrede „Schwester" bedeutet nicht, daß ein Verwandtschaftsverhältnis und damit eine Geschwisterehe vorliegt), die ihn mit Kolobos betrogen hat; zur Sicherheit oder als Strafe hat er sie daraufhin per Schiff an einen anderen Ort geschickt. Doch dies trifft ihn so hart wie die Isidora; sie schreibt steinerweichende Briefe, er trauert und betet zu der Göttin Thoeris. Diese, dargestellt als ein aufrecht stehendes Nilpferd mit dickem Bauch und schwer herabhängenden weiblichen Brüsten, ist eine niedere ägyptische Göttin, die im Volk allgemein verbreitet als Herrin der magischen Schutzkräfte verehrt wird. Besonderes Ansehen genießt sie in Oxyrhynchos, wo sie im 2. Jahrh. n. Chr. mit Athene gleichgesetzt wird. Ihren Schutz hat Isidora anscheinend schon früher angerufen, und Serenos wendet sich deswegen gleichfalls an sie. Trotz seiner Sehnsucht steigt in Serenos dann aber doch wieder der Groll über das Vergangene und neue Äußerungen hoch, und so endet der liebevoll beginnende Brief mit einem Mißklang.

*Lit.:* Zu Theoris s. H. Bonnet, Reallexikon [o. bei Nr. 56] Sp. 530 ff. s. v. Nilpferdgöttin; A. Rasch, RE VI A 1 Sp. 303 ff. s. v. Thoeris; zur Anrede ἀδελφή s. J. Modrzejewski, Die Geschwisterehe [o. bei Nr. 78] S. 55.

## 89

## Brief von Schwester zu Schwester

P. Hamb. II 192 (mit BL IV)    Antinoopolis, 1. Hälfte 3. Jahrh. n. Chr.

Δημητρία{ι} Ἀπίαι τῆι
γλυκυτάτηι ἀδελφῆι
χαίρειν.
Εὐθέως εἰσελθοῦσα εἰς
5 τὴν Ἀντινόου οὐκ ἡμέ-

λησά σου τοῦ ἐντολίου,
ἀλλ' εὐθέως, πρὶν ἢ βαστα-
χθῆ⟨ι⟩ τὰ σκεύη, ὠνησά-
μην αὐτό· ὁ δὲ κατά-
10 ρατος ναυτικὸς ἀλό-

γως ἀπεδήμησεν καὶ
ἔδοξα ἀσπούδαστος
εἶναι ὥστε οὐκ ἐγὼ
μεμπτή· εὗρον δὲ
15 νῦν τὸν πρὸς σὲ ἀνερχό-
μενον, ἔπεμψά σοι τὸ
ἔλαιον ἄξιόν σου. Εἰδέ-
ναι δέ σε θέλω, ὅτι πρόσ-
τειμόν ἐστιν καὶ μό-
20 λις ἔλαβον τὸν χοῦν
πρὸς δρ[α]χμὰς δεχο-
κτώ, ἀλ[λ]᾽ ἄξιόν ἐστι
σοῦ· πέμψω δέ σοι καὶ

τὸ ἀλικεῖον πρὸς τὴν
25 ἑορτήν. Ἑλένην τὴν
τιμιωτάτην πολλὰ
ἀσπάζου καὶ Νείκην
καὶ Ῥοδίνην καὶ Ἀττοῦν
καὶ σὺ δὲ μνήσθητι τοῦ
30 πορφυρίου. Ἐρρῶσθαί σε
εὔχομαι, ἀδελφὴ γλυκυ-
τάτη.
Ἔρρω(σο).
Verso:
Ἀπίαι π(αρὰ) Δημητρίας

21 δεχοκτώ = δεκαοκτώ

Demetria der Apia, der liebsten Schwester, Gruß. Sofort als ich nach Antinoopolis gekommen war, vergaß ich Deinen Auftrag nicht, sondern gleich, bevor die Fracht verladen war, kaufte ich es. Aber der verfluchte Schiffer war grundlos abgefahren, und ich schien säumig zu sein, daher bin ich (in Wahrheit aber) nicht zu tadeln. Ich fand aber jetzt den, der zu Dir flußaufwärts fährt, (und) schickte Dir das Öl, das Deiner angemessen ist. Du sollst aber wissen, daß (der Preis) aufgeschlagen hat und ich kaum den Chus zu 18 Drachmen bekam, es ist aber Deiner angemessen. Ich werde Dir aber auch das Gesalzene zum Fest schicken. Grüße vielmals die hochverehrte Helene, Nike, Rhodine und Attus, und Du aber denke an den Purpurstoff. Ich wünsche Dir Wohlergehen, liebste Schwester. Gehab Dich wohl. (Verso) An Apia von Demetria.

Demetria erklärt ihrer „Schwester" Apia eine scheinbare Saumseligkeit bei einer Besorgung: zwar hat sie sich beeilt und annehmen können, für den Kauf die Ladezeit des Schiffes zur Verfügung zu haben, doch ist der Schiffer unerwartet, vielleicht ohne Ladung, losgefahren; Demetria hat daher erst noch einen neuen Boten finden müssen [vgl. o. Nr. 85]. Da

„Schwester" bzw. „Bruder" eine beliebte Anredeform ist, bleibt mangels jedes weiteren Anhaltspunktes letztlich ungewiß, ob Demetria und Apia echte Schwestern sind. Die kleine Besorgung beleuchtet die wirtschaftliche Lage im 2. Jahrh. n. Chr. Demetria berichtet, sie habe Mühe gehabt, den Chus Öl für 18 Drachmen zu kaufen; auch andere Papyri spiegeln einen allgemeinen Preisanstieg zu jener Zeit. Gerade die Ölpreise zeigen, wie die Inflation im römischen Ägypten fortschreitet: Im 1. Jahrh. n. Chr. kostet ein Chus Öl 4 bis 5 Drachmen, im nächsten Jahrhundert steigt der Preis von 7 bis 9 auf 16 Drachmen. Äußerst hoch ist die Inflation um 285 bis 290 n. Chr. Aber bereits 225 n. Chr. sind für einen Chus guten Öls 48 Drachmen zu zahlen, für Rüböl 28. Demetrias Einkauf wird demnach, wofür auch das Schriftbild spricht, in die Jahre davor zu datieren sein. Es bleibt nur der Trost, daß das Öl der Empfängerin angemessen sei (Z. 17, 22), also diese sich die Qualität leisten könne.

*Lit.:* zum Text s. C. Voigt, Kommentar zu P. Hamb. II 192; zur Inflation s. F. Heichelheim, Zur Währungskrise des römischen Imperiums im 3. Jahrhundert n. Chr., Klio 26, 1933, S. 96ff.; G. Mickwitz, Geld und Wirtschaft im römischen Reich des vierten Jahrhunderts n. Chr., Helsingfors 1932, Nd. Amsterdam 1965.

## 90

### Todesnachricht an einen Vater

P. Fouad 75 (mit BL IV)             Arsinoites. Oktober 64 n. Chr.

Θαυβᾶς Πομπηίωι τῶι πατρὶ ⟦πλεῖστα⟧
    χαίρειν.
Καλῶς ποιήσεις λαβὼν τὴν ἐπιστολήν
μου ἐξαυτῆς εἰσελθὼν διὰ τὸ τὴν
5 ταλαίπωρον θυγατέρα σου Ἑρεννίαν
τετελευτηκέναι καὶ ἤδη{ι} εὐτη-
χῆσθαι τῷ Φαῶφι τῆι ἐνάτηι ἀπ’ ὠ-
μοτοκητοῦ· ἔτεκεν γὰρ ὀκτὼ{ι}

μηνῶν παιδίον νεκρὸν καὶ τέσσαρας
10 ἡμέρας ἐπέζωσε καὶ μετὰ ταῦτα
τετελεύτηκεν καὶ περιεστάλη{ι}
ὑφ' ἡμῶν καὶ τοῦ ἀνδρὸς αὐτῆς ὡς
ἔδι καὶ ἐτέθη{ι} εἰς 'Αλαβανθίδα ἵνα
ἐὰν ἔ[λ]θης καὶ θέλης δύνηι αὐτὴν
15 ἴδε[ῖν]. 'Ασπάζεταί σε 'Αλέξανδρος
κ[αὶ τὰ] παιδία.
          Ἔρρωσ{σ}ο.
(Ἔτους) ια Νέρωνος Κλαυδίου Καίσαρος
[Σεβαστ]οῦ Γερμανικοῦ Αὐτοκράτορος Φαῶφι ιη.
Verso:
20 Εἰς 'Οξύρυ[γ]χα ἐπὶ τό[π]ου [.]ο(   )  ....ϙσιῳ[....]
          Π[ομ]πηίῳ [...]ω.[        ]

1 εὐτη-|χῆσθαι l. εὐτυχῆσθαι für εὐτύχηται     7 ὠ-|μοτοκητοῦ l.
ὠμοτοκετοῦ     11 ἔδι l. ἔδει

Thaubas ihrem Vater Pompeios Gruß. Du tätest gut daran,
nach Erhalt meines Briefes sofort (hierher) zu kommen, da
Deine arme Tochter Herennia verstorben, und sie hatte
(doch) schon glücklich am 9. Phaophi eine Mißgeburt durch-
gestanden. Sie gebar nämlich ein totes Achtmonatskind,
überlebte vier Tage, danach (erst) starb sie, wurde von uns
und von ihrem Mann zur Bestattung hergerichtet, wie es
sich schickt, und nach Alabanthis gebracht, damit – falls
Du kommst und es willst – Du sie sehen kannst. Es grüßen
Dich Alexandros und die Kinder. Gehab Dich wohl. Im
11. Jahre des Nero Claudius Cäsar Augustus Germanicus
Imperator, am 18. Phaophi. (Verso) Nach Oxyrhyncha für
den ... (genannten?) Ort, dem Pompeios.

Wohl noch unter dem Eindruck des erst fünf Tage zurück-
liegenden Todes ihrer Schwester faßt sich Thaubas in ihrem
Brief an den Vater kurz. Sie schildert die Ereignisse und
nennt den Platz, an dem der Vater die Mumie der Verstorbenen finden kann, eher zwischen den Zeilen schwingt ihre
Anteilnahme mit. Alexandros (Z. 15) ist wohl ihr Ehemann
und die Kinder sind die ihren.

## 91

## Privatbrief wegen einiger ausgeliehener Bücher

SB XII 11084. Hermopolis. 2. Hälfte 5. Jahrh. n. Chr.

Τῷ κυρίῳ μο[υ]
ἐναρέτῳ ἀδελφῷ [Θεογνώστῳ]
   Βίκτωρ χ(αίρειν).
Κατα[ξι]ούτω ἡ σὴ λογιότης διδόναι Ἠλίᾳ
5 π[.].υλω τῷ παιδὶ τοῦ κυρίου τοῦ γραμματι-
κοῦ τὸ βιβλίον ὅπερ δέδωκα τῇ σῇ ἀ-
δελφότητι τυγχάνοντι ἐπὶ τῆς Ἑρμουπο-
λιτῶν· οἶδεν γὰρ ὁ θεός, ἀναγκάζομαι {α}
οὐχ ὡς ἔτυχεν / ἔστιν δὲ Ἀλεξάνδρου Κλαυ-
10 δίου τῶ[ν ὑπ(ομνημάτων)] εἰς Δημοσθένην τὸν ῥήτορ[α τό
   (πρῶτον)]
   [καὶ] Μενάνδρου τέχνην ἐν τάχι[.....]

Verso: oben links zur Faserrichtung quer
καὶ μεθόδους
καὶ ἐγκώμια
ἐν τάχ[ει   ]
                    Parallel zur Faserrichtung
ρ Ὑπομνηστικὸν πρ(ὸς) Θεόγνω-
στον π(αρὰ) Βίκτορος

4 π[.] .υλω: ein zweiter Name des Elias oder sein Spitzname.
10 τῶ[ν ὑπ(ομνημάτων)] bietet sich als Ergänzung an, wenn man
nicht in τω[ eine Verschreibung sehen will (ω anstatt ο ist möglich).
Das Zeilenende τὸ (πρῶτον) ist beispielshalber ergänzt.   11 [καὶ]?:
Ed. pr. hat [   ].

Meinem Herrn und tugendhaften Bruder Theognostos von
Viktor zum Gruße. Möge Deine Beredsamkeit geruhen, dem
Elias P..ylos, dem Sklaven unseres Herrn Schulmeisters, das
Büchlein zu geben, welches ich Deiner Brüderlichkeit ge-
geben habe, als Du in Hermopolis weiltest – Gott weiß, ich

brauche (es) nicht nur so schlechthin – nämlich [den ersten Band] [vom Kommentar] des Alexander Claudius zu dem Redner Demosthenes. [Und] Menanders „Techne", schnell, (Verso) und die „Methoden" und die „Lobreden", schnell. Adresse: „Erinnerungsbrief an Theognostos von Victor."

Das kleine Erinnerungsschreiben um Rückgabe einiger entliehener Bücher ist in mehrfacher Hinsicht reizvoll. Es gestattet vorab einen Blick auf den Formenreichtum der byzantinischen Zeit an ehrenden Beiworten, hier ἐνάρετος (Z. 2) – ein privates Höflichkeitsprädikat –, ἡ σὴ λογιότης (Z. 4) – eine den Empfänger als Advokaten ausweisende Anrede – und ἡ σὴ ἀδελφότης (Z. 6f.) sowie ἀδελφός (Z. 2) – beides mag hier Adressaten und Sender als Brüder in Christo kennzeichnen. Bedeutungsvoller ist das Licht, welches der Brief auf das antike Literaturwesen wirft. Neben den dokumentarischen Papyri hat der Sand Ägyptens zahlreiche, meist fragmentarische literarische Texte bewahrt, welche das Interesse an der Literatur bezeugen. Seltener sind indirekte Belege wie das vorliegende Schreiben oder die briefliche Bitte um Anfertigung und Zusendung von Buchkopien P. Oxy. XVIII 2192 Col. II Z. 28–45 (ca. 170 n. Chr.). Hier geht es um entliehene Fachliteratur, um deren umgehende Rückgabe der Schreiber, offenkundig ein Kollege des Adressaten, bittet. Zunächst wünscht er nur ein Buch (τὸ βιβλίδιον, Z. 6); den Namen des Verfassers dreier weiterer Werke und deren Titel hat er dann ohne Rücksicht auf den grammatikalischen Zusammenhang angefügt. Die genannten Verfasser – und dies macht einen Reiz dieses Briefes aus – sind uns bekannt: Alexander Claudius wird als Sophist in der Suda, einem byzantinischen Reallexikon des 10. Jahrh., aufgeführt; unser Text erlaubt, in ihm einen in den Demosthenes-Scholien erwähnten Demosthenes-Kommentator Alexander zu identifizieren, dessen Werk hier zurückerbeten wird. Bei Menander handelt es sich um einen bekannten Rhetor des 3. Jahrh. n. Chr. aus Laodikeia am Lykos, Autor verschiedener Schriften, von denen hier drei – vielleicht inoffizielle – Titel angegeben sind. Keines weiteren Hinweises bedarf der Redner Demosthenes. Der Anlaß für das dringende Rückgabeersuchen ist nicht erwähnt und bleibt damit unbekannt.

Offensichtlich muß Viktor eine Rede verfassen und, da die drei Schriften Alexanders sich auf λόγοι ἐπιδεικτικοί (Gelegenheitsreden) beziehen, wird es nicht um eine Gerichtsrede [s.o. Nr. 42] gehen. Dementsprechend vermutet der Herausgeber unseres Textes, *H. Maehler*: „so ... mögen wir annehmen, daß es nicht Viktors Ziel war, jemanden vor Gericht zu verteidigen, sondern eine Lobesrede auf irgendeine hervorragende Person zu halten, vielleicht auf einen prominenten Besucher von Hermopolis, dessen Besuch kurzfristig angekündigt worden ist – doch dies ist natürlich nur eine Mutmaßung."

*Lit.:* zum Text s. H. Maehler, Menander Rhetor and Alexander Claudius in a Papyrus Letter, GRBS 15, 1974, S. 305 ff.; zum Stil s. H. Zilliacus, Untersuchungen zu den abstrakten Anredeformen und Höflichkeitstiteln im Griechischen, Helsinki 1949; zur Suda s. H. Gärtner, Pauly 5 Sp. 407 f. s. v. Suda; zu dem Rhetor Menander s. H. Gärtner, Pauly 3 Sp. 1202 s. v. Menandros 10; zu P. Oxy. XVIII 2192 s. E. G. Turner, Greek Manuscripts of the Ancient World, Oxford 1971, S. 114 (Nr. 69); zu den Papyri als Nachrichtenquelle über die antike Literatur s. F. Longo Auricchio, Su alcune liste di libri restituite dai papiri, Rend. Accad. Napoli N. S. 46, 1971, S. 143 ff.

## 92

### Empfehlungsschreiben

P. Col. Zen. I 41 (mit BL III)      Philadelphia. Um 254 v. Chr.

Φιλέας Ζήνωνι χαίρε[ι]ν. Προσῆλθόν τ[ι]νες ἡμῖν γνωρίμων
ὑπὲρ Μητροδώρου τοῦ ἀποδιδόντος [σο]ι τὴν [ἐ]πιστολὴν
ἀξιοῦντες γράψαι
πρὸς σέ. Χαριεῖ οὖμ μοι ἔρανον αὐτ[ῶι] ποιήσα[ς] παρά
τε σαυτοῦ καὶ τῶν
γνωρίμων. Φανερὸς δέ σοι ἔσται ὁ ἄνθρωπος ἀπὸ τῆς
ἐσθῆτος ὅς ἐστιν.
5 Ἔρρωσο.
Verso:        Ζήνωνι.

Phileas dem Zenon Gruß. Es kamen zu uns einige unserer Bekannten mit der Bitte, zugunsten des Metrodoros, der Dir den Brief abliefert, an Dich zu schreiben. Du würdest mir nun einen Gefallen tun, wenn Du ihm ein Eranos(-Darlehen?) aus Deiner und der Bekannten (Kasse) zukommen ließest. Bei dem Mann wird Dir von der Kleidung her klar sein, wer er ist. Gehab Dich wohl. (Verso) An Zenon.

Das gegenüber Zenon im Tone von Gleich zu Gleich gehaltene Empfehlungsbriefchen bietet dem modernen Leser einige Verständnisschwierigkeiten, die in dem Begriff ἔρανος wurzeln. Das bereits bei Homer (Od. 1.226) belegte Wort bedeutete ursprünglich ein Freundesmahl, zu dem jeder der Teilnehmer beisteuerte. Hieraus entstanden bereits im klassischen Griechenland feste rechtliche Termini; ἔρανος bezeichnet einen Verein, dessen Zweck die periodische Veranstaltung solcher geselliger Treffen oder die Aufbringung der Mittel zugunsten eines Bedachten unter Umlage der Kosten in der Form fester Beiträge ist, den Mitgliedsbeitrag selbst und schließlich das dem Bedachten zugewendete unverzinsliche Gefälligkeitsdarlehen. Alle diese Bedeutungen finden sich auch in den Papyri, und entsprechend sind die Meinungen zu dem vorliegenden Text geteilt, ob dem Metrodoros zu Ehren ein Mahl veranstaltet werden soll (wozu ποιεῖν paßt) oder ob ihm Phileas ein Freundschaftsdarlehen erwirken will (dessen Auszahlung man eher mit διδόναι o. ä. ausgedrückt erwartet). Eine Entscheidungshilfe gibt es nicht: Der Hinweis auf die Kleidung kann hier im Hinblick auf ein Darlehen den Gedanken „Kleider machen Leute" verkörpern oder in Metrodoros auf einen Blick das Mitglied der gehobenen griechischen Schicht kennzeichnen, der auch Phileas und Zenon sowie die gemeinsamen Bekannten als Vertreter des Eranos-Gedankens angehören.

*Lit.:* Zu Zenon und seinem Archiv s. o. Nr. 3; zum Text s. Ed. pr.; H. Kühnert, Kreditgeschäft [o. bei Nr. 41] S. 81; U. Wilcken, Urkunden-Referat, APF 11, 1935, S. 288f.; zum Eranos-Verein s. M. San Nicolo, Ägyptisches Vereinswesen zur Zeit der Griechen und Römer I, München 1913, S. 212ff.; II, München 1915, S. 188ff.; (2. Aufl. München 1972); zum Eranosdarlehen s. H. Kühnert, aaO S. 81ff.

## 93

## Festvorbereitungen

P. Hib. I 54                   Hibeh. Um 245 v. Chr.

Δημοφῶν Πτολε-
μαίωι χαίρειν. Ἀπό[σ]-
τειλον ἡμῖν ἐκ παν-
τὸς τρόπου τὸν αὐ-
5 λητὴν Πετῶυν ἔχοντ[α]
τούς τε Φρυγίους αὐ-
λ[ο]ὺς καὶ τοὺς λοιποὺς
κ[αὶ]
ἐάν τι δέηι ἀνηλῶσαι
δός, παρὰ δὲ ἡμ[ῶ]ν κομι-
10 εῖ. Ἀπόστειλον δὲ ἡ[μ]ῖν
καὶ Ζηνόβιον τὸν μαλα-
κὸν ἔχοντα τύμπανον καὶ
κύμβαλα καὶ κρόταλα, χρεί-
α γάρ ἐστι ταῖς γυναιξὶν
πρὸς
15 τὴν θυσίαν· ἐχέτω δὲ
καὶ ἱματισμὸν ὡς ἀσ-

τειότατον. Κόμισαι δὲ
καὶ τὸν ἔριφον παρὰ Ἀρισ-
τίωνος καὶ πέμψον ἡμῖν.
20 Καὶ τὸ σῶμα δὲ εἰ συνεί-
ληφας, παράδος ⟦αυτο⟧
Σεμφθεῖ, ὅπως αὐτὸ δι-
ακομίσηι ἡμῖν. Ἀπόσ-
τειλον δὲ ἡμῖν καὶ τυ-
25 ροὺς ὅσους ἂν δύνηι καὶ
κέραμον κα[ι]νὸν καὶ λά-
χανα π[αντ]οδαπὰ καὶ
ἐὰν ὄψον τι ἔχηι[ς].
Ἔρρ[ωσο].
30 Ἐμβαλοῦ δὲ αὐτὰ καὶ φυ-
λακίτας, οἳ συνδιακομιοῦ-
σιν ⟦α⟧ τὸ πλοῖο[ν].
Verso: Πτολεμαίωι.

9 κομι-|εῖ U. Wilken bei A. Deissmann [o. bei Nr. 84] S. 131.

Demophon dem Ptolemaios Gruß. Schicke uns auf jeden Fall den Flötenspieler Petoys mit den phrygischen und den übrigen Flöten; und wenn es nötig ist, etwas auszulegen, zahle es; Du wirst es von uns wiederbekommen. Schicke uns aber auch den Weichling (?) Zenobios mit Trommel, Zimbel und Klappern, denn die Frauen benötigen dies für das Opfer. Er soll aber auch möglichst städtisch-elegante Kleidung tragen. Besorge auch den Bock von Aristion und schicke ihn uns. Und den Sklaven, wenn Du ihn ergriffen hast, übergib dem Semphtheus, damit er ihn uns überbringe. Schicke uns aber auch Käse, soviel Du kannst, ein neues

Tongefäß und verschiedene Gemüse und wenn Du etwas
Zukost hast. Lebe wohl. Verlade aber dies und (stelle) Wa-
chen, die das Boot mit hinüberbringen. (Verso) An Ptolemaios.

Beachtlichen Aufwand widmet Demophon hier einem Fest,
welches offensichtlich aus religiösem Anlaß (vgl. Z. 14f. πρὸς
τὴν θυσίαν) gefeiert werden soll, Künstler werden engagiert
[vgl. u. Nr. 94] und ein Festessen wird vorbereitet. Er bedient sich dabei der Mitwirkung des Ptolemaios, der uns anderwärts als Dorfpolizist entgegentritt [s.o. Nr. 32, 51] und
ein Untergebener des Demophon sein oder diesem gegenüber
jedenfalls in der Beamtenhierarchie tiefer stehen mag, so daß
er sich den privaten Wünschen des Demophon nicht entziehen kann. Dessen Bedürfnisse werden nämlich recht be-
fehlend ausgesprochen, doch könnte sich dies auch aus der
Eile erklären, in der Demophon offensichtlich schreibt: die
Sätze sind nicht gut verfaßt und der Gedankengang ist unterbrochen, wie das Postskriptum und die eingeschobene
Frage nach dem entflohenen Sklaven zeigen. Für die Fahndung nach letzterem ist Ptolemaios als Polizist (φυλακίτης)
übrigens dienstlich zuständig [s.o. Nr. 36, u. Nr. 126]; ob
sich damit ebenso für Demophon ein Amtsgeschäft verbin-
det oder nur Eigeninteresse, ist nicht zu entscheiden. Fraglich
ist schließlich, ob „Weichling" ein Spitzname des Zenobios
ist; μαλακός könnte sich auf die „weiche" Art seiner Interpretation beziehen und uns damit auf die Vielfalt der Künstler im griechisch-römischen Ägypten hinweisen.

*Lit.:* zum Text s. A. Deissmann, Licht vom Osten [o. bei Nr. 84],
S. 130f.; C.C. Edgar, Records of a Village Club, Raccolta Lum-
broso, Milano 1925, S. 360 (370f.); zu Künstlern s. A.C. Johnson,
Roman Egypt [o. bei Nr. 80], S. 297ff.; J.E. Spruit, De juridische
en soziale positie van de romeinse acteurs, Assen 1966; die auf
Feste sich beziehenden Texte druckt ab M. Vandoni, Feste [o. bei
Nr. 24].

## 94

## Engagement einer Tanzgruppe

P. Corn. 9 (mit BL II)  Philadelphia. 206 n. Chr.

'Ισιδώρᾳ κροταλι[στ]ρίᾳ
παρὰ 'Αρτ[ε]μι[σί]ας ἀπὸ κώμης Φιλαδελφείας. Βούλομαι
παρ[α]λαβεῖν σε σὺν ἑτέραις κρο-
5 ταλ[ισ]τρίαις β λιτουργῆ{σα}σαι
παρ' ἡμῖν ἐπὶ ἡμ[έρ]ας ἓξ ἀπὸ
τῆς κδ̄ τοῦ Παῦ[ν]ι μηνὸς κατ' ἀρχαίους, λαμβαν[ό]ντων ὑμῶν
ὑπὲρ μισθοῦ καθ' [ἡμ]έραν ἑκάσ-
10 την (δραχμὰς) λς καὶ ὑ[πὲ]ρ πασῶν τῶν
ἡμε[ρ]ῶν κριθῆς [(ἀρτάβας)] δ καὶ ἄρτων ζεύγη κ̄, ὅσ[α] δὲ ἐὰν κα-
τενέγκηται ἱμά[τ]ια ἢ χρυσᾶ
κόσμια, ταῦτα σ[ῶ]α παραφυ-
15 λάξομεν, παρ[εξ]όμεθα δὲ
ὑμῖν κατερχομέ[νο]ις ὄνους
δύο καὶ ἀνερχο[μ]ένοις
τοὺς ἴσους.
*Ετους ιδ Λουκίου Σεπτι[μ]ίου Σεουήρου
20 Εὐσεβοῦς Περτίνακος [καὶ] Μάρκου
Αὐρηλίου 'Αντωνί[νο]υ Εὐσεβοῦς
Σεβαστῶν καὶ Που[βλί]ου Σεπτιμίου
Γέτα Καίσαρος Σεβ[αστο]ῦ, Παῦνι ις̄.

An Isidora, die Kastagnettentänzerin, von Artemisia aus dem
Dorf Philadelphia. Ich will Dich mit zwei anderen Kastagnettentänzerinnen für eine Aufführung bei mir zuhause
für die Dauer von sechs Tagen ab dem 24. des Monats Payni
alter Zeitrechnung engagieren, wobei Ihr als Lohn für jeden
Tag 36 Drachmen und für die vollen (sechs) Tage 4 Artaben
Gerste und 20 Paar Brotlaibe erhalten sollt. Was auch immer
an Kleidung oder Goldschmuck mitgebracht sein wird, das

werden wir unversehrt aufbewahren. Wir werden aber Euch, wenn Ihr herabkommt, zwei Esel zur Verfügung stellen und, wenn Ihr wieder zurückkehrt, dieselben. Im 14. Jahr des Lucius Septimius Severus Pius Pertinax und Marcus Aurelius Antoninus Pius Augusti und des Publius Septimius Geta Caesar Augustus, am 16. Payni.

Welches Fest hier in einem Privathaus so aufwendig und sechs Tage lang gefeiert werden soll, ist ungewiß; denkbar wäre beispielsweise eine Hochzeit. Die Klauseln sprechen im wesentlichen für sich und bedürfen hier keiner Erläuterung. Bemerkenswert ist lediglich, daß der Text zwei Jahrhunderte nach der Einführung des Fixjahres durch Augustus noch ein Datum nach dem alten ägyptischen Wandeljahr (Z. 7: κατ' ἀρχαίους) aufweist. Rechtlich interessant ist das Formular, welches sprachlich als Angebot formuliert und eine Eigenheit der Künstlerverträge ist, von denen etwa die Hälfte diese Form haben. Eine ähnliche Erscheinung stellen die sogenannten Pacht-Hypomnemata dar, deren Kontext mit der Wendung βούλομαι μισθώσασθαι (z.B. P. Amh. II 88) beginnt. Entgegen diesem Wortlaut wird für beide Urkundengruppen angenommen, es handle sich um verbindliche Verträge. Das griechische Recht mißt freilich nur solchen Verträgen Wirksamkeit bei, in deren Rahmen eine Verfügung erfolgt ist [s.o. Nr. 77], was wiederum hier nicht geschehen zu sein scheint. Tatsächlich aber liegt eine solche Verfügung – Einräumung des Landbesitzes, Gestellung der Künstler – vor, doch bedienen sich die Parteien eines von den Gesuchen an Behörden abstammenden Formulars, um den ja unabhängig vom schriftlichen Dokument geschlossenen Vertrag zu beurkunden, und die gewählte Form gibt die Verfügung nicht wieder.

*Lit.:* zum Text s. W.L. Westermann, C.J. Kraemer jr., Einl. zu P. Corn. 9; zu Künstlern s.o. bei Nr. 93; zu Künstlerverträgen (rechtlich) s. B. Adams, Paramoné [o. bei Nr. 76] S. 166f., J. Hengstl, Arbeitsverhältnisse [o. bei Nr. 76] S. 45ff., 130f.; zu den Grundlagen des Vertragsrechts s.o. Nr. 77; zu den Pachthypomnemata s. J. Herrmann, Studien zur Bodenpacht im Recht der graeco-aegyptischen Papyri, München 1958, S. 26ff.; K. Weiser, Das Hypomnema in der Prinzipatszeit. Ein Beitrag zur Geschichte des Konsensualvertrages, jur. Diss. Erlangen 1952.

95

## Unglücksfall während eines Festes

P. Oxy. III 475                    Oxyrhynchos. 182 n. Chr.

Ἱέραξ στρατηγὸς Ὀξυρυγχείτου Κλαυ-
δίῳ Σερήνῳ ὑπηρέτῃ. Τῶν δοϑέν-
των μοι βιβλιδί[ω]ν ὑ[π]ὸ Λεωνίδου
το[ῦ] κ(αὶ) Σερήνου τὸ ἴσον ἐπεστέλλεταί σοι,
5 ὅπως παραλαβὼν δημόσιον ἰατρὸν
ἐπ[ι]ϑεωρήσῃς τὸ δηλούμενον νεκρὸν σῶμα καὶ παραδοὺς εἰς κηδεί-
αν ἐνγράφως ἀποφάσεις προσφω-
νήσητε. (2. Hd.) Σεσ[η]μ(είωμαι).
10 (1. Hd.) ("Ετους) κγ [Μ]άρκου Αὐρηλίου Κομμόδου
Ἀντωνίνου Καίσαρος τοῦ κυρίου
Ἀϑὺρ ζ.
(3. Hd.) Ἱέρακι στρα(τηγῷ)
παρὰ Λεωνίδου τοῦ καὶ [Σερήνου χ]ρη-
15 ματίζοντος μητρὸς Ταύριο[ς] ἀπὸ Σενέπτα. Ὀψ[ί]ας τῆς διελϑούσ[ης] ἐκ⟨τ⟩ης
ἑορτῆς οὔσης ἐν τῇ Σενέ[πτα καὶ κρο-]
ταλιστρίδων λειτουργου[σῶν κατὰ τὸ]
ἔϑος πρὸς οἰκίᾳ Πλουτίωνος τοῦ [γαμ-]
20 βροῦ μου ...[.]......τοδήμου
Ἐπαφρόδειτος δοῦλος αὐτοῦ ὡς
(ἐτῶν) η βουληϑεὶς ἀπὸ τοῦ δώματος
τῆς αὐτῆς οἰκίας παρακύψαι καὶ
ϑεάσασϑαι τὰς [κρο]ταλιστρίδας
25 ἔπεσεν καὶ ἐτελε[ύ]τησεν. Οὗ χάριν ἐπιδιδοὺς τὸ βιβλείδιον [ἀξ]ιῶ,
ἐὰν δόξῃ σοι, ἀποτάξαι ἕνα τῶν περὶ
σὲ ὑπηρετῶν εἰς τὴν Σενέπτα,
ὅπως τὸ τοῦ Ἐπαφροδείτου σῶμα
30 τύχῃ τῆς δεούσης περιστολ[ῆς] καὶ
καταϑέσεως. ("Ετους) κγ Αὐτοκράτορος

Καίσαρος Μάρκου Αὐρηλίου Κομμόδου 'Αντωνίνου
Σεβαστοῦ 'Αρμενιακοῦ Μηδικοῦ Παρθικοῦ
Σαρματικοῦ Γερμανικοῦ Μεγίστου 'Αθὺρ ζ.
35 Λεωνίδης ὁ καὶ Σερῆνος ἐπι[δ]έδωκα.

4 ἐπεστέλλεταί l. ἐπιστέλλεται (U. Wilcken zu Chr. Nr. 494).

Hierax, der Stratege des Oxyrhynchitischen Gaues, an den
Hilfsbeamten Claudius Serenus. Von der mir von Leonides,
auch Serenus genannt, eingereichten Meldung wird Dir
(hiermit) ein Doppel übersandt, damit Du einen öffentlichen
Arzt hinzuziehst, den gemeldeten toten Sklaven besichtigst
und mir, wenn Du ihn zur Bestattung freigegeben hast, schriftlich Bericht erstattest. (2. Hd.) Ich habe unterzeichnet.
(1. Hd.) Im 23. Jahr des Marcus Aurelius Commodus Antoninus Caesar, des Herrn, am 7. Hathyr. (3. Hd.) An den
Strategen Hierax von Leonides, der auch Serenus heißt und
nach seiner Mutter Tauris benannt wird, aus Senepta. Am
Abend des gestrigen sechsten (Tages), als in Senepta das
Fest war und die Kastagnettentänzerinnen wie üblich vor
dem Haus meines Schwiegersohnes Plution auftraten ... fiel
sein Sklave Epaphrodeitos, ungefähr 8 Jahre alt, als er vom
Dach desselben Hauses sich vornüberbeugen und die
Klappertänzerinnen anschauen wollte, herab und war tot.
Deswegen übergebe ich die Meldung und bitte, wenn es Dir
recht erscheint, einen von Deinen Gehilfen nach Senepta zu
entsenden, damit dem Leichnam des Epaphrodeitos die nötige Einkleidung als Mumie und Bestattung zuteil werde. Im
23. Jahr des Imperator Caesar Marcus Aurelius Commodus
Antoninus Augustus Armeniacus Medicus Parthicus Sarmaticus Germanicus Maximus, am 7. Hathyr. Ich, Leonides,
der auch Serenos heißt, habe das Gesuch übergeben.

Damals wie heute verführen die Feststimmung und die Ab-
lenkung durch die Festvorführungen leicht zu folgenschwerer
Unvorsichtigkeit, die hier einen kleinen Sklavenjungen das
Leben gekostet hat. Sein Tod ist pflichtgemäß dem Strategen

gemeldet worden, der eine Besichtigung durch einen Hilfsbeamten (ὑπηρέτης) unter Beiziehung eines öffentlichen
Arztes anordnet [vgl. o. Nr. 37, u. 110]; die betreffende Verfügung und das Datum hat ein Schreiber geschrieben (1. Hd.),
der Stratege hat die einfach vor das Doppel der Anzeige
(3. Hd.) gesetzte Anordnung nur abgezeichnet (2. Hd.). Der
Grund für die Besichtigung ist nicht ausdrücklich überliefert;
es liegt aber auf der Hand, daß diese Maßnahme zur Wah-
rung der öffentlichen Sicherheit und Ordnung beitragen soll.
Bemerkenswert ist, daß hier ausnahmsweise eine Person,
der Anzeigeerstattende, nicht den Vaternamen, sondern
allein den Namen seiner Mutter angibt; er ist demnach unehe-
lich geboren sein. Der Muttername wird sonst nur in Zau-
bertexten statt des Vaternamens geführt [s. o. Nr. 70f.].

*Lit.:* zum Hyperetes s. o. bei Nr. 37; zu Festen s. o. bei Nr. 94; zu
Medizin und Ärzten s. u. Nr. 111; zur Rolle Nichtehelicher in
Ägypten s. H. C. Youtie, ΑΠΑΤΟΡΕΣ: Law vs. Custom in Roman
Egypt, Le monde grec [o. bei Nr. 49], S. 323ff.

## 96

### Schreibübung

B. M. Add. MS. 34186(1)    Herkunft unbekannt. 2. Jahrh. n. Chr.

Σοφοῦ παρ' ἀνδρὸς προσδέχου συμβουλίαν.
Μὴ πᾶσιν εἰκῇ τοῖς φίλοις πιστεύεται.

Der Text wird zweimal wiederholt.    2 πιστεύεται l. πιστεύετε

Nimm' eines weisen Mannes Rat an.
Vertraut nicht unüberlegt allen Freunden.

Auf einer Wachstafel hat der Schreiblehrer oben auf Linien
zwei Sinnsprüche vorgeschrieben (der erste stammt von
Menander, die Herkunft des zweiten ist unbekannt) und
weiter unten als Schreibhilfe vier Doppelstriche gezogen. Mit
noch recht unbeholfener Schrift hat der Schüler in diesen

Zeilen den Text zweifach nachgeschrieben. Es handelt sich um eine Vorgerücktenübung, wie wir anhand der durch Belege wohlbekannten Praxis des Schreibunterrichtes gut beurteilen können. Vorab lernt der Schüler die einzelnen Buchstaben, dann deren Verbindung zu Silben. So beginnt die Schreibübung UPZ I 147 mit den sieben Vokalen, die im folgenden mit den Konsonanten verbunden werden, eine komplizierte Silbenbildung schließt sich an (Auszug: α βα γα δα ϳα – – – ψα βρας γρας δρας ϳρας usf.). Hierauf lernt der Schüler, Silben zu Wörtern zusammenzusetzen, wobei zunächst die Silben noch abgeteilt werden (z.B. SB XII 10769 Z. 56 ε κα βη = Ἑκάβη). Später übt der Schüler sich an kurzen Sätzen und Sinnsprüchen (wie hier), es folgen zusammenhängende Texte bekannter Dichter und Schriftsteller. Daneben liest man Texte, bevorzugt natürlich solche von Homer, oder übt Besonderes, etwa diktierte Wörter zu einem Hexameter zusammenzufügen (P.Bad. IV 111). Schreiben lernt man aus privater Initiative bei bezahlten Lehrern, und entsprechend groß ist die Zahl jener, die gerade die Hypographe eines Vertrages zu kritzeln vermögen oder überhaupt nicht schreiben können. Letzteres zeigt sich in dem häufigen Vermerk ἔγραψα ὑπὲρ αὐτοῦ γράμματα μὴ εἰδότος – „ich habe für ihn geschrieben, der nicht zu schreiben weiß" o.ä. [z.B. o. Nr. 25 u. 79].

*Lit.:* Pack[2] 2713; zum Text Ed. pr. F.G. Kenyon, Two Greek School-Tablets JHS 29, 1909, S. 28ff. (39); zu Schreibübungen s. E.G. Turner, Athenians Learn to Write: Plato Protagoras 326d, BICS 12, 1965, S. 67ff.; zum Schulwesen s. H.J. Marrou, Geschichte der Erziehung im klassischen Altertum, Freiburg–München 1957; M.P. Nilson, Die hellenistische Schule, München 1955; U. Wilcken, Grundzüge, S. 136ff.; zur Schriftkenntnis s. o. bei Nr. 46.

97

## Nilschiffer-Lied

P. Oxy. III 425          Oxyrhynchos. 2./3. Jahrh. n. Chr.

[N]αῦται βυθοκυˋμˊα-          Ihr die Wellen der Tiefe durch-
[τ]οδρόμοι, ἁλίων Τρί-          eilenden Seeleute, Tritonen der
τωνες ὑδάτων          salzigen Wasser
καὶ Νιλῶτε γλυκυ-          und Nilschiffer, mit wohlge-
5 δρόμοι τὰ γελῶν-          setztem Kurs die heiteren
τα πλέοντες ὕδατη,          Wasser besegelnd,
τὴν σύνκρισιν εἶπα-          den Vergleich schildert,
τε φίλοι πελάγους          Freunde, von hoher See
καὶ Νείλου γονί-          und dem lebensspendenden
μου.          Nil.

◠◠◠◠◠◠

4 Νιλῶτε l. Νιλῶται    6 ὕδατη l. ὕδατα

Dieses kleine, nirgendwo sonst überlieferte Beispiel von Volkslyrik danken wir einer unbekannten Person, die es – wie die ungelenke Handschrift verrät – übungshalber abgeschrieben hat.

*Lit.:* s. Pack² 1927; Sel. Pap. III 97; E. G. Turner, Greek Manuskripts [o. bei Nr. 91], Kommentar zu Nr. 5 (mit Abb.).

## 98

# Zwei Grabgedichte auf Zenons Hund Tauron

P. Cair. Zen. IV 59532 Philadelphia. 256–246 v. Chr.

Ἰνδὸν ὅδ' ἀπύει τύμβος Ταύρωνα θανόντα
κεῖσθαι, ὁ δὲ κτείνας πρόσθεν ἐπεῖδε Ἀίδαν
θὴρ ἅπερ ἄντα δρακεῖν, συὸς ἢ ῥ' ἀπὸ τᾶς Καλυδῶνος
λείψανον, εὐκάρποις ἐμ πεδίοις τρέφετο
5 Ἀρσινόας ἀτίνακτον, ἀπ' αὐχένος ἀθρόα φρίσσων
[λ]όχμηι καὶ γε[ν]ύων ἀφρὸν ἀμεργόμενος.
Σὺν δὲ πεσὼν σκύλακος τόλμαι στή[θ]‘θ'η μὲν ἑτοίμως
ἠλόκισε, οὐ μέλλων δ' αὐχέν‘α' ἔθηκε ‘έ'πὶ γᾶν.
[Δρα]ξάμενος γὰρ ὁμοῦ λοφιᾶι μεγάλοιο τένοντος
10 [ο]ὐ πρ[ὶ]ν ἔμυσεν ὀδόντα ἔστε ὑπέθηκε Ἀίδαι.
[Καὶ σῶισε] ζ[ήνω]να πον[ῶν] ἀδίδακτα κυναγὸν
καὶ κατὰ γᾶς τύμβωι τὰν χάριν ἠργάσατο.

Ἄλλο·
Σ[κ]‘κ'ύλαξ ὁ τύμβωι τῶιδ' ὑπ' ἐκτερισμένος
15 Ταύρων, ἐπ' αὐθένταισιν οὐκ ἀμήχανος;
Κάπρωι γὰρ ὡς συνῆλθεν ἀντίαν ἔριν,
ὁ μέν τις ὡς ἄπλατος οἰδήσας γένυν
στῆθος κατηλόκιζε[ν] λευκαίνων ἀφρῶι,
ὁ δ' ἀμφὶ νώτωι δισσὸν ἐμβαλὼν ἴχνος
20 ἐδράξατο φρίσσοντος ἐκ στέρνων μέσων
καὶ γᾶι συνεσπείρασεν· Ἀίδαι δὲ δούς
τὸν αὐτόχειρα ἔδν[η]‘α'ισκεν, Ἰνδὸν ὡς νόμος.
Σώιζων δὲ τὸν κυναγὸν ὧι παρείπετο
Ζήνωνα ἐλαφρᾶι τᾶιδ' ὑπεστάλη κόνει.
Verso:
25 Τῶι παρ' Ἀ-          Ζήνωνι
πολλωνίου.

6 I. Cazzaniga, aaO.: ἀμέργομενος l. ἀμελγόμενος      12 ἠργάσατο l. εἰργάσατο.    Die von I. Cazzangia aaO. vorgeschlagenen
Verbesserungen sind im Text berücksichtigt worden.    14 Σ[κ]‘κ'ύ-
λαξ anhand der Abb.: Ed. hat Σ[κ]‘κ'ύλαξ wohl infolge eines
Druckfehlers.

Tauron – kündet das Mal –, der Inderhund, liegt tot hier,
    Der ihn getötet jedoch sah schon den Hades zuvor –
Gleich einem Untier zu schau'n oder des Kaledonischen Ebers
    Sproß, um Arsinoe[1]) auf fruchtbaren Auen genährt,
Nicht zu erschüttern gewachsen, vom Nacken sträubend die
    Mähn' im
    Dickicht und (unbeugsam) Schaum(fetzen) streifend vom
    Kinn.
Als er trifft auf den Mut des jungen Hundes, zerreißt er
    ihm entschlossen die Brust, gleich drauf den Nacken zur
    Erd'
Beugt er. Packend zugleich im Nacken die mächtige Sehne
    Schloß er[2]) die Zähne nicht, eh' er dem Hades ihn gab.
Ungelerntes verrichtend errettet er Zenon, den Jäger,
    Unter die Erde hinab Dank er erwarb sich im Grab.

andere (Fassung):
Ein junger Hund liegt unter diesem Mal im Grab,
Der Tauron, der vor Mördern gar nicht hilflos war.
Mit einem Eber traf im Kampf zusammen er,
Der ein' unnahbar, seine Hauer streckend vor,[3])
Zerfurcht die Brust, bedeckend sie mit weißem Schaum;
Der andere prägt' im Rücken eine zweifach' Spur,
Ergriff' ihn, dessen Haar' sich sträubten auf der Brust,
Und zog ihn auf die Erd'; im Tod dem Hades gab
Den Mörder er, wie es der Inderhunde Brauch.
Den Jäger Zenon, dem er folgte, rettend (so),
Ward' er in diesen leichten Staub zur Ruh' gelegt.
    (Verso) Dem Angestellten des Apollonios        **Zenon**

1 gemeint ist die Stadt Arsinoe    2 d.h. Tauron    3 lit.: den Kinn-
backen schwellend

Die beiden Gedichte aus dem Zenon-Archiv sind eine Auf-
tragsarbeit: Zenon hat für seinen jungen indischen Jagdhund
Tauron, der ihn im Kampf mit einem Keiler gerettet, selbst
jedoch sein Leben verloren hatte, ein Grabgedicht bestellt,
welches in dem vorliegenden Text geliefert wird. Der Dichter dürfte in Alexandrien gelebt haben, denn ein Ortsan-

sässiger empfände den Zusatz τῶι παρ' 'Απολλωνίου in der Adresse als überflüssig. Um nach dem Geschmack seiner Zeit die Beherrschung verschiedener Versmaße zu zeigen, sendet der Verfasser zwei Gedichte, eines in Distichen, eines in Jamben. Wie entsprechende Inschriften zeigen, sind wahrscheinlich beide Fassungen, einschließlich des verbindenden ἄλλο, eingraviert worden – freilich hat sie uns nicht der dauerhafte Gedenkstein, sondern der vergängliche Papyrus bewahrt. Bemerkenswert sind die in beiden Gedichten benutzten dorischen Formen (z. B. Z. 3 τᾶς statt τῆς) und die häufige Schreibung des Schlußvokals vor vokalischem Wortbeginn (z. B. Z. 2 ἐπεῖδε 'Αίδαν statt ἐπεῖδ' 'Αίδαν). Letzteres zeigt, daß der vorliegende Text von einem zwischen den Zeilen durch hochgesetzte Buchstaben glossierten Exemplar abgeschrieben worden ist; an zwei Stellen (Z. 8 αὐχέν'α', 'ἐ'πί) ist dies beibehalten worden.

Der vorliegende literarische Text eines unbekannten und auch nicht nennenswerten Autors gibt Anlaß, auf die Bedeutung der Papyri für die Literaturüberlieferung hinzuweisen. Obgleich die literarischen Papyri mengenmäßig hinter den dokumentarischen weit zurückstehen, haben sie uns doch Werke mancher sonst nur dem Namen nach oder aus Zitaten bekannter Autoren bewahrt – etwa von dem Redner Hypereides oder dem Dichter Menander –, den Werkbestand anderer Schriftsteller erweitert – so für die Dichter Archilochos, Bakchylides und Sappho, ferner Aristoteles (Athenaion politeia) – und schließlich zu Vorhandenem Vergleichsmaterial für die Textkritik und die Erforschung der Textüberlieferung erbracht. Außerdem harrt eine Vielzahl von Texten und Fragmenten noch der Zuordnung zu einem bestimmten Verfasser – beispielsweise die „Hellenika von Oxyrhynchos", ein Geschichtswerk.

*Lit.:* Pack² 1761; zum Text s. I. Cazzaniga, Pap. Zenon 59532: Epigramma in distici per la morte del cane Tauron, Eirene 11, 1973, S. 71ff.; C. C. Edgar, Selected Papyri from the Archives of Zenon (Nos. 37–48), ASAE 19, 1919, 81ff. (101ff.); U. Wilcken (mit U. v. Wilamowitz), Papyrus-Urkunden, APF 6, 1920, S. 453f.; zu den literarischen Papyri s. O. Montevecchi, La papirologia S. 337ff.; W. Schubart, Einführung S. 64ff.; Textliste s. Pack².

# VI WIRTSCHAFT UND ERWERBSLEBEN

## 99

### Brief einer Mutter an ihren Sohn

UPZ I 148          Herkunft unbekannt. 2. Jahrh. n. Chr.

Πυνθανομένη μανθά-       εἰς τὴν πόλιν διδάξεις
νειν σε Αἰγύπτια           παρὰ Φαλου..ῆτι Ἰατρο-
γράμματα συνεχάρην σοι     κλύστηι' τὰ
καὶ ἐμαυτῆι, ὅτι           παιδάρια καὶ ἕξεις
5 νῦγ γε παραγενόμενος     ἐφόδιον εἰς τὸ γῆρας.

5 νῦγ l. νῦν

Als ich erfuhr, daß Du die ägyptische Schrift lernst, freute ich mich für Dich und mich, daß Du jetzt, in die Stadt zurückgekehrt, bei dem Klistierarzt Phaloy..es die Kinder unterrichten und Lebensunterhalt für das Alter haben wirst.

Der herzliche Ton des Briefes läßt annehmen, daß eine Mutter (vgl. die Femininformen Z. 1 und 4) an ihren Sohn schreibt. Dieser Text scheint freilich nicht versendet worden zu sein, denn es fehlen Anrede und Schlußformel, außerdem steht er auf der Rückseite eines bereits anderweitig benutzten Papyrus; es dürfte sich also um ein Konzept oder eine Abschrift handeln. Beachtlich ist die Begegnung der griechischen mit der ägyptischen Kultur: Obgleich selbst Grieche, hat der Sohn das Demotische gelernt [s. u. Nr. 143], die Schrift der unterworfenen Ägypter. Sein jetziger Arbeitgeber Phaloy..es – wohl ein ägyptischer Name – ist ein Facharzt; er hat sich darauf spezialisiert, Krankheiten mit Klistieren zu heilen, einer im Altertum wohlbekannten Methode.

*Lit.:* zum Text s. U. Wilcken, Kommentar zu UPZ I 148; derselbe, zu W. Chr. 136; s. ferner R. Rémondon, Problèmes du bilinguisme dans l'Égypte Lagide (U.P.Z. I, 148), CE 39, 1964, S. 126ff., K. Sudhoff, Ärztliches [o. Nr. 76] S. 260ff.

100

**Vertrag über Kurzschriftunterricht**

P. Oxy. IV 724                    Oxyrhynchos. 155 n. Chr.

Πα[ν]εχώτης ὁ καὶ Πανάρης τῶν κεκοσμητευκότων τῆς
'Οξυρυγχειτῶν

πόλεως διὰ Γεμέλλου φίλου 'Απολλωνίῳ σημιογράφῳ χαίρειν.
Συνέστησά σοι

Χαιράμμωνα δοῦλον πρὸς μάθησιν σημείων ὧν ἐπίσταται ὁ
υἱός σου

Δι[ο]νύσιος ἐπὶ χρόνον ἔτη δύο ἀπὸ τοῦ ἐνεστῶτος μηνὸς
Φαμενὼθ τοῦ

5 ὀκτωκαιδεκάτου ἔτους 'Αντωνίνου Καίσαρος τοῦ κυρίου
μισθοῦ τοῦ συμπεφω-

νημένου πρὸς ἀλλήλους ἀργυρίου δραχμῶν ἑκατὸν εἴκοσι
χωρὶς ἑορτι-

κῶν, ἐξ ὧν ἔσχες τὴν πρώτην δόσιν ἐν δραχμαῖς τεσσαράκοντα,
τὴν δὲ

δευτέραν λήψῃ τοῦ παιδὸς ἀνειληφότος τὸ κομεντάρ[ι]ον
ὅλον ἐν δρα-

χ[μ]αῖς τ[εσσ]αράκοντα, τὴν δὲ τρίτην λήψομαι ἐπὶ τέλει τοῦ
χρόνου τοῦ

10 παιδὸς ἐκ παντὸς λόγου πεζοῦ γράφοντος καὶ ἀναγεινώσ-
[κον]τος ἀμέμπτως

τὰς {δὲ} λοιπὰς δραχμὰς τεσσαράκοντα. 'Εὰν δὲ ἐντὸς τοῦ
χ[ρ]όνου αὐτὸν

ἀπαρτίσῃς οὐκ ἐκδέξομαι τὴν προκειμένην προθεσμ[ί]αν, οὐκ
ἐξόντος

μοι ἐντὸς τοῦ χρόνου τὸν παῖδα ἀποσπᾶν, παραμενεῖ δέ
σ[ο]ι μετὰ [τὸ]ν χρό[νον] ὅσας

ἐὰν ἀργήσῃ ἡμέρας ἢ μῆνας. ("Ετους) ιη Αὐτοκράτορος Καίσαρος Τίτου Αἰλίου 'Αδριανοῦ

15 'Αντωνείνου Σεβαστοῦ Εὐσεβοῦς Φαμενὼθ ε.

9 λήψομαι für λήψῃ (vgl. Z. 8)

Panechotes, der auch Panares heißt, einer von den ehemaligen Kosmeten von Oxyrhynchos, durch seinen Freund Gemellus an Apollonios, den Kurzschriftschreiber, Gruß. Ich habe Dir meinen Sklaven Chairammon zur Erlernung der Zeichen zur Verfügung gestellt, die Dein Sohn Dionysios beherrscht, (und zwar) für die Dauer von zwei Jahren vom laufenden Monat Phamenoth des 18. Jahres des Antoninus Caesar, des Herrn, für den zwischen uns vereinbarten Lohn von 120 Silberdrachmen, ohne Festtagsgeschenke; hiervon hast Du als erste Zahlung 40 Drachmen (erhalten), die zweite (Rate) von 40 Drachmen wirst Du empfangen, sobald der Junge den ganzen „Kommentar" durchgearbeitet hat, die dritte aber, nämlich die restlichen 40 Drachmen, wirst Du am Ende der Zeit erhalten, wenn der Knabe in jeder Hinsicht fließend schreiben und fehlerfrei lesen gelernt hat. Wenn Du ihn aber innerhalb der Zeit ausbildest, werde ich die vorgenannte Frist nicht abwarten; es soll mir nicht erlaubt sein, vorzeitig den Sklavenjungen aus der Lehre zu nehmen, und er wird bei Dir bleiben nach dieser Zeit soviele Tage oder Monate, wie er versäumt hat. Im 18. Jahr des Imperator Titus Aelius Hadrianus Antoninus Augustus Pius, am 5. Phamenoth.

Der vorliegende Vertrag ist einer der ältesten Belege für die griechische Tachygraphie, wie man die antike Kurzschrift zur Unterscheidung von der modernen Stenographie nennt. Panechotes, vertreten durch Gemellus, „übergibt" seinen Sklaven Chairammon dem Tachygraphen Apollonios zur Kurzschriftlehre. Daß auch Sklaven eine Ausbildung erhalten, ist in Ägypten keine Seltenheit, bemerkenswert und nicht erklärbar an unserem Vertrag ist, daß Apollonios zwar Vertragspartner ist, sein Sohn aber den Unterricht erteilen soll; denn auf dessen Kenntnis wird abgestellt (Z. 3 f.). Vielleicht aber gibt diese Wendung das Lernziel an; die merkwürdige Formulierung mag dann damit zusammenhängen, daß die nach dem Vorbild der römischen Schnellschrift (Tironische Noten) geschaffene griechische Tachygraphie noch auf kein hohes Alter zurückblickt. Es wird daher noch kein einheitliches Berufsbild geben, auf welches man als Maßstab verweisen könnte (vgl. u. Nr. 102 Z. 7 f., 47 ff.), und so stellt man statt dessen auf die Kenntnisse einer bestimmten Person ab – nicht auf die des erfahrenen und geübten Lehrers, sondern auf die seines gleichfalls der Schnellschrift kundigen Sohnes. Die Zahlungsweise orientiert sich am Unterrichtserfolg: Der Schüler lernt zunächst die Zeichen für die Vokale und Silben (συλλαβαί), dann die Kürzeln für die Endungen (πτώσεις) und für ganze Worte (μονόβολα); den Abschluß bildet der „Kommentar", der auf dem zuvor Erlernten aufbaut und (so ein in Halle aufbewahrtes Lehrbuch) rund 800 Zeichengruppen enthält, mit denen jeweils kurze Sätze oder Begriffe ausgedrückt werden. Die Mitte jeder Gruppe bildet ein den Syllabai, Ptoseis oder Monobola entnommenes Zeichen, um das vier kleinere tachygraphische Zeichen stehen. Sie entsprechen den Endungen von vier Wörtern und müssen im Uhrzeigersinn gelesen werden, später kommt die Durchkreuzung zur Darstellung einer fünften Bedeutung hinzu. Ein wohldurchdachter Aufbau erleichtert das Erlernen dieses Systems. Nach dem Erarbeiten dieses Kommentars wird Panechotes die zweite Rate des Unterrichtsgeldes zahlen, die dritte Rate dann, wenn Chairammon zum perfekten Tachygraphen ausgebildet ist. Die Zahlung eines Lehrgeldes ist eine Eigenheit der nur selten überlieferten Unterrichtsverträge. Nach ihnen übernimmt der Lehrer, jemandem Kenntnisse beizubringen, ohne hieraus Nutzen ziehen zu können, während in einem Lehrverhältnis der Meister zunehmend von den Diensten des Lehrlings profitiert [s.u. Nr. 102]. Dementsprechend wird der Unterricht vergütet, während der Lehrmeister häufig seinerseits Lohn zahlt. Damit dem Lehrer nicht die Vollendung der Ausbildung unmöglich gemacht und als Folge sein Anspruch auf das Unterrichtsgeld vereitelt wird, ist es dem Vertragspartner (wie in den Ammenverträgen hinsichtlich des Säuglings [s.o. Nr. 77]) untersagt, den Auszubildenden vorzeitig wegzunehmen; auch muß dieser Fehlzeiten nachholen.

*Lit.:* zur Tachygraphie s. H. Boge, Die griechische Tachygraphie, Klio 51, 1969, S. 89ff.; derselbe, Griechische Tachygraphie und Tironische Noten. Ein Handbuch der antiken und mittelalterlichen Schnellschrift, Berlin 1973, Lizenzausgabe Hildesheim–New York 1974; zu den Unterrichtsverträgen s. J. Hengstl, Arbeitsverhältnisse [o. bei Nr. 76] S. 82ff. (85ff.).

101

## Grammatikalische Regeln

P. Oxy. III 469                    Oxyrhynchos. 3. Jahrh. n. Chr.

Der Anfang des Papyrus ist abgebrochen.

τοῦ προσώπου διὰ τῆς αι διφθόγγου, προσγραφομένου
δὲ τοῦ ι μὴ συνεκφωνουμέ-
νου δέ, οἷον γελῶ γελᾷς γε-
5 λᾷ. Οἱ μέντοιγε Αἰολεῖς προσ-
φωνοῦσι γέλεες καὶ βόες λέγοντες. Κατὰ δὲ τὸν παρατατικὸν
κατὰ μὲν τὸ πρῶτον πρόσωπον
διὰ τοῦ ων ἐκφέρεται, ἐπὶ δευ-
10 τέρου καὶ τρίτ[ο]υ προσώπου διὰ
τοῦ α, οἷον ἐγέλων ἐγέλας ἐγέλα.
Ἡ δὲ τρίτη τῶν περισπωμένω[ν]
[ῥ]ημάτων συζυγία ἐκφέρεται κατὰ τὸν ἐνεστῶτα χρ[ό]νον ἐπὶ δευ-
15 τέρου καὶ τρίτου προσώπου διὰ
τῆς οι διφθόγγου, οἷον χρυσῶ

Hier bricht der Papyrus ab.

6 γέλεες καὶ βόες l. γέλαις καὶ βόαις

[Die zweite Konjugation der zusammengezogenen Verben bildet im Präsens die zweite und dritte] Person durch den Diphthong αι, das ι wird adskribiert, aber nicht mit ausgesprochen, wie γελῶ, γελᾷς, γελᾷ. Die Aeolier freilich betonen in der Aussprache γέλαις und βόαις. Im Imperfekt wird die erste Person mit ων und die zweite und dritte mit α gebildet, wie ἐγέλων, ἐγέλας, ἐγέλα. Die dritte Konjugation der zusammengezogenen Verben wird im Präsens in der zweiten und dritten Person mit dem Diphthong οι ausgedrückt, wie χρυσῶ, [χρυσοῖς, χρυσεῖ].

Diese grammatikalischen Regeln über die *verba vocalia* stehen in einem Fragment eines einst mehrere Kolumnen umfassenden Grammatiktextes. Man ist redlich bemüht, die „gemeinsame" griechische Sprache – die κοινή (γλῶσσα) – korrekt anzuwenden. Grundlage der Koine ist der attische Dialekt. Anfänglich nur ein unbedeutender Zweig des Ionischen, gewinnt er aber rasch an Bedeutung, als Athen zur politischen und kulturellen Macht aufsteigt. Seine größte Ausbreitung und damit sein Wandel zur κοινή, zur gemeinsamen Sprache im Gebiet des Hellenismus, erfolgt, indem er am makedonischen Hof eingeführt wird und dank Alexander d. Gr. in die Diadochenreiche gelangt. Das Attische verliert damit seinen Dialekt-Charakter, es gibt Typisches auf, übernimmt aus anderen Dialekten, vor allem dem Ionischen, bestimmte Regeln und wird zur alle Griechen verbindenden Verkehrssprache.

*Lit.*: Pack² 2141; zur Verkehrssprache s. A. Debrunner – A. Scherer, Geschichte der griechischen Sprache, II Grundfragen und Grundzüge des nachklassischen Griechisch, 2. Aufl. Berlin 1969; E. Risch, Das Attische im Rahmen der griechischen Dialekte, Museum Helveticum 21, 1964, S. 1 ff.

## 102

### Weberlehre

P. Oxy. IV 725                         Oxyrhynchos. 182 n. Chr.
(mit BL I und III)

['Ομολογοῦσιν ἀλλήλοις 'Ισ]χυρίων 'Ηραδίωνος
[μητρὸς .......... ἀπ' 'Οξυ]ρύγχων πόλεως καὶ
['Ηρακλᾶς Σαραπίωνος το]ῦ καὶ Λέοντος 'Ηρακλεί-
δ[ο]υ μ[ητρὸς ....... ἀπο] τῆς αὐτῆς πόλεως
5 [γέρ]διο[ς ὁ μὲν 'Ισχυρίων ἐγ]δεδόσθαι τῷ 'Ηρα-
[κλᾶ] τὸν το[ῦ μετηλλαχότος αὐτοῦ] ἀδελφοῦ
[υἱ]ὸν Θῶν[ιν ἀ]φηλ[ικα π]ρὸς [μ]άθησιν τῆς δη-

λ[ο]υμένης [τέ]χνης ἀπὸ νεομη[νίας τοῦ] ἑξῆς
μ[η]νὸς Φαῶφ[ι] ἐπὶ χρόνον ἔτη πέ[ντε, κ]αὶ παρ-
10 έξει αὐτὸν προσεδρεύοντα τῷ διδασκάλῳ
ἐπὶ τὸν δηλο[ύμε]νον χρ[ό]νον καθ᾽ ἑκάστην
ἡμέραν ἀπὸ ἀν[ατολῆς ἡ]λίου μέχρι δύσεως,
ποιοῦντα πάντ[α τὰ ἐπιτραπ]ησόμενα [α]ὐτῷ
ὑπὸ τοῦ αὐτοῦ δ[ιδασκάλ]ου ὡς ἐπὶ τῶν ὁμοί-
15 ων μαθητῶν, [τρεφόμ]ενον ὑπὸ τοῦ Ἰσχυ-
[ρί]ωνος. Κ[αὶ τὰ μὲν] πρῶτα ἔτη δύο
καὶ μῆνας ἑπτὰ τοῦ τρίτου ἐνιαυτοῦ
οὐδὲν δώσει ὑπὲρ μισθοῦ τοῦ παιδὸς ὁ Ἡρακλᾶς, τοῖς δὲ λοιποῖς μησὶ πέντε τοῦ αὐ-
20 τοῦ τρίτου ἐνιαυτοῦ χορηγήσει ὁ Ἡρακλᾶς ὑπὲρ μισθῶν τοῦ αὐτοῦ μαθητοῦ
κατὰ μῆνα δραχμὰς δεκαδύο κ[α]ὶ τῷ τετάρτῳ ἐνιαυτῷ ὁμοίως κατὰ μῆνα
ὑπὲρ μισθῶν δραχμὰς δεκαὲξ καὶ τῷ
25 πέμπτῳ ἐνιαυτῷ ὁμοίως κατὰ μῆνα δραχμὰς εἴκοσι τέσσαρας, καὶ κατασκευ-
άσει ὁ Ἡρακλᾶς τῷ αὐτῷ μαθητῇ τῷ μὲν
ἐνεστῶτι τετάρτῳ καὶ εἰκοστῷ ἔτει
χ[ι]τῶνα ἄξιον δραχμῶν δεκαὲξ, τῷ [δὲ]
30 ἰσιόντι κε (ἔτει) ἕτερον χιτῶνα ἄξιον δ[ρα-]
χμῶν εἴκοσι, καὶ τ[ῷ] κϚ (ἔτει) ὁμοίως ἄλλο[ν]
χιτῶ[ν]α ἄξιον δραχμῶν εἴ[κ]οσι τε[σσάρων,]
κ[α]ὶ τῷ κζ (ἔτει) ἄλλον χιτῶνα [ἄ]ξιον δ[ραχμῶν]
εἴκοσι ὀκτώ, καὶ τῷ κη (ἔτει) ὁμοίως ἄλλ[ον] χιτῶ-
35 να ἄξιον δραχμῶν τριάκοντα δύο. Ἀρ-
γήσει δὲ ὁ παῖς εἰς λόγον ἑορτῶν κατ᾽ ἔτος
ἡμέρας εἴκοσι, οὐδενὸς ἐκκρουομένου
τ[ῶ]ν μισθῶν τούτων ἀφ᾽ οὗ χρόνου ἐὰν
χορηγηθῇ μισθός, ἐὰν δὲ πλείονας τού-
40 των ἀργήσῃ [ἢ ἀσ]θενήσῃ ἢ ἀτακτήσῃ ἢ
δι᾽ ἄλλην τιν[ὰ αἰ]τίαν ἡμέρας ἐπὶ τὰς
[ἴσ]ας ἐπάναγκε[ς] παρέξει αὐτὸν ὁ Ἰσχυρίων τῷ διδασκά[λ]ῳ ἡμέρας παραμένον-
τα καὶ ποιοῦντ[α] πάντα καθὼς πρόκειται
45 χωρὶς μισθοῦ, τρεφόμενον ὑπὸ τοῦ αὐτοῦ

Ἰσχυρίωνος, διὰ τὸ ἐπὶ τούτοις ἐστάσθαι.

Ὁ [δ]ὲ Ἡρακλᾶς εὐδοκῶν τούτοις πᾶσι καὶ ἐκ-
δειδάξειν τὸν μαθητὴν τὴν δηλουμέ-
νην τέχνην ἐν τῷ πενταετῖ χρόνῳ
50 καθὼς καὶ αὐτὸς ἐπίσταται καὶ χορηγήσειν
τοὺς μηνιαίους μισθοὺς καθὼς πρόκει-
τα[ι] ἀπὸ τοῦ ὀγδόου μηνὸς τοῦ τρίτου ἐνιαυτοῦ. Καὶ μὴ ἐξεῖναι μηδενὶ αὐτῶν παρα-
βαίνειν τι τῶν προκειμένων ἢ ὁ παραβὰς
55 ἐκτείσι τῷ ἐνμένοντι ἐπιτείμου δραχμὰς
ἑκατὸν καὶ εἰς τὸ δημόσιον τὰς ἴσας. Κύριον
τὸ ὁμολόγημα. (Ἔτους) κδ Αὐτοκράτορος Καίσαρος
Μάρκου Αὐρηλίου Κομμόδου Ἀντωνίνου
Σεβαστοῦ Ἀρμενιακοῦ Μηδικοῦ Παρθικοῦ
60 Σαρματικοῦ Γερμανικοῦ Μεγίστου Θὼθ κε.
(2. Hd.) Ἡρακλᾶς Σαραπ(ίωνος) τοῦ κ(αὶ) Λέοντος τέθειμαι τὸ
ὁμολόγημα καὶ εὐδοκῶ πᾶσι τοῖς προκ(ειμένοις).
Θῶνις ὁ κ(αὶ) Μωροῦς Ἀρθώνιος ἔγραψ[α]
ὑπὲρ αὐ(τοῦ) μὴ εἰδ(ότος) γράμμ(ατα).

Es anerkennen gegenseitig Ischyrion, Sohn des Heradion, seine Mutter ist ..., aus der Stadt Oxyrhynchos, und Heraklas, der Sohn des Sarapion, auch Leon genannt, des Herakleides Sohn, seine Mutter ist ..., aus der gleichen Stadt, Weber, einerseits Ischyrion, er habe seines verstorbenen Bruders minderjährigen Sohn Thonis dem Heraklas ausgehändigt zum (Zwecke) der Lehre des besagten Handwerkes ab Beginn des kommenden Monats Phaophi für die Zeit von fünf Jahren und er wird ihn stellen, daß er während des besagten Zeitraumes seinem Lehrherrn zu Diensten steht jeden Tag von Sonnenaufgang bis Sonnenuntergang, wobei er alles tut, was ihm von seinem Lehrherrn aufgetragen wird, wie gleichartigen Lehrlingen; ernährt wird er von Ischyrion. Und die ersten zwei Jahre sowie sieben Monate des dritten Jahres wird Heraklas als Lohn des Knaben nichts geben, während der restlichen Monate eben des dritten Jahres wird Heraklas als Lohn dieses Lehrlings monatlich zwölf Drachmen und im vierten Jahr gleicherweise pro Monat als Lohn sechzehn Drachmen und im fünften Jahr gleicherweise monatlich vierundzwanzig Drachmen zahlen, und Heraklas wird diesem Lehrling im gegenwärtigen vierundzwanzigsten Jahr einen Chiton von sechzehn Drachmen Wert fertigen, im kommenden 25. Jahr einen Chiton von zwanzig Drachmen und im 26. Jahr ebenso einen Chiton von vierundzwanzig Drachmen und im 27. Jahr einen anderen Chiton von achtundzwanzig Drachmen und im 28. Jahr in gleicher Weise einen weiteren Chiton im Werte von zweiunddreißig Drachmen. Für Festtage wird der Knabe jedes Jahr zwanzig Tage fehlen, ohne Lohnabzug von jener Zeit an, ab der er Lohn erhalten wird; fehlt er mehr Tage oder ist er krank oder tut er seine Schuldigkeit nicht oder arbeitet er aus einem anderen Grunde nicht, so muß ihn Ischyrion eine gleiche Zahl von Tagen stellen, wobei er anwesend ist und alles erledigt, wie es oben geschrieben ist, ohne Lohn und ernährt von Ischyrion, weil dies so vereinbart ist. Heraklas seinerseits, er heiße dies alles gut und werde dem Lehrling das besagte Handwerk in den fünf Jahren gänzlich beibringen, wie er es selbst versteht, und die monatlichen Löhne entrichten, wie vorgesehen ab dem achten Monat des dritten Jahres. Und es soll keinem von ihnen möglich sein, gegen eine der Vereinbarungen zu verstoßen, oder der Vertragsbrüchige wird dem Vertragstreuen eine Buße von hundert Drachmen zahlen und den gleichen Betrag an die öffentliche Kasse. Der Vertrags(text) soll maßgeblich sein. Im 24. Jahr des Imperators Caesar Marcus Aurelius Commodus Antoninus Augustus Armeniacus Medicus Parthicus Sarmaticus Germanicus Maximus, am 25. Toth. (2. Hand) Ich, Heraklas, Sohn des Sarapion, der auch Leon genannt wird, habe diesen Vertrag abgeschlossen und stimme allen oben geschriebenen Vereinbarungen zu. Ich, Thonis auch Morus genannt, Sohn des Harthonis, habe für ihn geschrieben, da er nicht schreiben kann.

In der für einige Vertragstypen in Oxyrhynchos üblichen Form der gegenseitigen Homologie vereinbaren Ischyrion und der Weber Heraklas ein Lehrverhältnis für den offenbar

verwaisten Thonis. Der Wortlaut spiegelt die ambivalente
Stellung des Lehrherrn: einerseits muß er den Lehrling aus-
bilden, andererseits kommen ihm dessen Dienste zugute.
Der Meister erhält – im Gegensatz zu den Unterrichtsverträgen [s. o. Nr. 100] – kein Entgelt für die Ausbildung, denn
er zieht sich eine Arbeitskraft heran, die ihm – je besser die
Ausbildung, desto rascher – nützt; früher oder später erbringt der Lehrling eine den Ausbildungsaufwand über-
steigende Arbeitsleistung und erhält dafür ein Entgelt. Dessen Höhe richtet sich wohl nach der Lage auf dem Arbeits-
markt. Grundsätzlich empfängt der Lehrling Geldlohn,
Nahrung, Kleidung und mitunter bestimmte Sonderzuwen-
dungen, etwa Werkzeug. Dieses frühe Einkommen bestimmt
auch den Berufsbeginn des Dichters Lukian von Samosata:
Ἄρτι μὲν ἐπεπαύμην εἰς τὰ διδασκαλεῖα φοιτῶν ἤδη τὴν ἡλικίαν
πρόσηβος ὤν, ὁ δὲ πατὴρ ἐσκοπεῖτο μετὰ τῶν φίλων, ὅ τι καὶ
διδάξαιτό με. Τοῖς πλείστοις οὖν ἔδοξε παιδεία μὲν καὶ πόνου
πολλοῦ καὶ χρόνου μακροῦ καὶ δαπάνης οὐ μικρᾶς καὶ τύχης
δεῖσθαι λαμπρᾶς, τὰ δ᾽ ἡμέτερα μικρά τε εἶναι καὶ ταχεῖάν τινα
τὴν ἐπικουρίαν ἀπαιτεῖν· εἰ δέ τινα τέχνην τῶν βαναύσων
τούτων ἐκμάθοιμι, τὸ μὲν πρῶτον εὐθὺς ἂν αὐτὸς ἔχειν τὰ
ἀρκοῦντα παρὰ τῆς τέχνης καὶ μηκέτ᾽ οἰκόσιτος εἶναι τηλικοῦτος
ὤν, οὐκ εἰς μακρὰν δὲ καὶ τὸν πατέρα εὐφρανεῖν ἀποφέρων
ἀεὶ τὸ γιγνόμενον. „Ich hatte soeben meine Schulzeit
beendet und war dem Knabenalter entwachsen, da beriet
sich mein Vater mit seinen Freunden, was er mich sollte ler-
nen lassen. Den meisten kam es nun vor, Bildung bedürfe
vieler Mühe, langer Zeit, keines geringen Aufwandes und
einer glänzenden Stellung; unsere Verhältnisse jedoch seien
klein und verlangten eine rasche Beihilfe. Sollte ich aber eine
Handwerkskunst erlernen, würde ich sofort von meinem
Gewerbe ein genügendes Einkommen haben und meine Ernährung in diesem Alter der Familie nicht mehr zur Last fallen, ja bald würde ich auch meinen Vater mit der jeweiligen
Ablieferung meiner Einnahmen erfreuen". (Lukian, Der
Traum 1, zitiert nach der Tusculum-Ausgabe, ed. K. Mras).
Bemerkenswert ist, daß dem Lehrling nach mehreren Verträgen ausdrücklich bezahlter Urlaub zugesichert wird. Aber
selbst wenn eine solche Vereinbarung fehlt, muß der Lehrling nicht alle Tage des Jahres arbeiten, die Feiertage des
Meisters werden dann auch die seinen sein, und in dem fest-
freudigen Ägypten wird es daran nicht mangeln. Rechtlich

ist abschließend noch auf jene Wendung hinzuweisen, welche die vertragsbegründende Verfügung [s. o. Nr. 77] wiedergibt: Die Parteien erkennen fünf Tage vor Lehrbeginn an, daß der Knabe zum Zwecke der Lehre dem Meister ausgehändigt worden sei (Z. 5f. ἐγδεδόσθαι --- πρὸς μάθησιν). Natürlich hält sich der Lehrling nicht vor Anfang der Lehrzeit beim Lehrherrn auf, und dies zeigt, daß die „Aushändigung" keine weiteren Folgen hat, vielmehr nur für den Vertragsschluß nötig ist.

*Lit.:* zu den Lehrverträgen s. B. Adams, Paramoné [o. bei Nr. 76] S. 144ff.; J. Hengstl, Arbeitsverhältnisse [aaO.] S. 83ff.; zur Homologie s. H. von Soden, Homologie [o. bei Nr. 78].

## 103

### Dienstangebot zweier Weber an Zenon

PSI IV 341 Philadelphia. 256 v. Chr.

Ζήνωνι χαίρειν 'Απολλοφάνης Δημήτριος, ἀδελφοὶ τεχνῖται τῆς κατὰ τὴν

ἐρέαν πᾶσαν γυναικυυφη. Εἰ οὖν δοκεῖ σοι καὶ χρείαν τυγχάνεις ἔχων, ἕτοιμοί ἐσμεν

τὰς χρείας σοι παρέχεσθαι. 'Ακούοντες γὰρ τὸ κλέος τῆς πόλεως καὶ σὲ τὸν προεστηκότα

χρηστὸν καὶ δίκαιον εἶναι, ἐδοκιμάσαμεν παραγενέσθαι εἰς Φιλαδέλφειαν

5 πρὸς σὲ αὐτοί τε καὶ ἡ μήτηρ καὶ ἡ γυνή. Ἴνα οὖν ἕνεργοι ὦμεν, προσαγάγου ἡμᾶς, εἴ σοι

δοκεῖ. 'Εργώμεθα δὲ ἐάν τε βούληι, χλαμύδας, χιτῶνας, ζώνας, ἱμάτιον, ξιφιστῆρα,

κιρίας, γυναικεῖα σχιστούς, τεγίδια, συμμετρίαν, παραπήχη· καὶ διδάσκειν δέ

τινας, ἐὰν βούλῃ. Σύνταξον δὲ Νικίαι δοῦναι ἡμῖν κατάλυμα. Ἴνα δὲ μὴ θαυμάζῃις,

καὶ γνωστῆράς σοι παραστησόμεθα, τοὺς μὲν αὐτόθεν ἀξιο-
χρέους, τοὺς δὲ καὶ ἐν
10 Μοιθύμει.

Εὐτύχει.

Verso: (Ἔτους) λ Γορπιείου κη, Θωὺθ κη.
Ἀπολλοφάνης Δημήτριος
ἀδελφοί.

2 γυναικυυφη l. γυναικουφὴν (Preisigke-Kiesling, Wörterbuch IV
s. v.)      5 ἡ γυνή wohl anstatt αἱ γυναῖκες      6 Ἐργώμεθα
Futur von ἐργάζομαι      8 θαυμάζειν ist hier in etwa synonym mit
ἀπιστεῖν

Zenon Gruß von den Brüdern Apollophanes (und) Demetrios, Fachleute in der Weberkunst der gesamten durch
Frauenarbeit ausgeübten Wollweberei. Falls es Dir gut dünkt
und Du zufällig Bedarf hast, sind wir bereit, Dir Dienste zu
leisten. Als wir nämlich vom Ruhm der Stadt (d.h. des Ortes
Philadelphia) hörten und daß Du als Vorsteher (des an den
Dioiketen Apollonios vergebenen Lehenslandes) gut und
gerecht seist, hielten wir es für richtig nach Philadelphia zu
Dir zu kommen – wir selbst, (unsere) Mutter und die Ehe-
frauen. Damit wir nun Arbeit haben, beschäftige uns, falls es
Dir gut scheint. Wir fertigen nach Wunsch Mäntel, Kleider,
Gürtel, Bekleidung, Degengehenk, Tücher, für Frauen ge-
schlitzte (Gewänder), Umschlagtücher, langes Gewand,
Frauenkleider mit Purpursäumen; wir bilden auch jemanden
aus, wenn Du willst. Weise den Nikias an, uns Quartier zu
geben. Damit Du (uns) Vertrauen schenkst, werden wir sogar Zeugen beibringen, teils vertrauenswürdige (Leute) von
hier, teils in Moithymis. Sei glücklich. (Verso) Im 30. Jahr,
am 28. Gorpiaios, 28. Thoth. Die Brüder Apollophanes und
Demetrios.

In diesem Brief aus dem Zenon-Archiv (s.o. Nr. 3) bitten
zwei Weber, Angehörige eines in Ägypten sehr verbreiteten
Berufes, um Arbeit für sich und ihre Familie. Offenbar sind
sie arbeitslos (vgl. Z. 5), doch bleibt ihre prekäre Lage im
Hintergrund, denn die Verfasser wissen ihr Anliegen gut in

Worte zu kleiden. Schon das Präskript zeigt durch Voranstellung des Adressaten die Ergebenheit der Absender und auch die Worte vom Ruhme der „Stadt" und dem vortrefflichen Rufe Zenons sind auf einen guten Eindruck berechnet: Philadelphia ist niemals πόλις (Stadt), sondern nur κώμη (Dorf) gewesen, und Zenons guter Ruf wird noch begrenzt sein, denn bei Eingang des Briefes ist er gerade etwa ein halbes Jahr Verwalter des an den Dioiketen Apollonios vergebenen Lehenslandes. Mit einer langen Aufzählung ihrer Fertigkeiten suchen sie dann ihre Kunst ins rechte Licht zu rücken; aus der Liste geht deutlich hervor, daß Kleider fertig gewoben und nicht von einem Schneider genäht wurden; entsprechend war der Rock Jesu, der nach dessen Kreuzigung verlost wurde, „ungenäht" (Joh. 19.23), d.h. geschlossen gewebt. Schließlich versäumen die Briefschreiber nicht, γνωστῆρες anzubieten; dieser in mannigfachem Zusammenhang belegte Begriff meint hier schlicht Zeugen ihres Könnens oder ihres Leumundes: in einem ähnlichen Brief, P. Lond. VI 2055, unterläßt ein Arbeitswilliger nicht, darauf zu verweisen, er sei in Philadelphia ansässig und besitze Angehörige am Ort. Für die Weberei bestanden dank eines staatlichen Monopols besondere Wirtschaftsbedingungen [s.u. Nr. 119], doch wird man die Anfrage der beiden Schreiber weder mit einer diesbezüglichen behördlichen Genehmigung noch mit besonderen Restriktionen im Hinblick auf die Stellung Philadelphias als Verwaltungssitz der δωρεά des Apollonios verbinden können. Apollophanes und Demetrios wollen sichtlich nur erfahren, ob sich die Anreise von Moithymis im Memphites-Gau nach Philadelphia lohnt, um dann dort als freie Weber, nicht in einer Manufaktur [s.o. Nr. 99], gegen Werklohn tätig zu werden. Das erbetene Quartier soll nicht ein Teil des Entgelts sein; die Bitte entspringt vielmehr dem Umstand, daß angesichts der regen Arbeiten auf dem Lehensland Wohnmöglichkeiten nur beschränkt verfügbar sind und, um Arbeitskräfte zu gewinnen, selbst Gelegenheitsarbeiter mit Unterkunft versorgt werden müssen.

*Lit.:* Zu Zenon und seinem Archiv s.o. Nr. 3; zur Besiedlung Philadelphias s. H. Braunert, Binnenwanderung [o. bei Nr. 2] S. 40ff.; zum Textilhandwerk s. S. Calderini, Recerche sull'industria e il commercio dei tessuti in Egitto, Aegyptus 26, 1946, S. 13ff.; T. Reil, Beiträge zur Kenntnis des Gewerbes im hellenistischen Ägypten, Diss. Leipzig 1913, S. 93ff., M. Rostowtzeff, Estate [o. bei Nr. 3] Index s.v. Weavers; C. Préaux, L'économie [o. bei Nr. 2] S. 93ff.; H. Thierfelder, Zur sozialen Lage der Weber im ptolemäisch-römischen Ägypten, Zeitschrift für Geschichtswissenschaften 5, 1971, S. 118ff.; E. Wipszycka, L'industrie textile dans l'Égypte romaine, Wrocław-Varsowie-Cracovie 1965; dieselbe, Das Textilhandwerk und der Staat im römischen Ägypten, APF 18, 1966, S. 1ff.; zu den Ergebnissen ägyptischer Webkunst s. D. Renner, Die koptischen Stoffe im Martin von Wagner-Museum der Universität Würzburg, Wiesbaden 1974.

## 104

### Bitte um Arbeit

PSI IV 407                              Philadelphia. Mitte 3. Jahr. v. Chr.

Ὑπόμνημα Ζήνωνι παρὰ
Θευφίλου ζωγράφου. Ἐπειδή σοι
τὰ ἔργα συντετέλεσται
καὶ ἔργον οὐδέν ἐστιν, ἐγώ
5 τε κάθημαι οὐκ ἔχων οὐθὲν
τῶν δεόντων, καλῶς ἂμ ποιήσαις, εἰ καὶ ὡς ποιητέοι σοί
εἰσίν τινε⟨ς⟩ τῶν πινάκων,
δούς μοι ἵνα ενεγγος ὦ
10 καὶ ἔχω τὰ δέοντα· εἰ δὲ μὴ
διδῶις, καλῶς ἂμ ποιήσαις
συμβαλόμενός μοι ἐφόδιον
ἵν' ἀπέλθω πρὸς τοὺς ἀδελφοὺς εἰς πόλιν.    Εὐτύχει.

9 ενεγγος l. ἐνεργὸς

Bittschrift an Zenon von dem Maler Theuphilos. Da die Arbeiten für Dich fertig sind und es keine Arbeit gibt und ich dasitze, ohne auch nur das Nötigste zu haben, tätest Du gut daran, falls doch noch einige Tafelbilder bei Dir zu machen sind, sie mir zu übergeben, damit ich beschäftigt bin und das Nötigste habe. Gibst Du sie mir nicht, handeltest Du schön, wenn Du mir etwas zum Reisegeld beisteuertest, damit ich zu meinen Brüdern in die Stadt (Alexandrien) gehen kann. Gehab Dich wohl.

Seinem Bettelbrief gibt der Maler Theuphilos bedachtsam die Form einer Eingabe (ὑπόμνημα Z. 1, εὐτύχει Z. 14), obgleich der Inhalt nicht über den eines gewöhnlichen Briefes hinausgeht. Theuphilos hat für Zenon auch außer den hier genannten Tafelbildern einige Arbeiten ausgeführt (s. P. Cairo Zen. I 59193, III 59445) und mag sich daher Chancen für einen neuen Auftrag oder einen Reisekostenzuschuß ausrechnen; ob echte Bedürftigkeit vorliegt, bleibt ungewiß: der Ton hier klingt mitleidheischend, anderwärts (P. Cairo Zen. III 59445) vermag Theuphilos aber einen Kostenvoranschlag wahlweise unter Einsatz von ihm zu stellender Materialien abzugeben. Als seine Heimat darf man aus der Angabe seines eventuellen Reiseziels Alexandrien annehmen. Tafelbilder sind mehrfach in den Hausresten gefunden worden; besterhaltene Beispiele der ägyptischen Malkunst sind die aus dem Fayum stammenden Mumientafeln des zweiten nachchristlichen Jahrhunderts.

*Lit.:* Zu Zenon und seinem Archiv s. o. Nr. 3; zur Malerei s. R. Bianchi Bandinelli, Il problema della pittura antica. Firenze 1956; B. R. Browne, Ptolemaic Paintings and Mosaics, Cambridge (Mass.) 1957; K. Parlasca, Mumienporträts und verwandte Denkmäler, Wiesbaden 1966; H. Zaloscer, Porträts aus dem Wüstensand, Wien–München 1961.

## 105

## Arbeitsangebot

P. Cairo Zen. V 59 852     Philadelphia. Mitte 3. Jahrh. n. Chr.

Ζήνωνι χαίρειν Θέων [ὁ συσ]ταθεὶ[ς ὑπ'] Ἐφαρμόστου τοῦ μακα-
ρίτου. Τὰ μὲν ἄλλα χάριν ἔχω πάσης πολυωρίας παρὰ σοῦ τυγ-
χάνων, ἀξιῶ δέ σε, εἰ καί σοι φαίνομαι μέτρια λέγειν, τάξαι με
ἐπί τινος, ὅπως ἄν σοι χρείας παρέχωμαι ὑπουργῶν ἀμέμπτως
5 τὸ προστασσόμενον, ἵνα ἐγώ τε τὰ παρὰ σοῦ διδόμενα λαμβάνω δικαιότερον, σύ τε ἥδιον διδῶις ποιοῦντός τι ἐμοῦ πλέον
σοι.
Εἰ δ' ἐπὶ τοῦ παρόντος ἡσυχίαν ἄγειν κελεύεις, τὸμ μὲν καιρὸν
αὐτὸς
εἰδήσεις, ἐμοὶ δὲ κα⟦ι⟧λῶς ἄν ποιήσαις συντάξας ὅπως ἄν παρα-
δειχθῆι μεθ' ὧν οἰκίαν τε ἔξω καὶ τὰ λοιπὰ δέοντα, ἵνα μὴ πρεσ-
10 βύτερος ὤν ῥέμβωμαι. Πρὸς ἕτερον γὰρ οὐθένα καταφυ-
γεῖν ἐστί μοι καλῶς ἔχον, ἐξ ἀρχῆς σοί 'μου' {συν}⟦απ.⟧ συστα-
θέντος.

Dem Zenon Theon, der von dem verstorbenen Epharmostos
Empfohlene, Gruß. Alles andere habe ich zwar dank der umfassenden Fürsorge, die ich von Dir erhalte, aber ich bitte
Dich, falls ich Dir nicht unbescheiden erscheine, weise mir
eine Arbeit zu, damit ich mich Dir durch tadellose Erledigung des Aufgetragenen nützlich mache, so daß einerseits
ich Deine Gaben mit mehr Verdienst empfange, andererseits
Du (mir) lieber (etwas) gibst, weil ich Dir größeren (Nutzen)
bringe. Wenn Du die gegenwärtige Tatenlosigkeit weiter zu
halten befiehlst, wirst Du die passende Gelegenheit selbst
sehen; an mir aber handeltest Du schön, wenn Du mir (alles
Nötige) anweisen ließest, womit ich auch eine Unterkunft
erhielte und den übrigen Lebensunterhalt, damit ich mich
nicht im Alter (heimatlos) herumtreiben muß. Es ist mir
nämlich angenehm, bei niemand anderem meine Zuflucht zu
nehmen, von Anfang an bin ich Dir empfohlen.

Der vorliegende Brief aus dem Zenon-Archiv bietet ein treffliches Beispiel für die zufälligen Wege von gefundenen Papyri und den sich daraus für die Edition ergebenden Schwierigkeiten. Ein in Florenz aufbewahrter Streifen mit den Zeilenenden wurde als PSI VI 680 veröffentlicht, als Teil einer Kairener Urkunde erkannt und mit dieser als P. Cairo Zen. III 59447 publiziert. Eine zwischen beiden Fragmenten verbliebene Lücke von sechs Buchstaben wurde nach dem Kontext ergänzt, im wesentlichen richtig, wie das diese Lücke füllende Papyrusstück der Gießener Papyrussammlungen bewies, welches den daraufhin erneut als P. Cairo Zen. V 59852 edierten Brief vervollständigte. Der schlichte Text bezeugt den Kummer, welchen dem Theon die Frage seiner Altersversorgung bereitet; er bietet an, sich nützlich zu machen, um sich so das Gnadenbrot zu sichern. Dies mag auf einem großen Gut, wie Zenon es verwaltet, winken; im übrigen fällt ein aus dem Arbeitsprozeß ausscheidender Arbeitnehmer seiner Familie zur Last. Ein Recht auf soziale Leistungen gibt es nicht.

*Lit.:* Zu Zenon und seinem Archiv s. o. Nr. 3; zum Arbeitsrecht s. B. Adams, Paramoné [o. Nr. 76] S. 91 ff., J. Hengstl, Arbeitsverhältnisse [o. Nr. 76] S. 112; zum Sozialwesen M. E. Pfeffer, Einrichtungen der sozialen Sicherung in der griechischen und römischen Antike unter besonderer Berücksichtigung bei Krankheit, Berlin 1969 (zu optimistisch).

# 106

## Empfehlungsbrief

UPZ II 159                                     Theben. 3. Jahrh. v. Chr.

Τιμόξενος Μοσχίωνι
χαίρειν. . [ ]...[..]. ὁ ἀπο-
διδούς σοι τὴν ἐπισ-
τολήν ἐστιν Φίλωνος
5 ἀδελφὸς τοῦ μετὰ

Λύσ[ι]δος ἐπιστο-
λογράφου. Φρόντισον
οὖν, ὅπως μὴ ἀδικη-
θῆι ὁ ἄνθρωπος, καὶ
10 γὰρ ὁ πατὴρ αὐτοῦ

ἐστιν ἐνταῦθα
περὶ Πετονοῦριν
τὸν δευτερεύοντα.
'Αποδοθήτω δ' αὐ-

15 τῶι καὶ τὸ σύμβολον
τῶν ε (δραχμῶν).
Ἔρρωσο.
Verso: Μοσχίωνι.

Timoxenos an Moschion Gruß. Der ......., der Dir diesen
Brief überbringt, ist ein Bruder des Philon, der mit dem Epistolographen Lysis zusammen ist. Sorge nun dafür, daß dem
Mann kein Unrecht widerfährt, denn auch sein Vater ist
einer von den Leuten hier um Petonuris, der der zweite
Mann ist. Ihm soll aber auch die Quittung über die 5 Drachmen ausgehändigt werden. Lebe wohl. (Verso) An Moschion.

Z. 1–13 des Textes sind im üblichen Stile eines Empfehlungs-
briefes (συστατικὴ ἐπιστολή) geschrieben: Timoxenos
empfiehlt den Träger des Briefes dem Schutze des Moschion.
Die Empfehlung ist freilich kühl, denn der Schreiber verliert
kein Wort über den Empfohlenen selbst (vgl. auch ὁ ἄνθρωπος, Z. 9), sondern verweist nur auf dessen Bruder und Vater:
Der eine sei dem Epistolographen Lysis unterstellt, der andere dem Petenuris, dem „zweiten Mann" am Aufenthaltsort (ἐνταῦθα, Z. 11) des Schreibers. Allzu hoch – und dies
paßt zu der zurückhaltenden Empfehlung – darf man den
sozialen Rang des Empfohlenen danach nicht einschätzen,
obwohl er, wie der Name seines Bruders zeigt, Grieche ist.
Der Vorgesetzte seines Vaters aber ist Ägypter und daher
in der Beamtenhierarchie der frühen Ptolemäerzeit nicht
herausragend einzustufen. Aus der Amtsbezeichnung des
Lysis ist die Ebene nicht näher zu umreißen; gleiche Titel
finden sich in dieser Zeit öfters in verschiedenen Verwaltungs-
stufen und ein ἐπιστολογράφος (Kanzleivorsteher) kann
daher vom Vorsteher der königlichen Hofkanzlei abwärts
rangieren. Beamte sind auch Sender und Empfänger des
Briefes, wie die Imperative des Timoxenos gegenüber Moschion zeigen. Ob der Empfohlene in amtlicher Eigenschaft
unterwegs ist, muß offenbleiben. Z. 14ff. lassen jedenfalls
erkennen, daß er mehrere (καί, Z. 15) Aufträge auszuführen
hat und die Empfehlung weniger seinem als dem Interesse
seines Auftraggebers Timoxenos dienen soll. Merkwürdig an
diesem Brief ist, daß zwar nicht der Name des Empfohlenen,

wohl aber dieser selbst bis in unsere Zeit erhalten blieb: Der Papyrus fand sich verschnürt, versiegelt und durch ein leinenes Band an einer Schreiberpalette befestigt in einem Sarg bei einer Mumie. Nach einem ansprechenden Gedanken *U. Wilckens* handelt es sich dabei um den Empfohlenen, der auf der Reise zu Moschion den Tod fand und mit seinem Schreibgerät und dem Brief bestattet wurde.

*Lit.:* Zum Text und seiner Interpretation s. U. Wilcken, UPZ II S. 34 ff.; zum Epistolographen s. F. Preisigke, Fachwörter S. 90 s. v. ἐπιστολογράφος; M. Rostovtzeff, RE VI 1 Sp. 210 ff. s. v. ab epistulis.

# 107

## Anstellung eines Mäusefängers

P. Oxy. II 299                     Oxyrhynchos. Ende 1. Jahrh. n. Chr.

˝Ορος 'Απίωνι τῷ τειμειωτάτωι χαίρειν.
Λάμπωνι μυοθηρευτῇ ἔδωκα αὐτῷ διὰ σοῦ ἀρα-
βῶνα (δραχμὰς) η, ἵνα μυοθηρεύσει ἔντοκα. Καλῶς ποιήσεις
πέμψεις μοι αὐτάς. Καὶ Διονυσίῳ προσ[τ]άτῃ Νεμερῶν
5 κέκρηκα (δραχμὰς) η καὶ ταύτας οὐκ ἔπεμψε, ἵνα εἰδῇς.
˝Ερρωσ(ο). Παῦνι κδ.

2 διὰ σοῦ anstatt ὑπὲρ σοῦ; ἀρα-|βῶνα l. ἀρραβῶνα     5 κέκρηκα l. κέχρηκα

'Horon dem sehr geehrten Apion Gruß. Dem Mäusefänger Lampon, dem habe ich in Deinem Namen 8 Drachmen Handgeld gegeben, damit er die Mäuse jage, solange sie trächtig sind. Du wirst gut tun, sie mir zu senden. Auch dem Dionysios, dem Vorsteher des Dorfes Nemerai, habe ich 8 Drachmen ausgeliehen, und diese hat er mir nicht geschickt, das sollst du wissen. Lebe wohl. 24. Payni.

Der kleine Privatbrief zeigt, daß der Mangel an Postein-
richtungen kein Hindernis für Rechtsgeschäfte über Ent-
fernungen gewesen ist. Heron bittet den angeschriebenen
Apion um Sendung von acht für diesen ausgelegten Drachmen und berichtet (vielleicht als Mahnung) von dem Ärger-
nis, daß ein anderer einen geliehenen Betrag nicht geschickt
habe. Der kurze Text spiegelt als Rechtsgeschäfte des täglichen Lebens Stellvertretung, Darlehen (χρῆσις) und Dienstvertrag. Das mit dem aus dem Semitischen stammenden Namen ἀρραβών bezeichnete Angeld (Arrha) mußte hier gezahlt werden, da entsprechend dem realen Charakter des
griechischen Vertrages eine bloße Zusage des Mäusefängers
noch nicht dessen Verpflichtung zur Erfüllung bedeutet
hätte [s. o. Nr. 77]. An Mäusen wird es in dem Getreideland
Ägypten nicht gefehlt haben.

*Lit.:* Zur Stellvertretung s. o. bei Nr. 43; zum Darlehen s. H. Kühnert, Kreditgeschäft [o. bei Nr. 41]; H.-A. Rupprecht, Darlehen
[o. bei Nr. 40]; zum Dienstvertrag s. J. Hengstl, Arbeitsverhältnisse [ Nr. 76] S. 35 ff.; zur Arrha s. F. Pringsheim, The Greek Law
of Sale, Weimar 1950, S. 333 ff.; M. Talamanca, L'arra della
compravendita in diritto greco e in diritto romano, Milano 1953.

## 108

### Privatbrief mit einem Bericht über Bauarbeiten
### und einer Bitte um Urlaub

P. Brem. 15                    Hermopolis. 29. August 118 (?) n. Chr.

'Ηρώ[δης      ] 'Απολλωνίωι    τῶι
    κυρίωι              χαίρειν.
Οὐ πάντως λανθάνει σε τὰ ἐπείγοντα
ξυλικὰ ἔργα τῶν τε ἱερῶν καὶ τῆς ξενία[ς],
5 ὧν χάριν μόγις ἐπεστήσαμεν τῇ β̄
τῶν ἐπαγομένων τὰ τῆς συμφωνίας
θυρώματα τοῦ ἐν τῶι αἰθρίωι κοιτῶνος

καὶ γνώμης γέγονεν ὁ ἐπίτροπός σου
ἐκ προτροπῆς μου συμφωνῆσαι τὰς
10 δύο θύρας τοῦ τε συμποσίου καὶ τῶν
προσκηνίων, ἵνα ἀβαρῶς γένηται καὶ
μὴ ἀπὸ ἡμερησ[ί]ων μισθῶν, τ[ὸ] γὰρ τε-
τράγωνον πέπρ[ι]σται πρὸς ταῦτα. Δι[ὰ]
δὲ τὸ ἀπογεγενῆσθαι τὴν τούτου
15 θυγατέρα ἐπέσχηκε τῶι ἔργωι, ἕως ἂν
ἀποθῆται τὸ πένθος, πρὸς καὶ τὸν
κουφισμὸν τῶν δημοσίων ἔργων.
Παρακαλῶ σε οὖν, κύριε, ἐπιτρέψαι μοι
πρὸς τὰς διακένους ἡμέρας κατελ-
20 θεῖν πρὸς τὸν ἀδελφὸν Ἱερακίωνος
τῶι πλοίῳ[ι, ἄ]λλῳ γὰρ καιρῶι οὐ δ[υνή-]
σομαι πεζεύειν τοὺς τόπους [....]
διὰ τὴν ἐκπόρθησιν τῶν τόπ[ων]
καὶ τὴν σπάν[ιν –      –      – ]
25 [ –      –      – ].[ –      –      – ]
γων ⟦μετ[α]κεκλη⟧ μ[ετακεκλημέ]-
νων ἀπελθεῖν εἰς Μέμφιν πραγμα-
τικῶν πρὸς τὸν διαλογισμόν, ἵνα εὔ-
καιρίαν λαβὼν ἐπιγνῶ, τί πράσσει Ἱερα-
30 κίων. Δύο γὰρ ἡμερῶν ἐστι τὸ διάστε-
μα. Τὸ προσκύνημά σου ἐποίησα
πρὸς ταῖς θυσίαις τῆς Ἴσιδος τῆι νυκτὶ
γενεσί[οι]ς αὐτῆς καὶ μᾶλλον προσηυ-
χόμην ποιεῖν σε τὰ(ς) ἀδροτάτας προκοπάς.
35 (2. Hd.) Ἔρρωσο, κύριε.      Θὼθ  ‾α.

Verso:

(3. Hd.)      Ἀπολλωνίωι      ✗      κυρίωι

80 διάστε-|μα l. διάστημα

Herodes dem Apollonios, (seinem) Herrn, Gruß. Du weißt
sehr wohl um die dringenden Holzarbeiten für die Kapellen
und das Gästezimmer, weswegen wir endlich am zweiten
Tag der Epagomenen die aufgrund eines (Werk)vertrages
(gefertigten) Türen des im Atrium gelegenen Schlafzimmers

aufgerichtet haben, und Dein Verwalter ist auf mein Betreiben zu dem Entschluß gekommen, die zwei Türen des Fest-
saales und der Vorräume im Werkvertrag zu vergeben, damit
es mühelos geschieht und nicht nach Tageslöhnen; das Te-
tragon (= Holzmaß) ist dafür nämlich schon zersägt worden. Wegen des Todes der Tochter dieses (Verwalters) hat
er die Arbeit unterbrochen, bis er die Trauer abgelegt hat,
auch zur Erleichterung der staatlichen Arbeiten. Ich bitte
Dich nun, o Herr, mir zu gestatten, daß ich für die arbeits-
freien Tage zu (meinem) Bruder mit dem Boot des Hierakion
hinabfahre; bei anderer Gelegenheit werde ich nämlich
nicht zu Lande die Gegend bereisen können wegen der Ver-
wüstung des Gebietes und des Mangels an [– – –] der nach
Memphis zum Konvent beorderten Beamten, damit ich die
günstige Gelegenheit ergreife, um festzustellen, was Hierakion treibt. Zwei Tage nämlich beträgt die Entfernung. Die
Fürbitte für Dich habe ich verrichtet bei den Opfern für die
Isis in der Nacht ihres Geburtstages und in verstärktem
Maße habe ich darum gebetet, daß Du die stärksten Fort-
schritte machen mögest. Gehab Dich wohl. 1. Thoth.
Apollonios, (meinem) Herrn.


Der vorliegende Brief entstammt wie alle Bremer Papyri
(mit zwei Ausnahmen) dem Familienarchiv des Apollonios,
des Strategen des oberägyptischen Gaues Apollonopolis
Heptakomias vom 12. Juni 114 bis 7. Juni 119, welches wohl
um 1901/2 von Einheimischen bei Aschmûnên (Hermopolis)
gefunden und durch Ankäufe aus dem Papyrushandel in verschiedene Sammlungen gelangt ist. Der Text enthält eine
Fülle von Einzelheiten, die aus Platzgründen hier nicht umfassend erörtert werden können; sie machen das Schreiben
zu einem hervorragenden Beispiel dafür, in welch mannig-
fache Richtung die Informationen eines einzigen Textes sich
zu erstrecken vermögen. Der auch aus anderen Papyri bekannte Briefschreiber ist ein dem Verwalter Herakleides
(dessen hier ungenannter Name ergibt sich aus P. Giss. 67)
unterstehender Architekt oder Bauleiter im privaten Dienst
des Strategen Apollonios. Den Tod der Tochter jenes Verwalters nimmt er zum Anlaß, über den Fortgang der Ar-

beiten an einem im Gau Hermopolites gelegenen Haus des Apollonios zu berichten und angesichts der während der Trauerzeit ruhenden Arbeiten um Urlaub zu bitten: er möchte seinen Bruder besuchen und unterstützt seine Bitte mit dem Hinweis auf die günstige Fahrgelegenheit mit dem Schiff seines Bruders. Einen Urlaubsanspruch wie heutzutage hat Herodes freilich nicht; dies zeigt schon der bittende Ton seines Briefes. In einigen Lehrverträgen finden sich zwar Urlaubsvereinbarungen [s. o. Nr. 102], gewöhnlich aber sind die Arbeitnehmer auf die Feiertage oder unbezahlte Freitage verwiesen. Der Hinweis auf den verwüsteten Zustand des Landes bezieht sich auf ein historisches Ereignis, nämlich auf den fanatischen Judenaufstand 115–117 n. Chr., der in Ägypten furchtbar gewütet hat und sich in mehreren Papyri spiegelt [vgl. o. Nr. 17]. Unter dem Krieg hatten auch die Besitzungen des Apollonios gelitten – so sehr, daß Apollonios sich Urlaub vom Strategenamte erbitten mußte (P. Giss. 41). Daß der hier erwähnte Hausbau unter die Instandsetzungsarbeiten fällt, ist den vier (oder fünf) Texten, die ihn berühren, nicht zu entnehmen; diese gestatten aber interessante Einblicke in Hausarchitektur und Bauwesen. Zu letzterem beschränkt sich unser Text auf die Bemerkung, man habe aus Gründen der Zweckmäßigkeit die Türen nicht auf Tageslohnbasis, also aufgrund eines Dienstvertrages, fertigen lassen, sondern, wie der Gegensatz von συμφωνέω und ἡμερήσιος μισθός (Z. 9 und 12) zeigt, durch Werkvertrag vergeben. Rechtlich macht dies keinen Unterschied, da im griechischen Recht Dienst- wie Werkvertrag Fälle der μίσθωσις sind; die ergebnisbezogene Bezahlung verleiht freilich den Interessen des Auftraggebers Nachdruck. Die architektonischen Angaben (etwa die Verwendung der für ein Privathaus ungewöhnlichen Bezeichnung προσκήνια) zeigen, daß sich der Bau des Apollonios zweifellos von einem Durchschnittshaus abhebt – aber überdurchschnittlich ist ja auch die reiche Habe des Strategen. Während seiner dienstbedingten Abwesenheit untersteht sein Besitz wohlorganisiert einem Verwalter, und weitere Angestellte sind in seinem Dienst, so der Briefschreiber und dessen gewöhnlich in Alexandrien tätiger Bruder Hierakion (P. Brem. 16), ferner – wie sich aus ἡμερήσιος μισθός ergibt – bedarfsweise kurzfristig Beschäftigte. Das Ziel der Reise flußabwärts auf der wichtigsten Verkehrsader Ägyptens, dem Nil, sieht *U. Wilcken* (Ed. pr.) in Alexan-

drien als dem Tätigkeitsort des Hierakion, und die angegebene Reisezeit von zwei Tagen (Z.30f.) könnte unter günstig-
sten Umständen (Talfahrt, der im August stärksten Nilschwelle und bei gutem Wind) dafür genügen. Aber Aufenthalt und Rückreise müssen gleichfalls in die Trauerzeit des
Verwalters fallen. Deren Dauer ist nicht festzustellen, aber
sicherlich nicht groß: wenn Herakleios auch seine Tochter
nach ägyptischer Sitte wohl mumifizieren läßt, wird er doch
angesichts der geschäftlichen Gegegebenheiten nicht die 70-
tägige ägyptische Trauer einhalten. Vielleicht faßt Herodes
deswegen seinen Brief recht schönfärbend ab – unter Beto-
nung des guten Arbeitsfortgangs und seiner Verdienste daran,
der günstigen Fahrgelegenheit, der geringen Entfernung und
schließlich seiner Fürbitte zugunsten des Dienstherrn – und
schweigt wohlweislich über die Rückreise (sofern nicht
Z. 25 ff. einen Hinweis auf eine geplante Rückkehr zusammen mit nach Memphis beorderten Beamten enthalten).
Aber möglicherweise weilt Hierakion doch näher (und
Z. 25 ff. könnten sich auf seinen Aufenthaltsort beziehen),
denn Herodes wird sich bestimmt hüten, durch ein die
Trauerzeit überschreitendes Fernbleiben Arbeitsverzögerun-
gen zu verursachen. Das religionsgeschichtlich interessante
Briefende über die Teilnahme des Herodes an der Feier des
Geburtstages der Göttin Isis (am vierten Tag der Epagomenen) trägt zur Kenntnis des Festverlaufs bei (Opfer, Für-
bitten, nächtliche Feier) und ist ein bezeichnender Hinweis
auf die Mischung der Religionen in dieser Zeit, da Herodes,
wie der ganze Kreis um Apollonios, der höheren griechischen
Gesellschaft angehörte und sich gleichwohl an diesem rein
ägyptischen Fest beteiligte.

*Lit.:* Den Papyrus kommentiert ausführlich U. Wilcken in der Ed.
pr.; zu Apollonios s. A.G.Roos, Apollonios, Strateeg van Heptakomia, TG 37, 1922, S.1ff. und 129ff.; zum Bestand des Apol-
lonios-Archivs (hier s. 6, 29, 85, 154) s. H. Maehler, Zwei neue
Bremer Papyri, CE 41, 1966, S. 342ff. (342 Anm. 2), zu den dort
genannten Papyri treten die P. Alex. Giss.; zum ägyptischen Privathaus s. F. Luckhard, Das Privathaus im ptolemäischen und
römischen Ägypten, phil. Diss. Bonn 1914, A.R. Schütz, Der
Typus des hellenistisch-ägyptischen Hauses im Anschluß an Bau-
beschreibungen griechischer Papyrusurkunden, phil. Diss. Gießen
1936; M. Nowicka, La maison privée dans l'Égypte ptolémaïque,
Wrocław–Warszawa–Krakow 1969 (mit zahlreichen Abb. und

Grundrissen); zu Dienstvertrag, Werkvertrag und Urlaub s. J. Hengstl, Arbeitsverhältnisse [o. bei Nr. 76]; zum Judenaufstand s. o. Nr. 17; zum Isisfest s. R. Merkelbach, Isisfeste in griechisch-römischer Zeit, Meisenheim 1963.

## 109

### Mahnung wegen rückständigen Unterhalts

P. Cairo Zen. III 59 507        Philadelphia. Mitte 3. Jahrh. v. Chr.

Ὑπόμνημα Ζήνωνι παρά
Πύρρου. Γίνωσκε ἐξ οὗ
Ἑρμων καταπέπλευκε
μὴ εἰληφότα με ⟦μὴ⟧ ʼτόʼ τε
5 ὀψώνιον καὶ σιτομετρίαν
καὶ τὸ ἔλαιον ἕως τοῦ νῦν·
ἀλλὰ καὶ καταπλέοντός
μου πρὸς σὲ καὶ οὐκ ἔχον-
τος ἐφόδιον, ἡ μήτηρ
10 ἔθηκεν ἱμάτιον ἐνέχυ-
ρον πρὸς (δραχμὰς) αʃ, ἐμοῦ
δὲ
καταδεηθέντος ʼΙάσο-
νος μόγις μοι ἔδωκεν ἐν
Κερκῆι (δραχμὰς) ιβ. Καλῶς
οὖν
15 ποιήσεις τούτου τε ⟦ἐάν⟧
ʼτοῦ χρόνου ἐάνʼ σοι
φαίνηται ἀποδοθῆ-
ναί μοι καὶ εἰς τὸ λοιπὸν

γράψον ʼ⟦καὶ περὶ⟧ʼ ὅπως εὐτα-
κτῆται ʼκαὶ περὶ τοῦ ἱματισμοῦ
ἵνα λάβω.ʼ Ἡμεῖς δὲ ἀνεγ-
20 κλήτους ἡμᾶς κατὰ
πᾶμ μέρος παρεξόμεθα.
Ὁμοίως δὲ καὶ περὶ τῆς
μητρός, ἐάν σοι φαίνηται,
φρόντισον· ὀφείλεται
25 δʼ αὐτοῦ ἰδμήνου
ὀψώνιον. Καὶ Ἰάσονι
γράψαι δοῦναι ⟦μοι⟧ ἡμῖν τὸ
ʼΑπολλοδώρου τοῦ ἐπὶ τοῦ
σιδήρου γενομένου οἰκη-
30 μάτιον, εἴ σοι δοκεῖ,
καὶ δοκία ε (ἑπταπήχη).
Εὐτύχει.

Verso:
Πύρρου

15/16 zu ergänzen ist γράψας oder συντάξας        25 αὐτοῦ viell.
für αὐτῇ        27 γράψαι für γράψον

Bittschrift an Zenon von Pyrrhos. Wisse, seit Hermon (den Nil) hinuntergesegelt ist, habe ich bis jetzt weder Barlohn noch Getreideration noch Öl erhalten; weil ich aber zu Dir hinabfahre und kein Reisegeld habe, hat meine Mutter ein Kleidungsstück für 1 Drachme 3 Obolen versetzt; Jason, von mir eindringlich gebeten, gab mir mit Mühe in Kerke 12 Drachmen. Du tätest nun gut daran, falls es Dir angemessen erscheint, (wenn Du Anweisung gibst), daß man mir für diese Zeit (alles) gibt, und für die Zukunft schreibe, damit wir es pünktlich erhalten (und bezüglich der Kleiderausstattung, damit ich sie bekomme); wir aber werden uns in jeder Weise unbescholten verhalten. Gedenke auch in gleicher Weise der Mutter, wenn es Dir angemessen erscheint; ihr wird der Unterhalt für 14 Monate geschuldet. Und schreibe dem Jason, er möge uns die Wohnung des verstorbenen Werkzeugaufsehers Apollodoros geben, wenn es Dir gut dünkt, und 5 Balken von 5 Ellen (Länge). Gehab Dich wohl. (Verso) Von Pyrrhos.

Klagen wegen rückständigen Lohnes oder Unterhalts belegt das Zenon-Archiv häufig [s. auch o. Nr. 3]. Als Ursache ist das Interesse Zenons betrachtet worden, die zurückgehaltenen Gelder zum eigenen Gewinn arbeiten zu lassen. Dies erklärt aber nicht den Rückstand von Naturallöhnen, und man wird den Grund eher in organisatorischen Mängeln und Engpässen im Geldumlauf sehen dürfen. Ob es im vorliegenden Fall um Arbeitsentgelt geht, ist zweifelhaft; der Hinweis auf den der Mutter des Schreibers geschuldeten Unterhalt spricht eher dagegen, denn eine „Familienzulage" gibt es grundsätzlich nicht. Den Namen Pyrrhos trägt jedoch einer der Jünglinge, die Zenon in der Ringschule zu Alexandrien für die Teilnahme an Wettkämpfen trainieren läßt und deren Unterhalt er bestreitet; er könnte der Schreiber des vorliegenden Briefes sein und demnach aufgrund der in ihn gesetzten sportlichen Hoffnungen nicht nur den eigenen Unterhalt, sondern auch den seiner Mutter verdienen.

*Lit.:* Zu Zenon und seinem Archiv s.o. Nr. 3; zur Beschäftigung des Pyrrhos s. M. Rostovtzeff, Estate [o. Nr. 3] S. 88 f. und 172 ff.; zu Entlohnung und Lohnrückständen s. J. Hengstl, Arbeitsverhältnisse [o. Nr. 76] S. 106 ff. und 118 f.

# 110

## Quittung über das Monatsgehalt eines Arztes

P. Hamb. II 171 (mit BL IV)              Oxyrhynchites. 246 v. Chr.

[Βασιλ]εύοντος Πτολεμαίου [τοῦ Πτολεμαίου]
καὶ 'Αρσινόης θεῶν 'Αδελ[φῶν (ἔτους) α, ὡς δ' αἱ]
[πρόσ]οδοι (ἔτους) β μηνὸς Φ[αμενὼθ ῑ· ἔχ]ει Δημή-
[τριος] ἰατρὸς παρὰ Νικάνο[ρος τραπε]ζίτου
5 [ἀπὸ τ]ῆς ἐν 'Οξυρύγχοις τρα[πέζης ἐκ τοῦ] ἰατρικοῦ
[λόγου] εἰς τὸ προσοφειλό[μενον τοῖς] κατὰ τόπον
πρὸς τὸ λθ (ἔτος), ὃ συνέχω [παρὰ τρα]πεζί-
του, ἰατρικὸν τοῦ Χοιὰχ [τοῦ λθ (ἔτους) (δραχμὰς)] π̄.
                Zwischenraum von 2,5 cm.
[Βασι]λεύοντος Πτ[ολεμαίου τοῦ]
10 [Πτο]λεμαίου καὶ 'Αρσινόης θεῶν
'Α[δε]λφῶν (ἔτους) α, ὡς δ' αἱ πρόσοδοι (ἔτους) β
μηνὸς Φαμενὼθ ῑ· ἔχει Δημήτριος ἰατρὸς
[παρ]ὰ Νικάνορος τραπεζίτου ἀπὸ τῆς
[ἐν 'Οξυ]ρύγχοις τραπέζης ἐκ τοῦ
15 [ἰατρικοῦ λόγο]υ εἰς τὸ προσοφειλό-
[μενον ........] τοῖς κατὰ τόπον
[ἰατροῖς πρὸς τ]ὸ λθ (ἔτος), ὃ συνέχω
[παρὰ τραπεζίτου .....] ἰατρι]κὸν
[τοῦ Χοιὰχ τοῦ λθ (ἔτους) π̄ (δραχμάς).]

Vielleicht war der Z. 16–19 abgebrochene Text um 6–7 Bstb. breiter als hier angenommen und die Ergänzung Z. 17 [ἰατροῖς, mag
zu tilgen sein (J. Bingen, CE 31, 1956, S. 175).

(Innenschrift) Unter der Königsherrschaft des Ptolemaios,
des Sohnes des Ptolemaios, und der Arsinoe, der göttlichen
Geschwister, im 1. Jahr, Finanzjahr 2, am 10. des Monats
Phamenoth. Es hat (erhalten) der Arzt Demetrios durch den
Kassenvorstand Nikanor von der Staatskasse in Oxyrhynchos aus dem Arzt-Konto für das den (Ärzten?) im Bezirk
geschuldete (Gehalt) des 39. Jahres das Arztgeld des Choiach,
80 Drachmen, die ich vom Kassenvorstand erhalten habe.

Diese Doppelquittung eines Arztes stammt aus dem ersten Herrschaftsjahr Ptolemaios III. Euergetes, die Zahlung selbst bezieht sich auf den Monat Choiak des letzten (39.) Herrschaftsjahres seines Vaters Ptolemaios II. Philadelphos; dieser ist in der Datumsformel zusammen mit seiner Schwester-Frau, der Stiefmutter Ptolemaios III., unter Beifügung des bereits zu Lebzeiten angenommenen Ehrentitels Θεοὶ Ἀδελφοί gleichfalls genannt. Der Text belegt für das dritte vorchristliche Jahrhundert die Besoldung der öffentlichen Ärzte aus dem Staatssäckel, welches seinerseits durch eine den gleichen Namen – ἰατρικόν – wie das Gehalt tragende Steuer gefüllt wird. Welcher Personenkreis dieser Steuer unterworfen ist, ist nicht völlig geklärt; daß die Zahlenden meist als Kleruchen (Militärsiedler) [s. o. Nr. 13] ausgewiesen sind, bestätigt eine neuere These, beim ἰατρικόν handle es sich um keine allgemeine Steuer, sondern um eine speziell den Kleruchen obliegende Abgabe. Der Text zeugt übrigens von den Interpretationsschwierigkeiten, die das Fehlen einer spezifischen Verwaltungssprache bereitet: τράπεζα bezeichnet sowohl „Bank" wie „Staatskasse" und ist hier nicht durch ein beigefügtes βασιλική als staatliche Einrichtung ausgewiesen, auch ist Demetrios nicht als δημόσιος ἰατρός gekennzeichnet. Die Urkunde unterscheidet sich aber von einer privaten Anweisung, und die Ausdrücke ἐκ τοῦ ἰατρικοῦ λόγου (Z. 5f., 14f.) und ἰατρικόν (Z. 18, 18) kennzeichnen den Vorgang als Zahlung einer staatlichen Kasse an einen Amtsarzt.

*Lit.*: zu Medizin und Ärzten s. u. bei Nr. 111, zum ἰατρικόν s. F. Boswinkel, La medicine [o. bei Nr. 37]; zum Bank- und Kassenwesen s. F. Preisigke, Girowesen [o. bei Nr. 21]; zu den Kleruchen und deren Abgaben s. F. Uebel, Kleruchen [o. bei Nr. 13].

## 111

## Aus einer Sammlung ärztlicher Rezepte

SB VIII 9860 d) + e) +
f) Z. 1-7 (*)

Arsinoites. Ende 3. Jahrh. v. Chr.

Col. II Πραξαγόρας μὲν ηὐ-
δοκίμει ἐν ταύτηι
τῆι δυνάμει. Ἐχράτω γὰρ
αὐτῆι καὶ
ὑγρᾶι καὶ ξηρᾶι καὶ κολλυ-
ρίωι·
ὑγρᾶι μέν ὂν ἐν γλυκεῖ τρίβων λεῖον
5 καὶ ποιῶν μέλιτος τὸ πάχος·
ξηρᾶι δὲ
ἐν οἴνωι τρίβων λεῖον καὶ
ξηραίνων.
Πάλιν δὲ εἰ βούλει αὐτῶι
κολλυρίωι
χρῆσθαι, ἀναπλάσων εἰ οἴνωι
καὶ
ἀναξηραίνων χρῶ ἐν ὕδατι.
10 Ἔστιν δὲ ἐξ ὧν συντίθε-
ται
σποδοῦ κυπρίας (δραχ-
μὰς) δ
ἑ[β]ένου κατεξυσμένης
(δραχμὰς) β
χαλκοῦ κεκαυμένου (δραχ-
μὰς) β
[σμ]ύρνης δραχμὴν μα-
15 [δάλ]κου πέντε ὀβολοὺς
νάρνου
ἰσώβολον, ἰοῦ [[ὀβολὸν]]
τριόβολον

Col. III μίσυος ὀπτοῦ ὀβολὸν
π[επέ-]
ριος στρογγύλ[ο]υ κ[ό]κ-
κους τρεῖς.

ϑ Διονυσίου ἡ ἀρετή.
5 Σποδοῦ κυπρίας (δραχμὰς) β
ῥόδων τοῦ ἐμμέσου
ἄνθους τριώβολον, κρό-
κου τριώβολον,
σμύρνης ὀβολόν,
10 μηκωνίου ἡμιοβέ-
λιον, κόμμιος λευκοῦ
τριώβολον. Ταῦ[τ]α ἐ-
γλεάνας εἰ οἴνωι λευ-
κῶι ὡς βελτίστωι ἀ-
15 ναπλάσας κολλύριον α,
χρῶ.
✕ Ἄλλο. Παρὰ τὴν ἀ-
ρετὴν συνέθηκε
Col. IV
κόμμιος λευκοῦ μέρη τρία,
σποδοῦ μέρος ἕν, χαλκοῦ
κεκαυμένου ἥμυσυ, ὑοσ-
κυάμου χύλισμα ἴσον τῶι
5 χαλκοῦ. Ταῦτα ἐγλεάνας
καὶ ἀναπλάσας ἐν ὕδα-
τι, χρῶ.

Col. II 2 Ἐχράτω l. ἐχρῆτο    4 ὄν l. οὖν    8 ἀναπλάσων
ει l. ἀναπλάσσων ἐν    15 νάρνου l. νάρδου    16 τριόβολον
l. τριώβολον    Col. III 10 ἡμιοβέ-|λιον l. ἡμιωβέλιον    12 ἐ-|γ-
λεάνας ει l. ἐκλεάνας ἐν    15 κολλύριον: Ed. pr. κολλύρι[[ον]]
Col. IV 3 ἥμυσυ l. ἥμισυ    5 χαλκοῦ für χαλκῷ; ἐγλεάνας l. ἐκλεάνας

Praxagoras zeichnete sich mit diesem Heilmittel aus. Er bediente sich seiner nämlich flüssig, trocken und als Salbe; als
flüssiges, indem er (es) in süßem Wein glatt rührt und ihm die
Konsistenz von Honig gibt, trocken, indem er es in Wein glatt
rührt und trocknet. Wenn du es dagegen als Salbe gebrauchen
willst, löse (es) in Wein auf (lit.: umgestalten) und trockne (es)
wieder, gebrauche es in Wasser. Dies sind die Bestandteile:
4 Drachmen Kupferoxyd, 2 Drachmen geschabtes Ebenholz
(Diosporos), 2 Drachmen gebranntes Kupfer, eine Drachme
Myrrhe (Commiphora abyssinica), fünf Obolen Bdellium
(Commiphora Roxburghiana), gleichviel Narden(öl) (viell.
Nardostachys jatamansi), drei Obolen Veilchen (Viola odo-
rata), eine Obole gebranntes Kupfersulfat (Kupfervitriol),
drei Körner runden Pfeffers (Piper nigrum).
Das Pflaster des Dionysos: 2 Drachmen Kupferoxyd, drei
Obolen Rosenblütenherzen (viell. speziell Rosa gallica), drei
Obolen Safran (Crocus sativus), eine halbe Obole Mohnsaft
(Papaver somniferum), drei Obolen weißen (Akazien-)
Gummis (Gummi arabicum). Diese (Dinge) in Wein auf's
beste glatt rühren (und) Salben machen, anwenden.
Anderes (Rezept): Für das Pflaster mischte er zusammen drei
Teile weißen Gummis, ein Teil (Kupfer-)Oxyd, ein halbes
Teil gebrannten Kupfers, gleichviel Bilsenkrautsaft (Hyoscya-
mus niger) wie Kupfer. Diese (Dinge) glatt rühren und in
Wasser auflösen, anwenden.

Die Papyri berichten nicht nur über den ärztlichen Berufs-
stand [s. o. Nr. 37, 95, 99 und 110], sondern auch von der
medizinischen Therapie. Zwar wird in heidnischer wie in
christlicher Zeit eine Heilung vielfach mit im Aberglauben
wurzelnden Mitteln angestrebt [s. o. Nr. 70]. Texte wie der
vorliegende zeugen demgegenüber von profunder Kenntnis
pflanzlicher, mineralischer und tierischer Wirkstoffe. Einige

der angegebenen Stoffe werden noch heute therapeutisch angewandt, und der Einfluß von Würzpflanzen auf den menschlichen Körper ist allgemein bekannt. Gegen welche Leiden die drei Rezepte helfen sollen, ist nicht angegeben; möglich, daß dem Kundigen die Namen der Erfinder bereits das Nötige gesagt haben. Übrigens kennen wir Ärzte, die den Namen Praxagoras bzw. Dionysios führen, doch wäre es grundlos, die Urheberschaft an unseren Rezepten diesen zufällig historisch faßbaren Personen zuschreiben zu wollen.

*Lit.:* zum Text s. M. Tsoukalas, Anekdotoi philologikoi kai idiotikoi papyroi, Athen 1962 S. 17ff.; zu Ärzten und Medizin s. E. Boswinkel, La medicine [o. bei Nr. 37]; F. Kudlien, LAW Sp. 1885 s.v. Medizin; O. Nannetti, Ricerche sul medici e sulla medicina nei papiri, Aegyptus 21, 1941, S. 301ff., K. Sudhoff, Ärztliches [o. bei Nr. 76]; zu ärztlichen Rezepten s. V. Gazza, Prescrizioni mediche nei papiri dell'Egitto greco-romano, Aegyptus 35, 1955, S. 86ff. und 36, 1956, S. 73ff. (im zweiten Teil zu den einzelnen Ingredienzen, soweit diese nicht aufgeführt sind s.) M.E.P. Schmidt, RE V 2, Sp. 1893f. s.v. Ebenholzbaum; W. Kroll, RE XVI 2, Sp. 1705ff. s.v. Nardus; M. Schuster, RE VIII A 1, Sp. 591ff. s.v. Veilchen; zu Bdellium (und zum Text) s. J. Hengstl-Th. Ihnken, SB VIII 9860 (für einen der nächsten ZPE-Bände vorgesehen); zur Pharmaziegeschichte und Pharmakologie s. J.Berendes, Die Pharmazie bei den alten Kulturvölkern. Historisch-kritische Studien, Halle 1891, Nd. Hildesheim 1965; D.Goltz, Zur Geschichte der Mineralnamen in Pharmazie, Chemie und Medizin von den Anfängen bis Paracelsus, Diss. rer. nat. Marburg 1966, neuveröff. Wiesbaden 1972; dieselbe, Studien zur altorientalischen und griechischen Heilkunde. Therapie-Arzneibereitung-Rezeptstruktur, Wiesbaden 1974; H.Schelenz, Geschichte der Pharmazie, Berlin 1904, Nd. Hildesheim 1962; A.Tschirch (Hrsg.), Handbuch der Pharmakognosie, 2. erw. Aufl., Bd. 1 Allgemeine Pharmakognosie, 3. Abt., Leipzig 1933, S. 1153ff.

## 112

# Drei alchemistische Rezepte

P. Holm.  α Z. 21–27 Theben(?). 3./4. Jahrh. n. Chr.
γ Z. 11–17
ʒ Z. 2–4

α (= Seite 1) 21 Ἄλλο.

Κασσίτερον λευκόν τε καὶ μαλακὸν τετρά-
κι καθήρας κἀκ τοῦδε μέ(ρη) ϛ χαλκοῦ τε καλ{λ}α-
τικοῦ λευκοῦ μνᾶ⟨ν⟩ ᾱ συνχωνεύσας σμῆχε
25 καὶ σκεύαζε, ὃ θέλεις, καὶ γείνεται ἄργυρος ὁ
πρῶτος, ὡς καὶ τοὺς τεχνίτας λανθάνειν ὅτι
ἐξ οἰ⟨κο⟩νομίας τοιᾶσδε συνέστη.

γ (= Seite 3) 11 Ἄλλη.

Λαβὼν τὰ πινάρια ἢ τὰ μαρκαρ⟨ι⟩τάρια εἰς γάλα κυνὸς χάλα καὶ ἔα ἡμ(έρας) β̄ καὶ νύκτας ἐπιπωμάσας.
Καὶ ἔπερε αὐτὰ διειρμένα τριχὶ ὀνίᾳ καὶ ἐνα-
15 πόβ{α}λεπε, εἰ γέγονε λαυκά. Εἰ δὲ μή, ἐπιχάλα,
ἕως καλῶς ἔχῃ τούτῳ. Καὶ ἐὰν ἄν(θρωπ)ον χρίσῃς, λε-
προῦται. Τοσαύτην ἔχει ἐνέργειαν.

ʒ (= Seite 7) 2 Σμαράγδου ποίησις.

Χαλκοῦ κεκαυμένου μέ(ρος) ᾱ, ἰοῦ μέ(ρη) β̄, μέλιτος πον-
τικοῦ τὸ ἱκανὸν ἔψε ὥρ(αν) ᾱ. > > >——

α 22 Κασσίτηρον l. Κασσίτερον 23 Καλ{λ}α-|τικοῦ l. γαλατικοῦ
γ 12 μαρκαρ⟨ι⟩τάρια l. μαργαριτάρια 14 ἔπερε l. ἔπαιρε
15 λαυκά l. λευκά 16 τούτῳ l. τοῦτο

α Z. 21–27
Ein anderes (Rezept). Reinige weißes und weiches Zinn vier-
mal und schmelze zusammen sechs Teile hiervon und eine
Mine galatischen weißen Kupfers, reibe ab und stelle her,
was Du willst, und es wird Silber erster Güte; so bleibt es
auch den Handwerkern verborgen, daß es nach eben diesem
Verfahren zusammengesetzt ist.

γ Z. 11–17
Ein anderes (Rezept). Nimm die Perlmutterstücke oder die
Perlen und lege sie in Milch einer Hündin und laß sie zwei
Tage und Nächte zugedeckt darin. Dann hole die mit Esel-
haar durchzogenen (Perlen) heraus und sieh nach, ob sie
weiß geworden sind. Wenn aber nicht, lege sie wieder hinein,
bis es sich gut verhält. Und wenn Du dann einen Menschen
damit bestreichst, wird er aussätzig. Derartige Wirkung hat
es.

3 Z. 2–4
Herstellung von Smaragd. 1 Teil gebranntes Kupfer, 2 Teile
Grünspan und entsprechend pontischen Honig koche eine
Stunde.

In dem hier mit drei Rezepten vertretenen alchemistischen
Buche mischen sich Fälscherei (vgl. Text 1 und 3) und Aberglauben (vgl. Text 2), wie es für die Alchemie gemeinhin
kennzeichnend ist. Die insgesamt 152 Rezepte beziehen sich
auf Edelmetall (9), Edel- und Halbedelsteine (73) sowie das
Färben, vornehmlich in Purpur (70). Sie stehen auf 14 losen,
α – κη paginierten Blättern, die einst einen aus einer einzigen
Lage von sieben Doppelblättern bestehenden Codex (ca.
30 × 17 cm) gebildet haben. Wahrscheinlich ist der Codex
eine Grabbeigabe gewesen, daher so gut erhalten und erst von
den einheimischen Findern in Einzelblätter zerschnitten worden. Zusammen etwa mit dem ähnlichen P. Leid. X liefert
unser Codex wertvolles Material für die Frühgeschichte der
Alchemie. Dem ersten hier abgedruckten Rezept gehen zwei
gleichfalls die Silberherstellung (α Z. 1 Ἀργυρίου ποίησις)
betreffende voraus. In Z. 23 will der Schreiber offensichtlich
das Mischungsverhältnis (μέρος, Teil) angeben, kehrt dann
aber doch zu der Gewichtsangabe (Z. 24 μνᾶ, Mine) zurück.
Das Ende des Rezeptes zeigt, daß der Verfasser trotz der ge-
rühmten Güte des Produktes (Z. 25f.) sich der Fälschung
durchaus bewußt ist. Echtheitsproben an anderer Stelle zeigen, daß man zwar gerne fälscht, aber selbst wiederum nicht
betrogen sein will. Wie nahe „Chemie" und Zaubermittel in
jener Zeit stehen, erweist das zweite unserer Rezepte.

*Lit.:* Pack² 1998; O. Lagercrantz, Kommentar zu P. Holm.

## 113

## Aus einem astronomischen Werk

P. Par. 1 Recto          Herkunft unbekannt. Um 163 v. Chr.
Col. XVIII Z. 403–
Col. XIX Z. 433

Col. XVIII
Αἱ τοῦ ἡλίου ἐκλείψεις γεί-
νον-
ται νουμηνίᾳ· ὅταν ἡ σελή-
405 νη τῷ ἡλίῳ ἐπισκοτήσ[η]
ἀντὶ τῆς ὄψεως ἡμῶν. Διὰ
τί δὲ νουμηνίᾳ ἐκλείπει
ὁ ἥλιος; Ὅτι ἐν ταύτῃ τῇ
ἡμέρᾳ συνανατέλλει καὶ
410 συγκαταδύνει τῇ σελήνῃ
ὁ ἥλιος.
       Ἥλιος.

Οὐ πάσῃ νουμηνίᾳ ἐκλείπει
ὁ ἥλιος· ἀλλ᾽ ὅταν ἐπὶ τῆς
αὐ-
τῆς εὐθείας καὶ ἐν τῷ αὐ-
415 τῷ [συν]δέσμῳ γενη[θῇ]
τῆς σελήνης ὁ ἥλιος· τό-
τ[ε ἡ]
μεγίστη ἡλίου ἔκλειψις·
ὅταν δὲ ἀποτέρῳ καὶ ἀπο-
τέρῳ, ἐλάττους καὶ ἐλάτ-
420 τους αἱ ἐκλείψεις τοῦ ἡλίου

φαίνονται· οὐ πάσῃ ἄρα
ν[ου-]
μηνίᾳ ἐκλείπει ὁ ἥλιος,
ἐκλείπει δὲ νουμηνίᾳ.

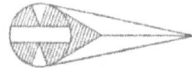

Col. XIX
Αἱ τῆς σελήνης ἐκλείψεις
γεί-
425 νονται διχομηνίᾳ, ὅταν ἐ-
πὶ τῆς αὐτῆς εὐθείας καὶ
ἐν τῷ
αὐτῷ συνδέσμῳ γενηθῇ
τῆς σελήνης ὁ ἥλιος. Διὰ τί
δὲ
διχομηνίᾳ ἐκλείπει ἡ σε-
λήνη;
430 Ὅτι ἐν ταύτῃ τῇ ἡμέρᾳ
συν-
ανατέλλει καὶ συγκαταδύ-
νει
τῇ σελήνῃ ὁ ἥλιος, ἡμικυ-
κλίου διάστημα ἔχων.

418 ἀποτέρῳ καὶ ἀπο-|τέρῳ, ἐλάττους καὶ D. Hagedorn – Ed. pr.
ἀποτέρῳ καὶ ἀποτέρῳ ἐλλάττους,

Die Verfinsterungen der Sonne entstehen bei Neumond, sobald der Mond der Sonne, auf unseren Blickpunkt bezogen, im Lichte steht. Warum aber verfinstert sich die Sonne bei Neumond? Weil an eben diesem Tag die Sonne zugleich mit dem Mond auf- und untergeht. Sonne. Die Sonne verfinstert sich nicht bei jedem Neumond. Aber wenn die Sonne auf der selben Linie und Konjunktion des Mondes steht, dann (entsteht) die größte Sonnenfinsternis; je weiter entfernt aber, desto kleiner erscheinen auch die Verfinsterungen der Sonne. Ferner verfinstert sich die Sonne nicht zu jedem Neumond, sie verfinstert sich aber (nur) bei Neumond. Die Verfinsterungen des Mondes entstehen bei Vollmond, wenn die Sonne auf der selben Linie und der nämlichen Konjunktion des Mondes steht. Warum aber verfinstert sich der Mond bei Vollmond? Weil an diesem Tag die Sonne mit dem Abstand eines Halbkreises mit dem Mond auf- und untergeht.

Der Auszug stammt aus einem 544 Zeilen umfassenden astronomischen-kalendarischen Werk (Z. 540f. Οὐράνιος διδασκαλία „Himmelslehre") Dieses beginnt mit einem Verzeichnis der astronomisch bedeutsamen Tage (Col. I), beschreibt dann die (scheinbaren) Bahnen der Sonne, des Mondes und der Planeten (Col. I–V), unterscheidet den sichtbaren Teil der Himmelskugel von dem unsichtbaren, den Äquator, den Tierkreis (Zodiakus), die beiden Pole (Col. VIf.) und schließt mif einer Übersicht über die Umdrehung des gestirnten Himmels, die Neigung des Tierkreises und die nach Jahren, Monaten und Tagen berechneten Wanderungen von Sonne und Mond während eines Achtjahreszyklus (Oktaeteris) (Col. VIII–XXIII). Hierbei werden auch die Finsternisse erörtert, unser Auszug gehört in diesen Abschnitt: der Text gibt eine erklärende Beschreibung der Sonnen- und Mondfinsternis. Die Abhandlung geht von der Kugelgestalt der Erde, der Sonne und des Mondes aus, hält aber am geozentrischen Weltbild fest. Sie geht letztlich wohl auf den berühmten Mathematiker, Arzt und Philosophen Eudoxos von Knidos (ca. 408–355 v. Chr.), einen Platonschüler, zurück, denn die Versanfänge eines zwölfzeiligen jambischen Akrostichons auf dem Verso bezeichnen den Inhalt als die „Wissenschaft des Eudoxos" (Εὐδόξου τέχνην). Es handelt sich aber um keine Abschrift aus den Werken des Eudoxos, sondern wahrscheinlich um ein aus Vorträgen über die eudoxische Astronomie hervorgegangenes Schulheft, in dem außer Eudoxos auch die Lehren anderer Astronomen benutzt worden sind, welches aber auf das Wissen um den Kalender beschränkt ist. Bemerkenswert ist, daß den vorkommenden astronomischen Daten die Breite von Alexandria zugrunde liegt; tatsächlich hat sich Eudoxos wohl 381/80 v. Chr. für 16 Monate zu Studienzwecken in Ägypten aufgehalten – schon Thales von Milet (1. Hälfte 6. Jahrh. v. Chr.) hat dort arithmetisches und geometrisches Wissen erworben und dann die Sonnenfinsternis vom 28. Mai 585 v. Chr. vorausberechnet. Der Zeitpunkt der Niederschrift unseres Textes ist nicht genau zu bestimmen. Hilfsmittel für eine annähernde Datierung sind fünf Briefe (P. Par. 63 = UPZ I 110 + 111 + II 144 + 145), welche man nachträglich wohl zu Übungszwecken auf dem Verso niedergeschrieben hat; die Briefe stammen aus den Jahren 164/3 v. Chr. und sind wahrscheinlich alsbald abgeschrieben worden. Irgendwann zuvor ist – wie üblich – das Rekto beschrieben worden, jene Seite, auf der die Fasern waagrecht verlaufen und auf der sich daher angenehmer schreiben läßt. Allzulang vor jenen Briefen kann dies nicht geschehen sein; denn die astronomische Abhandlung ist von der gleichen Hand geschrieben worden wie die ersten beiden Briefe und offenbar gleichfalls nur zu Übungszwecken, nicht im Rahmen wissenschaftlicher Schulung.

*Lit.*: Pack[2] 369; zur Astronomie s. Hultsch, RE II 2 Sp. 1828 ff. s. v. Astronomie; zu Eudoxos von Knidos s. derselbe, RE VI 1 Sp. 930 ff. s. v. Eudoxos 8. (zum Text Sp. 949 f.); zum Achtjahreszyklus s. W. Sontheimer, Pauly 4 Sp. 271 f. s. v. Oktaeteris; zur Datierung und zum Zweck der Abschrift s. U. Wilcken, Einl. zu UPZ I 110.

114

## Maß- und Gewichtsliste

P. Oxy. I 9 Verso (S. 77f.)  Oxyrhynchos. 3./4. Jahrh. n. Chr.

Ἔχι χαλκείνη ὀβολούς ϛ, ὁ δὲ ὀβολὸς ἔχει χαλκοῦς η̄,
ὥστε εἶναι τὴν χαλκείνη χαλκῶν μη. Ἔχει δραχμὴ
ὀβολοὺς ἑπτά, ζ̄, ὁ δὲ ὀβολὸς ἔχει χαλκοῦς η̄, ⟦ὥσ[τε εἶ]ναι⟧
ὥστε εἶναι τὴν δραχμὴν χαλκῶν νϛ. Ἔχει τὼ τάλαντον ξ̄
5 μνᾶς, ⟦ε⟧ ξ̄, ἡ δὲ μνᾶ ἔχει σ⟦σ⟧τ[.]α⟨τῆ⟩ρας μὲν κε, (δραχμὰς) ρ,
  ὁ δὲ στατῆρες
ἔχει δραχμὰς δ̄, ὥστε εἶναι τὸ τάλαντον στα⟨τῆ⟩ρα μὲν ᾿Αφ, ϛ
δραχμῶν δὲ ϛ, ὀβολὸν δὲ τετρακιμυρίων διχιλίων.
Ἔχει ἀρτάβη μέτρα ῑ, τὸ δὲ μέτρους χύνεικες δ̄, ὥστε εἶναι
τὴν ἀρτάβην χυνίκων μ̄. Ἔχει μέδιμνος ἡμείεκτα ῑβ,
10 τὸ δὲ ἡμείεκτων ἔχει χύνικες τέσσαρος, ὥστε εἶναι
τὸν μέδιμνον χυνίκων τεσσεράκωντα ὀκκτού. Ἔχει ὁ πῆχις
παληστὰς ϛ, ὁ δὲ παλησστὴς ἔχει δακτύλους δ̄, ὥστε εἶναι
τὼν πῆχων δακτύλων κδ̄. Ἔχει ὁ μετρητὴς χώεις ῑβ,
ὁ δὲ χόος ἔχει κοτύλας ῑβ, ὥστε εἶναι τὸν μετρητὴν κοτυλῶν ρμδ.
15 Ἔχει τὸ μναεῖον τετάρτα δέκα ϛ, ῑϛ, ἡ δὲ τε[τάρτ]η ἔχει θέρμο[υς
  μὲ]ν : [  ]
  κ[ερ]ά[τ]ια [δὲ ...]εκα[.. ὁ δ]ὲ θέ[ρμος ἔ]χι [– – –]

2 χαλκείνη für χαλκείνην  4 τὼ 1. τὸ  5 στατῆρες für στατήρ
6 στα⟨τῆ⟩ρα für στατήρων  7 ὀβολὸν 1. ὀβολῶν  8 μέτρους
χύνεικες 1. μέτρον χοίνικας  9 χυνίκων 1. χοινίκων  10 ἡμείεκτων 1. ἡμίεκτον; χύνεικες 1. χοίνικας; τέσσαρος (so Ed. pr.) 1. τέσσαρας 11 χυνίκων τεσσεράκωντα ὀκκτού 1. χοινίκων τεσσεράκοντα
ὀκτώ; πῆχις 1. πῆχυς  12 παλησστὰς 1. παλαιστάς; παλησστὴς
1. παλαιστὴς  13 τὼν πῆχων 1. τὴν πῆχυν; χώεις 1. χόας
14 κοτυλῶν 1. κοτυλῶν  15 τετάρτα 1. τετάρτας

Eine Kupferdrachme hat 6 Obolen und eine Obole hat 8 Chalkoi, so daß eine Kupferdrachme aus 48 Chalkoi besteht.
Eine (Silber-)Drachme hat sieben, 7, Obolen und eine Obole
hat 8 Chalkoi, so daß eine (Silber-)Drachme aus 56 Chalkoi
besteht. Das Talent hat 60 Minen, 60, und eine Mine hat

25 Statere oder 100 Drachmen – der Stater hat 4 Drachmen –,
so daß das Talent aus 1500 Stateren besteht oder aus 6000
Drachmen oder aus zweiundvierzigtausend Obolen. Eine
Artabe hat 10 Maß und das Maß hat 4 Choinikes, so daß die
Artabe aus 40 Choinikes besteht. Ein Medimnos hat 12 Hemi-
hekta, das Hemihekton hat vier Choinikes, so daß der Medim-
nos aus achtundvierzig Choinikes besteht. Die Elle hat 6
Vier-Finger-Breiten, die Vier-Finger-Breite hat vier Finger,
so daß die Elle aus 24 Fingern besteht. Der Metretes hat 12
Chus und der Chus hat 12 Kotylen, so daß ein Metretes aus
144 Kotylen besteht. Ein Minen-Gewicht hat sechzehn, 16,
„Viertel" und ein „Viertel" hat [72] Thermoi oder [144]
Keratia und ein Thermos hat....

Diese Liste mit Maß- und Gewichtsumrechnungen findet
sich kurioserweise auf der Rückseite eines Papyrus, der auf
der Vorderseite ein Fragment aus einem Hauptwerk des
Aristoxenos von Tarent (geb. ca. 370 v. Chr.), aus den ῥυϑ-
μικὰ στοιχεῖα, über die Metrik, trägt (P. Oxy I 9). Der
Zweck der Liste ist nicht erkennbar. Hier ist sie ein gutes
Beispiel für Maß und Gewichtsbezeichnungen an sich und
deren keineswegs vollständig aufgezählte Vielfalt. Aber auch
die Mehrdeutigkeiten der Bezeichnungen klingt an, wenn
sowohl 6 wie 7 Obolen eine Drachme ergeben können (hieraus ergibt sich jedoch nicht das – schwankende – Kursver-
hältnis zwischen Kupfer- und Silberwährung) oder wenn
lediglich eine sprachliche Erwägung dafür spricht, Z. 15 f. attische „Viertel" zu 72 Thermoi oder 144 Keratia anzuneh-
men, statt ägyptischer Viertel zu 81 Thermoi oder 162 Keratia. Auch die Artabe zu 40 Choinikes ist nur die gebräuchlichste von mehreren Artabenmaßen. Folglich pflegt man in
den Verträgen das anzuwendende Maß gerne näher zu bezeichnen, etwa durch Angabe des Gebrauchsortes; bei Geld
findet sich neben der Währungsbezeichnung aber auch häufig eine Güteangabe, um die Zahlung in abgegriffener Münze
zu verwehren. Die hier auftretenden Wertnamen beziehen
sich noch deutlich auf die Herkunft des Geldes aus dem ab-
gewogenen Metallstück, wie heute noch das britische Pfund
oder die italienische Lira.

*Lit.:* eine umfassende Darstellung kann es angesichts der Vielfalt nicht geben; eine noch immer nützliche, im einzelnen freilich überholte Einführung gibt U. Wilcken, Grundzüge S. LXIff.

## 115

### Tadelsbrief

P. Teb. III (1) 758                     Tebtynis. Frühes 2. Jahrh. v. Chr.

Διονυσίωι. Ἔδει σε
ἐν τῶι σῶι τραχήλωι
ἐμπαίζειν, καὶ μὴ ἐν
τῶι ἐμῶι. Φαίνη εἰς
5 μανίαν ἐμπεπτω-
κέν[α]ι, διὸ λόγον σαυ-
τοῦ οὐ ποιεῖς κα[ὶ]
ὑπ[ο]μεμένηκας,
ὥ[στ]ε μεθ' ὧν συμ-
10 [παίζει]ς ὑπὸ τού-
[τ]ων μυκτηρίζεσ-
Verso:
Διονυσί[ωι.]

θαι. Γνῶθι διότι
οὐ τελωνίας προέσ-
τηκας ἀλλὰ χειρισ-
15 μοῦ ἀβαστάκτο[υ,]
ὥστε πρὸς ταῦτα
ἔχων κατάλ[ηγε. (?) Εἰ]
ἡδύ ἐστιν τ[ὸ κω-]
θωνίζεσθαι κα[ὶ ἐν]
20 σκέπηι εἶναι, οὐκ ἐ-
πιλογείζει τὴν αὔ-
ριον.

Dem Dionysios. Spiele den Narren auf Kosten Deines Halses und nicht des meinen. Du scheinst wahnsinnig geworden zu sein, weswegen Du (Dir) überhaupt keine Rechenschaft mehr über Dich abzulegen scheinst und darauf beharrst(, so zu handeln), so daß Du Dich gegenüber jenen zum Narren machst, die Dich an der Nase herumführen. Mach' Dir klar, daß Du kein Abgabenpachtunternehmen leitest, sondern nur einen unerträglichen (= d.h. geringen) Posten hast; daher beschränke Dich auf diesen Stand! Wenn es schön ist, sich zu betrinken und Protektion zu genießen, so vergißt Du das Morgen. (Verso) Dem Dionysios.

Der Schreiber dieses Briefes an einen kleinen Beamten spart
nicht an Vorwürfen ob der Aufschneiderei, Trinkerei und
des Günstlingstums des Adressaten. Ein Vorgesetzter hätte
eine andere Form gewählt, Absender wird ein Verwandter,
vielleicht der Vater des Dionysios, sein, der fürchtet, das
Fehlverhalten des Empfängers könne ihm selbst angelastet
werden. Welchen Verwaltungsposten Dionysios tatsächlich
bekleidet, bleibt unklar. Die Warnung οὐ τελωνίας προέ-
στηκας spricht für eine untergeordnete Stelle unter dem den
eigentlichen Abgabenpächtern zur Hand gehenden Personal
und bedeutet wohl „spiele Dich nicht als der Chef auf!".
Auf eine – mit dem tatsächlichen Posten kontrastierende –
Amtsgewalt zielt dies schwerlich: zwar müssen die Steuerpächter der Ptolemäerzeit über eine gewisse Kapitalkraft
verfügen, sie stehen aber unter strenger Staatskontrolle und
besitzen keineswegs eine Machtfülle, wie sie die römischen
Steuerpächter so gefürchtet machte; genaue Vorauskalkula-
tionen seitens des Fiskus gestatten ein lukratives Geschäft
nur in besonders günstigen Jahren, so daß der Staat gewöhnlich den Pächtern Tantiemen zahlen muß.

*Lit.*: zur Steuerpacht s. W. Lotz, Studien über Steuerverpachtung,
SB Bayer. Akad. d. W. Phil.-Hist. Abt. 1935, Heft 4; U. Wilcken,
Grundzüge S. 182 ff.


## 116

## Brief einer Mutter an den Arbeitgeber ihres Sohnes

P. Oxy. X 1295     Oxyrhynchos. 2. oder frühes 3. Jahr. n. Chr.

> Τασόις Διο[ν]υσίωι τῶι τιμ[ι]ωτά-
> τωι χαίρειν.
> Ἰδοὺ μὲν ἐγὼ οὐκ ἐμιμησάμην σε
> τοῦ ἀπ⟨οσπ⟩ᾶν τὸν υἱόν μου, ἐὰν δὲ μέλ-
> 5 λῃς οὕτω αὐτῷ ἐπιτιμᾶν, Πτολε-
> μαῖ[ο]ν πέμψασα ἀποσπάσ[ω] αὐτόν.

Ὅτε ὁ πατ[ὴ]ρ αὐτοῦ ἐτελεύτησεν
ἔδωκα [ὑ]πὲρ αὐτοῦ (δραχμὰς) Ἀτ καὶ ἀν-
άλωσα αὐτῷ ε[ἰ]ς ἱμάτια (δραχμὰς) ξ.
10 Δέο οὖν, μὴ ἀνάπειθε αὐτὸν τοῦ
ἐκτός μου ε[ἶ]ναι, ἐπεὶ ἄρασα αὐτὸν
ἐνέχυρον θήσω εἰς Ἀλεξάνδρι-
αν. Καλῶς οὖν ποιήσεις πέμψα[ς]
μοι διμήνου ὀψώνιον διὰ το[ῦ]
15 ἀναδιδόντος σοι τὸ ἐπιστόλιον
καὶ τὸ ἱμάτιον, καὶ δήλωσόν μοι
πόσου χαλκοῦ δέδωκες αὐτῶι
καὶ εἰ ἐκομίσω τὸ ἱμάτιον.
Πέμψον τὸ μαφόρτιον τῷ ἀδελ-
20 [φ]ῷ σου.
          Ἔρρωσο.
          Verso:
          Δ[ιο]νυ[σί]ωι          ἀπὸ Τασόιτος.

11 δέο l. δέομαι    11 πόσου χαλκοῦ für πόσον χαλκόν

Tasois dem hochgeehrten Dionysios Gruß. Sieh, ich habe
Dich nicht (darin) nachgeahmt, meinen Sohn wegzuschlep-
pen; falls Du dazu neigst, ihm auf diese Weise Vorwürfe zu
machen, schicke ich Ptolemaios und werde ihn Dir wegnehmen. Als sein Vater starb, zahlte ich für ihn 1300 Drachmen
und wandte an Kleidung für ihn 60 Drachmen auf. Ich bitte
Dich nun, überrede ihn nicht, fern von mir zu weilen, sonst
schaffe ich ihn weg und verpfände ihn nach Alexandrien. Du
tätest gut daran, mir durch den Überbringer dieses Briefchens
und des Kleidungsstückes den Lohn für zwei Monate zu senden, und laß mich wissen, wieviel Geld Du ihm gegeben und
ob Du das Kleid erhalten hast. Schicke das Kopftuch Deinem
Bruder. Gehab Dich wohl. (Verso) Dem Dionysios von
Tasois.

Der Brief berichtet von der Sorge einer Mutter, der Arbeitgeber ihres Sohnes werde ihr diesen entfremden. Alles Nähere
bleibt ungewiß, vor allem die Art des Arbeitsverhältnisses.

Daß ein solches vorliegt, ergibt zweifelsfrei die Bitte, den
Lohn zu übersenden. Die Z. 8 erwähnte Zahlung läßt an
einen Paramonevertrag denken, einen Vertrag zur Abgeltung von Zinsen durch Dienstleistung, doch wäre ein solches
Verhältnis nicht durch schlichte Wegnahme des Sohnes zu
lösen. Für eine Paramone wäre der angegebene Betrag reichlich hoch, und ohnedies ist unklar, ob hier überhaupt eine
Verbindlichkeit eingegangen und nicht eine Zahlung geleistet worden ist. Die Drohung, den Sohn zu verpfänden, erweist dessen jugendliches Alter; denn nur über ein Kind ist
eine entsprechende Rechtsmacht eines Elternteils überhaupt
denkbar. Danach könnte ein Lehrverhältnis vorgelegen
haben: die Entlohnung von Lehrlingen ist gerade durch Verträge aus Oxyrhynchos gut belegt. Auch in diesem Fall stände
ein Vertrag einer Wegnahme entgegen, doch mag sein, daß
die Parteien als gute Bekannte, die sie nach Z. 15–20 zu sein
scheinen, auf einen förmlichen Vertrag oder zumindest auf
eine entsprechende Strafklausel verzichtet haben. Unklar ist
ferner die Bedeutung der Verpfändungsdrohung. Eine echte
Kindesverpfändung ist für diese Zeit nicht belegt und wohl
auch nicht möglich. Anders als die weitreichende römische
*patria potestas* beschränkt sich das griechische Elternrecht
auf die Vormundschaft; erst das vulgarisierte Recht der
Spätzeit erkennt ein Notverkaufsrecht des Vaters an. Den
Abschluß eines Paramonevertrages würde das Elternrecht
decken, doch ist dafür die Bezeichnung „verpfänden" ungewöhnlich. In dem rechtlichen Terminus eine Wendung zu
sehen wie das deutsche „jemanden dahin wünschen, wo der
Pfeffer wächst", ihm hier also jede praktische Bedeutung ab-
zusprechen, will freilich auch nicht gefallen.

*Lit.:* zum Vertragsrecht s.o. Nr. 77; zu Paramone- und Lehrver-
trägen s. B.Adams und J.Hengstl [o. bei Nr. 76]; zur elterlichen
Gewalt s. R. Taubenschlag, Die patria potestas im Rechte der
Papyri, und Die materna potestas im gräko-ägyptischen Recht,
Opera minora II, Warszawa 1959, S. 261ff. bzw. S. 323ff. (= ZRG
37, 1916, S. 177ff. bzw. ZRG 49, 1929, S. 115ff.).

## 117

## Anweisung, den Bedarf eines Webereibetriebes zu decken

P. Cairo Zen. II 59142    Philadelphia. 1. Juli 256 v. Chr.

'Απολλώνιος Ζήνωνι χαίρειν. 'Ορθῶς ἐποιήσατε
δόντες τὰ Μιλήσια ἔρια ταῖς ἐμ Μέμφει παιδίσκαις.
Καὶ νῦν δὲ σύνταξον ὅσων ἂν χρείαν ἔχωσι
διδόναι.

5    "Ερρωσο. ("Ετους) λ, 'Αρτεμισίου ι, Παχὼνς θ.

Verso:

("Ετους) λ, 'Αρτεμισίου κθ, Παχὼνς κθ.    Ζήνωνι. 'Ερί-
                                              ων
'Απολλώνιος ἐρίων Μι(λησίων), ὅτι    [Μι]λησίων.
ἔχουσιν αἱ παιδίσκαι καὶ ἵνα
ἄλλα αὐταῖς δοθῇ.

9 δοθῇ oder δοθῆι

Apollonios dem Zenon Gruß. Du tatest gut daran, die Mi-
lesische Wolle den Mädchen in Memphis auszuhändigen
und ordne nun auch an, ihnen soviel zu geben, wie sie benötigen. Gehab Dich wohl. Im 30. Jahr, am 10. Artemisios,
9. Pachon. (Verso) Im 30. Jahr, am 29. Artemisios, 29. Pachon. Apollonios bezüglich der Milesischen Wolle, daß die
Mädchen (sie) haben und daß ihnen das andere gegeben
wird. Dem Zenon. Bezüglich der Milesischen Wolle.

Die kurze Anweisung aus dem Zenon-Archiv ist ein gutes
Beispiel für die äußere Form eines Bürobriefes seiner Zeit.
Der Brief selbst ist in einer gut leserlichen Kanzleischrift ge-
schrieben, die auf dem Verso nur durch die Adresse vertreten

ist. Links von dieser hat der Empfänger Eingangsdatum und
eine kurze Inhaltsangabe notiert; der Vermerk am rechten
Rand mag Kontrollzwecken des absendenden Büros entsprochen und vielleicht nach Versiegeln des Schreibens den
Vergleich mit einer Briefliste ermöglicht haben. Die gegenüber Z. 6 in sich divergierende Datumsangabe Z. 5 erklärt
sich aus dem unterschiedlichen Tagesbeginn im makedonischen und ägyptischen Kalendersystem: Während der
ägyptische Tag mit dem Morgen beginnt, rechnet der makedonische ab dem vorausgehenden Abend; der vorliegende
Brief ist folglich in den Abendstunden geschrieben, unter-
tags dagegen empfangen worden. Der Anlaß dazu, daß der
Dioiket Apollonios sich hier selbst um seinen Webereibe-
trieb in Memphis kümmert, ist aus seinem Brief nicht ersichtlich; da sich im Zenon-Archiv zeitlich frühere Hinweise
auf die Weberei finden, können den Grund jedenfalls nicht
die Betriebseinrichtung oder Anlaufschwierigkeiten bilden.
Bestimmend könnte sein, daß Zenon erst einige Monate zuvor die ständige Verwaltung der δωρεά zu Philadelphia
übernommen hat und fürsorglich auf eine dringende Angelegenheit bezüglich der mit der zweiten, bei Memphis gelegenen δωρεά des Apollonios verbundenen Weberei hinge-
wiesen werden soll. Die Wolle entstammt der Produktion der
δωρεά und wird hier nur mit Rücksicht auf die Herkunft
der Schafe „milesisch" genannt. Dieser wie andere Texte
belegen die Existenz von Manufakturen neben der Heim-
arbeit, leider ohne daß die Einrichtung deutlich würde. Den
Arbeiterinnen wird naturgemäß das Arbeitsmaterial gestellt
und offenbar ihr Lebensunterhalt. Dieser ist Lohnbestand-
teil auch anderer ständiger Mitarbeiter der δωρεά, und so ist
die Frage, ob die παιδίσκαι Freie oder Sklavinnen sind, nicht
zu entscheiden. Außerhalb Alexandriens spielt die Sklavenhaltung in Ägypten keine große Rolle, das Land ist mit
seinen sieben Millionen Einwohnern reich an billigen und
bedürfnislosen Arbeitskräften. Man darf hier also keineswegs von vornherein mit Sklavinnen rechnen. Für die Organisation des Betriebes spielt der Stand der Arbeiter ohnedies keine Rolle, Freie und Sklaven können nebeneinander
im gleichen Betrieb bei gleicher Arbeit tätig sein; handelt es
sich nicht um eigene Sklaven des Arbeitgebers, so ist selbst
die Bezahlung offenbar gleich, nur daß die auf den Sklaven
entfallende als Mietzins seinem Eigentümer zugute kommt.

*Lit.:* zu Zenon und seinem Archiv s. o. Nr. 3; zur (Heim-)Weberei s. o. Nr. 103, u. Nr. 118; zur Weberei des Apollonios in Memphis s. E. Wipszyzka, The dôrea [o. bei Nr. 3] S. 185 ff.; zur Rolle der Arbeit freier Personen s. J. Hengstl, Arbeitsverhältnisse [o. bei Nr. 76], S. 4 ff.; zum Sklavenwesen I. Bieżuńska-Małowist, L'esclavage dans l'Égypte gréco-romaine, Wrocław-Warszawa-Kraków-Gdańsk 1974; W. L. Westermann, The Slave Systems of Greek and Roman Antiquity, Philadelphia 1955, S. 45 ff.; zum Sklavenrecht s. R. Taubenschlag, Das Sklavenrecht im Rechte der Papyri, Opera Minora II S. 223 ff. (= ZRG 50, 1930, S. 140 ff.); zur Datierung A. E. Samuel, Chronology, S. 31 ff.; zur Brieﬀorm s. C. C. Edgar, Einl. zu P. Mich. Zen. S. 58 f.

## 118

### Angebot auf Lieferung bestellter Kleidungsstücke

P. Cairo Zen. II 59146          Philadelphia. 10. August 256 v. Chr.

’Αγάθων Ζήνωνι χαίρειν. Ἔδωκέ μ[οι Μ]ῆστρις ἡ ’Αθηνα[ίδος τῆς]

Μενίππου γυναικὸς μήτηρ ἃ ἔφη σὰ ε[ἶνα]ι, χλαμύδα α, [χιτῶνας]

δύο, τούτων τὸν ἕνα χειριδωτόν. Εἴργασμαι οὖν αὐτ[ὰ] καὶ . [. . . . . . .]

παρ’ ἐμοί. Γράψον οὖμ μοι τίνι συντάσσ[εις] δοῦναι α[ὐ]τά, ὃς ἀ[ποκομιεῖ]

5 πρὸς σέ.

        Ἔρρωσο. (Ἔτους) λ[- - -]

Verso:

(Ἔτους) λ, Δαισίου ιθ, Παῦνι ιθ,          Ζήνωνι.

’Αγάθων ὧν ἔχε[ι π]αρὰ Μήστριος.

3 . [. . . . . . .] erg. π[άρεστιν] o. ä.

Agathon dem Zenon Gruß. Mestris, die Mutter der Athenais, der Frau des Menippos, gab mir (einige Gewänder), die sie als Dein bezeichnete, (nämlich) 1 Mantel, 2 kurze Kleider, davon das eine mit Ärmeln. Ich habe sie nun fertiggestellt und sie sind bei mir. Schreibe mir nun, wem ich sie aushändigen soll, damit sie Dich erreichen. Gehab Dich wohl. Im 30. Jahre [Monat, Tag]. (Verso) An Zenon. Im 30. Jahre, am 19. Daisios, 19. Payni, Agathon wegen des von Mestris Erhaltenen.

Auch dieser dem Zenon-Archiv entstammende Brief ist ein Beleg für die in Ägypten allerorten betriebene Weberei. Der geschilderte Vorgang läßt annehmen, daß Mestris in ihrem Haushalt für Zenon einen Auftrag für dessen privaten Bedarf ausgeführt und die gefertigten Kleidungsstücke an Agathon zur Weiterbearbeitung gegeben hat [vgl. o. Nr. 103 und 117]. Was Agathon noch zu tun gehabt hat, wird nicht gesagt; da die Wolle in der Regel bereits gefärbt verwoben wird, dürfte er ein Walker sein.

*Lit.:* zu Zenon und seinem Archiv s. o. Nr. 3; zum Textilhandwerk s. T. Reil, Gewerbe [o. Nr. 103] S. 93 ff.

## 119

### Pachtvertrag über ein Handelsmonopol (Linsenbrei)

SB VIII 9841 Z. 1–14        Oxyrhynchites. April/Mai 247 v. Chr.

[Βασιλεύοντος Πτολ]εμ[α]ίου τοῦ Πτολεμαίου Σωτῆρος
[(ἔτους) λϑ μηνὸς Παμενὼ]τ [ἐν Σέφϑ]αι τοῦ ᾿Οξυρυγχίτου. ᾿Ομολογεῖ
Χα[ιεμνηγό]ις Πεκᾶτος βου[κόλος] ἐκ Χοινώτβιος ῾τοῦ ῾Ηρακλεοπολίτου᾿ Ζηνοδώρωι οἰκο-
[νόμ]ω[ι] ἐξειληφέναι κώ[μης] Σέφϑα τῆς ⟦ἀϑήρας⟧ ῾φακῆς ⟦καὶ φακῆς⟧᾿ τὴν μονο-
5 [π]ωλίαν ῾εἰ[ς] ἐνιαυτὸν᾿ φόρου τὸμ μῆνα ἕκαστον ἀργυρίου δραχμῶν

τριῶν καὶ τριωβόλου. Εὐτακτείτω δὲ Χαιεμνηγόις τὸν φόρον καθ᾽ ἕκαστον μῆνα. Ἐὰν δὲ μὴ εὐτακτῆι, ἀποτεισάτω
οὗ ἂν μηνὸς μὴ εὐτακτήσηι τὸν φόρον ἡμιόλιον· ἐξέστω δὲ
Ζηνοδώρωι καὶ ἐπαναμισθοῦν, καὶ ἐάν τι ἀφεύρηι, ἀποτεισάτω
10 Χαιεμνηγόις. Παραμεινάτω [δὲ] Χαιεμνηγόις τὸν χρόνον τὸν
ὑπογεγραμμένον ποιῶν κατὰ τὰ γεγραμμένα. [᾽Ε]ὰν δὲ μὴ
παρα-
μείνηι, ἀποτεισάτω τὸ ἀφεύρεμα [ . ] . . [ . ]δ[ . . . ]ωι τοῦ ἐνιαυτοῦ,
καὶ ἡ πρᾶξις ἔστω πρὸς βασιλικά. Ἔγγ[υος] Χαιεμνη[γ]όις
ε[ἰς ἐκτ]ει-
σιν κατὰ τὰ γεγραμμένα Τικαῖπις Μνεύιος ἡ(?)[γυνὴ(?) αὐτοῦ.]

Es folgt nach einem Zwischenraum die Außenschrift (Z. 15–29)
des als Doppelurkunde gefaßten Dokuments; nach vier fragmentarischen demotischen Zeilen (Z. 30–33) ist der Papyrus bei seiner
Verarbeitung zu Mumienkartonnage abgeschnitten worden.
13 Χαιεμνη[γ]όις für Χαιεμνεγόιος

Unter dem König Ptolemaios, Sohn des Ptolemaios Soter, im
39. (Finanz-)Jahre, im Monat Phamenoth, im (Orte) Sephtha
im Oxyrhynchites-Gau. Es bestätigt Chaiemnegois, Sohn des
Pekas, Rinderhirt aus Choinotbis im Herakleopolites-Gau,
dem Oikonomos Zenodoros für das Dorf Sephtha das Alleinverkaufsrecht für [Weizenbrei] Linsenbrei [und Linsenbrei]
auf ein Jahr übernommen zu haben zu einem Pachtzins von
monatlich drei Drachmen und drei Obolen in Silber. Ord-
nungsgemäß soll Chaiemnegois den Pachtzins jeden Monat
entrichten. Wenn er nicht voll und pünktlich zahlt, soll er
für den betreffenden Monat bußweise den Pachtzins anderthalbfach entrichten, auch soll Zenodoros berechtigt sein (das
Alleinverkaufsrecht anderweitig) erneut zu verpachten und,
wenn dabei ein Pachtausfall entsteht, soll Chaiemnegois
diesen ersetzen. Chaiemnegois soll die vorgesehene Zeit
bleiben und nach dem Beurkundeten verfahren. Falls Chaiemnegois nicht bleibt, soll er den Ausfall … für das Jahr zahlen
und die Vollstreckung soll die für Fiskalforderungen sein.
Bürge des Chaiemnegois für die Zahlung gemäß dem Beurkundeten (ist) Tikaipis, Tochter (?) des Mneuis, seine
Frau (?).

Die Monopole werden nur teilweise in staatlicher Eigenregie genützt, häufig werden sie zur Ausübung an Privatleute verpachtet [s. o. Nr. 22, 32], wie dies auch für den Steuereinzug üblich ist [s. o. Nr. 19, u. Nr. 136]. Hierbei kann der Fiskus anhand der Pachtzinshöhe recht genau sein Finanzaufkommen abschätzen. Welche Bedeutung er dem Eingang des veranschlagten Ertrages beimißt, zeigt der vorliegende Vertrag, nach welchem ein Oikonom – ein Beamter der ptolemäischen Fiskalverwaltung, in dessen Ressort vor allem Steuer- und Monopolangelegenheiten fallen – dem Rinderhirten Chaiemnegois das Alleinverkaufsrecht für Linsenbrei in einem Dorf auf ein Jahr verpachtet. Chaiemnegois mag sich eine bessere Verdienstquelle als in seinem eigentlichen Beruf versprechen. Daß der Fiskus zumindest mit einem regen Absatz rechnet, zeigt die Pachthöhe, die immerhin gut den Monatslohn eines Arbeiters in jener Zeit erreicht, während man den Verkaufspreis der einfachen, aber offenbar beliebten Speise gering ansetzen muß. Die Einschübe über Z. 4 und die Streichungen zeigen, daß zunächst das Weizenbreimonopol, dann zusätzlich das Linsenbreimonopol und schließlich dieses allein verpachtet werden sollte. Angesichts dieser beiden Monopole und weiterer, mehr oder weniger sicher zu erschließender für Fleischwaren, für Pökelfleisch und Käse und für Weizenbrot erscheint es als möglich, daß im frühptolemäischen Ägypten vielleicht der Verkauf jeglicher Fertigspeisen oder gar aller wesentlicher Lebensmittel monopolisiert gewesen ist. Die Verpachtung des Alleinverkaufsrechts berührt nur ein Satz, der ganze übrige Text ist den Sicherungsklauseln zugunsten des Staates gewidmet. Die Abrede, daß rückständige Forderungen anderthalbfach zu bezahlen sind, und die Vollstreckungsklausel (diese freilich in einer etwas anderen Form) sind auch in privaten Verträgen üblich, in denen gleichfalls der Eingang der Gegenleistung gesichert zu werden pflegt. Eine Eigenheit in den Verträgen der öffentlichen Hand sind dagegen die Bürgengestellung und die Abrede, daß im Falle eines Vertragsverstoßes eine anderweitige Neuverpachtung erfolgen kann, wobei Chaiemnegois für eine eventuelle Differenz zwischen dem ersten und dem zweiten Pachtzins einzustehen hat; daß beides allgemein in Steuer- und Monopolpachtverträgen vorzusehen ist, ergibt eine Steuerpacht-Ausschreibung für den Oxyrhynchites-Gau aus dem Jahre 203/2 v. Chr. (UPZ I

112). Unklar ist lediglich der Sinn der Bleibeverpflichtung, da ja des Chaiemnegois eigenes Interesse die Monopolausübung verlangt. Die für die Monopole Tätigen gehören aber zu einer Bevölkerungsgruppe, die zwar über das (hier nicht zum Ausdruck kommende) Privileg besonderen Rechtsschutzes verfügt, im übrigen aber in ihrer Freizügigkeit beschränkt ist und unter strenger staatlicher Aufsicht steht. Es mag sein, daß diese Beschränkung (gewohnheitsmäßig?) auch dann in den Vertrag aufgenommen wird, wenn sie mit den Belangen des Monopols in keinem besonderen Zusammenhang steht: im vorliegenden Fall wird dem fiskalischen Zweck bereits durch den pünktlichen Pachtzinseingang genügt.

*Lit.:* Zu den Monopolen allgemein s.o. Nr. 22; zum Text s. F. Uebel, Μονοπωλία φακῆς. Ein bislang unbezeugtes Handelsmonopol frühptolemäischer Zeit in einem Jenaer Papyrus (P. Ien. Inv. 900), Actes Xᵉ Congr. Intern. Pap., Wrocław-Varsovie-Cracovie 1964, S. 165 ff.; zum Vertragsrecht s.o. Nr. 77; zum οἰκονόμος s. A. Steiner, Fiskus [o. bei Nr. 28].

# 120

## Kaufpreisquittung für Papyrusstengel

P. Teb. II 308                                    Tebtynis. 174 n. Chr.

Ἔτους ιε Αὐρηλίου Ἀντωνίνου
Καίσαρος τοῦ κυρίου Ἀθὺρ ιγ.
Διέγρα(ψεν) Ἀμμωνίῳ καὶ Θέωνι
μισθωτα[ῖ]ς δρυμῶν καὶ ἐρήμου
5 αἰγιαλοῦ Πολέμωνος μερίδος
Πετεσοῦχος Πετεσούχου ἱερεὺς
Τεπτύνεως τιμὴν βίβλου
μυριάδων δύο ἐν Ἰβιῶνι
Ἀργαίου εἰς Τεπτῦνιν ἄρας
10 διὰ Ἡρακλείδ(ου) ἀδελφοῦ Ἀμμωνίου.

Im 15. Jahre des Aurelius Antoninus Caesar, unseres Herrn,
am 13. Hathyr. Petesuchos, Sohn des Petesuchos, Priester in
Tebtynis, hat Ammonios und Theon, Pächtern von Sumpfgelände und ungenützten Uferlandes des Gauteiles Polemon,
in Ibion Argaiu den Preis für 20000 Papyrusstengel bezahlt,
die er durch Herakleides, den Bruder des Ammonios nach
Tebtynis transportiert hat.

Man kann darüber streiten, ob δρυμός hier das Sumpfgelände
(was wahrscheinlicher ist) oder das auf diesem stehende Papyrusdickicht meint. In jedem Falle macht der Text anschaulich, wie eingehend der Fiskus in Ägypten seine Ein-
nahmemöglichkeiten wahrnimmt, hier durch Verpachtung
der Nutzungsrechte des papyrusbestandenen Uferstreifens.
Man wird annehmen dürfen, daß Ammonios und Theon
nicht auf die Papyrusernte beschränkt sind; ihre Pächter-
rechte werden vielmehr die – in der ägyptischen Kunst häufig
dargestellte – Jagd und Fischerei im Papyrusdickicht mit um-
fassen. Die Bestimmung der hier verkauften 20000 Papyrusstengel ist ungewiß: Die Papyruspflanze besitzt im antiken
Ägypten eine über den Ausgangsstoff für das Schreibmaterial
Papyrus weit hinausgehende Bedeutung. Der Wurzelstock
ist Brennmaterial, der untere Teil des Stengels roh oder ge-
kocht eine Speise, außerdem wird die Pflanze zu Decken,
Matten, Kleidern, Segeln und Schiffstauen verarbeitet, aus
zusammengeschnürten Bündeln werden Boote gefertigt
u.a.m.

*Lit.:* N. Lewis, Papyrus.

## 121

## Ein privates Pfirsichmonopol

P. Ross. Georg. III 3 Arsinoites. 3. Jahrh. n. Chr.

['Αμ]μώνι[ος 'Απίωνι τ]ῷ ἀ[δε]λφῷ χαίρ[ειν].
Πρὸ πάντων ἀσπά[ζομ]αι τὴν ἀδελφὴν καὶ
[τὰ] παιδία σου πάντα. 'Εὰν δύ[νη] ἐγπλέ-
ξαι περσικὰ τὰ [ἐπ]ὶ τῆς ἀ[γορ]ᾶ[ς, μ]ὴ ἀμελήσῃς
5 ὡς ἰδὼς ὅτι θεῶν θελόντων ἤδη μέλλι τὰ
ὧδε καταστ[έ]λ[λε]σθαι καὶ μέλλω κἀγὼ πρὸς
σὲν γίνεσθαι. Διὸ οὖν μὴ ἀμελήσῃς καὶ
εἰς τ[ὴ]ν ὀνὴν καὶ πα[ρα]χρῆμα σοὶ [α]ὐτὰ
ἀγοράσαι. Πάντ[ω]ς οὔ[ν σ]ὺ πρᾶξον ὡς ἰδὼς
10 [ὅ]τι τοῦ θεοῦ θέ{ου θε}λοντος τάχα κἀγὼ ἐν
τάχι σε κατέλα[β]α. Εἶπον δὲ καὶ τῷ κωφῷ Διονυσίῳ ἵνα καὶ αὐτὸς ὃ ἐὰν εὕρῃ ἀγοράσῃ.
Καὶ δι' οὗ ἐὰν εὕρῃς ἐπιστολίδιόν μοι πέμψον. 'Αλλὰ μὴ ἀμελήσῃς μηδὲ ψυχρεύσῃ
15 τοῦ ὅσα ἐὰν ἐνῆν ἀγοράσαι ὡς ἰδὼς ὅτι οὐ-
[δὲν] μέλλις ἰς ἐμὲ βλάπτεσται ἀλλὰ οὐδὲ λοιπῖσται. Πάντως οὖν πρᾶγμά σου
πρᾶξον ἵνα διὰ σοῦ μόνου τὰ ὄντα ἦν
ἀγορασθέντα περσικά. Πάντως μὴ ἀ-
20 μελήσῃς. Ἄσ[π]α[σ]αι Παμμένην καὶ τοὺς
αὐτοῦ πάντας. 'Εὰν χρίαν ἔχῃ Διονύσιος ὁ ἀδελφός μου, ἕως δραχμῶν ἑκατὸν δὸς αὐτῷ καὶ λα⟨βὲ⟩ αὐτὰς παρ' ἐμοῦ, ἀλλὰ μὴ ἄλλως.
'Ερρῶσθαί σε εὔχομαι πανοικὶ μετὰ τοῦ οἴκου
25 σου ὅλου ἀδελφε 'Απίω[ν].

7 σὲν l. σέ 8 ὀνὴν l. ὠνήν; σοὶ l. σύ 11 κωπῷ l. κωφῷ
15 ἐνῆν l. ἐνῇ 16 βλάπτεσται l. βλάπτεσθαι 17 λοιπῖσθαι
l. λυπεῖσθαι 18 ἦν l. ᾖ

Ammonios seinem Bruder Apion Gruß. Vor allem umarme
ich die Schwester und alle Deine Kinder. Wenn Du mit den

Pfirsichen auf dem Markt fertig werden kannst, so sei nicht nachlässig, denn wisse, daß – so die Götter wollen – die hiesigen Angelegenheiten bald wieder in Ordnung kommen werden und auch ich mich zu Dir begeben will. Sei daher auch bezüglich des Einkaufs nicht nachlässig und kaufe die (Pfirsiche) unverzüglich. Handle Du nun jedenfalls, da Du weißt, daß ich mit Willen der Gottheit in Eile schnellstens zu Dir gekommen wäre. Sag auch dem tauben Dionysios, daß auch er aufkaufen möge, was er findet. Und sende mir ein Briefchen durch wen immer Du (dafür) findest. Aber sei nun nicht nachlässig noch gleichgültig darin, soviel wie möglich zu kaufen, nachdem Du weißt, daß Du bei mir keinen Schaden haben wirst, sondern nicht einmal Unannehmlichkeiten. Betreibe nun jedenfalls Du die Angelegenheit, damit durch Dich allein die vorhandenen Pfirsische aufgekauft werden. Sei nun jedenfalls nicht nachlässig. Umarme Pammenes und die Seinen. Falls mein Bruder Dionysios es nötig hat, gib ihm bis zu hundert Drachmen und empfange sie von mir (zurück), aber unter keiner anderen Bedingung. Ich wünsche Dir, Deinen Hausgenossen und deinem ganzen Hause Wohlergehen, Bruder Apion.

Wie häufig, bleiben auch in diesem Brief die näheren Beziehungen der Beteiligten im dunkeln. Deutlich wird jedoch der Ehrgeiz des Schreibers, durch Aufkäufe ein lokales Privatmonopol auf dem Pfirsichmarkt zu erreichen und diesbezüglich mit intensiven Mahnungen den Partner Apion zu größerer Aktivität anzustacheln. Der Pfirsich (nicht zu verwechseln mit den Früchten des schon im pharaonischen Ägypten heimisch gewordenen Perseabaumes) ist in Ägypten erst für das dritte nachchristliche Jahrhundert belegt und anscheinend rasch recht beliebt; das Unternehmen des Schreibers verspricht demnach Erfolg.

*Lit.:* Zum Text s. Kommentar zu P. Ross. Georg. III 3; G. Zereteli, Brief des Ammonios an Apion über Pfirsiche, Aegyptus 7, 1926, S. 277ff. (Ed. pr.); zum Pfirsich s. Steier, RE XIX 1 Sp. 1022ff.; zum Briefstil s. o. Nr. 1.

## 122

### Begleitbrief mit Sklavenbeschreibungen

P. Cairo Zen. I 59076 Philadelphia. 12. Mai 257 v. Chr.
(mit BL VI)

Τουβίας 'Απ[ολλωνίωι χαίρειν]. Εἰ σύ τε ἔρρωσαι καὶ τὰ σὰ
πάντα
καὶ τὰ λοιπά σο[ι κατὰ νοῦν ἐστίν, πο]λλὴ χάρις τοῖς θεοῖς·
καὶ αὐτὸς δὲ
ὑγίαινον, σοῦ διὰ π[αντὸς μνείαν ποι]ούμενος, ὥσπερ δίκαιον
ἦν. 'Απέσταλ-
κά σοι ἄγοντα Αἰνξ[αν εὐνοῦχον ἕ]να καὶ παιδά[ρια μαθη]τικά
τε
5 καὶ τῶν εὐγενῶν τέσσαρα, ὧν [ἐστὶν] ἀπερίτμητα δύο. Ὑπο-
γεγράφαμεν
δέ σοι καὶ τὰς εἰκόνας ⟦αὐ⟧τῶν π[αιδαρ]ίων ἵνα εἰδῆις.
Ἔρρωσο. (Ἔτους) κθ, Ξανδικοῦ ι.

| Αἶμος ὡς | Ἄτικος ὡς | Αὔδομος ὡς | Ὄκαιμος ὡς |
|---|---|---|---|
| (ἐτῶν) ι | (ἐτῶν) η | (ἐτῶν) ι | (ἐτῶν) 3 |
| μελαγχρὴς | μελίχρους | μελανόφθαλμος | ⟨σ⟩τρογγυλο- |
| | | | πρόσωπος |
| 10 κλαστόθριξ | κλαστόθριξ | κλαστόθριξ | ἔσσιμος |
| | | | γλαυκὸς |
| μελανόφ- | ὑπόσιμος | ἔσσιμος | πυρράκης |
| θαλμος | ἡσυχῆι | πρόστομος, | τετανός, |
| σιαγόνες | μελανόφθαλ- | οὐλὴ παρ' | οὐλὴ ἐμ |
| μείζους | μος | ὀφρὺν δεξιάν, | μετώπωι |
| καὶ φακοὶ | οὐλὴ ὑπ' | περιτετμημέ- | ὑπὲρ ὀφρὺν |
| ἐπὶ σια- | ὀφθαλ- | νος. | δεξιάν, |
| γόνι | μὸν | | |
| δεξιᾶι, | δεξιόν, ἀπερί- | | περιτετμημέ- |
| ἀπερί- | τμητος. | | νος. |
| τμητος. | | | |

Verso:

15 Τουβίας περὶ εὐνούχου        Ἀ[πολλωνίωι].
καὶ παιδαρίων δ̄ τῶν
ἀπεσταλμένων αὐτῶι.
(Ἔτους) κθ, Ἀρτεμισίου ις, ἐν Ἀλεξ(ανδρείαι).

4 μαϑη]τικά : CPJ I 4 οἰκε]τικά

Tubias dem Apollonios Gruß. Wenn Du und alle Deine Angelegenheiten sich wohl befinden und (alles) Übrige nach Deinem Sinn steht, so sei den Göttern vielmals Dank. Ich selbst bin gesund und gedachte Deiner die ganze Zeit, wie es schicklich war. Ich habe Aineas zu Dir gesandt, einen Eunuchen und vier anstellige Sklaven guter Herkunft – zwei davon unbeschnitten – zu bringen. Nachstehend gebe ich Dir zu Deiner Information die Beschreibung der Knaben. Gehab Dich wohl. Im 29. Jahre, am 10. Xandikos.

| | |
|---|---|
| Haimos, ca. 10 Jahre | Atikos, ca. 8 Jahre |
| dunkelhäutig, | gelbbraun, |
| kraushaarig, | kraushaarig, |
| schwarzäugig, | etwas breitnasig, |
| ziemlich große | schwarzäugig, |
| Kinnladen | |
| und Muttermale auf der | Narbe unter dem rechten |
| rechten Kinnlade, | Auge, |
| unbeschnitten. | unbeschnitten. |
| | |
| Audomos, ca. 10 Jahre | Okaimos, ca. 7 Jahre |
| schwarzäugig, | rundgesichtig, |
| kraushaarig, | stupsnasig, blauäugig, |
| stupsnasig, vorgestülpte | rötliche Hautfarbe, |
| Lippen, | schlank, Narbe auf der |
| Narbe neben dem rechten | Stirn über dem rechten Auge, |
| Auge, | beschnitten. |
| beschnitten. | |

(Verso) Tubias wegen eines Eunuchen      Dem Apollonios.
und der 4 von ihm gesandten Knaben.
Im 29. Jahre, am 16. Artemisios, in
Alexandrien.

Dieser Brief des Ammoniterscheichs Tubias ist zusammen mit einem zweiten, gleichfalls mitgeführte Geschenke für König Ptolemaios II. Philadelphos (285–296 v. Chr.) betreffenden Schreiben (P. Cair. Zen. II 59075 = CPJ I 5) dem Z. 4 genannten Aineas auf die Reise mitgegeben worden; Schrift und Stil lassen erkennen, daß Tubias sich zur Abfassung eines griechischen Sekretärs bedient hat. Der Brief zeugt von den starken wirtschaftlichen Beziehungen zu dem in dieser Zeit dem Ptolemäerreich angehörenden Palästina, wo auch der hier angeschriebene Dioiket Apollonios [s. o. Nr. 3] Interessen hatte, für die er unter anderem zeitweise Zenon, aus dessen Archiv dieser Brief stammt, tätig werden ließ [s. o. Nr. 3]. Vorliegend geht es schwerlich um ein Handelsgeschäft, sondern Apollonios erhält die vier Knaben nebst einem Eunuchen, in dem vielleicht deren Lehrer zu sehen ist, als Geschenk. Dieser Zweck setzt Qualität voraus, und in der Tat werden die Knaben als belehrbar und von guter Herkunft bezeichnet (Z. 4); demnach wird den Vieren nach entsprechender Erziehung nicht irgendein Handwerk [s. o. Nr. 100], sondern eine vertrauliche oder gehobene Stellung winken. Der Anlaß für die Personenbeschreibung ist ungewiß: in Urkunden ist das Signalement der auftretenden Personen geläufig, und zweckentsprechend ausführlich werden entlaufene Sklaven beschrieben [s. u. Nr. 123]. Eine Vorsichtsmaßnahme gegen Flucht ist angesichts des Alters der Knaben überflüssig, und die Beschreibung dient daher wohl allein der Unterrichtung des Apollonios: Der vielbeschäftigte Dioiket wird eher die Post als die Geschenke selbst zu Gesicht bekommen und eine briefliche Information als Grundlage der Meinungsbildung daher begrüßt haben. Aus dem Empfangsvermerk seiner Kanzlei ergibt sich schließlich, daß Aineas mit seinem Transport 36 Tage für die Reise von Palästina nach Alexandrien benötigt hat.

*Lit.:* zum Text s. V. A. Tcherikover – A. Fuks, CPJ I S. 125 ff.; zu Zenon und seinem Archiv s. o. Nr. 3; zu Palästina und den Handelsbeziehungen dorthin s. G. Mc Lean Harper jr., A Study in the Commercial Relations between Egypt and Syria in the Third Century before Christ, AJPh. 49, 1928, S. 1 ff.; W. Peremans, De Handelsbetrekingen van Egypte met het Middellandsche-Zeegebied in de 3$^{de}$ eeuw v. C., Philologische Studiën 1931–1932, S. 27 ff.; V. A. Tcherikover, Palestine under the Ptolemies (A Contribution to the Study of the Zenon Papyri), Mizraim 4/5, 1937,

S. 9 ff.; zum Sklavenwesen s. o. Nr. 117; zu den Personalangaben
s. G. Hübsch, Die Personalangaben als Identifizierungsvermerke im
Recht der gräko-ägyptischen Papyri, Berlin 1968.


123

**Steckbrief auf zwei entflohene Sklaven**


UPZ I 121                                               Memphis. 156 v. Chr.

(1. Hd.) Τοῦ κε ᾿Επεὶφ ις ᾿Αριστογένου τοῦ Χρυσίππου
᾿Αλαβανδέως πρεσβευτοῦ παῖς ἀνακεχώ-
ρηκεν ʾ(2. Hd.) ἐν ᾿Αλεξανδρείαι᾿, ὧι ὄνομα ῞Ερμων, ὃς καὶ
Νεῖλος
καλεῖται, τὸ γένος Σύρος ἀπὸ Βαμβύκης
5 ὡς ἐτῶν ιη, μεγέθει μέσος, ἀγένειος,
εὔκνημος, κοιλογένειος, φακὸς παρὰ ῥῖνα
ἐξ ἀριστερῶν, οὐλὴ ὑπὲρ χαλινὸν ἐξ ἀριστερῶν,
ἐστιγμένος τὸν δεξιὸν καρπὸν γράμμασι
βαρβαρικοῖς δυσίν, ἔχων χρυσίου ἐπισήμου
10 μναιεῖα γ, πίνας ι, κρίκον σιδηροῦν,
ἐν ὧι λήκυθος καὶ ξύστραι, καὶ περὶ τὸ σῶμα
χλαμύδα καὶ περίζωμα. Τοῦτον ὃς ἂν ἀνα-
γάγῃ, λήψεται χαλκοῦ (τάλαντα) β ʾ(2. Hd.) γ᾿, ἐφ᾿ ἱεροῦ
δείξας (τάλαντα) α ʾ(2. Hd.) β᾿,
παρ᾿ ἀνδρὶ ἀξιοχρείωι καὶ δωσιδίκωι (τάλαντα) γ ʾ(2. Hd.) ε᾿.
15 Μηνύειν δὲ τὸν βουλόμενον τοῖς παρὰ τοῦ
στρατηγοῦ.
῎Εστιν δὲ καὶ ὁ συναποδεδρακὼς αὐτῶι
Βίων δοῦλος Καλλικράτου τῶν περὶ αὐλὴν
ἀρχυπηρετῶν, μεγέθει βραχύς, πλατὺς
20 ἀπὸ τῶν ὤμων, κατάκνημος, χαροπός,
ὃς καὶ ἔχων ἀνακεχώρηκεν ἱμάτιον καὶ
ἱματίδιον παιδαρίου καὶ σεβίτιον γυναι-

κεῖον ἄξιον (ταλάντων) ϛ καὶ χαλκοῦ ⟦.⟧ Ἐ.
Τοῦτον ὃς ἂν ἀναγ⟨άγ⟩η, λήψεται ὅσα καὶ ὑπὲρ τοῦ
25 προγεγραμμένου. Μηνύειν δὲ καὶ ὑπὲρ
τούτου τοῖς παρὰ τοῦ στρατηγοῦ.

Über dem Text zwei getilgte Zeilen von 2. Hd. ⟦E.....αι.....⟧
⟦("Ετους) κε⟧

Am 16. Epeiph des 25. Jahres ist ein Sklave des Gesandten
Aristogenes, des Sohnes des Chrysippos, aus Alabanda, in
Alexandrien entlaufen, dessen Name Hermon ist, auch Neilos genannt, von der Herkunft Syrer aus Bambyke, ca. 18
Jahre alt, von Statur mittelgroß, bartlos, mit festen Waden,
einem Grübchen im Kinn, einem Mal links neben der Nase,
einer Narbe über dem linken Mundwinkel, auf dem rechten
Handgelenk mit zwei nichtgriechischen Buchstaben gezeichnet; mit sich führend 3 Minenstücke in Gold, 10 Perlen, einen eisernen (Hals-)Ring, auf welchem ein Ölfläschchen und
Schabeisen (abgebildet sind), und um den Leib ein Unterkleid
und einen Schurz. Wer diesen zurückbringt, wird 2 [3] Kup-
fertalente erhalten, wer ihn in einem Heiligtum nachweist
1 [2] Talente, bei einem zahlungskräftigen und belangbaren
Mann 3 [5] Talente. Wer will, soll Anzeige bei den Untergebenen des Strategen erstatten. Ferner ist da der mit ihm
entlaufene Bion, Sklave des Kallikrates, eines der Archi-
hypereten bei Hofe, von kleiner Statur, breit in den Schultern,
mit kräftigen Waden, helläugig, der mit einem Umhang und
einem Sklavenmantel, einer Frauenbüchse im Wert von 6 Talenten und 5000 Kupferdrachmen entflohen ist. Wer ihn bei-
bringt, wird ebensoviel erhalten wie für den Obengenann-
ten. Anzeige soll auch seinetwegen bei den Untergebenen des
Strategen erstattet werden.

Sklavenhaltung ist stets von Sklavenflucht begleitet gewesen;
daß diesbezüglich Belege aus Ägypten nicht sehr zahlreich
sind, wird mit der unbedeutenden Rolle der Sklaverei in diesem Land zusammenhängen. Der vorliegende Steckbrief
auf zwei Sklaven ist von deren Eigentümern – einem Gesandten und einem Hofbeamten – in Alexandrien veranlaßt und

in Memphis sowie wohl auch andernorts von amtswegen
zum Aushang gebracht worden. Als Hintergrund läßt sich
unschwer vorstellen, daß die beiden Burschen sich gelegentlich eines dienstlichen Aufenthaltes des aus dem karischen
(?; eine Stadt gleichen Namens ist Hdt. 8.136 auch für Phry-
gien belegt) Alabanda kommenden Gesandten zur gemeinsamen Flucht verabredet und durch Mitnahme einiger Wert-
gegenstände ihrer Herrn für ihren Unterhalt vorgesorgt haben. Daß der Aushang (u. a.) in dem ca. 160 km von Alexandrien entfernten Memphis erfolgt ist, könnte auf den ersten
Blick dem Einfluß der beiden hochgestellten Sklaveneigen-
tümer zuzuschreiben sein; grundsätzlich zumindest versteht
sich aber der Einsatz staatlicher Mittel zu ordnungspolizeili-
chen Zwecken in dem wohlorganisierten Verwaltungswesen
Ägyptens von selbst. An der Beschreibung des Neilos fallen
seine Handgelenksmarkierung und der Halsring auf, die an
Brandmarkung und Kennzeichnung eines zur Flucht neigenden Sklaven *(fugitivus)* denken lassen. Der Ring ist freilich
schon aus seiner Beschreibung als Schmuckstück erkennbar;
ungewiß ist lediglich, ob die anscheinend der Ringersphäre
entstammenden Verzierungen – Ölflasche zum Einölen vor
dem Kampf und Schabeisen zur Reinigung danach – sich auf
eine entsprechende Tätigkeit des Neilos beziehen. Sklaven-
markierungen finden sich zu allen Zeiten des Sklavenwesens,
doch läßt ein Hinweis bei Lukian, De dea Syria 59, hier an
eine kultische Tätowierung denken, mit der man sich Göttern zu eigen gibt: nach *U. Wilcken* dürfte es sich um zwei
aramäische Buchstaben als Anfang der Namen der Götter
von Bambyke, Hadad und Atargatis, gehandelt haben. Bemerkenswert ist schließlich noch die abgestufte Form der
Auslobung, je nachdem ob die Sklaven ungehindert zu er-
greifen, erst noch aus der Obhut eines Tempels auszulösen
oder gar bei einem seinerseits wegen Sklavenhehlerei Haftbaren zu finden sind. Erfolg ist dem Steckbrief jedenfalls zunächst nicht beschieden gewesen, denn von 2. Hand ist
irgendwann die Prämie nachträglich erhöht worden.

*Lit.:* zum Text s. U. Wilcken, UPZ I (2), S. 266 ff.; zu Alabanda s.
H. Treidler, Pauly I Sp. 1530 s. v. Alabanda; zum Sklavenwesen
s. o. Nr. 117; zu den Personalangaben s. o. bei Nr. 122; zur Skla-
venflucht s. I. Bieżuńska-Małowist, Les esclaves fugitifs dans l'
Égypte gréco-romaine, Studi in onore di Edoardo Volterra Vol. VI,
Milano 1971, S. 75 ff.

## 124

# Ersuchen um Ausfertigung des amtlichen Freibriefes für einen Sklaven

P. Oxy. I 49                        Oxyrhynchos. 100 n. Chr.

    Θέων καὶ Θέων τοῖς
    ἀγορα(νόμοις) χαί(ρειν). Δὸς ἐλευθ(έρωσιν)
    Ὡρίωνι δο(ύλῳ) ἠλευθ(ερωμένῳ)
    ὑπὸ τῆ(ς) ἑαυτοῦ δεσποίνη(ς)
5   Σινθοῶ(τος?) τῆς Πεκῦσι(ος)
    το(ῦ) Ζωίλ(ου) μη(τρὸς) Λουκίας
    Λογγείνο(υ) ἀπ' Ὀξ(υρύγχων) πό(λεως) ὑπὸ
    Δία Γῆν Ἥλιον ἐπὶ λύτρο(ις)
    (δραχμῶν) χ ἀρ(γυρίου) ἐπισή(μου) (δραχμῶν) ι.
10  Ἕρρω(σο). (Ἔτους) δ Αὐτοκράτορος
    Καίσαρος Νερούα Τραιανοῦ
    Σεβαστοῦ Γερμανικοῦ,
    μη(νὸς) Νέου Σεβαστοῦ β̄.
    (2. Hd.) Θέων, χρημάτισον.
15  (1. Hd.) Μηνὸς Νέου Σεβαστοῦ
    γ̄, ἀργ(υρίου) ἐπισήμου
    (δραχμῶν) ι καὶ χα(λκοῦ) πρὸς ἀργ(ύριον)
    (ταλάντων) β χ.

9 (ταλάντων) β (vgl. Z. 18) hat der Schreiber am Zeilenanfang versehentlich ausgelassen.

Theon und Theon den Agoranomen Gruß. Erteile den Freibrief dem Sklaven Horion, dessen Freilassung verfügt wurde von seiner Herrin Sinthoos, der Tochter des Pekysis, des Zoilos Sohn, ihre Mutter ist Lucia, die Tochter des Longinus, aus Oxyrhynchos, unter (dem Schutz) von Himmel, Erde und Sonne aufgrund eines Freilassungsgeldes von 2 Talenten 600 Drachmen und 10 Drachmen in gemünztem Silber. Gehab Dich wohl. Im 4. Jahre des Imperator Caesar Nerva Traianus Augustus Germanicus, am 2. des Monats Neos Sebastos. (2. Hd.) Theon, zur Erledigung. (1. Hd.) Am 3. des Monats Neos Sebastos, 10 Drachmen in gemünztem Silber und in Kupfer statt in Silber(währung) 2 Talente 600 (Drachmen).

Die Härte eines Sklavenlebens spiegelt sich vor allem in den Urkunden über Sklaven-Verkäufe (z. B. P. Oxy. II 263, CPJ III 490), -Verpfändungen (P. Oslo. II 40) oder dem Gesuch des Restberechtigten auf Versteigerung eines Sklaven nach dessen Freilassung durch die übrigen Berechtigten (P. Oxy. IV 716); denn in diesen Fällen wird über den Sklaven wie über jede andere Sache verfügt, ohne daß seine Interessen erkennbar berücksichtigt werden. Der Alltag dürfte freundlicher gewesen sein, wobei allerdings zu bedenken ist, daß auch der einfache freie Mann keine Ansprüche auf eine besondere Lebensqualität stellen kann. Die Zensusdeklarationen führen Sklaven in so beschränkter Zahl auf, daß allein schon die Verhältnisse auf den Status faktischer Haushaltsangehöriger schließen lassen; diesen Eindruck verstärken Beispiele von Korrespondenz wie das liebevolle Schreiben einer Sklavin an ihren Herrn P. Giss. I 17 oder an ihre Herrin P. Teb. II 413 oder umgekehrt eines Mannes an seine frühere Sklavin P. Oxy. XIV 1676. Auch die gewerbliche Tätigkeit von Sklaven unterscheidet sich äußerlich nicht weiter von der freier Personen [s. o. Nr. 100, 119]; sie bietet – wie vielleicht im vorliegenden Fall – häufig die Möglichkeit, die Mittel zum eigenen Loskauf zu erwerben, wenn nicht eine Freilassung aus anderem Anlaß, etwa nach dem Testament des Eigentümers, in Aussicht steht. Ein erschöpfender Kommentar des obigen, in der Literatur häufig herangezogenen Textes kann hier nicht gegeben werden; eine Beschränkung auf folgende, teilweise hypothetische Interpretation sei gestattet. Unbestimmbar ist die Eigenschaft der Schreiber, in denen man u. a. Trapeziten (Bankiers) sehen kann, die entsprechend einer zuvor erteilten Ermächtigung der Sinthoos nach Eingang des Lösegeldes und der Gebühren tätig werden. Die eigentliche Freilassung ist bereits vollzogen (s. ἐλευθερωμένῳ, Z. 3), die diesbezügliche Floskel „unter dem Schutz des Himmels, der Erde und der Sonne" ist ein inhaltsloses Überbleibsel der altgriechischen sakralen Freilassung durch Verkauf an die Gottheit. Hinsichtlich des Gesuchs an die Agoranomen (Notare) ist denkbar, daß sich hierin gleichfalls ein altgriechischer Freilassungsakt spiegelt, nämlich die Publizierung unter Ausrufung durch den Herold; immerhin könnte der Freilasserin (angesichts ihrer Steuerpflicht) und dem Freigelassenen (zur Sicherstellung) an einer Bestätigung der Freilassung durch eine öffentliche Urkunde gelegen sein.

*Lit.:* Zum Text s. P. M. Meyer, Jur. Pap. S. 12 f.; zum Sklavenwesen s. o. Nr. 119; zur Freilassung s. J. Partsch, P. Freib. II
S. 39 ff.; zum (gräco-ägyptischen) Agoranomos s. u. Nr. 142.

## 125

## Einziehung von Lehensland

P. Petrie III 104                                    Arsinoites. 244/3 v. Chr.

'Αχοάπει. Τοῦ 'Αλκέτου 'τῶν ἀπὸ τῆς ['Α]σίας' αἰχμαλ[ώ]των
  κλ(ήρου)
τοῦ ἀνειλημμένου εἰς τὸ βα(σιλικὸν) μετὰ τὸν σπόρον τοῦ δ
  (ἔτους)
περὶ Ψιναρψενῆσιν ἀνενήνοχεν ἐφ' ἡμᾶς
'Απολλώνιος ὁ συγγραφοφύ(λαξ) συγγραφήν, ἢν ἔφη
5 συγγεγράφθαι 'Αλκέταν πρὸς 'Ηλιόδωρον τὸν
  γ[ε]ωργὸν τοῦ κλήρου ἐκφορίου τακτοῦ πυρῶν
  (ἀρταβῶν) λ καὶ κε[χει]ρογραφήκασι τὸν εἰθισμένον
  ὅρκον τοσούτου μεμισθῶσθαι. 'Απομετρηθήτω οὖν
  [εἰς τὸ β]ασιλικὸν τὸ προγεγραμμένον ἐκφόριον.

Zeilenzählung nach W. Chr. 334, in der Ed. pr. vor diesem Text
noch die Schlußzeile einer analogen Anordnung.       3 Ψιναρψενῆσιν = Ψεναρψενῆσιν, K. Wessely, Topographie des Faijûm
(Arsinoites Nomus) in griechischer Zeit, Wien 1904, S. 161.

Dem Achoapis. Bezüglich des Lehenslandes des Alketas,
eines der Kriegsgefangenen aus Asien, in der Gegend von
Psinarpsenesis, welches nach der Aussaat des 4. Jahres ins
Staatsvermögen eingezogen wurde, hat uns Apollonios, der
Urkundenverwahrer, einen Vertrag eingereicht, von dem
er sagt, er sei von Alketas mit Heliodoros, dem Pächter des
Landloses zu einem festgesetzten Pachtzins von 30 Artaben
Weizen geschlossen worden, und sie hätten schriftlich den
üblichen Eid geleistet, daß zu diesem (Betrag) verpachtet
worden sei. (Demgemäß) soll nun der vorgenannte Pacht-
zins in die königliche Kasse entrichtet werden.

Die knappe Anweisung an einen Bezirksnomarchen von einem Vorgesetzten betrifft die Folgen der Einziehung eines Landloses: da der Belehnte das Land nicht selbst bewirtschaftet, sondern verpachtet hat und die Aussaat bereits erfolgt ist, soll der Pachtzins an die königliche Kasse gezahlt werden. Als sorgsame Verwaltungsstelle hat sich die zuständige Behörde zuvor von dem Vorgang durch Einreichung des Pachtvertrages und einer eidlichen Versicherung genaue Kenntnis verschafft; der Erwähnung des Syngraphophylax ist zu entnehmen, daß der Pachtvertrag nach griechischer Sitte als Sechszeugenurkunde errichtet und, dem Einfluß der Parteien entzogen, einem der Zeugen zur Verwahrung gegeben worden ist; dieser hat daher die Urkunde eingereicht. Der Entzug des Kleros [zum Kleros s. o. Nr. 13] ist, wie parallele Belege (P. Petrie III 104–106) ergeben, offenbar kein außergewöhnlicher Vorgang; so fehlt jeder Hinweis auf eine Strafaktion. Die Militärlehen werden nicht nur zur Versorgung der Belehnten, sondern auch zur Urbarmachung des Bodens vergeben und dieser Zweck könnte erreicht sein, wofür auch die zinsbringende Unterverpachtung spricht. Damit liegt die Rücknahme des Lehens im fiskalischen Interesse, um das Land nunmehr in eigener Regie zu bewirtschaften oder zu verpachten. Der Kleruch wird statt dessen mit einem neuen Landlos abgefunden. Alketas hat sein Lehen wohl nur kurze Zeit gehabt: seine Kennzeichnung als „Kriegsgefangener aus Asien" läßt annehmen, daß er infolge des Asienfeldzuges Ptolemaios III. Euergetes I. (246–222/221 v. Chr.), den dieser zu Beginn des 3. Syrischen Krieges (246–241 v. Chr.) unternommen hat, nach Ägypten gekommen ist.

*Lit.:* zum Text U. Wilcken, Chrest. S. 393; zu den Kleruchen s. o. Nr. 13, speziell zum Entzug eines Kleros F. Uebel, Kleruchen [aaO.] S. 18 ff.; zum Syngraphophylax s. o. Nr. 72.

126

# Eingabe eines Königsbauern wegen einer Pachtstreitigkeit

P. Teb. III(1) 805                                      Tebtynis. 113 v. Chr.

Πετεσούχωι κωμάρχηι 'Οξυρύγχων
παρὰ Πτολεμαίου τοῦ Πα .. ειτου βασιλικοῦ γεωργοῦ τῶν ἐκ τῆς αὐτῆς. Μισ-
θώσαντός μου Πετεσούχωι Τεῶτος
5 τῶν ἐκ τῆς αὐτῆς κώμης ἀφ' ἧς
γεωργῶ περὶ τὴν κώμην βασιλικῆς
γῆς (ἀρούρας) γδ' η' εἰς τὸ δ (ἔτος) ἐκφορίου τὴν
ἄρουραν ἑκάστην χα(λκοῦ) τα(λάντων) ε ἐφ' ὧι σπερεῖ
σκόρδωι κατὰ συγγραφὴν μισθώσεως
10 Αἰγυπτίαν, διαστησαμένο[υ μο]υ [πρὸς]
αὐτὸν ἐφ' ὧι ἀποδώσειν μοι ἕ[ως τῆς λ?]
τοῦ Φαμενὼθ τοῦ δ (ἔτους) ἢ ἀπομετρή-
σειν ὑπὲρ ἐμοῦ εἰς τὸ βασιλικὸν εἰς
τὰ ἐκφόρια τῆς γῆς τοῦ ὑπολειφθη-
15 σομένου χα(λκοῦ) πυρὸν ἑκάστης ἀρτάβης
χαλκοῦ (δραχμῶν?) ψ, τοῦ δ' ἐνκαλουμένου
Πετεσούχου Τεῶτος [.........]..
                Hier bricht der Papyrus ab

Verso:
Πετεσούχωι κωμάρχηι 'Οξυρύγχ[ων.]

An Petesuchos, den Komarchen von Oxyrhyncha, von
Ptolemaios, dem Sohn des Pa..., Königsbauer aus dem glei-
chen (Ort). Ich verpachtete dem Petesuchos, dem Sohn des
Teos, aus der gleichen Ortschaft, von dem von mir bei dem
Ort bewirtschafteten Königsland 3¼ ⅛ Aruren für das 4.
Jahr zu einem Pachtzins von 5 Kupfertalenten pro Arure mit
der Maßgabe, daß er Knoblauch anbaue gemäß einem ägyp-
tisch (geschriebenen) Pachtvertrag, wobei ich mit ihm ver-

einbarte, daß er mir die Zahlung bis zum 30. Phamenoth des 4. Jahres entrichten sollte oder für meine Rechnung an den Fiskus auf den Pachtzins für das (gesamte) Land anstelle des restlichen Kupfer(geldes) Weizen liefern, jede Artabe mit 700 Kupferdrachmen (Wert angesetzt). Der verklagte Petesuchos, Sohn des Teos ... (Verso) An Petesuchos, den Komarchen von Oxyrhyncha.

Ebensowenig wie die Kleruchen [s. o. Nr. 125] müssen die Königsbauern (βασιλικοὶ γεωργοί) das von ihnen gepachtete Kronland (βασιλικὴ γῆ) selbst bewirtschaften, sie können es ganz oder teilweise unterverpachten. Die allgemeinen Umstände sind dem vorliegenden Fragment gut zu entnehmen, nur der Anlaß des Streits ist nicht erhalten. Ptolemaios muß als Königsbauer grundsätzlich Weizen als das bedeutendste Produkt Ägyptens anbauen. Sein Pachtvertrag wird, wie viele andere, vorsehen, daß der Pachtzins aus dem Ertrag, also in Weizen, nicht in Geld zu entrichten ist, und dies spiegelt sich in der Abrede mit dem Afterpächter Petesuchos, daß dieser seinerseits einen eventuellen Pachtzinsrest in Form von Weizen à conto der Pachtzinsschuld des Ptolemaios zu entrichten habe. Durch den Ansatz eines sehr geringen Verrechnungswertes hat Ptolemaios sich für diesen Fall guten Gewinn gesichert. Die einjährige Pachtdauer und der anzubauende Knoblauch schließlich sprechen dafür, daß Ptolemaios jenes Gelände verpachtet hat, welches er in diesem Jahr wegen des Fruchtwechsels nicht mit Weizen besäen kann. Obgleich alljährlich die Ablagerung des fruchtbaren Nilschlammes das Land düngt, ist es doch nicht möglich, über längere Zeit die gleiche Frucht zu pflanzen, ohne die Ertragskraft des Bodens zu mindern. Damit sich der Boden erholen kann, gleichwohl aber eine Einnahme erzielt wird, pflegt man in Ägypten die Frucht zu wechseln und eine Brachfrucht anzubauen. In seinem Rechtsstreit strengt Ptolemaios keinen ordentlichen Prozeß an, sondern wendet sich an einen Beamten, hier den Komarchen. Dies ist nicht befremdend: angesichts der wohlorganisierten Verwaltung ist ein rasches Eingreifen eines Beamten häufig wohl schneller zu erwirken als gerichtliche Hilfe und vor allem wirkungsvoller, denn während ein Richterspruch dank der besonderen Struktur des griechischen Vertragsrechts [s. o. Nr. 40, 77] lediglich zu einer Befriedigung in Geld führen kann, vermag ein Behördenvertreter mit seiner Amtsgewalt auf die im Vertrag eigentlich bezweckte Leistung hinzuwirken.

*Lit.:* zu Landkategorien und Königsbauern s. o. Nr. 2 und 21; zum Komarchen s. H. É. L. Mißler, Der Komarch. Ein Beitrag zur Dorfverwaltung im ptolemäischen, römischen und byzantinischen Ägypten, jur. Diss. Marburg 1970, zum Text s. 117 f.; zum Justizwesen s. H. J. Wolff, Justizwesen [o. bei Nr. 41]; zum Vertragsrecht s. o. Nr. 77; zur Bodenpacht wirtschaftlich D. Hennig, Untersuchungen zur Bodenpacht im ptolemäisch-römischen Ägypten, phil. Diss. München 1967; juristisch J. Herrmann, Studien zur Bodenpacht [s. o. Nr. 94].

## 127

## Registrierungsantrag an das Besitzregister

P. Ryl. II 107 (*)                                  Arsinoites. Um 84 n. Chr.

Τήλεφος σεση(μείωμαι),
ἔ[τους] . Δομιτιανοῦ
τοῦ κυρίου Φαρμο(ῦθι) ϛ.
(2. Hd.) Σωκράτηι γεγυμ-
νασιαρχ(ηκότι)
καὶ' Ἀντιπάτρῳ βιβλ[ι]ο-
φύλ(αξι)
5 ἐνκτήσεων Ἀρσινοίτου
παρὰ Σαταβοῦτος τοῦ Πα-
κύσιος τοῦ Ἐριέως τῶν ἀ-
πὸ τῆς Σοκνο[π]αί[ο]υ
Νήσου
τῆς Ἡρακλείδου μερίδος.
10 Ἀπογράφομ[αι] εἰς τὴν ἐ-
νεστῶσαν ἡμέραν ὃ ἑω-
νησάμην ἐν τῇ αὐτῇ κώ-

μη ἡμίσοι τέταρτον μέ-
ρος ἡμίσους μέρους οἰκίας
15 καὶ αὐλῆς τειμῆς ἀργυρίου
δραχμῶν δ[ι]ακοσίων
παρὰ τῆς μητρός μου Τα-
βοῦτος τῆς Ὀρσενούφιος
τοῦ [Σ]αταβοῦτο[ς] ἀπὸ
τῆς
20 αὐτῆς κώμης [μ]ετὰ κυρίου
τοῦ [σ]υνγεν[οῦς Παπ]εῖτος
τοῦ Παπεῖτ[ος. Διὸ ἐ]πι-
δίδω-
μι τὴν ἀ[πογραφ]ήν.
(3. Hd.) Σωκρά[της δ(ιὰ)
Τηλ]ε̣(φου) γρα(μματέως)
25 κατακεχώ(ρικα). [("Ετους) .]

Αὐτοκράτο̣ρο̣[ς Καίσαρος]          Verso:
Δομιτιανοῦ Σ[εβαστοῦ Φαρ-         Σαταβο(ῦτος) γερδ(ίου).
μο(ῦθι) ε.]

11 ἥμισοι l. ἥμισυ

Ich, Telephos, habe vollzogen, im x. Jahre Domitians, des
Herrn, am 5. Pharmuthi. (2. Hd.) Dem Sokrates, dem ehemaligen Gymnasiarchen, und Antipater, den (beiden) Vorstehern
des Besitzregisteramtes des Arsinoites-Gaus von Satabus, Sohn
des Pekysis, des Sohnes des Herieus, aus Soknopaiu Nesos im
Herakleides-Bezirk. Ich deklariere für den heutigen Tag drei
Viertel der Hälfte eines Hauses und Hofes im gleichen Ort,
die ich zu einem Preis von zweihundert Silberdrachmen von
meiner Mutter Tabus, der Tochter des Orsenuphis, des Sohnes des Satabus, aus dem gleichen Ort, mit dem Verwandten
Papeis, Sohn des Papeis, als Frauenvormund gekauft habe.
Deswegen gebe ich diese Erklärung ab. (3. Hd.) Ich, Sokrates,
durch den Schreiber Telephos, habe (es) in das Register eingetragen. Im x. Jahr des Imperator Caesar Domitianus Augustus, am 5. Pharmuti. (Verso) Von dem Weber Satabus.

Die βιβλιοθήκη ἐγκτήσεων, an deren Vorsteher (βιβλιο-
φύλακες) die vorliegende Deklaration neuerworbenen Haus-
besitzes gerichtet ist, pflegt vielfach „Grundbuchamt" genannt zu werden. Diese Bezeichnung drängt sich auf, blickt
man auf die Registratur der Rechte an Immobilien; sowohl
die Tatsache an sich wie die Anlage – Führung einzelner
„Grundbuchblätter" für jede berechtigte Person (Personal-
folium), auf denen die zustehenden Grundstücksrechte oder
-belastungen verzeichnet werden, Ordnung der Personal-
folien nach dem Heimatort der Betroffenen und innerhalb
des Orts nach dem Alphabet sowie Verwahrung der eingereichten Unterlagen – lassen sich mit der Tätigkeit eines modernen Grundbuchamts vergleichen. Von diesem unterschei-
den aber, daß auch Mobilien (Sklaven) vermerkt werden
können und daß die Eintragung keinen Einfluß auf den (vorher bereits erfolgten) Rechtsübergang besitzt. Die βιβλιοθήκη ἐγκτήσεων ist eine Einrichtung des römischen Ägypten,
die Mitte des ersten nachchristlichen Jahrhunderts geschaf-

fen worden zu sein scheint und im vierten Jahrhundert verschwindet. Näheres zur Entstehung ist nicht bekannt. Registrierung und Publizierung von Rechtsgeschäften verschiedener Art finden sich mancherorts im griechischen Raum, vor allem im ptolemäischen Ägypten und hierin wird man eine Wurzel der βιβλιοθήκη ἐγκτήσεων vermuten dürfen. Im Unterschied zu diesen gemeingriechischen Erscheinungen wird angesichts des sonst so ausgeprägten Fiskalsystems aber auch bei der Registrierung ein – noch zu ergründendes – staatliches Interesse vor dem privaten Nutzen stehen. Der vorliegende Text ist, wie die verschiedenen Handschriften zeigen, das Original der Erklärung für das Registeramt; über der eigentlichen Deklaration steht der Erledigungsvermerk des vollziehenden Bediensteten, der Vollzugsvermerk seitens des Sokrates wird nicht mehr als eine Eingangsbestätigung und Weiterverweisung an den Sachbearbeiter darstellen. Die Bezeichnung als ehemaliger Gymnasiarch kennzeichnet Sokrates als Angehörigen jener spezifisch griechischen Schicht, die ihr Hellenentum selbst in den kleinen Orten der ägyptischen Chora mittels der Schulung der Jugendlichen im Gymnasion ausdrückte und lebendig erhielt.

*Lit.:* E. Kießling, Ein Beitrag zum Grundbuchrecht im hellenistischen Ägypten, JJP 15, 1965, S. 73ff.; H.J. Wolff, Registration of Conveyances in Ptolemaic Egypt, Aegyptus 28, 1948, S. 17ff.; zum Gymnasion s. W. Schubart, Einführung S. 317f. u. ö.; zu den Gymnasiarchen s. F. Oertel, Liturgie [o. bei Nr. 1] S. 58ff.

# 128

## Beschwerde eines vom Nachbarn geschädigten Königsbauern

P.Teb. I 49                Tebtynis. 113 v. Chr.

Μ[εγ]χεῖ κωμγραμματεῖ Κερκεοσίρεως
π[αρὰ] Ἀπολλοφάνους τοῦ Διονυσοδώρου
βα[σ]ιλικοῦ γεωργοῦ τῶν ἐκ τῆς αὐτῆς.

Τῆι κ τοῦ Φαῶφι τοῦ ε (ἔτους)
5 Νίκωνος τοῦ ᾽Αμεννέως τῶν
ἐκ τῆς αὐτῆς κώμης ἐγλύοντος
τ[ὰ] ἐν τῆι ἑαυτοῦ γῆι ὕδατα
κατακέκλυκεν ἀπὸ τῆς
ὑπαρχούσης μοι βασιλικῆς
10 γῆς εἰς (ἀρούρας) βδ᾽ ὑπ᾽ ἀροσμὸν
[οὔσ]ης ὥστ᾽ ἂν εἰς τέλος ἀπο·
στρ[.....]θαι καὶ [ἐπιγε]νέσ[θαι]
μοι β[λάβο]ς εἰς (πυροῦ) (ἀρτάβας) κ. Διὸ
ἐπιδίδωμί σοι ὅπως τοῦ ἐγκαλου·
15 μέν[ο]υ προσκληθέντος ἐπαναγ·
κασθῆι ἀποδοῦναί μοι τὸ βλάβος,
ἐὰν δὲ ἀπειθῆι ὑποτάξαι
τοῦ ὑπομνήματος ἀντίγραφον
οἷς καθήκει ἵν᾽ ὑπάρχηι μοι
20 ἐν χρηματισμῶι καὶ μηθὲν
τῶι βασιλεῖ διαπέσηι.
[Εὐτύχει.      ]

An Menches, den Dorfschreiber von Kerkeosiris, von Apollophanes, Sohn des Dionysidoros, Königsbauer von ebenda.
Am 20. Phaophi des 5. Jahres hat Nikon, Sohn des Amenneus, aus dem gleichen Ort, das Wasser auf seinem Land
(durch Öffnen der Schleußen) auslaufen lassen und 2¼ Aruren meines Kronlandes, welches gerade bestellt wird, überflutet, so daß sie gänzlich [zerstört] wurden und  mir ein
Schaden (im Wert) von 20 Artaben Weizen entstand. Diesbezüglich mache ich diese Eingabe bei Dir, damit der Beklagte
vorgeladen und dazu angehalten werde, mir den Schaden zu
ersetzen; wenn er sich aber weigert, füge (Deinen Weisungen)
an die Zuständigen eine Abschrift (meiner) Eingabe bei, damit es mir im Register festgelegt ist und dem König nichts
verlorengeht. Sei glücklich.


Im allgemeinen hängen Eingaben wegen Überschwemmungen
mit dem Steuerwesen zusammen: die Betroffenen deklarieren das von der fiskalischen Vorausschätzung abweichende

Bewässerungsergebnis einer zu großen oder zu geringen Nil-flut [s.o. Nr. 5]. Hier verweist der Petent nur im letzten Satz seiner Eingabe auf das staatliche Interesse, um mit etwas Druck die Behandlung seiner Beschwerde zu sichern. Diese richtet sich auf Ersatz des von seinem Nachbarn angerichteten Schadens. Das Anliegen wäre auch im Klagewege zu erreichen, doch zieht Apollophanes den Weg zum Dorf-schreiber vor, wohl weil er sich eine rasche Erledigung kraft dessen Amtsgewalt erhofft [s.o. Nr. 126]. Art und Auswirkung des fürsorglich erbetenen Registereintrags sind ungewiß.

*Lit.:* zu den Königsbauern s.o. Nr. 2; zu Bewässerung und Steuerwesen s. D. Bonneau, Le fisc [o. bei Nr. 1]; zum Justizwesen s. H.J. Wolff, Justizwesen [o. bei Nr. 41].

## 129

**Bitte um Weingartenbewacher**

PSI IV 345                    Philadelphia. 14. Juli 255 v. Chr.

Κριτίας Ζήνωνι χαίρειν.
Τρυγᾶν μέλλουσιν τῆι
κϛ. Ἀπόστειλον οὖν φύλα-
κας μὴ ἔλασσον δέκα, καὶ
5 τοῖς παρ' ἡμῖν οὖσιν γράψον ἵνα συνφυλάσσωσιν,
καὶ Ἡγησιάνακτι [ἵ]να μη-
θὲν βίαιον γίνηται.
        Ἔ[ρρ]ωσο. (Ἔτους) λ,
10        Παχὼνς κε.
Verso: (Ἔτους) λ, Ἀρτεμισίου κϛ, Παχὼνς κϛ.
        Κριτίας σταφυλῆς φυλάκων.        Ζήνωνι

Kritias dem Zenon Gruß. Die Weinlese werden sie am 26. beginnen. Sende nun mindestens zehn Wächter und schreib den bei uns Weilenden, daß sie mit Wache halten (sollen), sowie dem Hegesianax, daß nichts Gewalttätiges passiert. Gehab Dich wohl. Im 30. Jahr, am 23. Pachon. (Verso) Im 30. Jahr, am 25. Artemisios (=) 25. Pachon. Kritias wegen Traubenwächtern. An Zenon.

Weinbau wird in Ägypten bereits unter den Pharaonen betrieben und ist für das ganze Land bis zur arabischen Zeit in den Papyri gut belegt [s. a. u. Nr. 130]. Das Zenon-Archiv, aus dem der vorliegende Brief stammt, zeigt, daß auch auf dem Lehensland des Dioiketen Apollonios [s. o. Nr. 3] fleißig Reben angebaut werden, daß außerdem aber Zenon privat im Weinbau engagiert ist. Entsprechend dem Charakter des Geländes werden die Reben auf dem flachen Land gepflanzt und erhalten wegen der Holzarmut gewöhnlich Rohrstützen. Mit Zwischenkulturen, d. h. indem man zwischen den Rebstöcken andere Pflanzen, vor allem Obst oder Gemüse, anpflanzt, nützt man den Weingarten bis zum Äußersten aus. Die Papyri lassen erkennen, daß der Weinbau mit großer Sorgfalt betrieben wird. Die Trauben sind offenbar recht beliebt, und um die Zeit der Lese müssen die Weingärten gut bewacht werden. Die „Interessenten" werden eine kleine Prügelei nicht scheuen und hierauf mag Z. 7 anspielen; der große Bedarf an Wächtern ist freilich nicht durch die Härte der Auseinandersetzung bedingt, sondern spiegelt die Ausdehnung des Anbaugebietes.

*Lit.:* zu Zenon und seinem Archiv s. o. Nr. 3; zum Weinbau s. J. A. S. Evans-C. Bradford Welles, The Archives of Leon, JJP 7/8, 1954, S. 53 ff.; C. Ricci, La coltura della vite e la fabbricazione del vino nell'Egitto greco-romano, Milano 1924, Nd. 1972; M. Schnebel, Landwirtschaft [o. bei Nr. 36] S. 239 ff.

## 130

## Aus dem Weinhandel

SB XII 10918          Herkunft unbekannt. Anfang 3. Jahrh. n. Chr.

Φιλορώμαιος Καλπουρνίῳ τῷ
ἀξιολογωτάτῳ χαίρειν.
Τοῦ οἴνου τῆς Νικολαίδος ἐγευσ[ά-]
μεθα τῇ κ̄η̄ καὶ εὕραμεν αὐτὸ[ν ἀν-]
5 τὶ τῶν ξενικοκεράμων πα[ρ'] ᾧ[λί-]
γα καὶ ὄξη [ἐ]ν αὐτοῖς ἐναλ[λά]ξ[αι.]
Ἔστι γὰρ πάνυ ἐλαφρὰ τὰ πλεῖστα. Μ[ἐλ-]
λομεν γὰρ χρείαν ἔχειν ξεν[ικοῦ]
οἴνου εἰς τὰς χρεί[α]ς 'Αδρειαγῶν
10 καὶ 'Αμινναίων. Τυμολίτην
γὰρ ἔχομεν. Πτολεμαῖον [ε]ὐ[θέ-]
ως μεταπέμψομαι. Οὐ γὰρ μ[έλει]
μοι περὶ τούτον. 'Εδήλοσας .[.....]
νον τῆς Σεντὼ ἐκπλέξαι μ[ε] εὐ-
15 θέως. 'Εὰν μὴ θέλῃ μεταστα[θῆναι]
πολεῖν ὃ τι εἴοθεν, λαμβάνειν θέ-
[λω ζεῦγ]ος ὀθονίων. Οὐ γὰρ δεῖ [.....]
[.... οὐ] δὲ ἡμᾶς λαμβάν[ειν ....]
[......] . τὴν διαταγὴν ... [.....]
20 [......] . ο δοθῆναι δήλοσο[ν .....]
[......]ήσεται. 'Ερρῶσθαί σαι ε[ὔχο-]
μαι.

2 ἀξιολογωτάτῳ l. ἀξιολογωτάτῳ      9 'Αδρειαγῶν l. 'Αδριανῶν
10 Τυμολίτην l. Τυμωλίτην      18 τούτον. 'Εδήλοσας l. τούτων.
'Εδήλωσας      16 πολεῖν l. πωλεῖν; εἴοθεν l. εἴωθεν      20 δήλοσον
l. δήλωσον,      21 σαι l. σε

Philoromaios dem höchst achtenswerten Kalpurnios Gruß.
Vom Wein der (oder: aus) Nikolais kosteten wir am 28. und
erwarben ihn im Austausch gegen die Krüge fremder Herkunft, ausgenommen einige geringen Wein enthaltende. Das

meiste ist freilich durchweg höchst leicht. Wir werden fremd-
ländischen Wein brauchen im Hinblick auf den Bedarf an
Adriatischen und Amminoischen Weinen. Tmolischen Wein
haben wir allerdings. Nach Ptolemaios werde ich sofort senden. Ich mache mir ja keine Sorge hinsichtlich dieser Dinge.
Du hast mich benachrichtigt ...as aus Sento käme mir sofort
zu Hilfe. Wenn er nicht aufhört zu verkaufen, was er gewöhnt
ist, will ich ein Leinengewand (oder: ein Paar Leinengewän-
der) nehmen. Es ist freilich nicht nötig – – – nicht daß wir
nehmen – – – den Auftrag – – – gegeben zu werden – offen-
bare – – –. Ich wünsche Dir Wohlergehen.


Dieser Geschäftsbrief ist einer der vielen Handel und Er-
werbsleben betreffenden. Seine zweite Hälfte ist dem Schluß
zu nur fragmentarisch erhalten und daher unverständlich,
sie hat Angelegenheiten betroffen, die Sender wie Empfänger
grundsätzlich bereits bekannt sind, weswegen es nur kurzer
Anmerkungen bedurft hat. Größeres Interesse verdient die
erste Hälfte, in der die Namen dreier Weine, die Nachricht
von einem Weintausch und Qualitätsangaben auf einen gewerblichen Weinhandel schließen lassen. Nach dem ihm
gegebenen Ehrentitel (ἀξιολογώτατος) gehört Kalpurnios
zu einer Schicht reicher Alexandriner, die bedeutende Ämter
in der Verwaltung Alexandriens, der anderen drei Griechen-
städte (πόλεις – Naukratis, Ptolemais, Antinoopolis) und
der Gaue innehaben. Wie auch jene teilweise ist Kalpurnios
Landbesitzer in der Gegend von Oxyrhynchos, einer zu jener
Zeit blühenden Gaumetropole, in deren Umgebung das
Z. 14 genannte Sento gelegen war. Philoromaios dürfte der
Gutsverwalter des Kalpurnios sein, dessen Aktivität hier dem
Weinhandel, genauer wohl dem Weinimport gilt. Hierfür
sprechen neben jenen „Krügen fremder Herkunft" die Wein-
namen, von denen zwei wohlbekannt sind: Der Tmolites
stammt aus Lydien, aus der Bergregion von Tmolos in der
Umgebung von Sardes; ihn rühmen neben anderen Cicero
(pro Flacco 5.8) und Vergil (Georg. II 98), und die Aminoi-
schen Weine Kampaniens erhalten Lob beispielsweise von
Vergil (Georg. II 97) und Plinius (nat. hist. 14. 21, 41, 46).
Bei der dritten Sorte schließlich könnte es sich um Weine
von den Gestaden der Adria handeln, die in der Antike

gleichfalls einen ausgezeichneten Ruf genießen. Einen weiterführenden Gedanken äußert *H. Geremek* angesichts der merkwürdig formulierten Z. 8f. mit dem wiederholten χρεία. Sie hält für möglich, daß die bestellten ausländischen Weine verschnitten werden sollen und daß die Produkte unter den Namen Adrianoi und Ammianoi gehandelt werden. Die Rolle des Tmolites, eines Verschnittes Schärfe zu mildern und ihm Reife zu verleihen, ist durch Plinius (nat. hist. 14.74) bekannt. Wohin die Weine des Kalpurnios verkauft worden sind, wissen wir nicht – dies kann in der nächsten Umgebung, Oxyrhynchos und dessen Nachbarschaft, gewesen sein, denkbar ist aber auch ein Export bis hin nach Indien.

*Lit.:* H. Geremek, P. Jandana 99, JJP 16/17, 1971, S. 159 ff.

# 131

## Mahnung, einen Speicherschlüssel zu senden

P. Yale I 39                          Philadelphia. Um 230 v. Chr.

> 'Απολλώνιος
> Δικαίωι χαίρειν.
> 'Αγνώμων γέγο-
> νας μὴ οὐκ ἀποστεί-
> 5 λας Σαραπίωνα
> τὸν παρὰ σοῦ κο-
> μίζοντα τὴν κλεῖ-
> δα τοῦ Πετεαρμώ-
> τιος ταμιείου, κα-
> 10 θότι ἐτάξω. Οὐ μὴν
> ἀλλὰ ἔτι καὶ νῦν
> ἐξαπόστειλον
> αὐτὸν πρὸς ἡμᾶς.
>                 Ἔρρωσο.
> Verso:
> Δικαί[ωι]

Apollonios dem Dikaios Gruß. Du warst nachlässig, nicht
Sarapion, Deinen Agenten, mit dem Schlüssel für die Scheune
des Petearmuthis zu senden, wie ich angeordnet habe. Sende
ihn nichtsdestoweniger auch jetzt noch zu uns. Gehab Dich
wohl. (Verso) An Dikaios.

Gleich dem folgenden Brief enthält der vorliegende eine Mahnung und gehört in ein kleines Archiv, hier das des Topar-
chen Leon, aus dessen Bestand einige Texte den landwirtschaftlichen Alltag beleuchten; wie alltäglich, zeigt diese
Bitte, einen Speicherschlüssel endlich zu übersenden. Allerdings gestattet nur der Ton, hierin eine private Angelegenheit zu sehen. Wie Leon ist nämlich der Briefschreiber Apollonios, wohl ein Bruder des Leon, Beamter und zwar wahrscheinlich Oikonomos oder Epimeletes, also in der Finanzverwaltung tätig; staatlich sind aber auch die Speicher, bei denen
die Getreideernte in Ägypten zunächst abgeliefert werden
muß, um einer Abgabenhinterziehung vorzubeugen. Insofern
könnte es ebensogut um einen Staatsspeicherschlüssel gehen.
Die kleine Mahnung erinnert im übrigen daran, daß selbst
offensichtlich unbedeutende Texte überraschende Verbin-
dungen knüpfen können: Indizien lassen annehmen, daß
Leon bereits zu einer Zeit Beamter ist, in der Zenon von
Kaunos das Lehensland des Dioiketen Apollonios verwaltet
[s. o. Nr. 3], und beide Personen auch Kontakte miteinander
haben.

*Lit.:* zum Archiv des Leon R. S. Bagnall, The Toparch Leon and
his Archiv, GRBS 15, 1974, S. 215 ff.; J. F. Oates, A. E. Samuel, C.
Bradford Welles, P. Yale I S. 98 ff.; J. A. S. Evans, C. Bradford
Welles, The Archives of Leon, JJP 7/8, 1953–54, S. 29 ff.

## 132

# Arbeitsanweisungen auf einem Landgut

P. Fay. 111                                    Euhemeria. 95/96 n. Chr. (10.
(mit BL III und VI, *)                    Mai 96 n. Chr.?)

Λούκι[ος Βελ]λῆνος Γέμελλος
'Επαγά[θωι τ]ῶι ἰδίωι χαίριν.
Μένφομαί σαι μεγάλως ἀπο-
λέσας χ[υ]ρίδια δύω ἀπὸ τοῦ
5 σκυλμοῦ τῆς ὡδοῦ ἔχων
ἐν τῇ [κ]όμῃ ἐργατικὰ κτήνη δέκα. 'Ηρακλίδας ὁ [ὁν]η-
λάτης τὼ αἰτίωμα περι-
επύησε λέγον ὧτι σὺ εἴρηχας
10 πεζῶι [τὰ χ]υρίδια ἐλάσαι.
Περισὸν̣ [ἐν]ετιλάμ[η]ν σ̣υ
εἰς Διο[νυσι]άδα μῖναι δ̣ύ̣-
ωι ἡμέρας ἕως ἀγοράσῃς
λωτίνου (ἀρτάβας) κ. Λέγουσι εἶ-
15 ναι τὼ λώτινον ἐν τῇ Διο-
νυσιά[δι] ἐγ (δραχμῶν) ιη. 'Ως ἐὰν βλέ-
πῃς [τ]ὴν τιμὴν πάν-
τος ἀγόρασον τὰς τοῦ λοτίνου
(ἀρτάβας) κ, [ἀ]νανκαῖ⟨ο⟩ν ἥγησα[ι.]
20 Τὸν λ[ι]μνασμ[ὸν] δ̣[ί]ο̣ξον
τῶν [ἐ]λα[ι]ών[ων τ]ῶν πάν-
τον [καὶ] τάξον εἰς [τὴ]ν Σεν-
[θέως] ἐργάτην χρᾶ̣λ̣[ον]
λιμνάζειν, καὶ τὼν στί-
25 χον τὸν φυτὸν τῶν
ἐν τῷ προφήτῃ πότισον.
Μὴ οὖν ἄλλως πυήσῃς.
"Ερρωσο. ("Ετους) ιε Αὐτοκράτορος
Καίσαρος Δομιτιανοῦ Σεβασ[τοῦ]
30 Γερμανικοῦ, μηνὸς Γερμανικ( )
ιε.

Verso: ['Επαγάθωι τ]ῶι ἰδίωι
[ἀπὸ Λουκίου Βελλήν]ου Γεμέλλου.

3 Μένφομαί σαι l. Μέμφομαί σε; ἀπο-|λέσας l. ἀπωλέσας  4 χ[υ]-
ρίδια l. χοιρίδια, ebenso 10   5 ὡδοῦ l. ὁδοῦ  6 [κ]όμη l. κώμη
8 περι-|επύησε λέγον ὥτι l. περιεποίησε λέγων ὅτι   11 Περισὸν
l. Περισσόν; συ l. σοι   17 πάν-|τος l. πάντως  20 δ[ί]οξον l.
δίωξον   22/23 Ed. pr. τ[..]ον Σέν-|[θεως] ( = Gen. des Orts-
namens Σένθις) ἐργάτην (oder ἔργα τὴν) χρ....; χρῶλ[ον] l.
χλῶρον   24 τῶν l. τὸν   25 τὸν φυτὸν l. τῶν φυτῶν   27 πυήσῃς l. ποιήσῃς

Lucius Bellenus Gemellus seinem Bediensteten Epagathos
Gruß. Ich tadle Dich sehr, weil ich zwei Schweinchen durch
das Ungemach der Reise verloren habe, während ich im Dorf
zehn Arbeitstiere besitze. Der Eseltreiber Heraklidas hat die
Schuld von sich abgewälzt, indem er behauptete, Du hättest
angeordnet, die Schweine zu Fuß zu treiben. Hinreichend
(oft) habe ich Dir aufgetragen, zwei Tage in Dionysias zu
bleiben, bis Du 20 Artaben Lotos gekauft hast. Man sagt, es
gäbe den Lotos in Dionysias zu 18 Drachmen. Daher, falls
Du diesen Preis wahrnimmst, kaufe die 20 Artaben Lotos
gänzlich; laß es Dir angelegen sein! Betreibe die Bewässerung
aller Olivengärten und hinsichtlich des Sentheus(-Gutes)
ordne an, daß ein Arbeiter die Grünfutterpflanzen bewässere,
bewässere auch die Pflanzenreihe auf (der Parzelle) „Der Pro-
phet". Daß Du es nun nicht anders machst! Gehab Dich wohl.
Im 15. Jahre des Imperators Caesar Domitianus Augustus
Germanicus, am 15. des Monats Germanik(eios?). (Verso)
Seinem Bediensteten Epagathos von Lucius Bellenus Gemellus.

Dieser Brief entstammt einem kleinen Familienarchiv, dem
des Gemellus, eines wohlhabenden römischen Veteranen,
und ist an einen vertrauten Sklaven und Mitarbeiter des
Schreibers gerichtet. Er führt mitten in die Gutswirtschaft,
in Viehzucht, Futtermittelkauf und Bewässerungsfragen.
Gemellus macht Epagathos Vorwürfe, weil dieser Schweine –
sicherlich zum Markt – treiben ließ und dadurch zwei Stück
verlor, obgleich genügend Tragtiere zur Verfügung gestanden hätten. Das Schwein ist als Haustier bereits im pharaoni-

schen Ägypten festzustellen, seine Zucht und der Konsum seines Fleisches spielen im griechisch-römischen Ägypten eine große Rolle. Dies gilt auch für Lotos, dessen Kauf Gemellus dem Epagathos einschärft. Aus dem Zusammenhang ergibt sich, daß Kleearten gemeint sind, nicht die gleichnamige Wasserpflanze. Sie ist zwar nicht nur für Kunst und Religion wichtig, sondern auch als Nahrungsmittel breiter Bevölkerungsschichten; denn aus ihrem Samen und Wurzeln wird eine Brotsorte bereitet, die man aber auf dem ansehnlichen Gute des Gemellus kaum finden wird. Gemellus muß also Viehfutter zukaufen, obgleich er selbst Grünfutter (χλωρόν) hat. Chloron wird gerne als Nachsaat (für eine zweite Ernte), aber auch als Brachfrucht zum Abweiden oder für den Schnitt angebaut, hier ist es offenbar noch zu jung. Außerdem produziert Gemellus Olivenöl, die Ernte aus den Olivengärten wird in einer eigenen Ölmühle verarbeitet (s. P. Fay. 91). Der Bewässerungsauftrag schließlich gestattet, eine der beiden möglichen Datierungen vorzuziehen: Der Brief dürfte kaum am 15. Germanik(os), also am 13. September, verfaßt sein; denn um diese Zeit überschwemmt der Nil das Land und zu einer so dringlichen Mahnung, bestimmte Anpflanzungen zu bewässern, besteht wenig Anlaß. Anders um den 15. Germanik(eios), 10. Mai; für diese Zeit ist gut vorstellbar, daß das Grünland der Bewässerung bedarf, damit es einen zweiten Schnitt ergibt oder als Nachsaat gedeiht.

*Lit.:* zu Gemellus und seiner Familie s. N. Hohlwein, Le Vétéran Lucius Bellienus Gemellus, Gentleman-Farmer au Fayoum, EPap 8, 1957, S. 69 ff.; zu Viehzucht und Landwirtschaft s. Schnebel, Landwirtschaft [o. bei Nr. 36]; zu Lotos s. Steier, RE XIII 2 Sp. 1515 s. v. Lotos.

## 133

## Auftrag im Rahmen des Gutsbetriebes

P. Fay. 121                                    Euhemeria. Um 100 n. Chr.

Βελλῆνος Σαβῖνος Γεμεί-          σκῶν ἧι ἔχεις παρὰ σοί,
νωι τῶι ἰδίωι χαίρειν.          10 ὅπως ἀνερχόμενος ἀ[πε-]
Εὖ ποιήσεις δοὺς Οὐηστεί-       νέγκῃ αὐτὸ ἐπεὶ [τὸ αὐ-]
νωι εἰς τὸν ζυγὸν αὐ-           τοῦ κέκοπται. Καὶ τὸ δ[έρ-]
5 τοῦ ζυγόδεσμον και-           μα τοῦ μόσχου οὗ ἐθύ-
νὸν στερεόν, ὃ καὶ ἀλεί-        [σ]αμεν αἴτησον πα[ρὰ τοῦ]
ψεις ἐπιμελῶς, ἐκ τῶν          15 κυρτοῦ βυρσέως. [Ἔρρωσο.]
ἐν τῆι κειβωτῶι τῶν ἀ-          Ἐδόθη Παῦνι ς.

Bellenus Sabinus dem Bediensteten Geminus Gruß. Du wirst
gut daran tun, dem Vestinus für sein Gespann einen neuen
festen Gurt, den Du sorgfältig einfetten wirst, von jenen im
Lederzeugkasten, den Du mit Dir führst, zu geben, damit er
ihn auf dem Rückweg mitbringt, nachdem der seinige be-
schädigt ist. Und erbitte die Haut des Kalbes, welches wir
geopfert haben, von dem buckligen Gerber. Gehab Dich
wohl. Gegegeben am 6. Payni.

Nach den Einkommensverhältnissen müssen alle Familien-
mitglieder zum Familienunterhalt beitragen. Lohnarbeit
freier Frauen ist allerdings selten belegt; sie erledigen vielleicht vorwiegend häusliche Arbeiten wie Weben oder das
Bestellen – eigener oder gepachteter – kleiner Landparzellen.
Selbst in gehobenen Schichten arbeitet jeder mit. So unterstützt hier Sabinus seinen Vater Gemellus [s.o. Nr. 132] bei
der Gutsverwaltung, indem er den Sklaven Geminus bittet,
einem Gutsarbeiter einen Gespannriemen auszuhändigen
und eine Kalbshaut vom Gerber zu holen. Das Fell gehört
nicht zu den Opfergaben und fällt bei einem privaten Opfer
gewöhnlich auch nicht unter den Anteil des Priesters; es soll
hier offenbar für profane Zwecke verwendet werden. Ge-

minus' Aufenthaltsort darf man wohl auf einer der insgesamt 9 Domänen des Gemellus vermuten, wo ihn der Brief mit Sicherheit erreicht. Während für Gemellus ungewiß ist, ob er sein römisches Bürgerrecht (und seinen Namen) nicht erst als Folge seines Militärdienstes erworben hat und ursprünglich Gräco-Ägypter gewesen ist, ist der vorliegende Text ein Indiz für Lateinkenntnisse des Sohnes Sabinus, da der seinen Brief nach römischem Brauch „datiert": ἐδόθη *(= data est epistula).*

*Lit.:* s.o. bei Nr. 132.

## 134

## Deklaration von Schafen und Ziegen

P. Corn. 15 (mit BL II)                Theadelphia. 128/9 n. Chr.

Θεαδ(ελφείας) πρόβ(ατα) κβ αἶγ(ες) β ἀρν(ες) δ
'Ηρώδῃ τῶι καὶ Τιβερίωι στρατ(ηγῶι)
καὶ 'Αρχιβίωι βασιλ(ικῶι) γρα(μματεῖ) 'Αρσι(νοίτου)
Θεμίστου μερίδος
5 παρὰ Πετερμούθιος τοῦ 'Ηρ(  )
τῶν ἀπὸ κώμης Θεαδελφεία[ς]
τῆς αὐτῆς μερίδος. 'Απεγραψά-
μην τῶι διεληλυθότι ιβ̄ (ἔτει)
'Αδριανοῦ Καίσαρος τοῦ κυρίου
10 ἐπὶ τῆς αὐτῆς κώμης ἀγ[ε-]
λικὰ πρόβ(ατα) κ, αἶγ(ας) β, ἄρνας β.
Τὰ ἐπὶ τὸ αὐτὸ πρόβα(τα) τέλεια εἴκοσι δύο αἶγος δύο ἀπογράφομαι
εἰς τὸ ἐνεστὸς τρισκαιδέκατον
15 ἔτος 'Αδριανοῦ Καίσαρος τοῦ
κ[υρ]ίου καὶ τοὺς ἐπακολουθοῦντ[ας]
ἄρνας τέσσαρας ἃ καὶ μετάξω

καὶ ἐπιμίξω ἑτέροις πρόβασι
ὧν νομεὺς ἐγὼ ὁ Πετερμοῦθ(ις).
20 (2. Hd.) Ἡρώδ(ης) ὁ κ(αὶ) Τιβέριος στρ(ατηγὸς) δι(ὰ)
   Χαιρήμο(νος) βιβλιο(φύλακος) σεση(μείωμαι) πρόβ(ατα)
   [ἀ]γελ(ικὰ) εἴκοσι δύο αἶγας δύο
   [ἄρν]ας τέ[σσαρας. (Ἔτους) ι]γ Ἀδριαν[οῦ]
   τοῦ κυρί[ου.          (3. Hd.) Ἀρχί]βι[ος]
25 [β]ασιλ(ικὸς) γραμματεὺς) διὰ Ἰσ[... βο(?)]ηθοῦ σεσημ(είωμαι)
   πρόβ(ατα) τέλ(εια) ε[ἴκοσι] δύο αἶγας δύο
   [ἄρ]νας δ μ[....].

13 αἶγος l. αἶγας    17 τέσσαρος für τέσσαρας    22 [ἀ]γελικὰ
nach Z. 10 f. entgegen Ed. pr.

In Theadelphia. 22 Schafe, 2 Ziegen, 4 Widder.
An Herodes, auch Tiberius genannt, den Strategen, und an
Archibios, den königlichen Schreiber des Arsinoites-Gaus,
Themistes-Bezirk, von Petermuthis, Sohn des Her( ), aus dem
Ort Theadelphia dieses Gaus. Ich habe im vergangenen 12.
Jahr des Hadrianus Caesar, des Herrn, im gleichen Ort 20 zur
Herde gehörende Tiere, 2 Ziegen, 2 Lämmer deklariert.
Die insgesamt zweiundzwanzig ausgewachsenen Tiere (und)
zwei Ziegen deklariere ich für das gegenwärtige 13. Jahr des
Hadrianus Caesar, des Herrn, sowie die vier dazu geborenen
Lämmer, die ich mitführen und unter die anderen Tiere mi-
schen werde, deren Hirt ich, Petermuthis, (bin). (2. Hd.) Ich,
Herodes, auch Tiberius genannt, Stratege, durch den Regi-
sterhalter Chairemon habe zweiundzwanzig zur Herde ge-
hörende Tiere, zwei Ziegen (und) vier Lämmer bescheinigt.
Im 13. Jahre des Hadrianus, des Herrn. (3. Hd.). Ich, Archibios, königlicher Schreiber, durch den Gehilfen Is..., habe
bescheinigt zweiundzwanzig ausgewachsene Tiere, zwei
Ziegen, vier Lämmer...

Die Papyri belegen in reichem Maße das Halten von Schafen
und Ziegen. Meist gehören zu einer Schafherde wie hier einige Ziegen. Zwar kann eine Ziege auch die Rolle des Lock-
schafes einer Herde übernehmen, doch werden die Ziegen

wohl eher als Milchlieferanten mitgeführt, wozu sich das Wollschaf nicht eignet. Eine wichtige Nachrichtenquelle zur Viehhaltung sind die Steuerdeklarationen, von denen ein typisches Beispiel hier vorliegt. Es ist an den Strategen, hier als Chef der Gau-Finanzverwaltung, und (wie mancherorts üblich) an den königlichen Schreiber adressiert. Der Steuerpflichtige wiederholt zunächst die Angaben der vorjährigen Steuerdeklaration, beziffert den neuen Bestand, wobei er die Zu- (bzw. Ab-)gänge ausdrücklich aufführt, und nennt abschließend den Namen des Hirten; regelmäßig wird auch das Weidegebiet angegeben. Die Bearbeitungsvermerke spiegeln den wohl organisierten Beamtenapparat. Ebensowenig wie heute zeichnet einer der in der Adresse genannten höheren Beamten selbst; in ihrem Namen signieren vielmehr Untergebene, deren Titel wiederum auf eine unterschiedliche Stellung in der Beamtenhierarchie weist. Ihre Abzeichnungen belegen nur den Eintrag in bestimmte Register; ob die Angaben des Petermuthis richtig sind, scheint nicht geprüft worden zu sein, denn ein entsprechender, anderweitig mitunter belegter (z.B. BGU I 358) Prüfungsvermerk fehlt hier. Indizien lassen annehmen, daß die Viehbestands-Deklarationen die Grundlage nicht nur der Vieh-Besteuerung, sondern auch einer Art Generalviehbestandsaufnahme ist, welche eine in Alexandrien residierende Behörde wohl erstellt. Denkbar wäre, daß dem doppelten Zweck der zweifache Bearbeitungsvermerk entspricht, der dann einerseits den Eintrag in die von der einen Behörde geführte Steuerliste, andererseits in die von der anderen Behörde geführte, zur Weiterleitung bestimmte Viehbestandliste bezeugte.

*Lit.:* zur Kleinviehhaltung s. M. Schnebel, Landwirtschaft [o. bei Nr. 36] S. 323 ff.; zur Viehbesteuerung s. S. Avogadro, Le ἀπογραφαί di proprietà nell' Egitto greco-romano, Aegyptus 15. 1935, S. 130 ff.; S. L. Wallace, Taxation [o. bei Nr. 9] S. 82 ff.; U, Wilcken, Griechische Ostraka aus Aegypten und Nubien. Ein Beitrag zur antiken Wirtschaftsgeschichte, Leipzig–Berlin 1899, Nd. Amsterdam 1970, I S. 435 ff.

135

# Brief in landwirtschaftlichen Angelegenheiten

P. Oxy. IX 1220                    Oxyrhynchos. 3. Jahrh. n. Chr.
(mit BL I + III)

[   ] Τῷ κυρίῳ μου Θέωνι
['Εβ]δόμου χαίρειν.
['Α]νέπεμψά σοι διὰ σημι-
[ώ]σεως τὸ καθ' ἡμέρα⟨ν⟩
τοῦ ἀν-
5 αλώματος ἦν' εἰδῇς. 'Η δοκῖ σοι, κύριέ μου, πέμψε μοι
κέρμα εἰς τὰ γινόμενα
παρ' ἐμοὶ ἔργα τῆς κοφορίας
καὶ ἄλλων ἔργων. Καὶ περὶ
τῆς
10 λέξις τοῦ οἴνου οὗ ἔγραψές
μοι οὐδὲν βλέπω φαύλου
παρ' ἐ-
μοί. Περὶ γὰρ τοῦ πάκτονος
ἐπισκευάζεται εἶνα με-
τενέγκω τὸν οἶνον τοῦ
15 Σιληνοῦ. Πέμψις μοι τοὺς

ἐκχυσιαίους ἥλους καὶ γλυοῦ
κεράμιον α εἰς τὰ ἐργαλῖα
τῶν μηχανῶν· καὶ τοῦτο
συνφέρι εἶνα μὴ ἀπόληται
20 ἀμελίᾳ. Οὐδὲν ἠφάνισεν
ὁ Ἱπποποτάμις, ἤ τι γὰρ
ἐστιν
περιέργου, ἐφίσταμε αὐ-
τῷ{ν}.
Καὶ περὶ τῶν χωρίων, ἐὰν
παρα-
γένῃ σὺν θεῷ, μαθήσι τὴν
25 διάθησιν αὐτῶν.
'Ερρῶσθαί σοι εὔχομαι,
κύριέ μου, εὐτυχοῦντα.
Μαθήσεται διὰ τῶν λό-
γων τὸ [ ]
καθ' ἐν ὡς περιέχι τὸ
πι[τ-]
30 τάκιον.

2 ['Εβ]δόμου viell. für ⁎Εβδομος     5 ἦν' l. ἵν'; 'Η l. Εἰ
6 Πέμψε l. Πέμψαι     8 κοφορίας l. χωφορίας D.Hagedorn (statt BL
III: Vulgärform für κοπροφορίας)     10 λέξις für λέξεως     12 πάκτονος
l. πάκτωνος     13 εἶνα l. ἵνα     16 γλυοῦ l. γλοιοῦ     19 συνφέρι
εἶνα l. συμφέρει ἵνα     21 Ἱπποποτάμις viell. Mißbildung
aus Ἵππος ποτάμι(ο)s und Ἱπποπόταμος; ἤ l. εἰ     22 ἐφίσταμε
l. ἐφίσταμαι; αὐτῷ{ν} F. Preisigke, WB I Sp. 633 s. v. ἐφίστημι
24 μαθήσι l. μαθήσει     25 διάθησιν l. διάθεσιν     26 σοι l. σε
29 περιέχι l. περιέχει

Meinem Herrn Theon von Hebdomos (?) Gruß. Ich sende
Dir zu Deiner Information in Form einer Notiz das Journal
der Ausgaben. Falls es Dir (gut) dünkt, o Herr, so sende mir
Geld für das bei mir anfallende Heranschaffen von Erde und
andere Arbeiten. Bezüglich der Weinlese, wegen der Du mir
schriebst, sehe ich keinen Fehler in meinem Verhalten. Was
nämlich das Boot betrifft, so ist es vorbereitet, damit ich den
Wein des Silenos fortschaffe. Schicke mir die Nägel für die
Schöpfeimer und einen Krug Schmieröl für die Laufwerke der
Wasserschöpfanlagen; dies ist nützlich, damit nichts aus Sorg-
losigkeit vernichtet wird. Das Nilpferd hat nichts zerstört;
denn falls es über die Stränge schlägt, stelle ich ihm nach.
Und betreffs der Ländereien: wenn Du kommst, so Gott will,
wirst Du ihren Zustand kennenlernen. Ich bitte, gehab Dich
wohl und sei glücklich, o Herr. Der Einzelnachweis, wie ihn
der Zettel enthält, ist durch die Rechnungen erläutert.

Der Verfasser dieses Briefes ist offenbar Gutsverwalter und
gibt dem Eigentümer einen kurzen Bericht über die Verhältnisse. Es scheint alles zum besten zu stehen: Die anliegenden
Arbeiten werden erledigt, allerdings bittet der Schreiber um
Geld zur Bezahlung und um einige Materialien, ein Nilpferd
hat offenbar sein Quartier bei dem Gute aufgeschlagen,
aber keinen weiteren Schaden angerichtet, und auch der Hinweis auf den Zustand der Ländereien verspricht durch sein
Schweigen Gutes; bei dem Wein schließlich könnte es sich
um ein eigenes, an Silenos verkauftes Erzeugnis handeln,
welches nun dem Käufer geliefert werden soll. Der in der
Anmerkung zu Z. 8 als hier unzutreffend bezeichnete Ausdruck κοπροφορία „Düngearbeit" erinnert daran, daß die
Nilflut weder als Bewässerung noch für die Düngung ganz
allein genügt. Allerdings düngt die Schlammablagerung der
Überschwemmung doch so reichlich den Boden, daß – Wein-
gärten ausgenommen – eine andere Düngung erst in der
Kaiserzeit zu finden ist. Da Rindermist als Brennmaterial
dient und man mit dem geschätzten Taubenmist nur die
Weingärten düngt, bleibt als Düngemittel sonst nur die
Ssebacherde, die in Ägypten bis in die Neuzeit zu diesem
Zweck verwendet worden ist. Diese Erde wird aus den

antiken Müllhaufen gewonnen, in denen die verschiedensten animalischen und pflanzlichen Überreste aus den Ortschaften zu einem außerordentlich fruchtbaren Düngemittel verrottet sind. Es muß nur losgehackt und durchgesiebt werden, um es von festen Hinterlassenschaften zu reinigen, wie Scherben, aber auch Papyri, die auf den Abfallhaufen geworfen wurden. Daß bereits in der Kaiserzeit die Abfallhügel der älteren Perioden zur Dunggewinnung abgegraben worden sind, ist wohl eine der Ursachen, daß ptolemäische Papyri sich nicht an solchen Stellen finden. Künstlicher Bewässerung bedarf zunächst jenes Land, welches die Nilflut nicht erreicht, dann aber auch das überschwemmte Gelände, um eine zweite Ernte zu erzielen. Bei der Bewässerung bedient man sich in Ägypten verschiedener technischer Einrichtungen (die sich übrigens bis in das 20. Jahrhundert gehalten haben), um Wasser zu heben; der Verwendungszweck der angeforderten Gegenstände läßt aber erkennen, daß es im vorliegenden Fall speziell um die Instandhaltung der Schöpfräder (Sakije, μηχανή) geht, die hier offenbar mit hölzernen Schöpfeimern statt, wie meist, mit Tongefäßen bestückt sind. Die avisierten Abrechnungen könnten zumindest teilweise auf dem gleichen Papyrusblatt wie der Brief gestanden haben, denn am linken Rand finden sich Spuren einer vorhergehenden Kolumne und auf der Rückseite steht eine beidseitig beschädigte Abrechnung, die inhaltlich gut zu Z. 3–5 des Briefes paßt, allerdings von einer anderen Hand geschrieben ist. Beispiele der Buchführung einfacher Haushalte wie landwirtschaftlicher Güter sind zahlreich erhalten und gestatten ausgezeichnete Einblicke in deren Verhältnisse, Bedürfnisse und Aufwendungen.

*Lit.:* zur Düngung s. M. Schnebel, Landwirtschaft [o. bei Nr. 36] S. 84ff.; zur Ssebacherde s. U. Wilcken, Die Berliner Papyrusgrabungen in Herakleopolis Magna im Winter 1898/9, APF 2, 1903, S. 294ff. (S. 300ff.); zur Bewässerung(stechnik) s. F. Reil, Handwerk [o. bei Nr. 103] S. 82ff.; M. Schnebel, aaO. S. 65ff.

## 136

### Steuerquittung

P. Teb. III (2) 839　　　　　　　　Tebtynis. 162 (?) v. Chr.

῎Ετους ιθ ᾿Επεὶφ β δια .. (　) πέπτωκ̣[εν ἐπὶ τὴ]ν̣
ἐν Κρο(κοδίλων) πό(λει) τρά(πεζαν) Π̣το̣λ[εμ]α̣ί̣ωι τρα(πεζί-
τηι) [βασιλεῖ παρ]ὰ
Κλέωνος τοῦ Νικομάχου γ᾿ περιστε(ρώνων) ᾿Ο̣ξυ(ρύγχων) τοῦ
ιθ̣ (ἔτους)
[χ]α̣(λκοῦ) πρ(ὸς) ἀρ(γύριον) χίλιαι, (γίγνονται) ᾿Α.
5 (2. Hd.) (῎Ετους) ιθ ᾿Επεὶφ β σ̣[υνπα(ρόντος)].[.]ε̣ ...... [..]
τοῦ παρὰ βα(σιλικοῦ) γρ(αμματέως)
χα(λ.) πρ(ὸς) ἀρ(γ.) χίλιαι, (γίγνονται) ᾿Α.
(3. Hd.) (῎Ετους) ιθ ᾿Επεὶφ β συνπα(ρόντος) Χαιρήμονος τοῦ
πα(ρὰ) οἰκονό(μου) χα(λ.) πρ(ὸς) ἀρ(γ.) ᾿Α, (γίγνονται) ᾿Α.

1 διά.. (　) oder δι᾿ Α..(　)　　2 παρ]ὰ | Κλέωνος oder παρὰ
῾Ηρ]α-|κλέωνος　3 ᾿Οξυ(ρύγχων) oder ᾿Οξυ(ρυγχίτου) [so Ed.
pr. Es ist jedoch wenig wahrscheinlich, daß eine Zahlung bezüglich
des Oxyrhynchites-Gaus in Krokodilopolis (Arsinoites-Gau) erfolgt, Oxyrhyncha dagegen liegt im Arsinoites.]

Im 19. Jahre, 2. Epeiph, durch ... eingezahlt in die Bank von
Krokodilopolis dem königlichen Bankier Ptolemaios von
Kleon, Sohn des Nikanor, für den König als Drittel(-Abgabe)
für Taubenschläge in Oxyrhyncha tausend Kupferdrachmen
statt (in vorgeschriebener) Silberwährung, macht 1000. (2.
Hd.) Im 19. Jahre, 2. Epeiph, in Gegenwart von X, (Sachbearbeiter) beim königlichen Schreiber, tausend Kupferdrachmen statt in Silberwährung, macht 1000. (3. Hd.) Im
19. Jahre, 2. Epeiph, in Gegenwart von Chairemon, (Sachbearbeiter) beim Ökonomen, tausend Kupferdrachmen statt
in Silberwährung, macht 1000.

Zu den hohen Einnahmen des Fiskus in Ägypten trägt die
Bevölkerung – pauschal ausgedrückt – mit jedem Kopf,
jedem Besitz und jeder wirtschaftlichen Aktivität bei. Entsprechend groß ist die Vielfalt der Abgaben, die im Wirt-

schaftsleben zum Teil schon die Ausgangsmaterialien belasten, wenn diese einem Staatsmonopol entstammen oder einer Verkaufssteuer unterliegen, dann als Gewerbesteuern dem Gewerbebetrieb anhaften und schließlich als Ertragssteuern dem Staat auch aus dem Arbeitsergebnis Gewinn verschaffen. Daß der Staat im griechisch-römischen Ägypten ebensowenig wie heute die Erträge aus Bagatellsteuern verschmäht, zeigt die vorliegende Quittung, denn der stattliche Betrag von 1000 Kupferdrachmen entspricht in dieser Zeit lediglich knapp 2 Silberdrachmen, während der Weizenpreis in dieser Epoche mindestens 400–500 Kupferdrachmen pro Artabe (etwa die monatliche Getreideration zweier Personen) beträgt, wenngleich Taubenhäuser auf dem ägyptischen Lande weit verbreitet sind. Ob die Steuer hier tatsächlich ein Drittel des Ertrages beträgt, wie in der Literatur allgemein angenommen wird, bleibt offen; der Ertrag eines Taubenschlags besteht im Taubennachwuchs und im Mist [s. o. Nr. 135] und ist vom Fiskus kaum zu überwachen und nur schlecht zu bewerten, so daß – zumal angesichts der runden Summe – ein fester Satz, der nur traditionsgemäß als ,,Drittel" bezeichnet wird, wahrscheinlicher ist. Zahlender ist – durch die Hand eines Vertreters, Z. 1 – der Steuerpächter. Dies ergibt sich freilich nicht ausdrücklich aus dem Text. Steuern pflegen in ptolemäischer Zeit aber verpachtet zu werden und, wenn ein Steuerpflichtiger seine Leistung direkt an eine Staatsbank oder einen Staatsspeicher (bei Getreidesteuern) erbringt, so erfolgt dies ausdrücklich zugunsten des Kontos des Steuererhebers; hier aber fehlt eine entsprechende Angabe. Die Stellung des Kleon als Steuerpächter erklärt auch, warum die Steuer für eine ungenannte Zahl von Taubenschlägen, offenbar alle, in dem Dorf Oxyrhyncha eingezahlt wird. Nur den Pächter betrifft schließlich eine Übung, die sich in dem Vermerk spiegelt, daß in Kupferstatt in Silberwährung gezahlt werde: Silber- und Kupferwährung gelten in Ägypten nebeneinander, doch bestimmt im 3. Jahrh. v. Chr. bei Zahlungen an den Fiskus dieser, ob in Kupfer oder in Silber gezahlt werden soll; bei der Steuer- etc.–Pacht ergibt sich dies aus den Pachtbedingungen. Eine Zahlung in Kupfer statt in Silber wird zwar angenommen, doch ist dann ein Aufgeld zu entrichten. Diese Unterscheidung wird auch beibehalten, als im 2. Jahrh. v. Chr. die Silberwährung fast gänzlich verschwindet. Was die gleichzeitigen Unterschriften von Vertretern des Oikonomen und des königlichen Schreibers veranlaßt hat – beides Beamte der Finanzverwaltung –, bleibt offen.

*Lit.:* zu Taubenschlägen (baulich) s. F. Luckhard, Privathaus [o. bei Nr. 108] S. 99; M. Nowicka, Maison [o. bei Nr. 108] S. 124f. (mit Abb.); zu Währungsfragen s. F. Heichelheim, Wirtschaftliche Schwankungen der Zeit von Alexander bis Augustus, Jena 1930, S. 9ff.; zum Aufgeld derselbe aaO. S. 19ff.; U. Wilcken, Grundzüge S. LXIIIf.; zur Taubenschlagsteuer s. U. Wilcken, Ostraka I [o. Nr. 134] S. 279; S.L. Wallace, Taxation [o. Nr. 9] S. 69; zum Steuerquittungsformular s. P.M. Meyer, P. Meyer S. 107ff.; zur Steuerzahlung im Girowege s. F. Preisigke, Girowesen [o. Nr. 21] S. 84ff. und 251ff.

<br>

## 137

### Abwertungsgeschäfte

P. Ryl. IV 607 (mit BL VI)        Antinoopolis. 296–301 n. Chr.

Διονύσιος      Ἀπίωνι
           χαίρειν·
προσέταξεν ἡ θεία τύχη τῶν
δεσποτῶν ἡμῶν τὸ Ἰταλικὸν νόμισμα
5 εἰς ἥμισυ νούμμου καταβιβασθῆναι· σπούδασον οὖν πᾶν τὸ Ἰταλικὸν ἀργύριον
ὃ ἔχεις ἀναλῶσαι ἀγοράσας μοι εἴδη
παντοδαπὰ καὶ π[ο]ίας εὑρίσκεις τιμῆς.
Τούτου τε ἕνεκα ἀπέστειλα πρὸς σὲ
10 ὀφφ(ικιάλιον)· προγίνωσκε δὲ ὡς εἰ βουληθείης
κακουργίᾳ τινὶ χρήσασθαι οὐκ ἀν-
έξομαί σου. (2. Hd.) Ἐρρῶσθαί σε πολλοῖς χρόνοις
εὔχομαι, ἄδελφέ.
Verso:
(3. Hd.) Φαρμοῦθι η̅ παρέλαβα τὴν ἐπιστολὴν π(αρὰ) τοῦ
ὀφφ(ικιαλίου)
(4. Hd.) Διονύσιος      Ἀπίωνι Ἀντινοε(ῖ) βοηθ(ῷ) Διονύσιος.

Dionysios dem Apion Gruß: Der göttliche Genius unserer
Herrscher hat angeordnet, (den Wert) des italischen Geldes auf die Hälfte eines nummus zu verringern. Eile nun,
das ganze italische Geld, das Du hast, auszugeben, indem
Du mir allerlei Waren kaufst, zu welchem Preis Du sie auch
findest. Deswegen habe ich einen *officialis* an Dich gesandt.
Merk' Dir aber, falls Du eine Schurkerei gebrauchen soll-
test, werde ich es Dir nicht durchgehen lassen! (2. Hd.) Ich
bete, daß es Dir lange Zeit wohlergehe, o Bruder. (Verso)
(3. Hd.) Am 8. Pharmuthi habe ich den Brief von dem
*officialis* erhalten (4. Hd.) Dionysios                    dem
Amtsgehilfen Apion, Antinoopolitaner, Dionysios.

Dieser Brief wird neuerdings dem Archiv des Theophanes,
einem höheren kaiserlichen Verwaltungsbeamten, zugeord-
net, in dessen Unterlagen ein *commentariensis ab actis* Dionysios einmal erwähnt wird. Möglich – wenn auch der Grund
noch festzustellen wäre, warum ein hoher Beamter dieses
Zeugnis einer Gaunerei zweier beamteter Spitzbuben seinen
Akten beifügen sollte. Dionysios muß Beamter sein, wenn
er einen *officialis* (Subalternbeamter) mit dem Brieftransport
beauftragen kann, und Apion ist als βοη9ός ein niederer,
wohl dem Dionysios unterstellter Beamter. Dionysios versucht hier, sein Wissen von Amts wegen um einen offenbar
noch unveröffentlichten Abwertungserlaß des Kaisers Diokletian und dessen Mitherrscher in privaten Nutzen umzumün-
zen, indem er Apion bittet, sein bei diesem stehendes Geld
in Ware beliebiger Art umzusetzen, um so den Währungs-
schnitt zu unterlaufen. Bei der Beurteilung dieses Verhaltens
sollte man die äußerst schwierige Wirtschaftslage dieser Zeit
nicht übersehen. Immerhin scheint der Schreiber zu wissen,
wes Geistes Kind der Empfänger ist, wenn er diesen vor den
Folgen einer möglichen Schurkerei ihm gegenüber warnt.
Währungsschwankungen, bedingt durch die wechselnde Zu-
sammensetzung der Münzen, haben ihre Spuren in der ganzen
antiken Welt hinterlassen; die Wertänderung durch Erlaß
fällt freilich nicht zufällig in die auch durch das berühmte
Preisedikt gekennzeichnete dirigistische Zeit Diokletians, und
so wüßte man gerne mehr über die aktuelle Maßnahme. Da
der Fiskus jeweils bei seinen währungspolitischen Manipula-
tionen das Einkommen der Beamten auf dem alten, den neuen

Währungsverhältnissen unangemessenen Stand einzufrieren
bemüht ist, bietet der Text ein gutes Beispiel für die korrum-
pierenden Folgen eines (schon in der Ptolemäerzeit beginnen-
den) staatlichen Verhaltens.

*Lit.*: zum Archiv des Theophanes s. A. Moscadi, Le lettre dell-
l'archivio di Teofane, Aegyptus 50, 1970, S. 88 ff. (Nd. des Textes
s. S. 105 f.); zum Text s. C.H. Roberts, Einl. zu P. Ryl. IV 607;
U. Wilcken, Urkunden-Referat, APF 13, 1939, S. 214 ff. (240 f.);
zu Währung und Wirtschaft s. F. Heichelheim, Wirtschaftliche
Schwankungen [o. Nr. 136]; G. Mickwitz, Geld und Wirtschaft
[o. bei Nr. 89]; E. Ruschenbusch. Diokletians Währungsreform
vom 1. 9. 301, ZPE 26, 1977, S. 193 ff.

## 138

### Frachtquittung eines Schiffsspediteurs

P. Lille 23 (mit BL VI)    Ptolemais Hormu. 21. April 222 v. Chr.

> Ἔτους ἕκτου καὶ ἰκοστοῦ,
> Φαμενὼθ ἕκ[του], πυροῦ
> [ἀρτ]άβα{ι}ς διακο[σί]ας πεν-
> τή[κ]οντα, (γίγνονται) σν,
>
> 5 Ἡρώδης ν[α]ύκληρος κερ-
> κουροσκάφης Βασιλίσ-
> σης ἀχάρακτον οὗ μ[ισ]θω-
> τὴς Ἡρώδ[ης] ὁ αὐτός, ὁμο-
> [λογε]ῖ [ἐ]μβεβλῆσθαι ἐ-
> 10 πὶ τοῦ κατὰ Πτολεμα-
> ΐδα ὅρμου ὥστε εἰς Ἀλε-
> ξάνδρεαν εἰς τ[ὸ βα]σιλι-

κ[ὸ]ν ἀπὸ τῶν γ[ε]νημά-
[τ]ων τοῦ πέμ[πτου] καὶ
15 ἰκοστοῦ ἔτους παρὰ Ἡ-
ρακλεωδώρου τοῦ ἀν-
[τ]ιγραφομένου παρὰ βα-
[σιλι]κοῦ γραμματέ-
ως τὸ περὶ Φψ.... ἐρ-
20 γαστήριον πυρο[ῦ] ἀρ-
τάβας φορικοῦ [δ]ι[α]κο-
σ[ί]ας πεντήκοντα
(γίγνονται) σν μέτρῳ τῷ συν-
βε[β]λημένῳ πρὸς τὸ
25 χαλκοῦν καὶ [σ]κ[υ]τά-
[λ]ῃ [δι]καίᾳ. [˝Ε]γραψε
[.... Ἀ]πολλωνίο[υ    ]

Hier bricht der Papyrus ab

Im 26. Jahre, am 6. Phamenoth, (betreffend) 250 Artaben
Weizen, macht 250. Herodes, Schiffsspediteur auf einem Nil-
schiff der Königin (Berenike) ohne Schiffsbild, dessen Mieter
ebenderselbe Herodes ist, erkennt an, als Fracht erhalten zu
haben in Ptolemais Hormu mit Bestimmungsort Alexandrien,
in den königlichen (Speicher), aus den Ernteerträgen des 25.
Jahres von Herakleodoros, dem vom königlichen Schreiber
für den Betrieb um Phy... Gegenzeichnungsberechtigten,
250 Artaben Steuerweizens, (gemessen) mit einem Maße,
welches verglichen (und für richtig befunden) worden ist mit
dem (öffentlich angebrachten) bronzenen Normalmaß, und
einem geraden Streichholz. Es hat geschrieben ..., Sohn des
Apollonios ...

Staatliche Eigenwirtschaft, hoheitliches Handeln, Fiskal-
wesen und privates Unternehmertum greifen in der Ptolemäerzeit vielfältig ineinander – in der römischen Zeit werden
die privaten Unternehmer durch das Zwangsbeamtentum
vielfach verdrängt, während heutzutage die verschiedenen

Bereiche durch klare juristische Begriffe geschieden sind. Ein buntes Bild von Beteiligten gibt dagegen der vorliegende Text. Herodes hat ein zur Flotte der Königin gehörendes Schiff gemietet und sich seinerseits dem Staat als Korntransporteur angeboten. Wie bei der Steuer-etc.–Pacht nimmt der Staat das ihm günstigste, hier also das billigste Angebot an, so daß es dann keines weiteren Vertrages bedarf. Herodes bestätigt daher nurmehr den Empfang der Ladung, 250 Artaben Weizen aus der Ernte des 25. (Finanz-)Jahres (der Text ist nach dem Finanz-, nicht nach dem Regierungsjahre datiert); seine Fracht hat er in Ptolemais Hormu, dem bedeutendsten Ausfuhrhafen des Arsinoites-Gaus, erhalten. Der Weizen kommt direkt aus dem Staatsspeicher im Nilhafen, dorthin ist er von den verschiedenen Tennen gebracht worden, wo der Staat seinen Anteil gleich nach dem Dreschen einzieht; soweit er nicht unmittelbar zu Leistungen im Lande verwendet wird, nimmt er seinen Weg über den Handel in alle Teile der Mittelmeerwelt – in der Kaiserzeit dann aber hauptsächlich in das von den ägyptischen Lieferungen abhängige Rom. Im vorliegenden Fall wird das Getreide nicht von dem für den Speicherbetrieb eigentlich zuständigen Beamten, dem Sitologen (σιτολόγος) ausgeliefert, sondern von dessen Kontrolleur aus dem Stabe des königlichen Schreibers, dem ἀντιγραφεύς. Hier wie anderwärts erweist sich die Behörde des königlichen Schreibers als Kontrollinstanz.

*Lit.:* zum Transport von Steuergetreide s. E. Börner, Der staatliche Korntransport im griechisch-römischen Aegypten, phil. Diss. Hamburg 1939; zur Frachtquittung rechtlich s. C.H. Brecht, Zur Haftung der Schiffer im antiken Recht, München 1962, S. 13 ff.; zur königlichen Flotte s. M. Rostovtzeff bei U. Wilcken, Papyrus-Urkunden, APF 5, 1913, S. 198 ff. (298); zur Kontrolltätigkeit von ἀντιγραφεύς und βασιλικὸς γραμματεύς s. W. Kunkel, Verwaltungsakten [o. bei Nr. 12] S. 179 ff.

## 139

## Gesuch um Frachtzuweisung

P. Ent. 27 Magdola. 222/1 v. Chr.

Βασιλεῖ Πτολεμαίωι χαίρειν Λίβυς, ναύκληρος τοῦ ᾿Αρχιδάμου
καὶ Μητροφάν[ους] ₐ
[κ]ερκούρου ἀγω[γῆς] Μ. Ἔχοντός μου ἐπιστολὰς εἰς τὴν
Θηβαΐδα, συνέβη,
γενομένου χειμῶνος [κατ]ὰ ᾿Αφροδίτης πόλιν, τοῦ πλοίου
πονέσαι
τὴν κεραίαν, ὥστε μηʼκέτιʼ δυνατὸν εἶναί με ἀνακομισθῆναι
οὗ τὰς ἐπι-
5 στολὰς ἐκόμιζον· παρὰ τὸ δὲ σύνεγγυς εἶναι τὸν ᾿Αρσινοΐτην,
σχόντες
πολλὰ πράγματα μόγις ἕλκοντες τὸ πλοῖον ἠγάγομεν ἐπὶ
τὸν ὅρμον τοῦ
᾿Αρσινοΐτου, παρὰ τὸ μὴ δύνασθαι τοῖς ἱστίοις ἔτι χρᾶσθαι.
Ἵνα οὖν μὴ καταφθα-
ρῶμεν ἐνταῦθα, ἐθισμοῦ ὄντος, ἐάν τισιν τῶν ναυκλήρων
τοιοῦτό τι
συμβῆι, ἐμφανίζειν τοῖς ἐπὶ τῶν τόπων στρατηγοῖς, ὅπως ἂν
μὴ κατα-
10 φθείρηται τὰ πλοῖα ἐπὶ τῶν τόπων καὶ διαφορὰ τῆι καταγωγῆι
τοῦ σίτου
γίνηται, ἀλλὰ γεμίζηται ἐπὶ ταῖς δεδομέναις αὐτοῖς ἐπιστολαῖς
ἐκ τῆς
πόλεως, δέομαι ⟦οὖν⟧ σου, βασιλεῦ, προστάξαι Διοφάνει τῶι
στρατηγῶι ἐπισκέ-
ψασθαι περὶ τούτων καί, ἐὰν ἦι ἃ γράφω ἀληθῆ, συντάξαι
Εὐφράνορι τῶι σιτολόγωι
    ʼἐπὶ ταῖς προϋπαρχούσαις ἐπιστολαῖςʼ
τῆς κάτω μερίδος γεμίσαι τὸ πλοῖον ἐκ τῶν καθ᾿ αὑτὸν τόπων
τὴν ταχίστην
15 παρὰ τὸ μέγα εἶναι τὸ πλοῖον καὶ μή, τοῦ ὕδατος ἀναχωροῦν-
τος, μηδὲ κενὸν τὸ πλοῖον

δυ[νατὸν ἦι] κομισθῆνα[ι] εἰς τὴν πόλιν, ἀλλὰ διὰ σέ, βασιλεῦ,
τύχωμεν ⟦τοῦ..⟧.......
　　Εὐτύχει.
Β...[.......] Ὀμνύω βασιλέα Πτολεμαῖον καὶ βασίλισσαν
Βερενίκην καὶ Σαρᾶπιν καὶ Ἴσιν καὶ[

Hier bricht der Papyrus ab

Verso: (Ἔτους) κε, Λώιου κς, Χοιὰχ ιγ.
　　[Λιβυς] ναύκληρος πε[ρὶ τ]οῦ
　　[γεμι]σθῆναι αὐτοῦ τ[ὸ πλο]ῖ[ο]ν
　　[ἐκ τ]οῦ νομοῦ.

Dem König Ptolemaios Gruß von Libys, Schiffsspediteur eines
Nilschiffes mit 10000 Artaben Fassungsvermögen, (das)
Archidamos und Metrophanes (gehört). Ich hatte Ladeorder
für die Thebais erhalten, doch erhob sich bei Aphroditopolis
ein Sturm, und die Rah des Schiffes brach, so daß ich nicht in
Empfang nehmen konnte, wofür ich die Papiere hatte. Da der
Arsionoites-Gau in der Nähe war, treidelten wir das Schiff
mit viel Mühe und führten es nach dem Hafen des Arsinoites-
Gaus, wobei man die Segel nicht mehr benutzen konnte. Damit wir nun nicht hier liegen bleiben, und weil es der Brauch
ist, falls von den Schiffsspediteuren jemandem so etwas widerfährt, den Strategen der Gegend Anzeige zu machen, damit
die Fahrzeuge nicht an den Stellen verbleiben und der Ge-
treidetransport Schaden erleidet, sondern auf die ihnen gegebene Order hin aus der Stadt Fracht geladen wird, deswegen bitte ich Dich, o König, weise den Strategen Diophanes
an, daß der das prüfe und, wenn, was ich schreibe, wahr ist,
den Sitologen des unteren Bezirks Euphranor beauftrage, das
Schiff aufs schnellste im Hinblick auf die mir früher erteilten
Instruktionen (mit Getreide) aus seinem Amtsbereich zu be-
laden; denn das Schiff ist groß und, wenn das Wasser fällt, ist
das Schiff auch leer nicht nach der Stadt (Alexandrien) zu
bringen. Durch Dich aber, o König, erlangen wir (Gerechtig-
keit(?)). Gehab Dich wohl. Königseid (?). Ich schwöre bei
dem König Ptolemaios, bei der Königin Berenike, bei Sara-

pis, bei Isis, bei ... (Verso). Im 25. Jahre, am 26. Loios = 13.
Choiach. Schiffsspediteur Libys wegen des Beladens seines
Schiffes aus dem Gau.

Daß die Nilschiffahrt nicht ganz gefahrlos ist, belegt der vorliegende Text, der lediglich formal als Rechtsschutzbitte
(ἔντευξις) an den König gehalten ist; Libys will aber gar
keinen Rechtschutz, sondern eine Verwaltungsanweisung
vom Strategen, dem eigentlichen Adressaten und Bearbeiter
derartiger Eingaben [s. o. Nr. 40]. Libys hat Pech gehabt;
auf dem Weg in die Thebais (Oberägypten) ist ihm bei
Aphroditopolis (Atfîh) eine Rah gebrochen, und er hat sein
Schiff mühsam nach dem Hafen des Arsinoites-Gaus (bestimmt dem bedeutendsten Hafen, Ptolemais Hormu) getrei-
delt, wobei er – was ungesagt bleibt – einen der Schiffahrtskanäle benützt hat, deren berühmtester der antike Vorgänger
des Suezkanales gewesen ist. Der Arsinoites ist jedoch nur
durch wenige Verkehrskanäle erschlossen, die während der
meisten Zeit des Jahres nicht genügend Wasser für die Nil-
schiffe führen. Die Furcht des Libys, in Ptolemais Hormu
oder auf dem Rückweg liegen zu bleiben, ist demnach nicht
unberechtigt und wohl auch der Grund, daß Libys nicht nach
der Thebais weiterfährt. Um seinen Kontrakt zu erfüllen,
beruft er sich auf die Übung, daß Schiffsspediteure in entsprechenden Fällen Getreide aus dem nächstgelegenen Speicher übernehmen dürfen. Diese Regel spiegelt das staatliche
Interesse an den Kornfrachten, mit dem es sich nicht ver-
trüge, einen Transport verzögern oder schlechthin ausfallen
zu lassen.

*Lit.:* s. o. bei Nr. 138.

## 140

## Gersteanforderung für Transporttiere

P. Giss. 69                                    Hermopolis, 118/19 n. Chr.

[.....] Ἀ[πολλωνίωι τῶι] τειμιωτάτωι
χαίρειν.
Χαιρήμονα τὸν ἀναδιδόντα σοι τὸ ἐπιστό-
[λι]ον τοῦτο οὐκ ἀγνοεῖς, ἄδελφε· καὶ γὰρ πέ-
5 ρυσι ἐπὶ τὴν παράλημψιν τῶν ἱματίων
αὐτὸν παρὰ σοὶ κατέλειψα καὶ νῦν δὲ πρὸς
παράλημψιν κρειθῆς ἔπεμψα αὐτόν, ᾧ
παρακαλῶ ἐν πᾶσι σπουδάσαι καὶ πᾶσαν τὴν
οὖσαν ἐν τῷ ὑπὸ σοὶ ν[ομῷ κ]ρειθὴν ἐν
10 τάχει αὐτῷ ἐπιστεῖλαι καὶ βοήθειαν δῶναι,
ἵν[α διὰ σπ[ο]υδῆς ἐμβαλόμενος πᾶσαν τὴν
[κρειθὴν τα]χέως εἰς Καινὴν παρακομίσῃ,
ἐπεὶ διὰ τὴν τοῦ πεντηκοντάποδος στύλου
καταγωγὴν πλεῖστα κτήνη ἔχομεν καὶ
15 ἤδη σχεδὸν κρειθῇ λειπόμεθα· πλεῖστον
μοί, ἄδελφε, καὶ ἐν τούτῳ παρέξῃ, ἐὰ[ν ἡ]
κρειθὴ ταχέως . [....] . ἰσγένηται.
(2. Hd.) (Ἔτους) $\overline{γ}$ Ἀδριανοῦ Καίσαρ[ος τοῦ κυρίου Monat] $\overline{γ}$.
Verso: [Ἀπ]ολλωνίωι  στρατηγῶι Ἑπτακομίας

... dem hochgeschätzten Apollonios Gruß. Den Chairemon,
der Dir diesen Brief übergibt, kennst Du sehr wohl, o Bruder. Vor einem Jahr nämlich ließ ich ihn zur Empfangnahme
der Kleider bei Dir zurück, und jetzt sandte ich ihn zum
Empfang von Gerste. Ihm bitte ich in allem zur Hand zu
gehen, ihm alle in dem Dir unterstehenden Gau vorhandene
Gerste schnellstens zu senden und ihm Hilfe zu gewähren,
damit er eiligst die ganze Gerste einlädt und schnell nach
Kaine bringt, da wir wegen des Transports der fünfzig Fuß
langen Säule zum Fluß hinab sehr viele Zugtiere zur Stelle
haben und mit der Gerste fast schon am Ende sind. Du wür-

dest mir, Bruder, auch darin sehr zur Hand gehen, wenn die Gerste schnell ... zur Stelle wäre. Im 3. Jahre des Hadrianus Caesar, des Herrn, am 3. des Monats... (Verso) Dem Apollonios, dem Strategen von Heptakomia.

Haupttransportmittel des Güterverkehrs sind naturgemäß der das ganze Land durchziehende Nil und die mit diesem verbundenen Schiffahrtskanäle. Die Zulieferung zu den Nilhäfen besorgen Tragtiere, gewöhnlich Esel. Gerade zum Transport von Steinen zieht man allerdings gerne Kamele heran. Die hier bereitgestellte Tierzahl ist offenbar unüblich groß, wenn so unvermittelt und dringend um die gesamte in einem Gau vorhandene Gerste geschrieben werden muß. Mit ca. 16 Metern hat die zu transportierende Säule freilich beachtliche Ausmaße und muß überdies einen weiten Weg zurücklegen: Die Granitbrüche des Wâdi Fatîre in der arabischen Wüste (zwischen dem Nil und dem Roten Meer) sind vom Nilhafen Kaine etwa 150 km entfernt, und einem Transport zu dem von Trajan wieder schiffbar gemachten Kanal zwischen dem Nil und dem Roten Meer, der nur etwa 50 km betrüge, steht die Geländebeschaffenheit entgegen.

*Lit.:* E. Kornemann und P. M. Meyer, Einl. zu P. Giss. 69; K. Fitzler, Steinbrüche und Bergwerke im ptolemäischen und römischen Ägypten, Leipzig 1910, S. 95 ff. und 142

# 141

## Torzollquittung

P. Rein. II 95 (mit BL VI)        Soknopaiu Nesos. 8. September 49 n. Chr.

Φανίας ὁ πρὸς τῇ πύλῃ
Νήσου Σοκνοπαίου (ἑκατοστῆς) (πεντηκοστῆς)
ἐρημοφύλαξι καὶ δε-
κανοῖς χαί(ρειν). Παρε ...

5 Σαταβοῦς ἐλ(αίου) καμήλ(ο)υ(ς) β
μɛ(τρητὰς) ϛ καὶ ἐλ(αίου) ὄνο(ν) α μɛ(τρητὴν) α. ("Ετους)
δɛκάτου Τιβɛρίου
Κλαυδίου Καίσα[ρο]ς
Σɛβαστοῦ Γɛρμανικοῦ
10 Αὐτοκράτορος
μηνὸς{ς} Σɛβαστοῦ
'Ανɛικήτου θɛοῦ ⟨μɛ⟩γάλου
Σωτῆρος ι̅α̅.

Phanias, der für das Tor von Soknopaios hinsichtlich der
1%- und 2%-Zölle Zuständige, den Wüstenwächtern und
den Gruppenführern Gruß. [Es hat zur Zollzahlung vorge-
führt] der Satabus 2 öl(beladene) Kamele (mit) 6 Metreten
(Öl), 1 öl(beladenen) Esel (mit) 1 Metretes Öl. Im 10. Jahre
des Tiberius Claudius Caesar Augustus Germanicus Imperator, am 11. des Monats Sebastos, der unbesiegte Gott (und)
großer Retter.

Torzollquittungen sind aus der römischen Zeit in großer
Zahl belegt, doch gehört dieses außerordentlich frühe Beispiel, welches wegen der unüblichen Adresse und der Da-
tierungsformel Interesse beansprucht, zu einer nur zweimal
belegten Sonderform; eine Ergänzung des tragenden Ver-
bums ist mangels Beispiel nur sinngemäß möglich. Gewöhnlich beginnen die Quittungen adressenlos mit der Zahlungs-
bestätigung (τɛτɛλώνηται o. ä.) und halten fest, ob eine
Ein- oder Ausfuhr (in den bzw. aus dem Gau) vorliegt.
[z. B. P. Grenf. II 50: ἐξάγ(ων) εἰς αὔασιν – ausführend nach
der Oase (wohl der berühmten des Ammon, Sîwa, die Alexander nach der Eroberung Ägyptens besuchte)]. Andere Texte
zeigen, daß der Schiffsverkehr gleichfalls Abgaben unterliegt. Ob die Zahlungen schlechthin Zölle sind, also dem
Fiskus zufließen, oder Gebühren, um unmittelbar bestimmte
staatliche Leistungen zu finanzieren, ist den Bezeichnungen
hier wie meist nicht zu entnehmen [vgl. o. Nr. 21]. Heißt eine
Abgabe dagegen z. B. ἐρημοφυλακία, so ist der Zweck klar,
daß aus dem damit gespeisten Fonds die Kosten der Wüsten-
wächter bestritten werden. Diesen Wüstenwächtern obliegt

vor allem der Sicherheitsdienst auf den Karawanenwegen zwischen dem Arsinoites und den in der Libyschen Wüste gelegenen Oasen; die Adresse der vorliegenden Quittung zeigt, daß sie dabei offenbar auch die Papiere der Reisenden kontrollieren und die Zollzahlung überprüfen. Einzigartig ist die Monatsbezeichnung am Ende des Textes; die ehrenden Beinamen sind auf Augustus zu beziehen, nach dem der Monat ja seinen Namen hat. Die Vorlage darf man in einem entsprechenden lateinischen Ehrentitel vermuten, wenn auch keine Parallele ersichtlich ist.

*Lit.:* zum Text s. Z. Borkowski, Reçus d'octroi provenant de l'Arsinoite, CE 45, 1970, S. 328 ff.; U. Wilcken, Urkunden-Referat, APF 14, 1941, S. 151 ff. (163 f.); zu Torzöllen s. S.L. Wallace, Taxation [o. bei Nr. 9] S. 255 ff.

# 142

## Kaufvertrag über ein Feld

P. Lips. 2 (mit BL I)                                   Pathyris. 99 v. Chr.

Βασιλευόντων Πτολεμαίου τοῦ ἐπικαλουμένου ᾿Αλεξάνδρου
καὶ Βερενίκης τῆς ἀδελφῆς Θεῶν Φιλομητόρων
ἔτους ις ἐφ᾿ ἱερέων καὶ ἱερειῶν καὶ κανηφόρου τῶν ὄντων καὶ
οὐσῶν μηνὸς Θῶυϑ κ̅α̅ ἐν Παϑύρει ἐφ ῾Ερμίου
τοῦ παρὰ Πανίσκου ἀγορανόμου.
᾿Απέδοτο Τιτῶς Πατοῦτος Περσίνη ὡς (ἐτῶν) ξ μέση μελίχρω(ς)
μακροπρόσω(πος) εὐθύριν μετὰ κυρίου τοῦ ἑαυτῆς πρεσβυ-
5 τέρου υἱοῦ Ψεννήσιος τοῦ ῾Αρσιήσιος Πέρσου τῆς ἐπιγονῆς ὡς
(ἐτῶν) ν μέσου μελάνχρω(τος) ὑποκλά(στου) ἀναφαλάντου
μακροπρ(οσώπου)
εὐθυρίνου, ὀφθαλμὸν δεξιὸν βεβλαμμένος ἀπὸ τῆς ὑπαρχούσης
αὐτῇ καὶ τοῖς ἀδελφοῖς γῆς σιτοφόρου ἀδι-
αιρέτου ἐν τῇ ταινίᾳ Παϑύρεως λεγομένης Πκρῶ Κοήτιος τὸ
ἐπιβάλλον αὐτῇ μέρος οὗ γείτονες νότου γῆ

Σλήπιος, βορρᾶ γῆ Πανᾶτος, ἀπηλιώ(του) ποταμός, λιβὸς
γῆ Ἀραμῆτος ἢ οἱ ἂν ὦσι γείτονες πάντοθεν. Ἐπρίατο
Πετεαρσεμθεὺς Πανοβχούνιος ὡς (ἐτῶν) μ χαλκοῦ δραχμὰς
χιλίας διακοσίας. Προπωλήτρια καὶ βεβαιώτρια
10 τῶν κατὰ τὴν ὠνὴν ταύτην πάντων Τιτῶς ἡ ἀποδομένη ὃν
ἐδέξατο Πετεαρσεμθεὺς ὁ πριάμενος.
Ἑρμίας ὁ παρὰ Πανίσκου κεχρη(μάτικα).

6 βεβλαμμένος f. βεβλαμμένου      10 ὃν für ἦν

Unter der Königsherrschaft des Ptolemaios, genannt Alexander, und seiner Schwester Berenike, den göttlichen Philo-
metores, im 16. Jahre, unter den gegenwärtigen Priestern,
Priesterinnen und der Kanephore am 21. des Monats Thoth
in Pathyris vor Hermias, dem Angestellten des Agoranomen Paniskos. Es hat veräußert Titos, die Tochter des
Patus, Perserin, ungefähr 60 Jahre alt, mittelgroß, von gelb-
brauner Hautfarbe, mit länglichem Gesicht und gerader
Nase, mit ihrem älteren Sohn Psennesis, Sohn des Harsiesis,
Perserabkömmling, um 50 Jahre alt, mittelgroß, von gelb-
brauner Hautfarbe, untersetzt, glatzköpfig, mit länglichem
Gesicht und gerader Nase, am rechten Auge leidend, als
Geschlechtsvormund von dem ihr und ihren Brüdern ge-
hörenden, getreidebestandenen, ungeteilten Land, Pkro
Koetios genannt, auf der Landzunge von Pathyris den auf
sie entfallenden Anteil, dem benachbart sind im Süden das
Land des Slepis, im Norden das Land des Panas, im Osten
der Fluß, im Westen das Land des Harames oder wer die
Nachbarn überall sein mögen. Es hat gekauft Petearsemtheus,
Sohn des Panobchunis, zu einem Preis von 1200 Kupfer-
drachmen. Eviktionsgarantin und Gewährleistende für alles
gemäß diesem Kaufvertrag ist die Veräußerin Titos, die der
Käufer Petearsemtheus akzeptiert hat. Ich, Hermias, Untergebener des Paniskos, habe die Urkunde ausgefertigt.

Der Text ist ein staatsnotarieller Kaufvertrag, in dem Titos
ihren ideellen Anteil an einem Weizenfeld an Petearsemtheus

veräußert; er ist ein Beleg dafür, wie rasch in jener Zeit
Grundstücke von Hand zu Hand gehen, denn in P. Lond. II
882 (S. 13) aus dem Jahre 101 v. Chr. wird das nämliche
Grundstück, wie die Angabe der gleichen Nachbarn aus-
weist, von Thamanis an einen anderen Petearsemtheus verkauft, so daß in den kurzen Zeitraum von zwei Jahren auch
noch der Eigentumswechsel auf Titos fällt. Der trockene
rechtliche Text ist ein typisches Beispiel für eine staats-
notarielle (agoranomische) Urkunde jener Zeit; der ausfer-
tigende Hermias folgt sichtlich einem „Schimmel", einer
Vorlage, wie nicht nur die Ähnlichkeit mit anderen Verträgen,
sondern auch ein bezeichnender Fehler zeigt: Z. 10 versäumt
Hermias, abweichend von dem ihm geläufigen Formular
statt ὅν das Femininum ἥν zu setzen. Der Agoranom ist bereits in den griechischen Städten als Marktwart nachweis-
bar, die Rolle eines Urkundsbeamten aber wächst ihm erst
im ptolemäischen Ägypten zu; das Amt bleibt, wenn auch
als Liturgie, in der Kaiserzeit bestehen. Die agoranomischen
Urkunden besitzen eine gesteigerte Beweiskraft und ähneln
daher den modernen notariellen Verträgen. Gefaßt sind sie
als objektives Protokoll. Titos ist wie ihr Sohn National-
ägypterin. Die beiden gegebene Bezeichnung als „Perser"
widerspricht dem nur scheinbar, da sie nicht die Herkunft,
sondern einen rechtlichen Status kennzeichnet; die offenbar
durch die Beifügung des Begriffs geminderte Rechtsstellung
dieser „Perser" ist oft, aber noch immer ohne durchweg
überzeugendes Ergebnis erörtert worden. Titos und ihr Sohn
werden ausführlich beschrieben, die Altersangaben freilich
sind (wie auch anderwärts) recht großzügig, denn Titos
differiert sicherlich um mehr als 10 Jahre von ihrem Sohn.
Da sie den Verkauf in einer griechischen Urkunde niederlegen läßt, bedient sie sich ihres Sohnes nach griechischem
Rechtsbrauch als Geschlechtsvormund (κύριος), dessen sie
nach ägyptischem Recht nicht bedürfte. Der griechische
Kauf ist ein Barkauf, dies heißt, das Geschäft samt Eigentumswechsel erschöpft sich im Austausch Ware gegen Geld.
Dem Verkäufer oder statt seiner einem Dritten (προπωλητής)
verbleibt aber, Ansprüche anderer Personen auf den Kauf-
gegenstand abzuwehren; die diesbezügliche Abrede (βεβαίωσις-Klausel) findet sich Z. 9 f. Die Urkunde schließt mit dem
Notariatsvermerk.

*Lit.*: zum griechischen Kauf s. F. Pringsheim, Sale [o. bei Nr. 107]; rechtliche Interpretation einer parallelen Urkunde s. P.M. Meyer, Jur. Pap. S. 86ff.; zum Agoranomen s. aaO, S. 66ff.; M. Raschke, The office of Agoranomos in Ptolemaic and Roman Egypt, Akten XIII. Intern. Pap. Kongr., München 1974, S. 349ff.; zur Agorano-menurkunde s. Th. Mayer-Maly, LAW Sp. 3167ff. (3168) s.v. Ur-kundenwesen; zur Datierung nach eponymen Priestern s.o. Nr. 38; zu den „Persern" s. E. Bresciani, Annotazioni demotiche ai Πέρσαι τῆς ἐπιγονῆς, PP 27, 1972, S. 123ff., E. Cantarella, La fideius-sione [o. bei Nr. 77] S. 37ff. (mit Rez. von H. J. Wolff, ZRG 84, 1967, S. 487ff.); J.F. Oates, The Status Designation: ΠΕΡΣΑΙ, ΤΗΣ ΕΠΙΓΟΝΗΣ, YClS 18, 1963, S. 1ff.; P.M. Pestman, Πέρσαι ʹτῆς ἐπιγονῆς als schuldeisers, TR 32, 1964, S. 577f.; derselbe, A proposito di documenti di Pathyris II. Πέρσαι τῆς ἐπιγονῆς, Aegyptus 43, 1963, S.15ff.; E. Pringsheim, Die Rechtsstellung der Πέρσαι τῆς ἐπιγονῆς, ZRG 44, 1924, S. 396ff.; H.W. van Soest, ἐγγύη [o. bei Nr. 77] S. 9f. (mit Rez. von H. J. Wolff, ZRG 81, 1964, S. 349ff.); F. von Woess, ἀγώγιμος-Klausel [o. bei Nr. 77]; zu den Personalangaben s.o. bei Nr. 122; zum Geschlechts-vormund s.o. bei Nr. 43.

## 143

## Archivvermerk auf einem demotischen Vertrag

P. Teb. II 279                                  Tebtynis. 231 v. Chr.

(˝Ετους) ις Φαμενὼ(θ) κ. Πέπτωκεν εἰς κιβωτὸν τὸ συνάλλαγμα
ἐν Τεβτύνει τοῦ ᾿Αρσινοίτου νομοῦ δι᾿ ᾿Αντικράτους τοῦ
παρὰ ᾿Αρμοδίου τροφοῦ εἰς ἔτη τρία ἣν ἔγγωκεν (?)
Σποννῆσις ˝Ωρου Φανήσει Νεχθύριος.

3 ἣν ἔγγωκεν(?): Ed. pr. (δραχμῶν) τν, ἔγγωκεν, verworfen von
ʹU. Wilcken, APF 5, 1913, S. 231.

Im 16. Jahr, am 20. Phamenoth. Eingeworfen in den Kasten (d.h. ins Archiv) durch Antikrates, Untergebener des Har-modios, ist der zu Tebtynis im arsinoitischen Gau auf drei Jahre (geschlossene) Ammenvertrag, den Sponnesis, Toch-ter des Horus, dem Phanesis, Sohn des Nechthyris, ausge-stellt hat.

Neben dem Griechischen lebt in Ägypten die ägyptische Sprache weiter. Sie wird von den Nationalägyptern gesprochen und von deren Priestern gepflegt. Letzter Ausläufer ist das mit zahlreichen griechischen Fremdwörtern durchsetzte Koptisch, die Sprache der christlichen Nachkommen der alten Ägypter, welche als Kirchensprache bis heute existiert. Geschrieben wird das Ägyptische von 600 v. Chr. bis 400 n. Chr. in der über das Hieratische auf die Hieroglyphen letztlich zurückgehenden kursiven demotischen Schrift, und wenn die Bevölkerung auch nach Belieben griechische Verträge schließen kann [s. o. Nr. 142], gibt es doch aus ptolemäischer Zeit zahlreiche demotische Urkunden. Um auch diesen den gesteigerten Beweiswert einer öffentlichen Urkunde zuteil werden zu lassen [s. o. Nr. 142], bleibt, eine demotische Abschrift des Vertrages beim Archiv einzureichen, auf der der Inhalt kurz griechisch vermerkt ist, damit die des Demotischen nicht mächtigen Archivbeamten die Verträge zu identifizieren vermögen. Ein solcher Vermerk liegt hier vor; er gilt einem demotischen Vertrag, in dem Sponnesis sich bei Phanesis auf drei Jahre als Amme verdingt (P. Cairo dem. II 30604). Bemerkenswert ist, daß der demotische Text entsprechend dem ägyptischen Jahresbeginn auf das 15. Regierungsjahr datiert ist, die griechische Inhaltsangabe dagegen nach makedonischer Manier (aber mit ägyptischem Monatsnamen!) auf das 16. Regierungsjahr.

*Lit.:* zum Archivwesen s. o. Nr. 142; zum Grapheion s. P. M. Meyer, Jur. Pap. S. 87; zur Registrierung s. H. W. Kraus, Ἀναγραφή und ἀναγράφειν im Ägypten der Ptolemäer und Römer, jur. Diss. Köln 1967; U. Wilcken, Einl. zu UPZ I 126–143, S. 596 ff.; zur Chronologie s. A. E. Samuel, Chronology S. 88 ff.; demotischer Text s. W. Spiegelberg, Catalogue général des antiquités égyptiennes du Musée du Caire, Die demotischen Denkmäler II. Die demotischen Papyri, Straßburg 1908.

## 144

## Kauf eines Esels

P. Meyer 13                                Arsinoites.  18.  Dezember  141
(mit BL I und II)                          n. Chr.

"Ετους πέμπτου Αὐτοκράτορος
  Καίσαρος Τίτου Αἰλίου Ἁδριανοῦ
'Αντωνείνου Σεβα(στο)ῦ Εὐσεβοῦς μηνὸς Ἁδρια(νο)ῦ
κβ ἐν 'Απιάδι τῆς Θεμίστου μερίδος τοῦ
5 'Αρσινοείτου νομοῦ. Ὁμ[ολο]γεῖ Μᾶρκος
  'Ιούλιος 'Απολινάριος ἀπολύσιμος ἀπὸ στρα-
  τείας ὡς ἐτῶν πεντήκοντα ὀκτὼ οὐλὴ ὀφρύ-
  ει ἀριστερᾷ Σειμαρίωι Σωκράτους (ὡς) (ἐτῶν) κε
  ἀσή[μ]ωι πεπρᾳκέναι αὐτῷ τὸν ὁμο-
10 λογοῦντα τὸν ὑπάρχοντα αὐτῶι
  ὄνον πρωτόβωλον τοῦτον τοιοῦ-
  τον ἀναπόριφον καὶ ἀπέχειν τὸν
  ὁμολογοῦντα τὴν συμπεφωνη-
  μένην τειμὴν ἀργυρίου δραχμὰς
15 τριακοσίας τεσσαράκοντα παραχρῆμα διὰ χειρὸς καὶ βεβαιώσει ὁ ὁμο-
  λογῶν πάσῃ βεβαιώσει. Ὑπογρα(φεύς) τοῦ
  ὁμολ(ογοῦντος) Γάιος Πετρώνιος Φίρμος
  (ὡς) (ἐτῶν) λ [ε]ὔσιμος ὀφθ(αλμῶι) δεξιῶι.   (2. Hd.) Μᾶρκος
20 'Ιούλιος 'Απολινάριος πέπρακα τὸν ὄν-
  ον καὶ ἀπέχω τὴν τιμὴν ἀργυρίου δραχμὰς τριακοσίας τεσσαράκοντα καὶ βε-
  βαιώσω καθὼς πρόκιται. Γάιος Πετρώνιος Φίρμος ἔγραψα καὶ ὑπὲρ αὐτοῦ ἀγρα-
25 μου.
                Eine Zeile Zwischenraum.

(3. Hd.)  'Αναγέγρα(πται)  διὰ  γραφείο[υ]  Φιλοπ(άτορος)
   'Απιάδος.

Verso:
(4. Hd.) Πρᾶσις ὄνου.
                                      'Απιάδος.

19 [ε]ΰσιμος l. εΰσημος	24 ἀγραμου l. ἀγραμμάτου

Im fünften Jahr des Imperator Caesar Titus Aelius Hadrianus Antoninus Augustus Pius am 22. des Monats Hadrianus in Apias im Themistes-Bezirk des Arsinoitischen Gaus. Es bekennt Marcus Iulius Apollinaris, Veteran, ungefähr 58 Jahre alt, mit einer Narbe an der linken Augenbraue, dem Simarios, Sohn des Sokrates, ungefähr 25 Jahre alt, ohne besondere Kennzeichen, ihm verkauft zu haben den ihm gehörigen Esel, der ein Mal gezahnt hat, so wie er ist, ohne Möglichkeit der Rückgabe, und den vereinbarten Kaufpreis von 340 Silberdrachmen ohne Verzug durch Barzahlung empfangen zu haben. Und der Anerkennende wird gewährleisten mit jeglicher Gewährleistung. Die Unterschrift hat für den Anerkennenden geschrieben Gaius Petronius Firmus, ungefähr 30 Jahre alt, mit einem auffallenden rechten Auge. (2. Hd.) Ich, Markus Julius Apollinaris habe den Esel verkauft und den Kaufpreis von 340 Silberdrachmen erhalten und werde gewährleisten wie oben angegeben. Ich, Gaius Petronius Firmus, habe für ihn als Schreibunkundigen geschrieben. (3. Hd.) Aufgezeichnet (in dem Vertragsregister) durch das Grapheion der Dörfer Philopator und Apias. (Verso) (4. Hd.) Kauf eines Esels. In Apias.

Der intensiven Landwirtschaft Ägyptens entsprechend sind Viehkäufe keine Seltenheit. Hier verkauft ein römischer Veteran einen Esel an einen Nichtrömer; da der Verkäufer Griechisch wohl nur nicht schreiben kann, assistiert ihm ein anderer Römer. Der Kaufvertrag enthält wie üblich lediglich ein auf den Verkäufer abgestelltes Anerkenntnis. Als ein typisches Beispiel staatsnotarieller Urkunden der Römerzeit ist er objektiv gefaßt und schließt nach der Unterschrift (ὑπογραφή, subscriptio) mit dem Registrierungsvermerk. Aus letzterem ergibt sich für den Verkäufer, dem die Urkunde ausgehändigt worden ist, daß der Vertrag in das vom Notariat (γραφεῖον) bei dem Besitzregisteramt (βιβλιοθήκη ἐγκτήσεων) [s. o. Nr. 127] einzureichende Vertragsregister aufgenommen worden ist. Neben der Tatsache der Veräußerung enthält der Kontext lediglich noch je eine Abrede hinsichtlich der Haftung für Sach- und Rechtsmängel: Ansprüche Dritter auf den Esel verspricht der Verkäufer abzuwehren (Z. 16f., Bebaiosis-Klausel [s. o. Nr. 142]), eine Haftung für sachliche Mängel des Esels, wie Krankheiten oder Fehler dagegen ist ausdrücklich ausgeschlossen – der Esel ist so wie er ist, ohne Rückgabemöglichkeit, gekauft. Anders als etwa im heutigen deutschen Recht trifft nach dem gräkoägyptischen Recht den Käufer die Gefahr, daß eine gekaufte Sache mangelhaft ist. Dieser Grundsatz wäre an sich gar nicht in einen Vertrag aufzunehmen, die diesbezügliche Klausel ist jedoch eine der frühesten Reaktionen der täglichen Rechtspraxis auf die römische Machtübernahme: das klassische römische Recht nämlich anerkennt beim Sklaven- und Viehkauf eine Mängelhaftung des Verkäufers, und einer Anwendung dieser Regeln entgegen der landläufigen Übung suchen die findigen Urkundenschreiber Ägyptens mit einer schnell eingefügten Klausel vorzubeugen.

*Lit.*: zum Kaufrecht allgemein s. F. Pringsheim, Sale [o. bei Nr. 107]; zum Sklaven- und Viehkauf s. L. Dorner, Zur Sachmängelhaftung beim gräko-ägyptischen Kauf, jur. Diss., Erlangen–Nürnberg 1974; zur Vertragsregistrierung s. H. W. Kraus, Ἀναγραφή [o. Nr. 143].

## 145

### Zahlungsanweisung

P. Hamb. II 173            Oxyrhynchites. 241 v. Chr.

Ἀμμώνιος Νικάν[ορι χα]ίρειν. Διάγραψον ἐκ τοῦ ἐμοῦ λόγου
   Ἀπο[λλω]νίωι τῶι παρὰ
Ἀντιόχου μόσχων λ[ε]υκῶν δύο τιμὴν χαλκοῦ (δραχμὰς)
   πεντακοσίας τεσσαράκοντα.
(2. Hd.). Χρημάτισον      [Ἔρρω]σο. (Ἔτους) ς Χοιὰχ κ̄.
   χαλκ[οῦ (δραχμὰς) φμ].

Die Adresse auf dem Verso ist nicht abgedruckt.

Ammonios dem Nikanor Gruß. Zahle von meinem Konto an Apollonios, den Untergebenen des Antiochos, für zwei weiße Kälber den Kaufpreis von fünfhundertvierzig Kupferdrachmen. Gehab Dich wohl. Im 6. Jahr, am 20. Choiach. (2. Hd.) Zahle 540 Kupferdrachmen aus. (Verso) (1. Hd.) An Nikanor.

Ammonios, anderwärts als Oikonomos ausgewiesen, hat sich zwei weiße Kälber gekauft, sicherlich für die eigene Landwirtschaft. Zur Zahlung des Kaufpreises bedient er sich der Bank, indem er den Bankier Nikanor anweist, den Betrag an Apollonios, wohl einen Bediensteten des Verkäufers auszuzahlen. Nikanor ist Trapezit einer staatlichen Bank (βασιλικὴ τράπεζα). Privatbanken spielen im ptolemäischen Ägypten nur eine geringe Rolle, da auch das Bankwesen Staatsmonopol ist und Bankkonzessionen an Privatleute nur in beschränktem Umfang – sowohl hinsichtlich Anzahl wie nach Geschäftsarten – vergeben werden. Immerhin stehen die staatlichen Banken und Kassen zumindest in gewissem Umfang Privatleuten zur Verfügung. Mit Beginn der Römerzeit entfällt jede Beschränkung, und, dem regen Wirtschaftsleben entsprechend, erleben die Privatbanken einen großen Aufschwung. Den Bedürfnissen der Kunden gemäß finden sich im antiken Ägypten Geschäftstypen und -formen, die noch heute zum Alltag einer Bank gehören, etwa Sortengeschäfte, Darlehen, Anweisungen, Giroverkehr.

*Lit.:* zum Bankwesen s. F. Heichelheim, RE XVI 1 Sp. 147ff. (181ff.) s.v. Monopole; Laum, RE Suppl. IV Sp. 68ff. s.v. Banken; C. Préaux, L'économie [o. bei Nr. 2] S. 280ff.; F. Preisigke, Girowesen [o. bei Nr. 21]; E. Ziebarth, RE VI A 2 Sp. 2194ff. (2205ff.) s.v. Trapeza 2).

## 146

## Reklamationsbrief

P. Heid. III 230         Herkunft unbekannt. 3. Jahrh.
(mit BL V)             v. Chr.

Σαραπίων Ἀπολλωνίδης
Φιλάμμονι χαίρειν. Παρα-
γενόμενος κόμισαι ἃ ἀπέσ-
ταλκας ἡμεῖν οἰνάρια.
5 Ἐφαινόμεθα γάρ σοι διαλε-
γόμενοι ὡς ἀλλοτρίωι.
Εἰ γὰρ ἠβουλόμεθα ἐπισί-
τιον ἀγοράζειν χωρὶς
τοῦ ποτὰς εἶναι ἀξίας (?)
10 οὐκ ἄν σε ἠνωχλήσαμεν.
Γείνωσκε οὖν κείμενά
σοι τὰ οἰν[ά]ρια.
Ἔρρωσο.
Verso: Φιλάμμο̣ν̣ι̣

11 γείνωσκε l. γίνοσκε     14 Φιλάμμο̣ν̣ι̣ entsprechend Z. 2 ver-
bessert (s. BL V), Ed. pr. hat Φιλάμμο̣ν̣ι̣

Sarapion (und) Apollonides dem Philammon Gruß. Komm
her und hole den billigen Wein ab, den Du uns geschickt hast.
Wir scheinen uns nämlich wie mit einem Fremden unterhal-
ten (d.h. nicht verstanden) zu haben. Denn hätten wir (einfachen) Tischwein kaufen wollen, keiner Trinkprobe wert,
hätten wir Dich nicht belästigt. Wisse nun, daß die Weine
für Dich (bereit) liegen. Gehab Dich wohl! (Verso) Dem
Philammon.

Recht erzürnt rügen Sarapion und Apollonides, der ihnen
zugesandte Wein sei kein Qualitätswein, sondern genüge
gerade als Haustrunk, fürs Gesinde, und der Verkäufer
Philammon möge gefälligst sein Getränk wieder abholen.

Ob dieser Wunsch rechtlich durchsetzbar ist, muß offenbleiben: wegen eines Fehlers der gekauften Sache hat der Käufer nach gräko-ägyptischem Recht keine Ansprüche [s.o. Nr. 145]. Vielleicht betonen die Schreiber deswegen, sie hätten das Gewünschte überhaupt nicht bekommen – aber Wein bleibt Wein und, ob ein gräko-ägyptischer Richter anders dächte, ist ungewiß. Allerdings stände den Käufern frei, sich statt an ein Gericht mittels einer Eingabe an den König (ἔντευξις) zu wenden, um eine ihnen günstige Entscheidung des Strategen zu erlangen, die dieser abweichend von den Regeln des zwingenden Rechts kraft Amtsgewalt fällen und durchsetzen kann [s.o. Nr. 40]. Ein Argument ist leicht gewonnen: Weinversand ist ein alltägliches Geschäft [s.o. Nr. 130, 135] und, da der Käufer die Ware erst beim Empfang prüfen kann, ist der Marktgrundsatz „gekauft wie besehen" wenig angemessen. Ob überhaupt ein Streit hier droht, steht dahin: die Aussicht auf weitere Geschäfte legt damals wie heute Kulanz nahe.

*Lit.:* zum Text (rechtlich) s. J. Herrmann, Rez. der Ed. pr., ZRG 81, 1964, S. 357 ff. (358 f.).

## 147

### Lieferungskauf von Weizen

PSI XII 1251 (*)                    Oxyrhynchos. 26. Mai 252 n. Chr.

```
    [Αὐρήλι]ος Θερμουτίων ὁ καὶ ᾿Αχιλ-
    [λεὺς υἱὸς] ᾿Αμμωνίου κοσμητεύσαν-
    [τος τῆς ᾿Οξυ]ρυγχειτῶν πόλεως
    [.... Αὐ]ρηλίῳ Γερμανῷ Συμμά-
  5 [χου] ᾿Αδριανείῳ τῷ καὶ ᾿Ολυμπείῳ
    [᾿Ολυμ]πιονείκῃ Καπιτωλιονείκῃ
    [πλειστ]ονείκῃ παραδόξῳ βουλευτῇ
    [τῆς ᾿Οξυρ]υγχειτῶν πόλεως
```

[χαίρειν. Ὁμ]ολογῶ ἐσχηκέναι παρὰ

10 [σοῦ διὰ χ]ειρὸς ἐξ οἴκου σου τειμὴν

[π]λήρη πυροῦ γενήματος τοῦ ἐνεστῶ-

[το]ς β (ἔτους) ἀρταβῶν δεκαοκτώ,

[ἃς καὶ] ἐπάναγκες ἀποδώσω σοι

[ἕως] λ̄ τοῦ ὄντος μηνὸς Παῦνι

15 [ἐνθάδε ἐ]ν ⟨τῷ⟩ Ὀξυρυγχείτῃ πυρὸν

[νέον κα]θαρὸν ἄδολον ἄβωλο(ν)

[ἄκριθο]ν κεκοσκινευμένον

μέτρῳ τετραχοινείκῳ πρὸς ἑκα-

[τ]οστὰς δέκα ἄνευ πάσης ὑπερ-

20 [θέσε]ως καὶ εὑρησιλογίας, ἐπ⟨ε⟩ὶ ἐκ-

[τείσ]ω σοι τὴν ἐπὶ τοῦ τότε καιροῦ

[ἐσομένη]ν τοῦ πυροῦ τειμὴν διπλῆ(ν),

[γεινομέ]νης σοι τῆς πράξεως

[παρά τε ἐμ]οῦ καὶ ἐκ τῶν ὑπαρχόν-

25 [των] μοι πάντων. Κυρία [ἡ] χεὶρ

δισσὴ γραφεῖσα ἀπανταχῇ ἐπι-

φερομένη καὶ παντὶ τῷ ὑπέρ σου

[ἐπιφέρ]οντι. Καὶ ἐπερωτηθεὶς

[ὡμολό]γησα. ("Ετους) β" Αὐτοκρατόρων

30 [Καισάρ]ων Γαΐου Οὐιβίου Τρεβωνιανοῦ

[Γάλλου κ]αὶ Γαΐου Οὐιβίου Ἀφεινίου

[Γάλλου] Οὐελδουμιανοῦ Οὐολουσιανοῦ

[Εὐ]σεβῶν Εὐτυχῶν Σεβαστῶν,

Παῦνι α'. (2. Hd.) Αὐρήλιος [Θερ]μου-

35 θίων ὁ καὶ Ἀχιλλεὺς ἔσχον τὴν

[τιμὴν πλήρη τῶν δεκαοκτὼ]

[ἀρταβῶν πυροῦ καθαροῦ (?) ἃς]

[καὶ ἀποδώσω ὡς πρόκειται]

[καὶ ἐπέδωκα (?) – – –        ]

Aurelios Thermution, auch Achilleus genannt, Sohn des Ammonios, eines einstigen Kosmeten von Oxyrhynchos, dem ... Aurelios Germanos, Sohn des Symmachos, aus der Hadriansphyle und dem Olympischen Demos, Sieger in den Olympischen und Kapitolinischen Spielen, ruhmreicher Mehr-

fachsieger und Ratsherr von Oxyrhynchos, Gruß. Ich erkenne
an, von Dir erhalten zu haben durch die Hand aus der Hauskasse (d.h. bar) den vollen Kaufpreis für achtzehn Artaben
von der Weizenernte des gegenwärtigen 2. Jahres, die ich
Dir notwendigerweise geben werde bis zum 30. des laufenden Monats Payni hier im Oxyrynchites-Gau in frischem,
reinem, unverfälschtem Weizen ohne Keime und Gersten-
beimischung, gesiebt, (gemessen) mit dem Vierchoiniken-
maß und einer Toleranz von zehn Prozent ohne jeglichen
Abzug und Ausrede, andernfalls werde ich als Ersatz und
Buße den dann auf dem Markt geltenden Preis des Weizens
doppelt zahlen; Dir soll das Recht zur Vollstreckung zustehen in meine Person und all mein Gut. Dieser zweifach
geschriebene Handschein ist maßgeblich, wo immer er vorgelegt wird und zugunsten eines jeden, der (ihn) an Deiner
Stelle vorlegt. Und befragt habe ich zugestimmt. Im 2. Jahre
der Imperatores Caesares Gaius Vibius Trebonianus Gallus
und Gaius Vibius Afeinius Gallus Veldumianus Volusianus
Pii Felices Augusti, am 1. Payni. (2. Hd.) Ich, Aurelius Ther-
muthion habe den vollen Kaufpreis erhalten für die achtzehn
Artaben reinen (?) Weizens und werde liefern, wie oben
niedergelegt, und ich habe vorgelegt (?) – – –

Dieser nüchterne Vertrag führt uns in die gehobene Gesellschaft jener Ortschaft, die die meisten aus einem Orte stammenden Papyri geliefert hat. Oxyrhynchos, Stadt des spitz-
mauligen Fisches, ca. 250 km von Alexandrien entfernt, ist
entgegen seiner diesbezüglichen Bezeichnung rechtlich nie
Stadt (πόλις) gewesen, immerhin ist es die Metropole, also
der Sitz der Gauverwaltung, des Oxyrhynchites und Wohn-
sitz zahlreicher Griechen auch der besseren Stände, deren
privater, geschäftlicher, sozialer und öffentlicher Alltag
durch die Vielzahl der dort gefundenen Papyri über einen
langen Zeitraum kontinuierlich erhellt wird. Die Spuren der
Vermischung von griechischer und ägyptischer Bevölkerung
finden sich schon längst selbst in den gehobenen Gesell-
schaftsschichten; wie Thermut(h)ion und sein Vater Ammonios zeigen, sind Namen kein Merkmal des Volkstums mehr.
Gerade Ammonios aber als ehemaliger Kosmetes ist Zeuge

für das Fortleben spezifisch griechischer Einrichtungen im
3. Jahrhundert; wenn auch in der Römerzeit zum liturgischen Jahresbeamten mit drückenden finanziellen Folgen
für den Amtsinhaber geworden, ist der κοσμητής noch wie
einst in Athen Leiter der Ephebenausbildung, daneben hat
er für Feste, Spiele und ähnliches aufzukommen. Daß der
Sieg in den Olympischen Spielen noch immer etwas gilt – und
daneben wohl der in dem von Domitian begründeten *cer-
tamen Capitolinum* – zeigen die preisenden Titel des Germanos. Daneben führt Germanos den Titel eines Buleuten,
er ist also Mitglied des Rates (βουλή) von Oxyrhynchos.
In den Gaumetropolen ist die βουλή eine Gabe der Römer
im 3. Jahrh., welche mit den ursprünglichen βουλαί der
griechischen πόλεις keine Ähnlichkeit hat. Die neugeschaf-
fene βουλή ist einerseits ein in gewisser Weise autonomes
Verwaltungsorgan, andererseits haften ihre Mitglieder dem
Fiskus für die Abgaben; neu vor allem ist ihre Zuständigkeit
für den ganzen Gau. Zu ihren Aufgaben gehören u. a. die
Kontrolle über die Finanzverwaltung und grundsätzlich die
Benennung der liturgischen Beamten. Die Ratsmitglieder sind
freilich selbst liturgische Beamte, immerhin zeigt der dem
Germanos beigelegte Titel, daß ein solches Amt gleichwohl
den Inhaber ehrt. Germanos stammt übrigens aus Antinoopolis, denn er trägt zwei der dortigen Phylen- und Demen-Na-
men, welche Hadrian nach dem Vorbild der Bürgerschafts-
gliederung in den griechischen πόλεις in dieser 130 n. Chr.
von ihm gegründeten Griechenstadt eingeführt hat. Rechtlich
zeigt die Urkunde, wie die Urkundenschreiber im Alltag die
starre Form des Barkaufs [s. o. Nr. 142] überwinden: Der
Vertrag wird als Kreditgeschäft geschlossen, nur ist der „kre-
ditierte" Geldbetrag in einer bestimmten Weizenmenge zurückzugeben. Die mit der Vollstreckungsklausel [s. o. Nr. 77]
gesicherte Abrede, widrigenfalls müsse Thermut(h)ion den
Marktpreis doppelt zurückzahlen, nötigt zur Vertragser-
füllung. Der Vertrag ist als Handschein (χειρόγραφον), einer im Briefstil gehaltenen Urkundenform abgefaßt: der brief-
üblichen Anrede folgt subjektiv formuliert das einseitige
Anerkenntnis des Geldempfangs und der sich daran knüp-
fenden Abreden. Die Stipulationsklausel (Z. 28f., ἐπερωτηθεὶς ὡμολόγησα) entstammt dem römischen Recht, in
dem durch förmliche Frage und Antwort eine Verbindlichkeit begründet werden kann. In den Papyrusurkunden er-

scheint sie wohl auf römische Anweisung hin, aber ohne daß
die Urkundenschreiber ihre wirkliche Bedeutung erfassen,
wie ihr floskelhaftes Auftreten etwa in den – ja einseitigen –
Testamenten erweist. Den Kontext beschließt die Datumsformel, dann kommt die „Unterschrift" (ὑπογραφή) des Verkäufers, die hier angesichts des Standes der Parteien sicherlich eigenhändig ist, häufig aber – wie entsprechende Ver-
merke zeigen [s.o. Nr. 142] – von der Hand eines Dritten
stammt. Die Urkunde ist – der Bemerkung in der Kyriaklausel [s.o. Nr. 77] entsprechend (Z. 25f.) – tatsächlich zweifach auf das gleiche Papyrusblatt geschrieben worden, man
hat jedoch die beiden Ausfertigungen nicht getrennt. So hal-
fen die Reste des zweiten Exemplares, die zerstörten Zeilen-
anfänge des ersten zu ergänzen und hier die ab Z. 36 abgebrochene Hypographe nach dem Beispiel anderer Urkunden
zu rekonstruieren.

*Lit.:* zu Oxyrhynchos s. H. Mac Lennan, Oxyrhynchus. An Economic and Social Study, Princeton 1935, Nd. Amsterdam 1968;
zu Antinoopolis s. E. Kühn, Antinoopolis. Ein Beitrag zur Ge-
schichte des Hellenismus im römischen Ägypten. Gründung und
Verfassung, phil. Diss. Göttingen 1913; zu den Kapitolinischen
Spielen s. Habel, RE Suppl. V Sp. 607f. (608) s.v. Ludi Capitolini;
zu den Beamten s. F. Oertel, Liturgie [o. bei Nr. 1] S. 313 ff. bzw.
S. 378 ff.; zur gymnasialen Ausbildung s. U. Wilcken, Grundzüge
S. 139 ff.; zur βουλή vgl. o. Nr. 13 u.s. A.K. Bowman, The Town
Councils in Roman Egypt, Toronto 1971; zu Lieferungskäufen s.
F. Pringsheim, Sale [o. bei Nr. 107] S. 268 ff., zum Vertragstyp des
Textes s. H. Kühnert, Kreditgeschäft [o. bei Nr. 41] S. 141 ff.; zum
χειρόγραφον s. P.M. Meyer, Jur. Pap. S. 108 ff.; zur Stipulations-
klausel s. D. Simon, Studien zur Praxis der Stipulationsklausel,
München 1964.

## 148

## Pacht eines Mühlenbetriebes

P. Ryl. II 167 (mit BL I)                    Euhemeria. 39 n. Chr.

Κάσ[τ]ορι Ἀσκληπιάδου
παρὰ Σερᾶτος τοῦ Σεραπίωνος.
Βούλομαι μισθώσασθαι σὺν τῇ

γυναικί μου Ταπεθεῦτι Φιλοξέ(νου)
5 εἰς ἔτη δύο ἀπὸ μηνὸς Σεβαστοῦ
τοῦ ἐνεστῶτο(ς) τετάρτο(υ) (ἔτους) Γαίου
Καίσαρος Σεβαστοῦ Γερμανικοῦ
τὸ ὑπάρχον ᾿Ασκληπιάδῃ
Πτολεμαίου ἐν Εὐημερείᾳ
10 μυλαῖον ἐνεργὸν ἐν ᾧ μύλοι
Θηβαικοὶ τρεῖς σὺν κώπαις
καὶ τραπέζαις καὶ ὅλμοι δύο
καὶ τὰ λοιπὰ χρηστήρια καὶ τὰ
ὄντα ὕπερα φόρου τοῦ παντὸ(ς)
15 κατ᾽ ἔτος ἀργυρίου δραχμῶν ἑκατὸν ἑξήκοντα καὶ θαλλῶν
κατ᾽ ἔτος ἄρτων ἡμιαρταβίου
καὶ ἀλέκτορος, τῶν δ᾽ ὑπὲρ
τοῦ μυλαίου δημοσίων
20 τοῦ πελῳχικοῦ ὄντων πρὸ(ς)
σὲ τὸν Κάστορα τοῦ δὲ ὑποκιμ(ένου)
καὶ τετάρτης ἀρτοπωλῶν
ὄντων πρὸς ἐμέ. Τὸν δὲ
κατ᾽ ἔτος φόρον ἀποδώσω ἀεὶ
25 διὰ τετραμήνου τὸ αἱροῦν
ἔμμηνα, καὶ μετὰ τὸν
χρόνον παραδώσωι
τὸ μυλαῖον καὶ τὰ ἐν αὐτῷ
ἐκ τῆς τρείψεως, ἐὰν φαί-
30 νηται ἐπὶ τούτοις μισθ(ῶσαι).
    Εὐτύχ(ει).
    Σερᾶς ὡς (ἐτῶν) με οὐλὴ δακ(τύλῳ) μικ(ρῷ) χι(ρὸς) ἀρ(ισ-
    τερᾶς).
(῎Ετους) δ Γαίου Καίσαρος Σεβαστοῦ Γερμανικ(οῦ)
μη(νὸς) Σεβαστοῦ Σεβαστῇ γ.

Dem Kastor, Sohn des Asklepias, von Seras, Sohn des Serapion. Zusammen mit meiner Ehefrau Tapetheus, Tochter
des Philoxenos, will ich pachten für zwei Jahre ab dem Monat
Sebastos des gegenwärtigen vierten Jahres des Gaius Caesar
Augustus Germanicus den dem Asklepiados, Sohn des

Ptolemaios, gehörenden, in Euhemeria (gelegenen) laufenden
Mühlenbetrieb, mit (einem Inventar von) drei Mahlanlagen
aus thebanischem Stein mit Drehstangen und Untersatz-
steinen, von zwei Mörsern, dem übrigen Zubehör und den
vorhandenen Stößeln, zu einem Pachtzins für das Ganze
von pro Jahr hundertsechzig Silberdrachmen und einer jährlichen Sondernebenleistung von einer halben Artabe Brot
und einem Hahn; wobei von den auf dem Mühlenbetrieb
lastenden öffentlichen Abgaben die Mehlmühlensteuer Dir,
Kastor, obliegt, die Unterhaltssteuer und die 25%-Steuer
der Brothändler dagegen treffen mich. Den Jahrespachtzins
werde ich regelmäßig je für ein Jahresdrittel in Höhe des auf
die einzelnen Monate entfallenden Betrages zahlen und nach
der (Pacht-)Zeit werde ich den Mühlenbetrieb und das Inventar, ungeachtet der Abnutzung, zurückgeben, wenn es
Dir gut dünkt, unter diesen Bedingungen zu verpachten.
Gehab Dich wohl. Seras, etwa 45 Jahre alt, Narbe am kleinen
Finger der rechten Hand. Im 4. Jahre des Gaius Augustus
Germanicus, im Monat Sebastos, am 3., einem Kaiserehrentag.

Dieser als Pachthypomnema [s. o. Nr. 94] stilisierte Text läßt
mit seinen Angaben das Müller- und Bäckerhandwerk pla-
stisch vor Augen treter. Seras pachtet offensichtlich einen
ganzen Betrieb, der aus der Mühle selbst, einer Bäckerei und
einem Brotverkauf besteht; in der Antike sind Mehlgewin-
nung und Brotbereitung regelmäßig in einer Hand, und Ägypten bildet da keine Ausnahme. Das Schwergewicht der Anlage liegt naturgemäß auf der Mühle, deren Einrichtung dementsprechend genau beschrieben wird. Vorhanden sind drei
Mühlen der im Altertum allgemein verbreiteten Bauart: zwei
(hier und öfter offenbar aus der Thebais stammende) Steine,
der obere an einem Balken beweglich über dem feststehenden
Unterstein; ungewiß bleibt, ob Tiere oder Menschen die
Mühle antreiben. Zum Getreidezerstampfen sind zwei Mör-
ser nebst Mörserkeulen verfügbar, das weitere Zubehör wird
nicht aufgezählt. Die Pachtbedingungen sind klar; dem
Pächter günstig ist die Belastung mit den öffentlichen Abgaben; er hat die Brothandelssteuer zu tragen und die ὑπο-

κείμενα, Abgaben zur Deckung der Gehälter jeweils bestimmter, hier nicht genannter Beamter, dem Verpächter obliegt die Mehlmühlenabgabe.

*Lit.:* zum Müller- und Bäckerhandwerk s. T. Reil, Gewerbe [o. bei Nr. 103] S. 28, 150 ff.; zu den verschiedenen Steuern s. S. L. Wallace, Taxation [o. bei Nr. 9] S. 222 und Index s. v. ὑποκείμενα; Preisigke, Fachwörter S. 176 s. v. ὑποκείμενον; zum Kaiserehrentag (Σεβαστή, Z. 34) s. o. bei Nr. 10 und J. de M. Johnson, V. Martin, A. S. Hunt zu P. Ryl. II 144, 5.

# 149

## Landpacht zum Zwecke von Rettichanbau

SB X 10532 (\*)                     Oxyrhynchos. 87/88 n. Chr.

Ἐμίσθωσεν ['Ἱε]ρακίαινα
'Ηρώδου τῶν
ἀπ' Ὀξυρύγ[χ]ων πόλεως
μετὰ κυ-
ρ[ίο]υ τοῦ ἑαυτῆς ἀνδρὸς
'Απολλωνί-
ου τοῦ 'Απο[λλ]ωνίου Αὐ-
ναίως 'Ηρᾶτι
5 'Αρμιύσιος τοῦ Μύλωνος
τῶν ἀπὸ Σύ-
ρων κώμης Πέρσῃ τῆς ἐπι-
γονῆς
εἰς τὸ ἐνεστὸς ἕβδομον ἔτος
Α[ὐ]τοκρά[τορος] Καί[σ]α-
ρος Δομιτιανοῦ
Σεβαστοῦ Γερμανικοῦ ἀπὸ
τῶ⟨ν⟩ ὑπαρ-
10 χόντων αὐτῇ περὶ Νέσλα
ἐδαφῶν

τὰς λιμνασθείσας ἀρούρας
πάσης
ὥστε ταύτας σπε⟨ῖ⟩ραι ῥα-
φάνῳ ἐκ-
φορίου ἑκάστης ἀρούρης ἐκ
γεομε-
τρίας ἐκς [ὀ]ρθογωνίου ἀνὰ
ῥαφανο-
15 σπέρμου ἀρτάβας δύο ἀκίν-
δυνα
τὰ ἐκφόρ[ι]α παντὸς κινδύ-
νου
τῶν τῆς γῆς δημοσίων ὄν-
των πρὸ-
5 τὴν 'Ιερακίαινα ἣν καὶ
κυριεύειν
τῶν καρπῶν ἕως τὰ ἐκφόρια
κομί-
20 σηται τῆς δὲ μισθώσεως
βεβαιω-

μένης ἀποδότω ὁ μεμισθω-
μέν-
ος τῇ Ἱερακίαινᾳ τὰ ἐκφόρια
τῷ Πα-
ῦνι μηνὶ τοῦ αὐτοῦ ἔτους
ἐφ' ἅλῳ
Νέσλα ῥαφανόσπερμον νέον
κα-
25 θαρὸν ἄδολον κεκοσκιναυ-
μένο-

[ν] μέτρῳ τετραχυνείκῳ τῷ
τοῦ
[με]μισθωμένου ἀδρῷ ὑπερ-
έχον-
[τι τοῦ μ]έτρου Σεράπιδος.
Ταυ[τ-]
[α μὴ παρεσχημέ]νου ἀπο-
τεισάτω αὐ-
30 [τῇ ὅσα ἂν] ὀφε̣ι̣λ̣[ή]σῃ μεθ'
ἡμιολίας
Hier bricht der Papyrus ab

4 Αὐναίως l. Αὐνέως   11 πάσης l. πάσας   14 ἐκς l. ἐξ   18 Ἱε-
ρακίαινα für Ἱερακίαιναν   25 κεκοσκιναυμένο-|ν l. κεκοσκινευμέ-
νον   28 τετραχυνείκῳ l. τετραχοινίκῳ   29 παρεσχημέ]νου
ist beispielshalber, aber sinngemäß eingefügt; das Wort ist für den
verfügbaren Raum um ca. 4 Buchstaben zu lang.

Es hat verpachtet Hierakiaina, Tochter des Herodes, aus
Oxyrhynchos, mit ihrem Ehemann Apollonios, Sohn des
Apollonios, Enkel des Aunes, als Geschlechtsvormund dem
Heras, Sohn des Harmiysis, Enkel des Mylon, vom Dorf der
Syrer, Perserabkömmling, für das gegenwärtige siebte Jahr
des Imperator Caesar Domitianus Augustus Germanicus
von dem ihr um (den Ort) Nesla gehörenden Ackerland die
ganzen bewässerten Aruren, um diese mit Rettich zu besäen, zu einem Pachtzins pro Arure auf der Basis (der Er-
gebnisse der neuen) Vermessung nach rechtwinkligen Richt-
linien von zwei Artaben Rettichsamens. Der Pachtzins ist
frei von jeder Gefahr. Die öffentlichen Abgaben für das Land
obliegen der Hierakiaina, die auch Herr der Früchte sein
soll bis zur Entrichtung des Pachtzinses. Wenn das Pacht-
verhältnis gewährleistet worden ist, soll der Pächter der
Hierakiaina den Pachtzins im Monat Payni des gleichen
Jahres auf der Tenne von Nesla in frischem, reinem, unverfälschtem und gesiebtem Rettichsamen, gemessen im vollständig gefüllten Vierchoiniken-Maß des Pächters, welches
über dem Serapis-Maß liegt, zahlen. Hat er dies nicht getan,

soll er ihr, wieviel er schulden wird, anderthalbfach als Buße zahlen...

Rettich, dessen Anbau hier dem Pächter eines Landstücks vorgeschrieben ist, erfährt in Ägypten eine für uns ungewöhnliche Verwendung; aus seinen Samen wird das Rettichöl gewonnen, welches nach einem Text, BGU I 14 Col. IV 21 (255 n. Chr.), halb so viel wie gutes Olivenöl kostet. Von dieser Merkwürdigkeit abgesehen, haben wir lediglich das nüchterne, typische Beispiel eines alltäglichen Pachtvertrages vor uns. In einem als einfaches privates Protokoll stilisierten Vertrag verpachtet Hierakiaina ein Landstück, dessen genaue Fläche sich erst aus der nach der Nilüberschwemmung jeweils nötigen Vermessung ergibt. Anbaubestimmungen sind gerade in römischer Zeit geläufig, der Pachtzins ist aus dem Ertrag zu entrichten, und angesichts der Mehrdeutigkeit von Maßbezeichnungen [s.o. Nr. 114] ist eine genauere Umschreibung des zu verwendenden Maßes nicht überflüssig. Dem Interesse der Verpächterin dienen neben der Strafklausel (Z. 28ff.) [s.o. Nr. 77] die ἀκίνδυνος-Klausel (Z. 16), mit der dem Pächter eine Minderung des Pachtzinses aus jedwedem Grunde untersagt wird, und eine Klausel, mit der sich der Vorpächter das Eigentum an den Früchten bis nach der Pachtzinszahlung vorbehält (Z. 18ff.). Die Gewährleistungsklausel (Z. 20ff.) sichert bei der Pacht wie beim Kauf [s.o. Nr. 142] dem Pächter bzw. Käufer den Besitz der erhaltenen Sache. Entsprechend der zeitlich beschränkten Dauer der Pacht ist die Klausel anders als beim Kauf abgefaßt: nur wenn der Pächter in dieser Zeit den Pachtgegenstand (rechtlich) unangefochten besessen hat, muß er den Pachtzins entrichten.

*Lit.:* zum Rettichanbau s. M. Schnebel, Landwirtschaft [o. bei Nr. 36] S. 203; zum Urkundenstil s. P.M. Meyer, Jur. Pap. S. 105; zur Bodenpacht s. D. Hennig, Untersuchungen zur Bodenpacht [o. bei Nr. 126]; (rechtlich) J. Herrmann, Studien zur Bodenpacht [o. bei Nr. 94]; zur ἀκίνδυνος-Klausel s. J. Herrmann, aaO. S. 143ff.; U. Wollentin, Ὁ κίνδυνος in den Papyri, jur. Diss. Köln 1961; zum Eigentumsvorbehalt an Früchten s. J. Herrmann, aaO. S. 140ff.; R. Kniepkamp, Ὁ καρπός in den Papyri, jur. Diss. Köln 1970; A. Kränzlein, Zur Urkundenklausel κυριευέτω τῶν καρπῶν ἕως, Akten XIII. Intern. Pap. kongr., München 1974, S. 215ff.; zur βεβαίωσις-Klausel s. J. Herrmann, aaO. S. 153ff., 231ff.

150

## Pachtzinsquittung

P. Warren 12 (mit BL III)     Philadelphia (?). 16. Dezember
                               179 n. Chr.

Ῥουφῖνα Δωρίωνος
διὰ Σαραπίωνος υἱοῦ
Πλουτίωνι Πετεχονι
χαίρειν. Ἀπέσχομ
5 παρά σου τὸν φόρον
καρπῶν ἐννηκαιδε-
κάτου ⟨ἔτους⟩ ἐκπεπτοκό-
τος εἰς τὸ ἐνοστοτὸς
εἰκοστὸν ἔτους
10 περὶ κόμην Φιλαδέλ-
φιαν ἐλεοναιοπαρα-
δίσου Δωρίωνος λεγομέ-
νου, ἀργυρίου δρα-
χμὰς χιλίας ἑκατὸν
15 (γίνονται) (δραχμαὶ) Ἀρ πλήρης. (Ἔτους) κ̄
Ἀντωνίνου καὶ Κομόδου
τῶν κυρίων Σεβαστῶν
μηνὸς Ἀδριανοῦ
κ̄.

3 Πετεχονι für Πετεχῶντος    4 Ἀπέσχομ l. Ἀπέσχον    5 φώρον
l. φόρον    6 καρπῶν ἐννηκαιδε-|κάτου l. καρπῶν ἐννεακαιδεκάτου
7 ἐκπεπτοκό-|τος für ἐκπεπτωκότα    8 ἐνοστοτὸς l. ἐνεστὸς
9 ἔτους für ἔτος    10 κόμην l. κώμην    11 ἐλεοναιοπαρα-|δίσου
l. ἐλαιωνοπαραδείσου    15 πλήρης viell. für πλήρεις    16 Κομόδου
l. Κομμόδου.

Rufina, Tochter des Dorion, durch Sarapion, ihren Sohn,
dem Plution, Sohn des Petechon, Gruß. Ich habe (erhalten)
von Dir den Pachtzins für die Früchte des 19. Jahres, deren
Ernte in das gegenwärtige zwanzigste Jahr herüberreicht, aus
der bei dem Ort Philadelphia gelegenen Olivenplantage, be-

nannt nach Dorion, in Höhe von eintausend einhundert Silberdrachmen, macht insgesamt 1100 Silberdrachmen. Im 20. Jahre des Antoninus und des Kommodus, unserer Herrn, Augusti, am 20. des Monats Hadrianos.

In diesem Beispiel für viele erhaltene Pachtzinsquittungen bestätigt Rufina, vertreten durch ihren Sohn, den Jahrespachtzins für eine Olivenplantage erhalten zu haben. Die Olive ist für das ptolemäische (und auch schon für das pharaonische) Ägypten zwar belegt, wird aber erst in römischer Zeit häufiger erwähnt. Geerntet wird die Olive regelmäßig erst, wenn sie schwarz ist. Die Ernte geschieht durch Herunterschlagen oder Schütteln der Zweige und zieht sich, wie Z. 7 ff. zeigen, über längere Zeit hin. Vor allem dient die Olive in Ägypten der Ölgewinnung, doch werden auch eingelegte Früchte erwähnt. Trügerisch wäre es, bei einer Olivenplantage an die einförmigen Monokulturen in den heutigen südlichen Ländern zu denken; vielmehr sind häufig Palmen mit Olivenbäumen vermischt, damit letztere unter den Dattelpalmen Schatten finden, auch liest man, daß Vieh unter die Bäume auf die Weide geschickt worden sei und Schaden angerichtet habe.

*Lit.:* zum Olivenanbau s. M. Schnebel, Landwirtschaft [o. bei Nr. 36] S. 295, 302 ff.; zur Bodenpacht s. o. bei Nr. 126, 149; zur Quittung (rechtlich) s. H.-A. Rupprecht, Studien zur Quittung im Recht der graeco-ägyptischen Papyri, München 1971.

## 151

## Ärger mit dem Dorfschreiber

P. Ryl. IV 578            Philadelphia. 159/158 v. Chr.
(mit BL III und IV)

⟦κη⟧ κθ
Ζωπύρωι ἐπιμελητῆι παρὰ
᾿Ιούδου τοῦ Δωσιθέου ᾿Ιουδαίου· γεωργ-
οῦντός μου περὶ Φιλαδέλφειαν
5 χέρσου (ἀρούρας) γ τῶν προυπαρχόντων
ἐκφορίων καθ᾿ ἔτος τὴν (ἄρουραν) ἑκάστην
πυρῶν (ἀρταβῶν) δ, ἣν καὶ μετὰ πολλῆς
κακοπαθίας καὶ δαπάνης κατειργασμένου
τά τε ἐκφόρια καθ᾿ ἔτος ἀνεγκλήτως
ἀπευτακτηκότος μεχρὶ τοῦ κγ (ἔτους),
10 νυνὶ Μαρρῆς ὁ κωμογραμματεὺς
παρὰ τὸ καθῆκον ἀναγέγραφέν με
πλεῖον τῶν ἐκφορίων ἑκάσ⟦ο⟧της (ἀρούρης)
(πυρῶν ἀρτάβας) εβ΄, καθόλου μὴ {τε}τελε-
κότος μου· διὸ προσδεόμενος
15 τῆς σῆς φιλανθρωπίας ἀξιῶ,
ἐὰν φαίνηται, γράψαι ὧι καθήκε[ι]
ἀνενέγκαι σοι τὰ τῆς ἀκριβεί[ας]
ὅπως ἐὰν ἦι οἷα γράφω προνοηθῆς
ὡς οὐθὲν παρὰ τὸ δέον πραχθήσομαι,
[αὐτὸς δ]ὲ τύχω τοῦ δικαίου.
                     Ε[ὐτύχει.]
                     .[– – –]

Hier bricht der Papyrus ab

6 ἣν sc. χέρσον     6, 8 καθ᾿ ἔτος l. κατ᾿ ἔτος

29. An den Epimeleten Zopyrus von dem Juden Judas, Sohn des Dositheos. Ich bewirtschafte bei Philadelphia 3 Aruren trockenen Landes zu einem früheren Jahrespachtzins von 4 Artaben Weizen pro Arure. Dieses (Trockenland) habe ich mit vielen Mühen und Aufwendungen bearbeitet und die

jährlichen Zinszahlungen bis zum 23. Jahr tadellos entrichtet, doch nun hat Marres, der Dorfschreiber, mich gegen das Herkommen höher eingetragen für einen Pachtzins von 5⅔ Artaben Weizen pro Arure, ohne daß ich dies überhaupt je gezahlt hätte. Ich rufe daher Deine Milde an und bitte Dich, so es Dir gut dünkt, schreibe dem Zuständigen, daß er Dir die genauen Einzelheiten vermelde, damit – wenn es sich so verhält, wie ich schreibe – Du dafür sorgen wirst, daß bei mir nicht etwas zu Unrecht beigetrieben werde und ich mein Recht erhalten werde. Gehab' Dich wohl. [Datum. (2. Hd.) Verfügung des Epimeleten (?)].

In diesem unter der laufenden Nummer 29 in der Kanzlei registrierten Text beschwert sich ein Jude bei einem Epimeleten, einem hohen Finanzbeamten innerhalb eines Gaus, über den Dorfschreiber, weil dieser ihn plötzlich statt wie bislang zu 4 Artaben Pachtzins zu 5⅔ Artaben veranlagt habe. In welchen Verhältnissen Judas im übrigen lebt, ist ungewiß, hinsichtlich der drei Aruren jedenfalls darf man vermuten, er habe diese nicht aus eigenem Willen gepachtet, sondern zugewiesen bekommen: Guten Boden pflegt der Staat wie Privatleute über einen gewöhnlichen Pachtvertrag zu vergeben, ebenso grundsätzlich Land minderer Qualität, wenn auch zu erleichterten Bedingungen. Findet sich aber kein Interessent, so zwingt der Staat bereits in ptolemäischer Zeit Pächter, die Bestellung zu übernehmen. Was unter den Ptolemäern eine Ausnahme ist, wird in römischer Zeit eine geläufige Maßnahme, um bei einem Bevölkerungsschwund die Leistungsquote des ausgefallenen Teiles einer Dorfgemeinschaft auf die verbliebene Bevölkerung zu verteilen und so den vorher festgesetzten Abgabensatz zu erhalten [vgl. o. Nr. 2, 42]. Da Judas von Trockenland spricht und gerade ein Epimelet zu dieser Zeit wegen Zwangsverpachtungen vom Dioiketen angeschrieben wird (UPZ 110, 164 v. Chr.), ist der Gedanke an eine Zwangspacht naheliegend; Übergriffe von Beamten sind in diesem Zusammenhang mehrfach belegt.

*Lit.:* zur Zwangspacht s. G. Poethke, Epimerismos. Betrachtungen zur Zwangspacht in Ägypten während der Prinzipatszeit, Brüssel 1969; zum Epimeleten s. o. bei Nr. 14.

## 152

### Private Bitte um Erledigung einer Zahlung

P. Bon. I 43                    Oxyrhynchites. 1. Jahrh. n. Chr.

Εὐδαίμων Διδύμῳ διοι-
κητῇ πλεῖστα χαί(ρειν).
Καλῶς ποιήσεις προνο-
ήσας, ὡς ἔωθας, τοῦ ἀρι-
5 θμητικοῦ ἐμοῦ καὶ τῆς
γυναικός μου διὰ Πα-
'κο(τύλαι) ιδ'
θῆβις Ὥρου Πεεννώ,
καὶ ἕξεις τὸ ἥμισυ ἢ
γενικῶς ἢ ἀργυρικῶς.
10 Ἐὰν τοῦτο ποιήσεις, ἔσῃ μοι
μεγάλην χάριτα πεποιηκ(ώς).
Ἔρρωσο. Μεσορὴ η.

4 ἔωθας l. εἴωθας    7 Παθῆβις für Παθήβεως    11 χάριτα =
χάριν

Eudaimon dem Dioiketen Didymos vielmals Grüße. Du tä-
test gut daran, wie Du gewöhnt bist, Sorge zu tragen um die
Arithmetikon(-Zahlung) für mich und meine Frau durch
Pathebis, Sohn des Horos, (im Ort) Peeno, und Du wirst die
Hälfte in Naturalien – 12 Kotylen (?) – oder in Geld erhalten.
Wenn Du dies erledigst, erweisest Du mir einen großen Ge-
fallen. Gehab Dich wohl. Am 8. Mesore.

Wie oftmals in den knappen Privatbriefen, bleiben auch hier
die Einzelheiten im dunkeln: Eudaimon bittet Didymos,
einen (vielleicht seinen) Verwalter (διοικητής), eine als
ἀριθμητικόν bezeichnete Abgabe durch Pathebis – entweder
als privaten Vertreter oder als einzugsberechtigten Steuer-
einnahmer – zahlen zu lassen und avisiert den Ausgleich da-

für. Der Vermerk „12 Kotylen (Hohlmaß)" über Z. 7 könnte
sich auf die entsprechenden Naturalien beziehen.

*Lit.:* zum ἀριθμητικόν s. S.L. Wallace, Taxation [o. bei Nr. 9]
Index s. v. ἀριθμητικόν.


## 153

### Honorar-Scheck eines Festredners


P. Brem. 46                          Hermopolis. 20. Okt. 110 n. Chr.

Μνησίθεος Μ[ν]ησιθέου ᾿Επαγά(θωι) [ἔ]-
χοντι τὴν μ[.]...π(  ) τράπ(εζαν) χ[αίρειν.]
Χρημάτισον Λικ[ι]νν[ί]ωι Δρ[.....]
ῥήτορι τὸ ἐπιβάλλον αὐτῶι λό[γων δι']
5 ὧν ἐτιμήθη Αὐρ[ήλιος .......]
τῆι ιβ̅ τοῦ Φα[ῶφι {τοῦ Φαῶφι}]
μηνὸς ἐν τῶι [γυ]μν[ασί]ωι
ἐν τ[ῶ]ι Μεγάλωι Σεραπεί[ωι]
ἀργ(υρίου) (δραχμὰς) τετρακοσίας (γίνονται) (δραχμαὶ) υ.
(῎Ετους) τεσσα-
10 ρεσκαιδεκάτου Αὐτοκράτορος
Καίσαρος Νέρουα Τραιανοῦ
Σεβαστοῦ Γερμανικοῦ Δακικοῦ
Φαῶ(φι) κγ̅. (2. Hd.) Λικίν[νιος Δ]ρ[.].[...] ἀνε[ίρη(μαι)]
τ[ὰ]ς ἀ[ργ(υρίου) (δραχμὰς) τετρακοσίας]
15 (γίνονται) (δραχμαὶ) υ, καθὼς [π]ρόκ(ειται).


Mnesitheos, Sohn des Mnesitheos, dem Epagathos, Halter
der ... – Bank, Gruß. Zahle dem Redner Licinnius Dr ... was
ihm zukommt für die Reden, durch die Aurelius... am 12.
des Monats Phaophi in dem Gymnasion im großen Serapeion geehrt wurde, vierhundert Silberdrachmen, macht
400 Dr. Im 14. Jahre des Imperator Caesar Nerva Traianus

Augustus Germanicus Dacicus, am 23. Phaophi. (2. Hd.) Ich, Licinnius Dr..., habe abgehoben die vierhundert Silberdrachmen, macht 400 Dr., wie oben geschrieben.

Angesichts so mancher moderner Erscheinung des Wirtschaftslebens überrascht es nicht übermäßig, wenn hier das Honorar eines Festredners per Scheck bezahlt wird. Allerdings scheint der Scheckverkehr ein wenig umständlicher als heute gewesen zu sein: aus dem abgekürzten Bankiersnamen und dem Fehlen des Schlußgrußes entnimmt *U. Wilcken*, der Text sei lediglich die dem Schecknehmer ausgehändigte Abschrift eines an den Bankier direkt gesandten Briefes und der Bankier könne auf diese Weise die Echtheit des präsentierten Schecks prüfen. Aussteller des Schecks ist, wie die Umstände ergeben, ein Gymnasiarch, der auf diese Weise aus seinem Privatkonto die ihm kraft seines Amtes obliegenden Aufwendungen begleicht. Im vorliegenden Fall ist offenbar ein Römer im Gymnasion durch eine Festrede zu ehren gewesen, vielleicht eine einflußreiche Persönlichkeit, denn Mnesitheos hat die beachtlichen Kosten von 400 Drachmen nicht gescheut, um den Gast in Hermopolis gleichfalls durch einen Römer, und folglich wohl lateinisch begrüßen zu lassen. Der Bankvorgang belegt damit nebenbei, wie stark in der ägyptischen Chora mit dem Gymnasion die griechische Lebensweise und die Freude an rhetorischen Leistungen weiterleben.

*Lit.:* zum Text s. U. Wilcken, Einl. zu P. Brem. 46; zum Gymnasion s. U. Wilcken, Grundzüge S. 138 ff.

## 154

### Empfehlungsbrief

P. Brem. 5  Hermopolis. 117–119 n. Chr.

Οὐαβέριος Μοῦνδος 'Απολλωνίωι
    στρατηγῶι χαίρειν.
Οὔλπιον Μάλχον βενεφικιάριον
['Ραμ]μίου τοῦ κρατίστου ἡγεμόνος
5 ἡμῶν ἐπιμελόμενον τῆς
ὑπὸ σὲ περιμέτρου ἄνδρα ἀγα-
θώτατον συνείστημί σοι.
'Ελπίζω δὲ καὐτὸν δώσειν ἐργα-
σίαν τ[οι]οῦτον ἑαυτὸν παρα-
10 στῆσ[αί σ]οι, [ὁ]ῖον ἐγὼ διεβ⟦αι⟧'ε'βαι-
ωσάμ[ην]. Καὐτῷ δὲ ἔγραψα,
ἵνα, ἐὰ[ν] αὐτῷ ἐπιзεύξῃς,
προθ[υμότ]ερον ἑαυτὸν παρα-
σχεῖν σ[ο]ι. (2. Hd.) ['E]ρρῶσθαί σε εὔ-
15     χομαι, ἄδελφε τειμι-
    [ώτ]ατε.
(3. Hd.) ῎Ερρωσο.

7 συνείστημί l. συνίστημί     13 Παρα-|σχεῖν für παράσχῃ
15 τειμι-|[ώτ]ατε l. τιμιώτατε.

Faberius Mundus dem Strategen Apollonios Gruß. Den
Ulpius Malchus, den *beneficiarius* unseres erlauchten Präfekten Rammius, der sich um das Dir unterstellte Gebiet
kümmern soll und der ein ausgezeichneter Mann ist, den
empfehle ich Dir. Ich hoffe aber, daß er sich Mühe geben
wird, Dir als ein solcher zur Seite zu stehen, wie ich ihn Dir
garantiere. Aber auch ihm habe ich geschrieben, damit er,
wenn Du Dich mit ihm verständigt hast, sich um so williger
zur Verfügung stelle. (2. Hd.) Ich wünsche Dir Wohlergehen,
sehr geehrter Bruder. (3. Hd.) Gehab Dich wohl.

Dieser Brief aus dem Apollonios-Archiv [s.o. Nr. 108] weicht inhaltlich von den üblichen Empfehlungsbriefen ab [vgl. o. Nr. 105]; gewöhnlich wird um Unterstützung des Empfohlenen gebeten, hier dagegen werden die guten Dienste einer Person empfohlen. Bei dieser, dem *beneficiarius* Ulpius Malchus, handelt es sich nach dem Namen wohl um einen Araber, der unter Trajan das römische Bürgerrecht erhalten hat und deswegen als Gentile den Namen Ulpius führt; er hat als (höherer) Unteroffizier Dienst im Stabe des ägyptischen Präfekten getan und wird offenbar in eine herausgehobene Position zum Strategen Apollonios abkommandiert. Die zeitliche Nachbarschaft zum Judenaufstand 115–117 n. Chr. [s.o. Nr. 17, 108], die sich aus der anderweitig belegten Amtszeit des Z. 4 genannten Präfekten Q. Rammius Martialis ergibt, läßt an eine durch die Kriegsfolgen bedingte Verwaltungsreorganisation oder Überwachung von Aufräumungsarbeiten denken. Auffallend an dem sonst nüchternen Verwaltungsbrief ist das von dritter Hand angefügte ἔρρωσο (Z. 17). *U. Wilcken* sieht darin den Gruß einer Person aus der Umgebung des Faberius Mundus, die Apollonius einen Gruß senden wollte und deren Handschrift diesem so bekannt war, daß der Name entbehrlich schien.

*Lit.:* Zum Text und seiner Interpretation s. U. Wilcken, P. Brem. S. 25 ff.; zum *beneficiarius* s. von Domaszewski, RE III 1 Sp. 271 f. s.v. *beneficiarius*; A. Neumann, Pauly 1 Sp. 862 s.v. Beneficiarii; zum Briefstil s.o. Nr. 1.

## 155

## Bitte um Empfehlung für eine Stellung in der Flotte

BGU X 1995            Philadelphia. Mitte. 3. Jahrh. v. Chr.

Πᾶυς Ζένωνι χαίρειν. Σὺ μ᾽
ἐξέθρηψας ἐν Αἰγύπτοι, δῦσαι
με καὶ ὦδη ἐχθέψαι. Ἔλεγές μοι
διελθεῖν εἰς τὸ λογιστήριον καὶ ζη-

5 τῆσαι ʽΗλιόδωρον. Οὗτος δύται
με καταστῆσαι σκεοφύλακα,
ʼΑμένανδρός ἐστι τρίαρχος τῆς ἑ-
ννειέρους. Σὺ οὐ μοι ἀπόστιλον,
[ἵ]να μοι γένηται τὸ τάχος, ἵνα
10 μὴ ἄλος παρήλεταί μου.
῎Ε[ρρ]ωσο.
Verso: Πᾶυς.

1 Ζένωνι l. Ζήνωνι   2 ἐξέθρηψας ἐν Αἰγύπτοι, δύσαι l. ἐξέθρεψας
ἐν Αἰγύπτωι, δύνασαι   3 ὥδη ἐχθέψαι l. ὥδε ἐκθρέψαι   5 δύται
l. δύναται   6 σκεοφύλακα l. σκευοφύλακα   7 ʼΑμένανδρος l. viell.
ʼΑμύνανδρος oder {α}Μένανδρος   8 ἑ-|ννειέρους. Σὺ οὐ μοι ἀπό-
στιλον l. ἐννήρους. Σὺ οὖν μοι ἀπόστειλον   10 ἄλος παρήλεται
l. ἄλλως παρέλεται

Pays dem Zenon Gruß. Du hast mich in Ägypten ernährt,
Du kannst mich auch hier ernähren. Du sagtest mir, ich solle
zur Rechenkammer gehen und den Heliodoros aufsuchen.
Dieser kann mich als Zeugwart (?) einstellen. Amenandros
ist Trierarch des Neunruderers. Schicke Du nun für mich
(einen Empfehlungsbrief), damit es schnell geht, damit kein
anderer mir zuvorkommt. Gehab' Dich wohl. (Verso) (Von)
Pays.

Empfehlungsbriefe sind uns bereits einige begegnet [s. o. Nr.
92, 106, 154], und um entsprechende Fürsprache bittet Pays,
eingedenk früherer Wohltaten, den Zenon mit einem in feh-
lerhaftem Vulgärgriechisch abgefaßten Schreiben. Pays be-
findet sich wohl in dem formell nicht zu Ägypten rechnenden
Alexandrien, vielleicht auch in einer anderen außerägyp-
tischen Hafenstadt des Ptolemäerreiches (vgl. ἐν Αἰγύπτωι
– ὥδε), welches um diese Zeit über zahlreiche Besitzungen um
die Ägäis verfügt. Offenbar ist er von Zenon an Heliodoros
verwiesen worden, der ihn dann auf die gerade offene Stelle
eines Zeugmeisters auf einem Neunruderer aufmerksam gemacht hat. Die Vielzahl der möglichen Ruderanordnungen
und der Mangel entsprechender Abbildungen lassen uns über
die technische Einrichtung eines Vielruderers der hellenistischen Epoche im Ungewissen. Auch über die Organisation
der ptolemäischen Flotte des 3. vorchristlichen Jahrhunderts

ist nicht viel bekannt, möglich ist, daß die Instandhaltung eines Schiffes wie im klassischen Athen als Liturgie einzelnen reichen Bürgern obliegt. Während in Athen die Trierarchie jedoch nicht nur die Ausrüstung, sondern auch das Kommando umfaßt hat, ist Amenandros in jedem Fall ein Offizier. Offenbar kann er über Bordkommandos entscheiden, und Pays möchte ihm daher gerne empfohlen sein. Ob Zenon ihn überhaupt kennt, dürfte belanglos sein; dem Verwalter des mächtigen Dioiketen Apollonios wird man einen entsprechenden Wunsch nicht abschlagen.

*Lit.:* Zum Text s. W. Müller, Papyri aus der Sammlung Ibscher, JJP 13, 1961, S. 76 ff.; zu Zenon und seinem Archiv s.o. Nr. 3; zur ptolemäischen Flotte s. C. Préaux, L'économie [o. bei Nr. 2] S. 37 ff.; zur Trierarchie s. R.S. Bagnall, The Ptolemaic Trierarchs CE 46, 1971, S. 356 ff., H. Strasburger, RE VII A 2 Sp. 106 ff. (116) s. v. Trierarchie; U. Wilcken, Zur Trierarchie im Lagidenreich, Raccolta Lumbroso, Milano 1925, S. 93 ff.; zum Schiffswesen s. L. Casson, Ships and Seamanship in the Ancient World, 2. Aufl. Princeton (N. J.) 1971, S. 77 ff.; J. Kromayer, G. Veith, Heerwesen und Kriegführung der Griechen und Römer, München 1928, S. 163 ff.

# 156

## Versorgung eines Soldatenliebchens

P. Eleph. 3 (mit BL III, s. a. BL V)

Elephantine. Februar/März 28 v. Chr.

Βασιλεύοντος Πτολεμαίου (ἔτους) μα ἐφ' ἱερέως Εὐρέου τοῦ
Προίτου τῶι γ (ἔτει) μηνὸς 'Αρτεμισίου
κατέβαλεν 'Ελάφιον Σύρα μετὰ κυρίου Παντάρκους 'Αντιπάτρωι 'Αρκάδι τροφεῖα ὑπὲρ αὑτῆς ἀργυρίου (δραχμὰς) τ.
Μὴ ἐξέστω δὲ 'Αντιπάτρωι ἐπελθεῖν ἐπ' 'Ελάφιον εἰσπράτ-
τοντι τροφεῖα ἢ καταδουλούμενον παρευρέσει
μηδεμιᾶι μηδ' ἄλλωι ὑπὲρ 'Αντιπάτρου. Εἰ δὲ μή, ἥ τ' ἔφοδος
αὐτοῖς ἄκυρος ἔστω καὶ ἀποτεισάτω

5 'Αντίπατρος 'Ελαφίωι ἢ τῶι ὑπὲρ 'Ελαφίου πορευομένωι
ἐπίτιμον (δραχμὰς) γ'. Ἡ δὲ συνγραφὴ ἥδε κυρία ἔστω
πανταχῆι οὗ ἂν ἐπιφέρηι 'Ελάφιον κατ' 'Αντιπάτρου ἢ ἄλλος
ὑπὲρ 'Ελαφίου πράσσων καθάπερ 'Ελαφίωι
γέγραπται. Μάρτυρες Παγκράτης 'Αρκάς, Καφισίας Φωκεύς,
Δίφιλος Φωκεύς, 'Επίνικος Χαλκιδεύς,
'Αθηναγόρας 'Αλεξανδρεύς, Ξενοκλῆς 'Ρόδιος.


Im 41. Jahre der Königsherrschaft des Ptolemaios unter dem
Priester (des vergöttlichten Alexander) Eureos, Sohn des
Proitos, im 3. Jahr, im Monat Artemisios hat bezahlt die
Syrerin Elaphion mit Pantarkes als Geschlechtsvormund dem
Arkader Antipatros für sich selbst 300 Silberdrachmen Kost-
geld. Untersagt soll es dem Antipatros sein, gegen die Elaphion
vorzugehen, um das Kostgeld einzutreiben, oder sie sich zur
Sklavin zu machen, unter jedem Vorwand und jedem anstelle
des Antipatros. Falls (er sich) nicht (daran hält), soll seine
Klage ihnen gegenüber unwirksam sein, und Antipatros soll
der Elaphion oder dem für die Elaphion Vorgehenden 3000
Drachmen als Strafgeld zahlen. Dieser Vertrag soll maßgeblich sein überall, wo ihn die Elaphion gegen Antipatros vorlegt
oder ein anderer für die Elaphion entsprechend des der Elaphion schriftlich Zugesicherten Vollstreckender. Zeugen sind
der Arkader Pankrates, der Phoker Kaphisias, der Phoker
Diphilos, der Chalkideer Epinikos, der Alexandrier Athena-
goras, der Rhodier Xenokles.


Es folgt die ausgenommen zweier Schreibvarianten gleiche Außenschrift. Auf der Rückseite zwischen den Siegelbeischriften die Angabe des Urkundenverwahrers:


|  |  | Συγγραφοφύλαξ |  |
| --- | --- | --- | --- |
| Παγκρά- | 'Αντιπάτρου | Παγκράτης | Ξενοκλέους |
| τους | Siegel Διφίλου | 'Επινίκου Siegel | Καφισίου |
|  |  |  | 'Αθηναγόρου |

Die Vielfalt der Herkunft des alexandrischen und frühptolemäischen Heeres spiegelt sich in den Heimatangaben der Beteiligten dieser Urkunde. Sind es unter Alexander dessen Erfolge gewesen, die Angehörige aller griechischen Stämme zu
„seinen Fahnen" eilen ließen, so locken unter den ersten
Ptolemäern die Möglichkeiten in dem der griechischen Welt
neu gewonnenen Ägypten Unternehmenslustige, im Ptole-
mäerheer Dienst zu nehmen. Elephantine, auf einer Nilinsel
nahe der Südgrenze Ägyptens gegen Nubien gelegen, dankt
seiner Lage die Rolle einer Grenzfestung durch Jahrhunderte: aus einer jüdischen Militärkolonie aus der Perserzeit
Ägyptens (5. Jahrh.) stammen bedeutende aramäische Papyri,
Griechen liefern dann einige der ältesten griechischen Papyri
Ägyptens, und auch unter den Römern ist Elephantine Gar-
nisonsstadt (Tac. ann. 2.61). Einen Blick in das Garnisons-
leben im Todesjahr Ptolemaios I. Soter gewährt die vorliegende Urkunde, nach der sich die Syrerin Elaphion die Zahlung eines Kostgeldes von 300 Drachmen unter Sicherungsklauseln gegen künftige Inanspruchnahme bestätigen läßt.
Ein entsprechender, um ein halbes Jahr vorausgehender Vertrag (P. Eleph. 4), in dem die Zahlung von 400 Drachmen
Kostgeld an ihren gegenwärtigen Geschlechtsvormund festgestellt wird, gestattet die Verhältnisse der Elaphion ein
wenig zu klären. Deren eigene Beteiligung an den beiden
Rechtsgeschäften erweist sie als eine freie Person. Wahrscheinlich ist sie eine Dirne, die in der Garnison von Elephantine von Hand zu Hand geht, sich dabei jedoch vermögensmäßig absichert. Man darf sicherlich unterstellen, daß die
von ihr geleisteten Kostgeld-Zahlungen zu Lasten ihrer Lieb-
haber gehen, die jeweils als Geschlechtsvormund (κύριος,
s. o. Nr. 43) auftreten. Wie dies rechtlich erledigt wird, ist
noch zu untersuchen, zumal die Elaphion bei einer allein am
Geldwert orientierten Betrachtung innerhalb von 7 Monaten
100 Drachmen, d. h. einen stattlichen Betrag, an Wert verloren hätte.

*Lit.:* zum Text s. A. Berger, Strafklauseln [o. bei Nr. 77] S. 191 f.;
A. E. Samuel, Chronology S. 20 ff.; H. J. Wolff, Eherecht, Beiträge
[o. bei Nr. 43] S. 200 f.; zu Elephantine s. W. Helck, Pauli 2 Sp. 242
s. v. Elephantine.

## 157

## Streitigkeit um ein Soldatenquartier

P. Ent. 13 Magdola. 222 v. Chr.

Βασιλεῖ Πτολεμαίωι χαίρειν 'Ασία. 'Αδικοῦμαι ὑπὸ Ποώρ[ι]ος
τοῦ σταθμούχου. Τοῦ γὰρ ἀνδρός μου
Μαχάτου σταθμοδο⟨τη⟩θέντος ἐν κώμηι Πηλουσίωι καὶ
διελομένου αὐτοῦ πρὸς τὸν Ποῶριν καὶ ἀνοικοδο-
μήσαντος ἐν τῶι αὐτοῦ τόπωι ἱερὸν Συρίας θεοῦ καὶ 'Αφροδίτης
Βερενίκης, ὑπάρχοντος δὲ τοίχου τινὸς
ἡμιτελέστου ἀνὰ μέσον τοῦ τε Ποώριος καὶ τοῦ τοῦ ἀνδρός
μου, ἐμοῦ δὲ βουλομένης ἐπισυντελέσαι
5 τὸν τοῖχον ἵνα μὴ ὑπερβατὸν ἦι εἰς τὰ ἡμέτερα, Ποῶρις
κεκώλυκεν οἰκοδομεῖν, οὐθὲν προσήκοντος
αὐτῶι τοῦ τοίχου, ἀλλὰ καταφρονῶν ὅτι ὁ ἀνήρ μου τετελεύτηκεν. Δέομαι οὖν σου, βασιλεῦ, προστάξα[ι]
Διοφάνει τῶι στρατηγῶι γράψαι Μενάνδρωι τῶι ἐπιστάτηι,
ἐὰν [φ]αίνηται ὢν ὁ τοῖχος ἡμέτερος, μὴ ἐπιτρέπειν τῶι Ποῶρει κωλύειν ἡμᾶς οἰκοδομεῖν, ἵνα ἐ[π]ὶ σὲ
καταφυγοῦσα, βασιλεῦ, τοῦ δικαίου τύχω.
Εὐτύχει.
10 (2. Hd.) Μενάνδρωι. Μάλιστ[α] μὲν διάλυσον αὐτ[ο]ύς· εἰ
δ[ὲ μή,] πρὸς ἡμᾶ[ς] ἀπό⟨στειλον⟩ ὅπ⟨ως⟩ ἐπι⟨σκεψώμεθα⟩.
("Ετους) [κε, Λώι]ου κ̅ς̅ Χοιὰχ ι̅γ̅.
Verso: "Ετους κε, Λώιου κ̅ς̅, Χοιὰχ ι̅γ̅.
'Ασία πρὸς Ποῶριν περὶ
καθαιρέσεως τοίχου.

Dem König Ptolemaios Gruß von Asia. Ich erleide Unrecht
von dem Quartiergeber Pooris. Mein Ehemann Machatas
nämlich war im Orte Pelusion einquartiert und hatte sein
Quartier mit dem Pooris geteilt und in seinem Teil eine Ka-
pelle der syrischen Göttin und der Aphrodite Berenike erbaut,
wobei ihm eine halbfertige Mauer auf der Scheidelinie zwischen dem (Teil) des Pooris und dem meines Mannes ge-

hörte. Als ich aber die Mauer vollenden wollte, damit man
nicht in unseren Teil steigen könne, hinderte Pooris das
Bauen, obgleich ihm die Mauer gar nicht gehört, sondern aus
Mißachtung, weil mein Mann gestorben ist. Ich bitte nun
Dich, o König, dem Strategen Diophanes aufzugeben, an den
Epistates Menander zu schreiben, er möge, wenn sich die
Mauer als unsere erweist, den Pooris nicht uns am Bauen
hindern lassen, damit ich zu Dir, o König, geflüchtet mein
Recht erlange. Gehab Dich wohl. (2. Hd.) Dem Menander.
In erster Linie versöhne sie, falls (dies) nicht gelingt, sende
(sie) zu uns, damit wir (die Sache) untersuchen. Im 25. Jahre,
am 26. Loios = 13. Choiach. (Verso) Im 25. Jahr, am 26.
Loios = 13. Choiach. Asia gegen Pooris wegen des Mauer-
abbruchs (so!).

Asia, die Witwe eines Kleruchen [s.o. Nr. 13] bittet in der
geläufigen Form der Enteuxis [s.o. Nr. 40] um Schutz vor
Pooris, da dieser dem Abschluß einer die beiderseitigen Quar-
tieranteile trennenden Mauer entgegentritt. Stathmos ist ursprünglich die Wohnung vor allem der an einem Ort länger
stationierten Soldaten, das Quartier, welches die Kleruchen
neben ihrem Landlos (κλῆρος) erhalten. Allerdings ist die
Gestellung der σταθμοί eine drückende Last für die nationalägyptische Bevölkerung – hier für Pooris –, bei der sie unent-
geltlich requiriert werden. Wie unser Text zeigt, wird aber
der Besitz am σταθμός vererbbar wie der am κλῆρος; nur
dieser Umstand erklärt, weshalb Asia und nicht ein in die
Stellung des Vaters eingerückter dienstfähiger Sohn des
Machatas die vorliegende Eingabe macht. Unser Text ist
weiter ein Beleg für die Völker- und Religionsvielfalt dieser
Zeit: Machatas ist ein gut griechischer Name. Asia dagegen
wird nach ihrem Namen und ihrer Verbindung mit der syrischen Göttin Atagartis syrischer Herkunft und vielleicht
dank der Handelsbeziehungen des Lagidenreiches zu Syrien
oder im Rahmen der Kämpfe mit dem Seleukidenreich nach
Ägypten gekommen sein. Religiös hat sich das Ehepaar offenbar gut geeinigt, in der Hauskapelle finden Atagartis und
Berenike II., Gemahlin Ptolemaios III. Euergetes I., Platz –
nebeneinander die Gottheit der Syrerin und des königs-

treuen Soldaten. Übrigens zeigt eine zufällig überlieferte Inschrift (s. APF 2, 1903, S. 547 = Dittenberger, Syloge 733), daß Atargatis noch 26 Jahre später einen Platz im Hauskult dieser Familie hat.

*Lit.:* zum σταθμός s. M. San Nicolo, RE III A 2 Sp. 2178 ff. s. v. Σταθμοῦχος; U. Wilcken, Grundzüge S. 386 f.; zum Religiösen s. W. Rübsam, Götter und Kulte [o. bei Nr. 66] S. 134 ff.

## 158

## Anweisungen anläßlich eines Festungsbaus

P. Berl. Zill. 1 Col. V Z. 80–95  Herakleopolites. 156/155 v. Chr.

80 [Διοσκου]ρίδης Σαραπίωνι χαίρειν. Ἐπεὶ ἐκ τῶν π[αρὰ]
[Πτολεμ]αίου τῶν ἀρχισωματοφυλάκων καὶ στρατηγοῦ
[γεγραμμ]ένων ἡμῖν τὰ κατὰ τὴν οἰκοδόμησιν τοῦ
[κτιζομέ]νου ἐπὶ τοῦ καθ' Ἡρακλέους πόλιν ὅρμου
[φρουρίου ἐν] συντελείαι ἐστίν, εἰ[ς] δὲ τὴν τῶν πυλῶν
85 [κατ]α[σ]κευὴν οἴεται δεῖν ὁ Πτολεμαῖος ξύλα τε καὶ σίδηρον
[ὡ]ς εἰς ἀσπίδας καὶ ἥλους χορηγηθῆναι, καὶ γεγράφαμεν
τ[οῖ]ς ἐν τῆι Θηβαίδι ἐκπέμψαι τὰ σημανθέντα
[το]ῦ σιδήρου καθ' ὅτι Πρώταρχον τὸν ἀρχιτέκτονα ἀνενεγκεῖν
σ[υντάξασ]θαι δὲ [τοῖς] σκεπάζουσι παραδοῦναι οἷς ἂν σύ τε καὶ
90 Δ[ιο]νύσιος ὁ βασιλικὸς γραμματεύς [συ]στήσητε, προνοήθη[τι]
ὅπως αἵ τε θύραι κατασκευασθῶσιν ἐξ ἐπιχωρίων ξύλω[ν]
ἐπιτήδειαι κα[ὶ ὁ δι]αποιήσων σίδηρος καταχρησθῇ καὶ
καθό[λου]
μηθεὶς ἐκ τῶν κατὰ μέρος γένηται κλόπιμο[ς τούτω]ν
νοσφισμός.
Ἔρρωσο. (Ἔτους) κς [  ].

Dioskurides dem Sarapion Gruß. Da nach dem, was der Erz-
leibwächter und Stratege Ptolemaios uns geschrieben hat,
die Bauarbeiten an der am Hafen von Herakleopolis ange-
legten Festung dem Ende zugehen und Ptolemaios es für
nötig hält, daß für die Zurichtung der Tore Hölzer, Eisen für
Türbeschläge und Nägel geliefert werden, und ich den (Behörden) in der Thebais geschrieben habe, die angegebene
Menge an Eisen zu senden gemäß dem vom Bauleiter Protarchos Beantragten und die Aufsichtsführenden anzuweisen,
es denjenigen auszuliefern, die Du und der königliche Schreiber Dionysios bestimmt haben, sorge Du dafür, daß die
Türen passend aus einheimischem Holz hergestellt werden
und daß das hinreichende Eisen verwendet wird und auf gar
keine Weise von diesen Dingen etwas heimlich hinterzogen
wird. Gehab Dich wohl. Im 26. Jahre...

Dieser Brief eines Dioiketen an einen hohen Untergebenen
entstammt einem als Papyruskartonage leider nur fragmentarisch überlieferten amtlichen Briefwechsel über einen Fe-
stungsbau in Herakleopolis und dadurch veranlaßte finanzielle Maßnahmen. Der Bau fällt in die wechselhafte Regierungszeit Ptolemaios VI. Philometor (180–145 v. Chr.), deren
Ungemach Befestigungsarbeiten im Landesinnern wohl erklärt: 170 bis 168 hatte der Seleukide Antiochos IV. Ägypten
besetzt und war nur einer römischen Intervention gewichen,
165 war ein Aufstand in der Thebais niederzuwerfen, und 164
wurde Ptolemaios auf ein Jahr von seinem Bruder Ptolemaios
VIII. vertrieben und verdankte seine Rückkehr wiederum
Rom. Unter diesen Umständen mag Anlaß zur Sparsamkeit
gewesen und der Apell, jeglichem Unterschleif vorzubeugen
und selbst in dem holzarmen Ägypten sich mit einheimischem
Holz zu begnügen, verständlich sein.

*Lit.:* zum Text s. H. Zilliacus, P. Berl. Zill. S. 5ff.; zu Ptolemaios
VI s. W. Otto, Zur Geschichte der Zeit des 6. Ptolemäers. Ein
Beitrag zur Politik und zum Staatsrecht des Hellenismus (Abh. d.
Bayer. Akad. d. W. Phil.-Hist. Abt. N.F. Heft 11), München
1934; H. Volkmann, RE XXIII 2 Sp. 1702ff. s. v. Ptolemaios 24);
zum Festungswesen der hellenistischen Zeit s. J. Kromayer, G.
Veith, Heerwesen [o. bei Nr. 155] S. 209ff.; zu den Hofrängen
(Z. 81) s. L. Mooren, The Aulic Titulature [o. bei Nr. 38].

## 159

## Zum Bürgerrecht römischer Veteranen

SB VIII 9668 (*)                    Herkunft unbekannt. 63. n. Chr.

[οὐδὲ ἡ αὐτὴ ἑκά]στων [ὑ]μῶν
[ὑπόθεσις· οἱ μὲ]ν γὰρ ὑμῶν
[εἶσιν λε]γιῶνος μισσίκιι
[οἱ δὲ ἐξ εἰλῶν, ο]ἱ δὲ ἐκ σπειρῶν,
5 [οἱ δὲ ἐκ τοῦ ἐρε]τικοῦ ὥστε
[μὴ εἶναι τὸ α]ὐτὸ πάντων
[δίκαι]ον· μελήσει δέ μοι πε-
[ρὶ τούτου καὶ] ἔγραψα τοῖς κατὰ
[νομὸν] στρατηγοῖς ἵνα ὁλό-
10 κληρος ἡ χάρις τοῦ κυρίου
ὑμεῖν τηρυθῇ κατὰ τὸ ἑ-
[κ]άστ[ου] δίκαιον.

× × × ×

[Hinsichtlich der in Ehren aus der Armee Entlassenen, wegen des Bürgerrechts. Der (Präfekt) Tuscus: Ich habe Euch bereits schon früher gesagt, daß] die Lage jedes von Euch [weder vergleichbar ist] noch gleich. Die einen von Euch sind Veteranen der Legion, die anderen aus Alen, wieder andere aus Kohorten und andere aus dem Ruderdienst, so daß es nicht das gleiche Recht für alle geben kann. Ich werde mir die Frage angelegen sein lassen und ich habe den Gaustrategen geschrieben, damit der Gnadenerlaß (unseres) Herrn vollständig auf Euch angewendet werde gemäß dem Recht jedes Einzelnen.

Das kleine Fragment ist gleich P. Fouad I 21 eine Kopie des Protokolls einer Audienz beim Präfekten C. Caecina Tuscus anläßlich einer Beschwerde von Veteranen; es ist nach dem nur unwesentlich abweichenden Text P. Fouad I 21 ergänzt, dem auch der Anfang der hier gegebenen Übersetzung folgt. Im P. Fouad I 21 ist außerdem das Datum und die Angabe der Anwesenden erhalten. Obgleich in der nämlichen Angelegenheit noch ein Privatprotokoll wohl eines der beteiligten Veteranen überliefert ist (SB V 8247), wird leider nicht deutlich, um welche Privilegien es geht, da das Wissen darum in jedem Texte vorausgesetzt wird. Allgemein bekannt ist, daß Nichtrömer beim Eintritt in die Legion das römische Bürgerrecht erhalten, bei den Hilfstruppen dagegen erst mit der ehrenvollen Entlassung. Der vorliegende Text zeigt, daß ein nicht näher bekanntes Edikt des Kaisers Nero (54–68) den Veteranen weitergehende Privilegien verliehen hat, deren Umfang sich nach dem ehemaligen Truppenteil richtet. Die Aufzählung Z. 3ff. läßt die Abstufung erkennen: am besten stehen sich offenbar die einstigen Legionäre, nächst ihnen die ausgedienten Reiter, es folgen die Veteranen der Auxiliarkohorten, und die Matrosen stehen am Schluß. Man könnte denken, daß demnach Veteranen nur in verschiedenem Maße zu Liturgien herangezogen werden dürfen, hinsichtlich deren sie in der Tat privilegiert sind. Die Liturgien werden aber erst im Laufe dieses Jahrhunderts, langsam zunehmend, eingeführt und sind zu dieser Zeit noch kein aktueller Punkt für eine Audienz beim Präfekten. Streitgegenstand könnte eine andere Differenzierung sein: Manche Veteranen erlangen mit ihrer ehrenvollen Entlassung nur das römische Bürgerrecht, soweit sie es nicht schon besitzen, andere erhalten zusätzlich das Recht, auch mit einer Nichtrömerin eine gültige Ehe einzugehen *(conubium)*, und wieder andere erhalten neben Bürgerrecht und *conubium* das Bürgerrecht auch für ihre Abkömmlinge. Daß hierfür die Waffengattung bestimmend wäre, ist nicht ersichtlich, und die Frage nach dem Inhalt jenes Edikts sei hier nur der Anlaß, die Vielschichtigkeit antiker Privilegien, Bürgerrechte und Verpflichtungen anzudeuten.

*Lit.:* Zum Text s. S. Daris, Sul papiro Osloense inv. 1451, Aegyptus 42, 1962, S. 123 ff.; eingehend zu P. Fouad I 21 s. J. Scherer, P. Fouad I S. 39 ff.; W. L. Westermann, Tuscus the Prefect and the Veterans in Egypt (P. Yale Inv. 1528 and P. Fouad I 21), CPh 36, 1941, S. 21 ff.; U. Wilcken, Urkunden-Referat, APF 14, 1941, S. 174 f.; Nd. der o. a. Texte s. S. Daris, Documenti per la storia dell'esercito romano in Egitto, Milano 1964, Nr. 101–103; zum Heerwesen s. J. Kromayer, G. Veith, Heerwesen [o. bei Nr. 156], S. 470 ff.

160

## Quittung über Soldatengewänder

P. Ryl. II 189 (s. BL II und V)        Soknopaiu Nesos. 128 n. Chr.

Διονύσιος Σωκράτους καὶ οἱ μέτοχοι παραληπταὶ
δημοσίο(υ) ἱματισμῷ κουστωδιῶν παρ{α}ειλ(ἡφαμεν) παρὰ
γερδί-
ων κώμης Σεκνωπαίου Νήσου ιστωλο . . . . ουϲ χι-
θώνους δέκα ἐννέα, (γίγνονται) ιθ, καὶ ἱϲ ⟨σ⟩τρατιωτικὰϲ
χρείαϲ
τῶν ἐν τῇ ᾽Ιου{α}δαίᾳ στρατευομένων παλλίωλα λευκὰ
πέντε, (γίγνονται) ε. ιγ (ἔτους) Αὐτοκράτορος Καίσαρος
Τραιανοῦ ᾽Αδριανοῦ
Σεβαστοῦ, Χοιὰκ κβ. (2. Hd.) Διογέν[η]ϲ παρέλαβα.
(3. Hd.) ᾽Ονησᾶϲ συνπαρέλαβα. (4. Hd.) Φιλόξεϝοϲ
συνπαρέλαβα.

3 Σεκνωπαίου l. Σοκνοπαίου; χι-|θώνους l. χιτῶνας    5 παλ-
λίωλα l. παλλίολα

Dionysios, Sohn des Sokrates, und die teilhabenden Einnehmer der öffentlichen Kleiderabgabe für die Garden, wir haben von den Webern des Dorfes Soknopaiu Nesos neunzehn
Gewänder, macht 19, und für die Heeresbedürfnisse der in
Judaea dienenden Soldaten fünf weiße Mäntel, macht 5,
empfangen. Im 13. Jahr des Imperator Caesar Traianus
Hadrianus Augustus, am 22. Choiak. (2. Hd.) Ich, Diogenes,
habe erhalten. (3. Hd.) Ich, Onesas, habe miterhalten.
(4. Hd.) Ich, Philoxenos, habe miterhalten.


Was beim ersten Blick eine Requiration zu sein scheint, erweist sich bei näherem Zusehen als eine den Bedürfnissen
des Militärs dienende Naturalabgabe, die wie andere Steuern
durch ein Konsortium von – hier drei – (privaten) Steuereinnehmern eingezogen wird. Bezeichnend ist, daß die Leistung

von „den Webern" des Dorfes erbracht wird – eben erst
haben die Römer das System der Liturgie eingerichtet und
schon beginnen sie deren Erfüllung abzusichern, indem sie
diese einem gemeinsam verantwortlichen und haftbaren
Kollegium anlasten. Dies garantiert nur scheinbar die Leistung, denn – wie die spätere Zeit erweist – fallen erst einmal mehrere Verpflichtete gleichzeitig aus, so wird der Druck
für die Verbleibenden übergroß und auch sie suchen sich der
Erfüllung zu entziehen [s.o. Nr. 2, 42]. Weswegen ein Teil
der Lieferung für Soldaten in Judaea bestimmt ist, ist nicht
ersichtlich.

*Lit.:* zum Text s. Ed. pr.; zur Abgabenleistung in Kleidern vgl.
L. Mitteis, Einl. zu P. Lips 45 (371 n. Chr.); zur Liturgie. s.o.
Nr. 33.

## 161

### Beileidsbrief

P. Ross. Georg. III 2          Herkunft unbekannt. 270 n.
(mit BL III)                   Chr.

Σερῆνος Ἀντωνίᾳ τῇ μητρὶ εὖ πράσσειν.

Ἀκούσας, κυρία, τὴν τελευτὴν τοῦ [..]τρου ἀηδῶς ἔσχον.
    Ἀλλὰ ἀνθρώπινον·

κ̣αὶ γὰρ καὶ ἡμεῖς τοῦτο διώκομεν. Πολλὰ δὲ καὶ τὸν Μάρκον
    παρε-

μυθησάμεθα λυπούμενον ἤτε διὰ τὴν ἐκίνου τελευτὴν ἤτε

5 διὰ τὸ [σ]ὲ λυπῖσθαι. Ἀλλὰ θεῶν θελόντων ὅτι οὗτός σοι
    περίεστιν,

οὐδ[έ]ν [σ]ο[ί] ἐστιν φαῦλον. Κα[λ]ῶς οὖν πο[ι]ή[σ]εις,
    μήτηρ, λαβοῦσα

ἡμῶν [τ]ὰ [γ]ράμματα καὶ εὐθέως ἰσελθοῦσα πρὸς ὑμᾶς,
    γινώσκου-

σα ὅτι ὁ ἀδελφός μου Μάρκος ἐν προλήμψι ἐστὶν πολλῇ τῇ πε-

ρι τούς κ[ά]μνοντας καί τό ἰατρῖον. Οἶδας δὲ ὅτι οὔκ ἐστιν
10 εὔκοπον πάσχοντας κατ[α]λῖψαι οὐχ ὀλίγους καί ἐργαστήριν,
μὴ καί τι[ς γ]ονγυσμὸς κ[α]θ' ἡμῶν γένηται, καί ταῦτα ἐν
τοιαύτῃ
ἡγεμονίᾳ. Π[άν]τως σοι ἐμήνυσεν ὁ Μάρκος δι' ἐπιστολῆς,
τὴν ἐμὴν ἀσχολασίαν· ἐν λιτουργίᾳ γάρ εἰμι πολιτικῇ καί
διὰ το[ῦτο ἀσχολ]οῦμαι ἐπί οὐκ ἦν με πρὸς ὀλίγας ἡμέρας κα-
15 θίσαν[τα ἐκπέμψ]αι αὐτὸν ἐπί σέ. Σκ[οπούμε]νοι δὲ το[ῦ]
Ἀρποκρᾶ
κῆ[δος ἡμῶν ἀμ]φοτέρων καί στοχ[αζόμεν]οι τό καλῶς ἔχον
[ἐπιτεινόμεθα (?) ε]ἰς ἕν, [ὅ]πως ἰσελθο[ῦσα σὺν] τῇ θυγατρί
σου
[τὸν λοιπὸν βίον?] σου [ἐντ]αῦθα δι[άγῃς σὺ]ν τῷ υἱῶι καί
γάρ καί
ἡ θυγά[τηρ σοι σ]υνέσται, ἐν [πένθει παραμυθία οὐκ(?)]
ὀλ[ίγ]η,
20 καί σεβαζ[ομένη]ν ἔχις, ὑπὸ πολ[λ]ῶν [ποθη]θ[εῖσαν διὰ
τὴν .....]
μνίαν, πολύ δὲ μᾶλλον διὰ τὴν τιμὴν Μάρκου ἣν ἔχι ἐνταῦθα,
γινώσκουσα, ὅτι διὰ τῶν πρώτων τῆς κώμης καί εὐγνω-
μόνων ἐνταῦθα, μᾶλλον δὲ κηδομένων Μάρκου με-
μεσιτεύμεθα ἀπὸ τῆς προτέρας αὐτοῦ ἀποδημίας, καί
25 διὰ φίλων καί διὰ τῶν π⟦ρο⟧ατρώων θεῶν καί διὰ γραμμάτων, ὅπως μὴ ἀποσχισθῶμεν ἀλλήλων. Διὸ οὖν,
μήτηρ, ὡς φρονίμη γυνή, λαβοῦσα ὑμῶν τὰ γράμματα
ὑπὸ τοῦ Ἀρποκρᾶ, εὐθέως οἰκονομήσασα τὰ σεαυτῆς,
τὴν φροντίδα τὴν πρὸς ἡμᾶς ποιοῦ· δύνασαι γὰρ τὰ ἴδια
30 ἃ μὲν ἐν μισθώσι ποιήσασα, ἃ δὲ ἐν ἀσφαλεῖ οὕτως σπεῦ-
ἡ
σαι πρὸς ὑμᾶς.
Εὐθύ[μει] κυρία.

7 ὑμᾶς l. ἡμᾶς    10 ἐργαστήριν l. ἐργαστήριον    28 ἐνταῦθα l.
ἐνταῦθα    31 ἡμᾶς - η zwischen den Zeilen über υ

Serenos seiner Mutter Antonia Wohlergehen. Als ich von
dem Tod des ... hörte, o Herrin, wurde ich sehr betrübt.
Aber dies ist Menschenschicksal und auch wir gehen ja dem
entgegen. Auch Marcus haben wir oft getröstet, da er sich

grämt, sei es wegen des Todes jenes, sei es wegen Deiner Trauer. Aber so die Götter wollen, daß er Dir bleibt, steht es nicht schlecht um Dich. Du wirst gut tun, o Mutter, nach Empfang unseres Briefes unverzüglich zu uns zu kommen. Du weißt ja, daß mein Bruder Marcus in großer Sorge um die Kranken und das Lazarett ist. Du siehst ein, daß es nicht leicht ist, viele Kranke und die Arbeitsstätte zu verlassen, auch damit kein Unwille wider uns entstehe, noch dazu bei solchen Vorgesetzten. Marcus hat Dir per Brief gänzlich meine Beanspruchung mitgeteilt; ich stehe nämlich im Staatsdienst und bin deswegen so beschäftigt, daß ich mich nicht einmal für einige Tage hinsetzen und ihn zu Dir schicken konnte. Aber wenn wir die Gewogenheit des Harpokras uns beiden gegenüber betrachten und auf das Wohlverhalten abzielen, steigern wir uns zu dem Einen (?), daß Du mit Deiner Tochter kommst und Dein restliches Leben hier mit Deinem Sohne verbringst. Und auch Deine Tochter wird bei Dir sein, in der Trauer kein geringer Trost (?), und Du siehst Dich verehrt, von vielen ersehnt dank dem Andenken an..., noch mehr aber dank der Wertschätzung, die Marcus hier besitzt. Wisse, daß wir durch die Ersten des Dorfes und der Wohlwollenden hier, die dazu um Marcus besorgt sind, seit seiner ersten Reise Verbindung haben, und durch Freunde und die heimischen Götter und durch Briefe, daß wir uns nicht voneinander trennen würden, daher nun, o Mutter, richte als verständige Frau Deinen Sinn auf uns, nachdem Du unseren Brief von Harpokras erhalten und unverzüglich Deine Angelegenheiten geordnet hast. Du kannst ja Dein Eigentum teils verpachten, teils in Verwaltung geben, so daß Du zu uns eilen kannst. Sei guten Mutes, o Herrin.

Der warme Kondolenzbrief eines Sohnes an seine Mutter spricht für sich. Um wen es sich bei dem Verstorbenen handelt, ist ungewiß. Jedenfalls ist es nicht der Vater des Schreibers, aber sichtlich jemand der Mutter eng Verbundener, vielleicht ein zweiter Ehemann, was neben den teilnahmsvollen Worten den Hinweis auf die verbleibenden Angehörigen und die Bitte, das Lebensende beim Schreiber zu verbringen, erklärte. Marcus ist, wie uns ein gleichfalls in Alexandrien geschriebener Brief aus seiner Hand bestätigt (P. Ross. Georg. III 1), am Reisen gehindert; kurz zuvor hat eine Schlacht mit Truppen der Zenobia, Königin von Palmyra (267–271/2), stattgefunden und Marcus muß sich um die Verwundeten kümmern. Nach unserem Brief scheint aber auch Serenus Arzt und – wohl nur zeitweilig im Staatsdienst – mit der Verwundetenpflege beschäftigt zu sein.

*Lit.:* C. H. Roberts, An Army Doctor in Alexandria, Festschrift W. Schubart, Leipzig 1950, S. 112 ff.; U. Wilcken, Urkunden-Referat, APF 10, 1932, S. 237 ff. (260); zu Zenobia s. R. Engel, Pauly 5 Sp. 1491 f. s. v. Zenobia 2).

# KONKORDANZ

---

\* Die Nummern dieser zum Abdruck in SB XIV vorgesehenen Texte stehen derzeit noch nicht fest.

# NACHWORT

Zweck dieses Buches soll sein, dem interessierten Nichtpapy-
rologen wie dem angehenden Papyrologen einen Überblick
über die Vielfalt der papyrologischen Quellen zu geben und
ihn mittels dieser Zeugnisse aus dem antiken Alltag über Leben und Denken im griechisch-römischen Ägypten zu unterrichten. Die ausführlichen Literaturangaben bieten dem Interessenten eine erste Bibliographie. Allerdings hängen die
angegebenen Titel vom Inhalt der Texte und Kommentare
ab, so daß viele wichtige Werke aus der umfangreichen papyrologischen Literatur hier nicht erwähnt werden. Die Lite-
raturauswahl war notgedrungen subjektiv, maßgebend war
unter anderem das Bestreben, nicht nur die jeweils wesentliche Literatur zu nennen, sondern verschiedene Titel, wenn
mehrere Werke einschlägig waren: eine Literaturangabe
schließt nicht aus, daß eine sonst zu einem anderen Thema
angeführte Publikation zugleich – hier unerwähnt – auf die
nämliche Frage eingeht. Fremdsprachige Literatur anzugeben
war bei einer weltweit betriebenen wissenschaftlichen Dis-
ziplin, wie die Papyrologie es ist, unumgänglich. Subjektiv wie
die Auswahl der Literatur war die der Texte und die Gewich-
tung der Kommentare. Über 20 000 edierte griechische Papyri
gestatten es, mit gutem Grund je nach Neigung einen gleich
bunten, doch gänzlich anderen Strauß von Texten zusammen-
zustellen. Die Kommentierung geschah assoziativ, sie sollte
dem Leser den Text selbst erläutern und Hintergrundinfor-
mationen liefern; fachspezifisch geht sie nur soweit in die
Tiefe, wie es eine korrekte Textinterpretation erfordert – der
Fachmann wird viele Bemerkungen vermissen. Texte, Kommentare und Bibliographie sind aber durch den Umfang eines
Buches beschränkt.
Das Erscheinen des vorliegenden Bandes wurde vor 10 Jahren
von den Herren Dres. Günther Häge und Hanno Kühnert
angeregt. Nach der Annahme des Projektes durch den Verlag
wählte Herr Dr. Kühnert die Texte aus, die im wesentlichen
auch jetzt den Bestand bilden, und Herr Dr. Häge übersetzte

und kommentierte die Hälfte der Texte; sein erster Kommentar war mir eine Unterstützung bei der Niederschrift der endgültigen Fassung. Als beide Herren aus dem Hochschuldienst schieden, mußte das Vorhaben jedoch eingestellt werden, bis mir die Vorarbeiten zur Fertigstellung übergeben wurden.

Für Hinweise habe ich nach verschiedenen Seiten zu danken. Mein besonderer Dank aber gilt den Herren Professoren Dr. phil. Dieter Hagedorn, Köln, und Dr. jur. Hans-Albert Rupprecht, Marburg, die die Korrekturbogen bzw. das Manuskript durchgesehen und wertvolle Ratschläge gegeben haben, Fräulein Ref. Ulrike Paulus, Marburg, welche das Manuskript und mit mir die Korrekturen gelesen hat, Frau Gertrud Paul, Marburg, die sich umsichtig des Manuskripts angenommen hat, und Herrn Dr. H. Färber, dem Herausgeber der Tusculum-Reihe, der dem Beginnen, ein kommentiertes Lesebuch der Payri zu schaffen, großes Interesse und Verständnis entgegengebracht hat. Zu danken ist schließlich den nachstehend genannten Personen oder Institutionen, welche hilfsbereit die Vorlagen der Abbildungen und die Erlaubnis zu deren Abdruck vermittelt oder gegeben haben: Herrn Prof. Dr. D. Hagedorn, Köln; Herrn Dr. W. Müller, Berlin (Ost); Herrn Prof. Dr. E. G. Turner, London; the Bodleian Library, Oxford; the British Library, London; the Trustees of the British Museum, London; dem Institut für Altertumskunde der Universität zu Köln; dem Rheinischen Landesmuseum, Trier; den Staatlichen Museen zu Berlin/DDR.

Marburg, im Oktober 1976

J. Hengstl

# ANHANG

## VERZEICHNIS DER PAPYRUS- UND OSTRAKA-EDITIONEN *

### I. Papyri

Actenstücke = *Actenstücke aus der Königlichen Bank zu Theben in den Museen zu Berlin, London, Paris,* ed. U. Wilken. Berlin 1887. (*Abh. Berlin* 1886, Anhang, S. 3 ff., Nd. U. Wilken, *Berliner Akademieschriften zur Alten Geschichte und Papyruskunde (1883–1942),* Leipzig 1970, Teil 1, S. 39 ff.). Neuausgabe UPZ II 205–207, 214, 215, 217–221, 226–228.

Apokrimata s. P.Col. VI.

BGU = *Aegyptische Urkunden aus den Königlichen/*(später:) *Staatlichen Museen zu Berlin, Griechische Urkunden.* Berlin 1895 ff., I–IX Nd. Milano 1972.

I:    1895. Nr. 1–361.
II:   1898. Nr. 362–696.
III:  1903. Nr. 697–1012.
IV:   1912. Nr. 1013–1209.
V:    *Der Gnomon des Idios Logos.* Erster Teil: *Der Text,* ed. W. Schubart. 1919. Zweiter Teil: *Der Kommentar,* von W. Graf Uxkull-Gyllenband. 1934. Nr. 1210.
VI:   *Papyri und Ostraka der Ptolemäerzeit,* ed. W. Schubart und E. Kühn. 1922 Nr. 1211–1499.
VII:  *Papyri, Ostraka und Wachstafeln aus Philadelphia im Fayûm,* ed. P. Viereck und F. Zucker. 1926. Nr. 1500–1729.
VIII: *Spätptolemäische Papyri aus amtlichen Büros des Herakleopolites,* ed. W. Schubart und D. Schäfer. 1933. Nr. 1730–1890.
IX:   *Steuerlisten römischer Zeit aus Theadelphia,* ed. H. Kortenbeutel. 1937. Nr. 1891–1900.
X:    *Papyrusurkunden ptolemäischer Zeit,* ed. W. Müller. 1970. Nr. 1901–2011.
XI:   *Urkunden römischer Zeit,* ed. H. Maehler. Teil I, 1966; Teil II, 1968. Nr. 2012–2131.
XII:  *Urkunden aus Hermupolis,* ed. H. Maehler. 1974. Nr. 2132–2210.
XIII: *Greek Papyri from Roman Egypt,* ed. W. Brashear. 1976. Nr. 2211–2366.

BKT = *Berliner Klassikertexte* herausgegeben von der Generalverwaltung der Königlichen Museen in Berlin. Berlin 1904–1923.

* Neudrucke sind, soweit bekannt, vermerkt.

I:    *Didymos, Kommentar zu Demosthenes (Papyrus 9780) nebst Wörterbuch zu Demosthenes Aristokratea (Papyrus 5008),* ed. H.Diels und W.Scuhbart. Berlin 1904.

II:   *Anonymer Kommentar zu Platons Theaetet (Papyrus 9782) nebst drei Bruchstücken philosophischen Inhalts (Papyrus 8, 9766, 9566),* ed. H.Diels und W.Schubart. Berlin 1905.

III:  *Griechische Papyri medizinischen und naturwissenschaftlichen Inhalts,* ed. K.Kalbfleisch und H.Schöne. Berlin 1905.

IV:   *Hierokles ethische Elementarlehre (Papyrus 9780) nebst den bei Stobäus erhaltenen ethischen Excerpten aus Hierokles,* ed. H. von Arnim. Berlin 1906.

V:    *Griechische Dichterfragmente: Teil I, Epische und elegäische Fragmente; Teil II, Lyrische und dramatische Fragmente,* ed. W.Schubart und U. von Wilamowitz-Moellendorff. Berlin 1907.

VI:   *Altchristliche Texte,* ed. C.Schmidt und W.Schubart. Berlin 1910.

VII:  *Rhetorische Papyri,* ed. K.Kunst. Berlin 1933.

VIII: *Berliner Septuagintafragmente,* ed. O.Stegmüller. Berlin 1939.

**C.P.Herm.** = *Corpus Papyrorum Hermopolitanarum,* s. *Stud.Pal.*V.

**CPR**  = *Corpus Papyrorum Raineri.*

I:    *Griechische Texte,* I. Band, *Rechtsurkunden,* ed. C.Wessely. Wien 1895, Nd. Milano 1974. Nr. 1–247.

II:   *Koptische Texte,* I. Band, Rechtsurkunden, ed. J.Krall. Wien 1895. Nr. 1–255.

III:  *Series Arabica,* tomus I, pars I, *Allgemeine Einführung in die arabischen Papyri,* I 2 Protokolle. Nr. 1–377, I 3 Protokolle, Tafeln, ed. A.Grohmann. Wien 1924.

IV:   *Die koptischen Rechtsurkunden der Papyrussammlung der Oesterreichischen Nationalbibliothek,* ed. W.Till. Wien 1958. Nr. 1–212.

V:    *Griechische Texte,* II. Band (Textband–Tafelband), ed. J.R.Rea und P.J.Sijpesteijn. Wien 1976. Nr. 1–26. (Nr. 27 in der Edition versehentlich nicht mitgezählt).

**D.J.D.** s. P.Murabba'ât.

**P.Aberd.** = *Catalogue of Greek and Latin Papyri and Ostraca in the Possession of the University of Aberdeen,* ed. E.G.Turner. Aberdeen 1939. (*Aberdeen Univ. Studies* 116).

**P.Abinn.** = *The Abinnaeus Archive: Papers of a Roman Officer in the Reign of Constantius II,* ed. H.I.Bell, V.Martin, E.G.Turner, D. van Berchem. Oxford 1962. Nd. Milano 1975.

**P.Achmîm** = *Les papyrus grecs d'Achmim à la Bibliothèque Nationale de Paris,* ed. P.Collart. Le Caire 1930 = *BIFAO* 31, 1931, S. 33–111.

**P.Adler** = *The Adler Papyri,* The Greek texts ed. E.N.Adler, J.G. Tait, F.M.Heichelheim. The Demotic texts ed. F.Ll.Griffith. Oxford-London 1939. Nd. Milano 1974.

**P.Alex.** = *Papyrus grecs du Musée Gréco-Romain d'Alexandrie,* ed. A.Świderek und M.Vandoni. Warszawa 1964. (*Prace Zakładu Archeologii śródziemnomorskiej Polskiej Akademii Nauk.* Tom 2)."

**P.Alex.Giss.** = *Papyri variae Alexandrinae et Gissenses,* ed. J.Schwartz. Bruxelles 1969, Nd. - ohne die nur beschriebenen Texte - SB X 10617-10653. (*Pap.Brux. 7*).

**P.Amh.** = *The Amherst Papyri. Being an Account of the Greek Papyri in the Collection of the Right Hon. Lord Amherst of Hackney, F.S.A. at Didlington H.ill, Norfolk,* ed. B.P.Grenfell und A.S.Hunt.

  **I:** *The Ascension of Isaiah and Other Theological Fragments.* London 1900, Nd. Milano 1975. Nr. 1–9.

  **II:** *Classical Fragments and Documents of the Ptolemaic, Roman and Byzantine Periods.* London 1901, Nd. Milano 1975. Nr. 10–201.

**P.Amst.** s. P.Gron.

**P.Ant.** = *The Antinoopolis Papyri.*

  **I:** ed. C.H.Roberts. London 1950. (Egypt Exploration Society, *Graeco-Roman Memoirs* 28). Nr. 7–50 (1–6 s. Shorthand Manuals – unten III.).

  **II:** ed. J.W.B.Barns und H.Zilliacus. London 1960. (Egypt Exploration Society, *Graeco-Roman Memoirs* 37). Nr. 51–110.

  **III:** ed. J.W.B.Barns und H.Zilliacus. London 1967. (Egypt Exploration Society, *Graeco-Roman Memoirs* 47). Nr. 111–214.

**P.Apoll.** = *Papyrus grecs d'Apollônos Anô,* ed. R.Rémondon. Le Caire 1953. (*Documents de fouilles de l'Institut français d'archéologie orientale du Caire 19*).

**P.Arsinoe** s. P.Haw.

**P.Athen** s. PSA.

**P.Bacch.** = *The Archives of the Temple of Soknobraisis at Bacchias,* ed. E.H.Gilliam, in YCS 10, 1947, S. 179–281; Nd. SB VI 9319–9339.

**P.Baden** = *Veröffentlichungen aus den badischen Papyrus-Sammlungen.*

  **I:** *Demotische Papyri,* ed. W.Spiegelberg. Heidelberg 1923.

  **II:** *Griechische Papyri (Urkunden, Briefe, Mumienetiketten),* ed. F.Bilabel. Heidelberg 1923. Nr. 1–45.

  **III:** *Ein koptisches Fragment über die Begründer des Manichäismus,* ed. F.Bilabel. Heidelberg 1924. Nr. 46.

  **IV:** *Griechische Papyri (Urkunden, Briefe, Schreibtafeln, Ostraka etc.),* ed. F.Bilabel. Heidelberg 1924. Nr. 47–111.

V:  *Griechische, koptische und arabische Texte zur Religion und religiösen Literatur in Aegyptens Spätzeit*, ed. F. Bilabel und A. Grohmann. Heidelberg 1934. Nr. 112–167.

VI: *Griechische Papyri (Urkunden und Literarische Texte aus der Papyrus-Sammlung der Universitätsbibliothek Heidelberg)*, ed. G. A. Gerhard. Heidelberg 1938. Nr. 168–180.

P.Bakchiastexte s. P.Lund IV.

P.Bala'izah = *Bala'izah. Coptic Texts from Deir el-Bala'izah in Upper Egypt*, ed. P. E. Kahle. London 1954 (enthält 15 griechische Texte: 2, 29, 123, 130, 154, 181, 203, 297–300, 315, 355; 356, 388, zum Abdruck in SB XVI vorgesehen).

P.Bas. = *Papyrusurkunden der öffentlichen Bibliothek der Universität zu Basel*. I, *Urkunden in griechischer Sprache*, ed. E. Rabel; II, *Ein koptischer Vertrag*, ed. W. Spiegelberg. Berlin 1917, Nd. Göttingen 1970. (*Abh. d. Kgl. Gesellsch. d. W. Göttingen N.F. 16.3*).

P.Beatty = *The Chester Beatty Biblical Papyri. Descriptions and Texts of Twelve Manuscripts on Papyrus of the Greek Bible*, ed. F. G. Kenyon. London 1933–1937.
I:   *General Introduction*. 1933.
II:  *The Gospels and Acts*. 1933. Pt. 2, Plates, 1934.
III: *Pauline Epistles and Revelation*, 1934. Pt. 2, *Plates of Revelation*, 1934.
Suppl. *Pauline Epistles*, 1936. Plates, 1937.
IV:  *Genesis*, 1934. Pt. 2, *Genesis (Pap. IV) Plates*. 1935. Pt. 3, *Genesis (Pap. V) Plates*. 1936.
V:   *Numbers and Deuteronomy*. 1935.
VI:  *Isaiah, Jeremiah, Ecclesiasticus*. 1937.
*Numbers and Deuteronomy, Isaiah, Jeremia, Ecclesiasticus* (Tafeln zu V und VI) 1958.
VII: *Ezekiel, Daniel, Esther*. 1937. Pt. 2, Plates. 1938.
VIII: *Enoch and Melito*. Plates, 1941. Text veröffentlicht in *The Last Chapters of Enoch in Greek*, ed. C. Bonner. London 1937. (*Studies and Documents VIII*).

P.Beatty Panop. s. P.Panop.Beatty.

P.Berl.Frisk = *Bankakten aus dem Faijûm nebst anderen Berliner Papyri*, ed. H. Frisk. Göteborg 1931, Nd. Milano 1975; SB V 7515–7520. (*Göteborgs kungl. Vetenskaps- och Vitterhets-Samhälles Handlingar*, Femte Följden, Ser. A. Band 2. No. 2).

P.Berl.Leihg. = *Berliner Leihgabe griechischer Papyri*, ed. vom griechischen Seminar der Universität Uppsala durch T. Kalén. Uppsala 1932. (*Uppsala Universitets Årsskrift* 1932, Filosofi, Språkvetenskap och Historiska Vetenskaper. 1).

P.Berl.Möller = *Griechische Papyri aus dem Berliner Museum*, ed. S. Möller. Göteborg 1929. Nd. SB IV 7338–7350.

P.Berl.Thun. = *Sitologen-Papyri aus dem Berliner Museum*, ed. K. Thunell. Uppsala 1924. Nd. Milano 1972; SB III 7193–7196.

**P.Berl.Zill.** = *Vierzehn Berliner griechische Papyri. Urkunden und Briefe*, ed. H. Zilliacus. Helsingfors 1941. (Societas Scientiarum Fennica, *Commentationes Humanarum Litterarum* XI, 4).

**P.Bibl.Univ.Giss.** s. P.Giss.Univ.

**P.Bodm.** = *Papyrus Bodmer* (d. h. Veröffentlichungen der Bibliotheca Bodmeriana), Cologny – Genève (soweit nicht anders vermerkt) 1954 ff.

I:    *Iliade, chants 5 et 6*, ed. V. Martin, 1954.

II:    *Évangile de Jean* (chap. 1–14), ed. V. Martin. 1956. Supplément: *Évangile de Jean, chap. 14–21*, ed. V. Martin. 1958. Neuausgabe, ed. V. Martin und J. W. B. Barns. 1962.

III:   *Évangile de Jean et Genèse I–IV, 2 en bohaïrique*, ed. R. Kasser. Louvain 1958. (*Corpus Scriptorum Christianorum Orientalium*, vol. 177–178 = *Scriptores Coptici*, tomus 25–26).

IV:   *Ménandre: Le Dyscolos*, ed. V. Martin. 1958.

V:    *Nativité de Marie*, ed. M. Testuz. 1958.

VI:   *Livre des Proverbes*, ed. R. Kasser. Louvain 1960. (*Corpus Scriptorum Christianorum Orientalium*, vol. 194–195 = *Scriptores Coptici*, tomus 27–28).

VII–IX: *L'„épître" de Jude, les deux „épîtres" de Pierre, les Psaumes 33 et 34*, ed. M. Testuz. 1959.

X–XII: *X, Correspondance apocryphe des Corinthiens et de l'apôtre Paul; XI, Onzième Ode de Salomon; XII, Fragment d'un hymne liturgique*, ed. M. Testuz. 1959.

XIII:  *Méliton de Sardes: Homélie sur la Pâque, manuscrit du III$^e$ siècle*, ed M. Testuz. 1960.

XIV–XV: *Évangiles de Luc et Jean*, Tome I, *Évangile de Luc chap. 3–24*; Tome II, *Évangile de Jean chap. 1–15*, ed. V. Martin und R. Kasser. 1961.

XVI:  *Exode I–XV, 21 en sahidique*, ed. R. Kasser. 1961.

XVII:  *Actes de Apôtres, Épîtres de Jacques, Pierre, Jean et Jude*, ed. R. Kasser. 1961.

XVIII: *Deutéronome I–X, 7 en sahidique*, ed. R. Kasser. 1962.

XIX:  *Évangile de Matthieu XIV, 28–XXVIII, 20; Épître aux Romains I, 1–II, 3 en sahidique*, ed. R. Kasser. 1962.

XX:   *Apologie de Philéas évêque de Thmouis*, ed. V. Martin. 1964.

XXI:  *Josué VI, 16–25, VII, 6–XI, 23, XXII, 1–2, 19–XXIII, 7, 15–XXIV, 23 en sahidique*, ed. R. Kasser. 1963.

XXII: *Jérémie XL, 3–LII, 34; Lamentations; Épître de Jérémie; Baruch I, 1–V, 5 en sahidique*, ed. R. Kasser. 1964.

XXIII: *Esaïe, chap. 47–66* (Koptisch), ed. R. Kasser. 1965.

XXIV: *Psaumes 17–118*, ed. R. Kasser und M. Testuz. 1967.

XXV: *Ménandre: La Samienne*, ed. R. Kasser. 1969.

XXVI: *Ménandre: Le Bouclier*, ed. R. Kasser. 1969.

**P.Bon.** = *Papyri Bononienses I:* ed. O.Montevecchi. Milano 1953. (*Pubblicazioni dell'Università Cattolica del Sacro Cuore*, N.S., 42). Nr. 1–50.

**P.Bour.** = *Les Papyrus Bouriant*, ed. P.Collart. Paris 1926.

**P.Brem.** = *Die Bremer Papyri*, ed. U.Wilcken. Berlin 1936. (*Abh. Berlin* 1936, 2, Nd. U.Wilken, Akademieschriften – s.o. Acten-stücke – Teil II S. 193ff.).

**P.Brux.** = *Papyri Bruxellenses Graecae*
I: *Papyrus du nome Prosopite*, ed. G.Nachtergael. Bruxelles 1974. Nr. 1–21.

**P.Brux.inv.E 7616** s. Pap.Lug.Bat.V (unten IV.).

**P.Cairo** = *Catalogue général des antiquités égyptiennes du Musée du Caire. Greek Papyri* (Cat. Band 10), Nr. 10001–10869, ed. B.P.Grenfell und A.S.Hunt. Oxford 1903, Nd. Amsterdam 1972. (Enthält lediglich die Texte 10696, 10735 und 19736 so-wie eine Liste und kurze Beschreibung der übrigen Papyri).

**P.Cairo Goods.** = *Greek Papyri from the Cairo Museum together with Papyri of Roman Egypt from American Collections*, ed. E.J.Goodspeed. Chicago 1902, Nd. Milano 1970. (University of Chicago. The Decennial Publications, Vol. V).

**P.Cairo Isid.** = *The Archive of Aurelius Isidorus in the Egyptian Museum, Cairo, and the University of Michigan*, ed. A.E.R. Boak und H.C.Youtie. Ann Arbor 1960.

**P.Cairo Masp.** = *Catalogue général des antiquités égyptiennes du Musée du Caire. Papyrus grecs d'époque byzantine*, ed. J.Mas-pero. Le Caire 1911ff., Nd. Milano und Osnabrück 1974.
I: (Cat. Band 51) 1911. Nr. 67001–67124.
II: (Cat. Band 54) 1913. Nr. 67125–67278.
III: (Cat. Band 73) 1916. Nr. 67279–67359.

**P.Cairo Mich.** = *A Tax List from Karanis (P.Cair.Mich. 359)*, Part I, *The Text*, ed. H.Riad und J.C.Shelton. Bonn 1975; Part II, *Commentary & Indexes* (im Erscheinen). (*Pap.Texte Abh.* 17 und 18).

**P.Cairo Preis.** = *Griechische Urkunden des Aegyptischen Museums zu Kairo*, ed. F.Preisigke. Strassburg 1911. (*Schriften der Wiss. Gesellschaft zu Strassburg*, 8).

**P.Cairo Zen.** = I–IV: *Catalogue général des antiquités égyptiennes du Musée du Caire, Zenon Papyri*, ed. C.C.Edgar. Le Caire 1925ff., Nd. Hildesheim, New York 1971.
I: (Cat. Band 79), 1925. Nr. 59001–59139.
II: (Cat. Band 82), 1926. Nr. 59140–59297.
III: (Cat. Band 85), 1928. Nr. 59298–59531.
IV: (Cat. Band 90), 1931. Nr. 59532–59800.
V: *Zenon Papyri*, ed. C.C.Edgar (*Publ. Soc. Fouad I* V): Le Caire 1940, Nd. Hildesheim, New York 1971.

**P.Catt.** = *P.Cattaoui*, ed. B.P.Grenfell, A.S.Hunt, P.M.Meyer APF 3, 1906, S.55–105.

P.Chester Beatty s. P.Beatty.

P.Chic. = *Chicago Literary Papyri*, ed. E.J.Goodspeed. Chicago 1908. Die Bezeichnung wird auch gebraucht für **P.Kar.Goods.**

P.Col. = *Columbia Papyri*, Greek Series.

   I: *Upon Slavery in Ptolemaic Egypt*, von W.L.Westermann. New York 1929, Nd. Milano 1974. (P.Col.inv. 480).

   II: *Tax Lists and Transportation Receipts from Theadelphia*, ed. W.L.Westermann und C.W.Keyes. Columbia Papyri, Greek Series II. New York 1932, Nd. Milano 1974. Nr. 1 recto.

   III oder (üblich) **P.Col.Zen. I:** *Zenon Papyri: Business Papers of the Third Century B.C. Dealing with Palestine and Egypt*, vol. I, ed. W.L.Westermann und E.S.Hasenoehrl. Columbia Papyri, Greek Series III. New York 1934, Nd. Milano 1974. Nr. 2–59.

   IV oder (üblich) **P.Col.Zen. II:** *Zenon Papyri* usw. vol. II, ed. W.L.Westermann, C.W.Keyes und H.Liebesney. Columbia Papyri, Greek Series IV. New York 1940, Nd. Milano 1974. Nr. 60–122.

   V: *Tax Documents from Theadelphia, Papyri of the Second Century A.D.*, ed. J.Day und C.W.Keyes. Columbia Papyri, Greek Series V. New York 1956, Nd. Milano 1974. Nr. 1 verso.

   VI: *Apokrimata: Decisions of Septimius Severus on Legal Matters*, ed. W.L.Westermann und A.A.Schiller. New York 1954, Nd. Milano 1974, SB VI 9526.

P.Col. 123 s. P.Col. VI.

P.Coll.Youtie = *Collectanea papyrologica: texts published in honor of H.C.Youtie*, ed. A.E.Hanson. Bonn 1976. (*Pap.Texte Abh*. 19 und 20).

   I: Nr. 1–65.

   II: Nr. 66–126.

P.Colt s. P.Ness.

P.Cong.Omaggio s. PSI Omaggio.

P.Corn. = *Greek Papyri in the Library of Cornell University*, ed. W.L.Westerman und C.J.Kraemer, Jr. New York 1926. Nd. Milano 1972.

P.Dura = *The Excavations at Dura-Europos Conducted by Yale University and the French Academy of Inscriptions and Letters, Final Report* V, Part I, *The Parchments and Papyri*, ed. C.B. Welles, R.O.Fink, J.F.Gilliam. New Haven 1959.

P.Edfou = Papyri und Ostraka veröffentlicht in *Fouilles Franco-polonaises, Rapport* I, II und III

   I: *Tell Edfou 1937*, ed. B.Bruyère, J.Manteuffel, K.Michałowski, J.Sainte Fare Garnot. Le Caire 1937, S. 141–191, Papyri I–IV, Ostraca 1–230.

II: *Tell Edfou 1938,* ed. K. Michałowski, J. de Linage, J. Man-
teuffel, J. Sainte Fare Garnot. Le Caire 1938, S. 138–166,
Papyri V–VII, Ostraca 231–325.
III: *Tell Edfou 1939,* ed. K. Michałowski, Ch. Desroches, J. de
Linage, J. Manteuffel, M. Żejmox-Żejmis. Le Caire 1950,
S. 331–372, Papyrus VIII, Ostraca 326–483.

**P.Edg.** = "Selected papyri from the Archives of Zenon," ed. C. C.
Edgar, in ASAE 18, 1918, S. 159–182 (Nr. 1–10); S. 225–244
(Nr. 11–21); 19, 1919, S. 13–36 (Nr. 22–36); S. 81–104 (Nr.
37–48); 20, 1920, S. 19–40 (Nr. 49–54); S. 181–206 (Nr. 55–64);
21, 1921, S. 87–109 (Nr. 65–66); 22, 1922, S. 209–231 (Nr. 67–72);
23, 1923, S. 73–98 (Nr. 73–76); S. 187–209 (Nr. 77–88); 24, 1924,
S. 17–52 (Nr. 89–111). Neuausgabe in P. Cairo Zen.

**P.Eleph.** = *Aegyptische Urkunden aus den königlichen Museen in
Berlin. Griechische Urkunden,* Sonderheft. *Elephantine-Papyri,*
ed. O. Rubensohn. Berlin 1907, Nd. Milano 1972.

**P.Ent.** = *ENTEYΞEIΣ: Requêtes et plaintes adressées au Roi
d'Égypte au III$^e$ siècle avant J.-C.,* ed. O. Guéraud. Le Caire
1931. (*Publ. Soc. Fouad I* I).

**P.Erl.** = *Die Papyri der Universitätsbibliothek Erlangen,* ed. W.
Schubart, Leipzig 1942. (*Katalog der Handschriften der Universitätsbibliothek Erlangen,* Neubearbeitung, Band III, Teil I).

**P.Fam.Teb.** = *A Family Archive from Tebtunis,* ed. B. A. van Groningen. Leiden 1950. (*Pap. Lug. Bat.* VI).

**P.Fay.** = *Fayûm Towns and their Papyri,* ed. B. P. Grenfell, A. S.
Hunt, D. G. Hogarth. London 1900. (Egypt Exploration Society,
*Graeco-Roman Memoirs 3*).

**P.Flor.** = *Papiri greco-egizii. Papiri Fiorentini* (Supplementi Filo-
logico-Storici ai Monumenti Antichi). I–III Milano 1906, 1910,
1915, Nd. Turin 1960.
I: *Documenti pubblici e privati dell'età romana e bizantina,*
ed. G. Vitelli. Nr. 1–105.
II: *Papiri letterari ed epistolari,* ed. D. Comparetti. Nr. 106–278.
III: *Documenti e testi letterari dell'età romana e bizantina,* ed.
G. Vitelli. Nr. 279–391.

**P.Fouad** = *Les Papyrus Fouad I,* ed. A. Bataille, O. Guéraud. P.
Jouguet, N. Lewis, H. Marrou, J. Scherer, W. G. Waddell. Le
Caire 1939. (*Publ. Soc. Fouad I* III).

**P.Fouad Univ.** oder **P.Fouad Crawford** = *Fuad I University Papyri,*
ed. D. S. Crawford. Alexandria 1949. (*Publ. Soc. Fouad I* VIII).

**P.Frankf.** = *Griechische Papyri aus dem Besitz des rechtswissen-
schaftlichen Seminars der Universität Frankfurt,* ed. H. Lewald.
Heidelberg 1920. (*SBHeidelberg* 1920, Abh. 14).

**P.Freib.** = *Mitteilungen aus der Freiburger Papyrussammlung.* Nd·
Milano 1974.

I: *Literarische Stücke*, ed. W. Aly. *Ptolemäische Kleruchen-urkunde*, ed. M. Gelzer. Heidelberg 1914. (*SBHeidelberg* 1914, Abh. 2). Nr. 1–7 (Nd. von Nr. 7 SB I 5942).

II: *Juristische Texte der römischen Zeit*, ed. J. Partsch. Heidelberg 1916. (*SBHeidelberg* 1914. Abh. 10). Nr. 8–11 (Nd. SB III 6291–6294).

III: *Juristische Urkunden der Ptolemäerzeit*, ed. J. Partsch. Heidelberg 1927. (*AbhHeidelberg* 1927, Abh. 7). Nr. 12–38.

**P.Gen.** = *Les Papyrus de Genève. Papyrus grecs, actes et lettres*, ed. J. Nicole. Genève 1896–1906. Nr. 1–81.

**P.Gen.inéd.** = *Textes grecs inédits de la collection papyrologique de Genève*, ed. J. Nicole. Genève 1909. Nr. I–VI (Nd. von Nr. V und IV SB I 1, 15–17). (*Mémoires publies à l'occasion du Jubilé de l'Université Genève 1909 Nr. 16*).

**P.Gen.Lat.** = *Archives militaires de I$^{er}$ siècle. Texte inédit du papyrus latin de Genève No. 1*, ed. J. Nicole und C. Morel. Genève 1900.

**P.Genov.** s. PUG.

**P.Giss.** = *Griechische Papyri im Museum des oberhessischen Geschichtsvereins zu Giessen*, ed. O. Eger, E. Kornemann und P. M. Meyer. Leipzig–Berlin 1910–1912, Nd. Milano 1974. Heft I, Nr. 1–35; II, Nr. 36–57; III, Nr. 58–126.

**P.Giss.Univ.** = *Mitteilungen aus der Papyrussammlung der Giessener Universitätsbibliothek*. Giessen 1924–1939, Nd. Milano 1973.

I: *Griechische Papyrusurkunden aus ptolemäischer und römischer Zeit*, ed. H. Kling. 1924. (*Schriften der hessischen Hochschulen, Universität Giessen 1924, 4*). P. bibl. univ. Giss 1–16.

II: *Ein Bruchstück des Origenes über Genesis I, 28*, ed. D. Paul Glaue. 1928. (*Schriften 1928, 1*). Nr. 17.

III: *Griechische Privatbriefe*, ed. H. Büttner. 1931. (*Schriften 1931, 3*). Nr. 18–33.

IV: *Literarische Stücke*, ed. H. Eberhart. 1935. (*Schriften 1935, 2*). Nr. 34–45.

V: *Alexandrinische Geronten vor Kaiser Gaius: Ein neues Bruchstück der sogenannten alexandrinischen Märtyrer-Akten*, ed. A. von Premerstein. 1939. (*Schriften der Ludwigs-Universität zu Giessen, Jahrgang 1936*). Nr. 46.

VI: *Griechische Verwaltungsurkunden von Tebtynis aus dem Anfang des dritten Jahrhunderts n. Chr.*, ed. G. Rosenberger. 1939. Nr. 47–53.

Indizes von K. A. Worp, Giessen 1975 (*Kurzberichte aus den Giessener Papyrussammlungen, 35*).

**P.Goods.** s. P. Cairo Goods., P. Chic. und P. Kar. Goods.

**P.Got.** = *Papyrus grecs de la Bibliothèque municipale de Gothembourg* ed. H.Frisk. Göteborg 1929 (*Göteborgs Högskolas Årsskrift 35.* 1929: 1). Nd. Milano 1975.

**P.Grad.** = *Griechische Papyri der Sammlung Gradenwitz,* ed. G.Plaumann. Heidelberg 1914. (*SBHeidelberg 1914,* Abh. 15). Nr. 1–19 (Nd. außer Nr. 18 SB I 5680, SB III 6275–6290).

**P.Graec.Berol.** = *Papyri Graecae Berolinenses,* ed. W.Schubart. Bonn 1911. (*Tabulae in usum Scholarum 2*).

**P.Grenf.**I = *An Alexandrian Erotic Fragment and Other Greek Papyri chiefly Ptolemaic,* ed. B.P.Grenfell. Oxford 1896. Nd. Milano 1972. Nr. 1–70.

**P.Grenf.**II = *New Classical Fragments and Other Greek and Latin Papyri,* ed. B.P.Grenfell und A.S.Hunt. Oxford 1897. Nd. Milano 1972. Nr. 1–113.

**P.Gron.** = *Papyri Groninganae. Griechische Papyri der Universitätsbibliothek zu Groningen nebst zwei Papyri der Universitätsbibliothek zu Amsterdam,* ed. A.G.Roos. Amsterdam 1933, Nd. Milano 1972. (*Verhandelingen der koninklijke Akademie van Wetenschappen te Amsterdam,* Afdeeling Letterkunde, Nieuwe Reeks, Deel 32, No. 4). Für die beiden gesondert gezählten Amsterdamer Papyri empfiehlt sich die Abkürzung **P.Gron.Amst.** 1 und 2.

**P.Gurob** = *Greek Papyri from Gurob,* ed. J.G.Smyly. Dublin 1921. (Royal Irish Academy, *Cunningham Memoirs* No. 12).

**P.Hal.** = *Dikaiomata: Auszüge aus alexandrinischen Gesetzen und Verordnungen in einem Papyrus des Philologischen Seminars der Universität Halle mit einem Anhang weiterer Papyri derselben Sammlung,* ed. Graeca Halensis. Berlin 1913. Nd. Milano 1972.

**P.Hamb.** = *Griechische Papyrusurkunden der Hamburger Staats- und Universitätsbibliothek*

I: ed. P.M.Meyer Leipzig–Berlin 1911–1924. Nd. Milano 1974. Nr. 1–117.

II: *Griechische Papyri usw. mit einigen Stücken aus der Sammlung Hugo Ibscher,* hg. vom Seminar für klassische Philologie der Universität Hamburg. Hamburg 1954. (*Veröffentlichungen aus der Hamburger Staats- und Universitätsbibliothek 4*). Nr. 118–192.

**P.Harris** = *The Rendel Harris Papyri of Woodbrooke College, Birmingham,* ed. J.E.Powell. Cambridge 1936.

**P.Haun.** = *Papyri Graecae Haunienses,* I. *Literarische Texte und ptolemäische Urkunden,* ed. T.Larsen. Hauniae (d.i. Kopenhagen) 1942, Nd. Milano 1974.

**P.Haw.** = *Hawara, Biahmu and Arsinoe,* S. 24–36, ed. W.M.Flinders Petrie. London 1889 (Nd. einiger Texte durch J.G.Milne, APF 5, 1913, S. 378–397).

**P.Heid.** = *Veröffentlichungen aus der Heidelberger Papyrussammlung.*

I: *Die Septuaginta-Papyri*, ed. A. Deissmann. Heidelberg 1905.

II: *Acta Pauli aus der Heidelberger koptischen Papyrus-Handschrift* Nr. 1, ed. C. Schmidt. Leipzig 1904.

III: *Papyri Schott-Reinhardt I*, ed. C. H. Becker. Heidelberg 1906.

IV: *Griechisch literarische Papyri I, Ptolemäische Homerfragmente*, ed. G. A. Gerhard. Heidelberg 1911.
Neue Folge, herausgeg. von der Heidelberger Akad. d. W. Phil.-hist. Kl.

N.F. I: *Zum Drogenhandel im islamischen Aegypten*, ed. A. Dietrich. Heidelberg 1954.

N.F. II: *Literarische griechische Texte der Heidelberger Papyrussammlung*, ed. E. Siegmann. Heidelberg 1956. Nr. 176 (Neued.), 181–209; (Fortzählung von P. Bad. Nr. 210–224 ed. J. Seyfarth in APF 16, 1958, S. 143 ff., Nd. SB VI 9530–9544).

N.F. III: *Griechische Papyrusurkunden und Ostraka der Heidelberger Papyrussammlung*, ed. P. Sattler, Heidelberg 1963. Nr. 225–288. (Da die Texte fortlaufend numeriert sind, steht hier und oft nur **P.Heid. III** neben der Textnummer).

**P.Hercul.** = Papyri aus Herculaneum: *Herculanensium voluminum quae supersunt I–VI, VIII–XI*. Napoli 1793–1855. *Herculanensium voluminum quae supersunt collectio altera*, 11 Bände. Napoli 1862–1876. J. Hayter, Herculanensium voluminum, Teil I und II, Oxford 1824, 1825. W. Scott, *Fragmenta Herculanensia, a Descriptive Catalogue of the Oxford Copies of the Herculanean Rolls*, Oxford 1885. Bibliographie: P. H. und E. A. De Lacy, *Philodemus: On the Methods of Inference*, Philadelphia 1941, S. 179 ff. Zeitschrift: *Cronache Ercolanesi*, Bd. 1, 1971 –.

**P.Herm.Rees** = *Papyri from Hermopolis and Other Documents of the Byzantine Period*, ed. B. R. Rees. London 1964. (Egypt Exploration Society, *Graeco-Roman Memoirs* 42).

**P.Hess.** s. P. Giss. Univ.

**P.Hib.** = *The Hibeh Papyri.*

I: ed. B. P. Grenfell und A. S. Hunt. London 1906. (Egypt Exploration Society, *Graeco-Roman Memoirs* 7). Nr. 1–171.

II: ed. E. G. Turner und M.-T. Lenger. London 1955. (Egypt Exploration Society, *Graeco-Roman Memoirs* 32). Nr. 172–284.

**P.Holm.** = *Papyrus Graecus Holmiensis. Recepte für Silber, Steine und Purpur*, ed. O. Lagercrantz. Uppsala–Leipzig 1913. (*Arbeten utgifna med understöd af Vilhem Ekmans Universitetsfond* 13).

**P.Iand.** = *Papyri Iandanae,* cum discipulis ed. C. Kalbfleisch. Leipzig, ab V Leipzig–Berlin.

I:   *Voluminum codicumque fragmenta Graeca cum amuleto christiano,* ed. E. Schaefer. 1912. Nr. 1–7.

II:   *Epistulae privatae Graecae,* ed. L. Eisner. 1913. Nr. 8–25

III: *Instrumenta Graeca publica et privata,* Teil I, ed. L. Spohr. 1913. Nr. 26–51.

IV: *Instrumenta Graeca publica et privata,* Teil II, ed. G. Spiess. 1914. Nr. 52–68 b.

V:  *Literarische Stücke und Verwandtes,* ed. J. Sprey. 1931. Nr. 69–90.

VI: *Griechische Privatbriefe,* ed. G. Rosenberger. 1934. Nr. 91–133.

VII: *Griechische Verwaltungsurkunden,* ed. D. Curschmann. 1934. Nr. 134–145.

VIII: *Griechische Wirtschaftsrechnungen und Verwandtes,* ed. J. Hummel. 1938. Nr. 146–155.

**P.Iand. inv.** *653* = *A Sixth Century Account of Hay,* ed. T. Reekmans. Brussels 1962. (*Pap.Brux.* I). Nd. SB VIII 9920.

**P.Ibscher** s. P.Hamb. II.

**P.IFAO** = *Papyrus grecs de l'Institut français d'archéologie orientale.* Le Caire (Institut français d'archéologie orientale du Caire. *Bibliothèque d'Études*).

I:   ed. J. Schwartz (*Bibl.* 54). 1971. Nr. 1–40.

II:  ed. G. Wagner (*Bibl.* 55). 1971. Nr. 1–50.

III: ed. J. Schwartz und G. Wagner (*Bibl.* 56). 1975. Nr. 1–54.

**P.Ital.** = Die nichtliterarischen lateinischen Papyri Italiens aus der Zeit 445–700, ed. J. O. Tjäder. I: Nr. 1–28. Lund 1955; II: Abbildungen. Lund 1954. (*Acta Instituti Romani Sueciae, series in 4°,* XIX 1 und 2).

**P.Jena** = *Jenäer Papyrus-Urkunden,* ed. F. Zucker und F. Schneider. Jena 1926.

**P.Jews** s. P.Lond. VI.

**P.Jud.Des.** = *Discoveries in the Judaean Desert of Jordan.* Oxford.

I, 1955; IV, 1965; und V, 1968 enthalten keine griechischen Texte.

II: s. P.Murabba'ât.

III: *Les petites grottes de Qumran,* ed. M. Baillet, J. T. Milik, R. de Vaux. 1962.

**P.Kar.Goods.** = *Papyri from Karanis,* ed. E. J. Goodspeed. Chicago 1902. (in Univ. of Chicago, *Studies in Classical Philology* 3, 5. 1–66). (Nd. SB Beiheft 2, 1961).

**P.Kl.Form.** s. Stud.Pal. III und VIII.

**P.Köln** = *Kölner Papyri*

I:   ed. B. Kramer und R. Hübner. Opladen 1976. (*Pap. Colon. Vol. VII*). Nr. 1–57.

II: ed. D. Hagedorn und B. Kramer. Im Erscheinen. (*Pap. Colon. Vol. IX*). Nr. 58–124.

P.Köln Panop. s. P.Panop.

P.Kroll = *Eine ptolemäische Königsurkunde*, ed. L. Koenen. Wiesbaden 1957. (*Klassisch-philologische Studien*, Heft 19). Nd. SB VI 9316.

P.Kron. = *L'archivio di Kronion*, ed. D. Foraboschi. Milano 1971. (*Testi e documenti per lo studio dell'antichità* 36).

P.Laur. = *Dai Papiri della Biblioteca Medicea Laurenziana*.
I: ed R. Pintaudi. Firenze 1976. (*Pap. Flor. I.*). Nr. 1–20.
II: ed. R. Pintaudi. Firenze 1977. (*Pap. Flor. II*). Nr. 21–50.

P.Leid. = *Papyri Graeci Musei Antiquarii Publici Lugduni-Batavi*. (Mit Ausnahme von P. Leid. R, V, W und X in UPZ neu herausgegeben).
I: ed. C. Leemans. Leiden 1843.
II: ed. C. Leemans. Leiden 1885.

P.Leit. = *Leitourgia Papyri. Documents on Compulsory Public Service in Egypt under Roman Rule*, ed. N. Lewis. Philadelphia 1963. (*Transactions of the American Philosophical Society*, New Series, vol. 53, part 9).

P.Lille = Papyrus de Lille.
I: *Papyrus grecs* (Institut papyrologique de l'Université de Lille), ed. P. Jouguet, P. Collart, J. Lesquier, M. Xoual. Paris, 4 fasc., 1907, 1908, 1923 and 1928; 1929 zusammengefaßt erschienen als Teil der *Travaux et mémoires de l'Université de Lille*, außerhalb der Serie. Nd. Milano 1975.
II: s. P.Magd.

P.Lips. = *Griechische Urkunden der Papyrussammlung zu Leipzig*, ed. L. Mitteis. Leipzig 1906, Nd. Milano 1970.

P.Lit.Lond s. P.Lond.Lit.

P.Lond. = *Greek Papyri in the British Museum*. London 1893 ff., Bd. I–V. Nd. Milano 1973.
I: Catalogue, with texts, ed. F. G. Kenyon. Mit Tafelband. 1893. Nr. 1–138.
II: Catalogue, with texts, ed. F. G. Kenyon. Mit Tafelband. 1898. Nr. 139–484.
III: Catalogue, with texts, ed. F. G. Kenyon und H. I. Bell. Mit Tafelband. 1907. Nr. 485–1331.
IV: Catalogue, with texts. *The Aphrodite Papyri*, ed. H. I. Bell, with an appendix of Coptic Papyri, ed. W. E. Crum. 1910. Nr. 1332–1646.
V: Catalogue, with texts, ed. H. I. Bell. 1917. Nr. 1647–1911.
VI: *Jews and Christians in Egypt. The Jewish Troubles in Alexandria and the Athanasian Controversy*, ed. H. I. Bell. London 1924. Nr. 1912–1929. (Außerhalb der Reihe).
VII: *The Zenon Archive*, ed. T. C. Skeat. London 1974. Nr. 1930–2193.

**P.Lond.Lit.** = *Catalogue of the Literary Papyri in the British Museum*, ed. H. J. M. Milne. London 1927.

**P.Lug.Bat.** s. Pap. Lug. Bat. (unten IV.).

**P.Lund** = *Aus der Papyrussammlung der Universitätsbibliothek in Lund*, veröffentlicht in *K. Humanistiska Vetenskapssamundets i Lund Årsberättelse.*

I: *Literarische Fragmente,* ed. A. Wifstrand. 1934–1935, S. 53–65. Nr. 1–7.

II: *Griechische Privatbriefe,* ed. A. Wifstrand. 1936–1937, S. 161–172. Nr. 1–5; Nd. SB V 8088–8092.

III: *Kultische Texte,* ed. K. Hanell. 1937–1938, S. 119–142. Nr. 1–10; Nd. SB V 8741–8750 und z. T. erneut SB VI 9332–9339.

IV: *Bakchiastexte und andere Papyri,* ed. E. J. Knudtzon. 1945–1946, S. 63–78. Nr. 1–14; Nd. (ausgenommen Nr. 12) SB VI 9333, 9338, 9340–9350.

V: *Zwei astronomische Texte,* ed. E. J. Knudtzon, O. Neugebauer. 1946–1947, S. 77–88.

Indices zu I–V von E. J. Knudtzon. 1946–1947, S. 89–110.

VI: *Vermischte Texte,* ed. E. J. Knudtzon. 1951–1952, S. 119–137. Nr. 1–10; Nd. SB VI 9351–9359.

**P.Magd.** = *Papyrus de Magdôla,* ed. J. Lesquier. Paris 1912. (Neuausgabe P.Ent.). Nd. Milano 1975.

**P.Marm.** = *Il papiro vaticano greco 11,* ed. M. Norsa und G. Vitelli. Città del Vaticano 1931. (Biblioteca Vaticana. *Studi e Testi* 53).

**P.Med.** = *Papiri Milanesi,* vol. I, fasc. I, ed. A. Calderini. Milano 1928 (2. Aufl. 1967 ed. S. Daris = *Pubblicazioni dell'Università Cattolica del Sacro Cuore.* Contributi Serie Terza, Pubblicazioni de "Aegyptus," I). Nr. 1–12. Fasc. II, ed. S. Daris. Milano 1966. (*Pubbl.,* Vol. II). Nr. 13–87.

**P.Medinet Madi** s. O. Medinet Madi.

**P.Mert.** = *A Descriptive Catalogue of the Greek Papyri in the Collection of Wilfred Merton, F.S.A.*

I: ed. H. I. Bell und C. H. Roberts. London 1948. Nr. 1–50.

II: ed. B. R. Rees, H. I. Bell, J. W. B. Barns. Dublin 1959. Nr. 51–100.

III: ed. J. D. Thomas. London 1967. (*BICS,* Supplement No. 18). Nr. 101–128. Nr. 129–131 in *JEA* 56 (1970) 172–178, ed. J. D. Thomas, Nd. SB XII 10886–10888.

**P.Meyer** = *Griechische Texte aus Aegypten.*

I. *Papyri des Neutestamentlichen Seminars der Universität Berlin;* II. *Ostraka der Sammlung Deissmann,* ed. P. M. Meyer. Berlin 1916. Nd. Milano 1974. Papyri Nr. 1–45, Ostraka Nr. 1–92.

**P.Mich.** = Michigan Papyri.

I oder **P.Mich.Zen:** *Zenon Papyri in the University of Michigan Collection,* ed. C. C. Edgar. Ann Arbor 1931. (*Univ. of Mich. Studies,* Humanistic Series 24). Nr. 1–120.

II: *Papyri from Tebtunis*, Part I, ed. A. E. R. Boak. Ann Arbor 1933. (*Univ. of Mich. Studies*, Humanistic Series 28). Nr. 121–128.

III: *Papyri in the University of Michigan Collection. Miscellaneous Papyri*, ed. J. G. Winter. Ann Arbor 1936. (*Univ. of Mich. Studies*, Humanistic Series 40). Nr. 131–221.

IV: *Tax Rolls from Karanis*, Part I, ed. H. C. Youtie. Ann Arbor 1936. (*Univ. of Mich. Studies*, Humanistic Series 42). Nr. 223–225. IV, Part II, Nr. *357–363*, ed. H. C. Youtie und O. M. Pearl. Ann Arbor 1939. (*Univ. of Mich. Studies*, Humanistic Series 43).

V: *Papyri from Tebtunis*, Part II, ed. E. M. Husselman, A. E. R. Boak, W. F. Edgerton. Ann Arbor 1944. (*Univ. of Mich. Studies*, Humanistic Series 29). Nr. 236–356.

VI: *Papyri and Ostraca from Karanis*, ed. H. C. Youtie und O. M. Pearl. Ann Arbor 1944. (*Univ. of Mich. Studies*, Humanistic Series 47). Papyri Nr. 364–428; Ostraka Nr. 700–971 (Nr. 1–699 s. O. Mich.).

VII: *Latin Papyri in the University of Michigan Collection*, ed. H. A. Sanders. Ann Arbor 1947. (*Univ. of Mich. Studies*, Humanistic Series 48). Nr. 167–168, 429–463.

VIII: *Papyri and Ostraca from Karanis*, Second Series, ed. H. C. Youtie und J. G. Winter. Ann Arbor 1951. (*Univ. of Mich. Studies*, Humanistic Series 50). Papyri Nr. 464–521; Ostraca Nr. 972–1111.

IX: *Papyri from Karanis*, Third Series, ed. E. M. Husselman. Cleveland 1971. (*Philological Monographs of the American Philological Association* Nr. 29). Nr. 522–576.

X: *Documentary Papyri from the Michigan Collection*, ed. G. M. Browne. Toronto 1970. (*Am. Stud. Pap.* VI). Nr. 577–602.

XI: *Papyri from the Michigan Collection*, ed. J. C. Shelton. Toronto 1971. (*Am. Stud. Pap.* IX). Nr. 603–625.

XII: *Michigan Papyri*, ed. G. M. Browne. Toronto 1975. (*Am. Stud. Pap.* XIV). Nr. 626–658.

XIII: *The Aphrodite Papyri in the University of Michigan Papyrus Collection*, ed. P. J. Sijpesteijn. Zutphen (Holland) 1977. (*Stud. Amstel.* X). Nr. 659–673.

s. ferner (außerhalb der Bandzählung):
*A Papyrus Codex of the Shepherd of Hermas (Similitudes 2–9) With a Fragment of the Mandates*, ed. C. Bonner. Ann Arbor 1934. (*Univ. of Mich. Studies*, Humanistic Series 22). Nr. 129–130.
*A Third Century Codex of the Epistles of Paul*, ed. H. A. Sanders. Ann Arbor 1935. (*Univ. of Mich. Studies*, Humanistic Series 38). Nr. 212.

**P.Mich. Michael** = *A Critical Edition of Select Michigan Papyri*, ed. E. M. Michael. Diss.Mich. 1966. (Erhältlich durch University Microfilms als Mikrofilm oder Xerokopie. Order Nr. 67-1777.) 28 Papyri; Nd. SB XII 11103–11130.

**P.Mich.Zen.** s. P.Mich. I.

**P.Michael.** = *Papyri Michaelidae Being a Catalogue of the Greek and Latin Papyri, Tablets and Ostraca in the Library of Mr. G. A. Michaïlidis of Cairo*, ed. D. S. Crawford. Aberdeen 1955.

**P.Mil.** s. P.Med.

**P.Mil.Vogl.** =
I: *Papiri della R. Università di Milano*, ed. A. Vogliano. Milano 1966 (Nd. von **P.Mil.R.Univ.** = **P.Primi** = PRUM, Milano 1937 (Nd. von Nr. 23–28 in SB Beiheft 2)). Nr. 1–28.
II: *Papiri della Università degli Studi di Milano*. Milano 1961. Nr. 29–110.
III: Milano 1965. Nr. 111–203 und 7 demotische Texte.
IV: Milano 1967. Nr. 204–257 und 3 koptische Texte.
V: Milano 1974. Koptischer Kodex ed. T. Orlandi.
VI: ed. C. Gallazzi und M. Vandoni. Milano 1977. Nr. 258–300.

**P.Milit.** s. Rom. Mil. Rec. (unten III.)

**P.Mitteilungen Wien** s. MPER, N.S. (unten IV.).

**P.Möller** s. P.Berl. Möller.

**P.Monac.** = *Veröffentlichungen aus der Papyrussammlung der K. Hof- und Staatsbibliothek zu München* I. *Byzantinische Papyri*, ed. A. Heisenberg und L. Wenger. Leipzig–Berlin 1914. Nr. 1–18.

**P.Murabba'ât** = *Discoveries in the Judean Dessert*. II. *Les grottes de Murabba'ât* (= D.Jud.Des.II), ed. P. Benoit, J. T. Milik, R. de Vaux. Mit Tafelband. Oxford 1961. Z.T. Nd. SB X 10300–10307.

**P.Ness.** = *Excavations at Nessana*.
II: *Literary Papyri*, ed. L. Casson und E. L. Hettich. Princeton 1950. Nr. 1–13.
III: *Non-Literary Papyri*, ed. C. J. Kraemer, Jr. Princeton 1958. Nr. 14–195.

**P.Neutest.** s. P. Meyer.

**P.NYU** = *Greek Papyri in the Collection of New York University*.
I: *Fourth Century Documents from Karanis*, ed. N. Lewis. Leiden 1967. (New York University, Department of Classics, Monographs on Mediterranean Antiquity I). Nr. 1–25.

**P.Osl.** = *Papyri Osloenses*.
I: *Magical Papyri*, ed. S. Eitrem. Oslo 1925. Nr. 1–6.
II: ed. S. Eitrem und L. Amundsen. Oslo 1931. Nr. 7–64.
III: ed. S. Eitrem und L. Amundsen. Oslo 1936. Nr. 65–200.

**P.Oxford** = *Some Oxford Papyri*, ed. E. P. Wegener. Leiden 1942 (Text), 1948 (Tafeln). (*Pap.Lug. Bat.* III A and III B).

P.Oxy. = *The Oxyrhynchus Papyri*. Veröffentlicht von Egypt Exploration Society (früher Egypt Exploration Fund, Graeco-Roman Branch), London, als Graeco-Roman Memoires; die in Klammern beigefügte Seriennummer ist den vor 1954 (bis Nr. 30 einschließlich) veröffentlichten Bändern rückwirkend beigelegt.

I: ed. B.P.Grenfell und A.S.Hunt. 1898. (1) Nr. 1–207.

II: ed. B.P.Grenfell und A.S.Hunt. 1899. (2) Nr. 208–400.

III: ed. B.P.Grenfell und A.S.Hunt. 1903. (5) Nr. 401–653.

IV: ed. B.P.Grenfell und A.S.Hunt. 1904. (6) Nr. 654–839.

V: ed. B.P.Grenfell und A.S.Hunt. 1908. (8) Nr. 840–844.

VI: ed. B.P.Grenfell und A.S.Hunt. 1908. (9) Nr. 845–1006.

VII: ed. A.S.Hunt. 1910. (10) Nr. 1007–1072.

VIII: ed. A.S.Hunt. 1911. (11) Nr. 1073–1165.

IX: ed. A.S.Hunt. 1912. (12) Nr. 1166–1223.

X: ed. B.P.Grenfell und A.S.Hunt. 1914. (13) Nr. 1224–1350.

XI: ed. B.P.Grenfell und A.S.Hunt. 1915. (14) Nr. 1351–1404.

XII: ed. B.P.Grenfell und A.S.Hunt. 1916. (15) Nr. 1405–1593.

XIII: ed. B.P.Grenfell und A.S.Hunt. 1919. (16) Nr. 1594–1625.

XIV: ed. B.P.Grenfell und A.S.Hunt. 1920. (17) Nr. 1626–1777.

XV: ed. B.P.Grenfell und A.S.Hunt. 1922. (18) Nr. 1778–1828.

XVI: ed. B.P.Grenfell und A.S.Hunt. 1924. (19) Nr. 1829–2063.

XVII: ed. A.S.Hunt. 1927. (20) Nr. 2065–2156.

XVIII: ed. E.Lobel, C.H.Roberts, E.P.Wegener. 1941. (26) Nr. 2157–2207.

XIX: ed. E.Lobel, E.P.Wegener, C.H.Roberts, H.I.Bell. 1948. (27) Nr. 2208–2244.

XX: ed. E.Lobel, E.P.Wegener, C.H.Roberts. 1952. (29) Nr. 2245–2287.

XXI: ed. E.Lobel. 1951. (30) Nr. 2288–2308.

XXII: ed. E.Lobel und C.H.Roberts. 1954. (31) Nr. 2309–2353.

XXIII: ed. E.Lobel. 1956. (34) Nr. 2354–2382.

XXIV: ed. E.Lobel, C.H.Roberts, E.G.Turner, J.W.B.Barns. 1957. (35) Nr. 2383–2425.

| XXV: | ed. E. Lobel und E. G. Turner. 1959. (36) Nr. 2426–2437. |
|---|---|
| **XXVI:** | ed. E. Lobel. 1961. (38) Nr. 2438–2451. |
| **XXVII:** | ed. E. G. Turner, J. Rea, L. Koenen, J. M. F. Pomar. 1962. (39) Nr. 2452–2480. |
| **XXVIII:** | ed. E. Lobel. 1962. (40) Nr. 2481–2505. |
| **XXIX:** | ed. D. Page. 1963. (41) Nr. 2506. |
| **XXX:** | ed. E. Lobel. 1964. (44) Nr. 2507–2530. |
| **XXXI:** | ed. J. W. B. Barns, P. Parsons, J. Rea, E. G. Turner. 1966. (45) Nr. 2531–2616. |
| **XXXII:** | ed. E. Lobel. 1967. (46) Nr. 2617–2653. |
| **XXXIII:** | ed. P. Parsons, J. Rea, E. G. Turner. 1968. (48) Nr. 2654–2682. |
| **XXXIV:** | ed. I. Ingrams, P. Kingston, P. Parsons, J. Rea. 1968. (49) Nr. 2683–2732. |
| **XXXV:** | ed. E. Lobel. 1968. (50) Nr. 2733–2744. |
| **XXXVI:** | ed. R. A. Coles, D. Foraboschi, A. H. Soliman el-Mosallamy, J. R. Rea, U. Schlag 1970. (51) Nr. 2745–2800. |
| **XXXVII:** | ed. E. Lobel. 1971. (53) Nr. 2801–2823. |
| **XXXVIII:** | ed. G. M. Browne, J. D. Thomas, E. G. Turner, M. E. Weinstein 1971. (54) Nr. 2824–2877. |
| **XXXIX:** | ed. E. Lobel. 1972. (55) Nr. 2878–2891. |
| **XL:** | ed. J. R. Rea. 1972. (56) Nr. 2892–2942. |
| **XLI:** | ed. G. M. Browne, R. A. Coles, J. R. Rea, J. C. Shelton, E. G. Turner 1972. (57) Nr. 2943–2998. |
| **XLII:** | ed. P. Parsons. 1974. (58) Nr. 2999–3087. |
| **XLIII:** | ed. J. Rea. 1975. (60) Nr. 3088–3150. |
| **XLIV:** | ed. A. K. Bowman, M. W. Haslam, J. C. Shelton, J. D. Thomas. 1976. (62) Nr. 3151–3208. |
| **XLV:** | ed. A. K. Bowman, M. W. Haslam, S. A. Stephens, M. L. West. 1977. (63) Nr. 3209–3266. |

Außerhalb der Bandzählung *Two Theocritus Papyri,* ed. A. S. Hunt und J. Johnson. 1930. (22) Mit P. Oxy. 2064.

**P. Panop.** = „Urkunden aus Panopolis" ed. L. C. Youtie, D. Hagedorn, H. C. Youtie, in *ZPE* 7 (1971) pp. 1–40. Nr. 1–14, Nd. SB XII 10968–10981. *ZPE* 8 (1971) pp. 207–234. Nr. 15–19, Nd. SB XII 10992–10995. *ZPE* 10 (1973) pp. 101–170. Nr. 20–31, Nd. SB XII 11213–11224.
Auch benutzt für:

**P. Panop. Beatty** = *Papyri from Panopolis in the Chester Beatty Library Dublin,* ed. T. C. Skeat. Dublin 1964. (*Chester Beatty Monographs* No. 10).

**P. Par.** = *Notices et extraits des manuscrits de la Bibliothèque Impériale et autres bibliothèques* tome 18.2. *Notices et textes des papyrus grecs du Musée du Louvre et de la Bibliothèque Impériale,* ed. J. A. Letronne, W. Brunet de Presle. Paris 1865, Nd. Milano 1975. Mit Tafelband.

**P.Petaus** = *Das Archiv des Petaus*, ed. U. Hagedorn, D. Hagedorn, L. C. Youtie and H. C. Youtie. Köln-Opladen 1969. (*Pap. Colon.* Vol. IV).

**P.Petr.** = *The Flinders Petrie Papyri with Transcriptions, Commentaries and Index.* Dublin 1891 ff.

  I: ed. J. P. Mahaffy. 1891. (Royal Irish Academy, *Cunningham Memoirs* No. VIII), Autotypes I to XXX.

  II: ed. J. P. Mahaffy. 1893. (*Cunningham Memoirs* No. IX), Autotypes I to XVIII.

  III: ed. J. P. Mahaffy und J. G. Smyly. 1905. (*Cunningham Memoirs* No. XI), With seven autotypes.

**P.Phil.** = *Papyrus de Philadelphie*, ed. J. Scherer. Le Caire 1947. (*Publ. Soc. Fouad I* VII)

**P.Prag.** = *Papyri Wessely Pragenses*, ed. L. Varcl, in *Listy Filologické* 70, 1946, S. 279–286. (*SB* 9052–9064); 71, 1947, S. 177–184. (*SB* 9072–9083); neue Serie in *Listy Filologické* Suppl. *Eunomia* 80, 1957, S. 20 ff. und 65 ff. Nr. 1–3 (*SB* 9406–9408); 81 (1958) S. 6–27. Nr. 4–8 (*SB* 9409). 81 (1958) S. 69–77. Nr. 9–10 (*SB* 9409). 82 (1959) S. 3–18. Nr. 11–17 (*SB* 9410). 82 (1959) S. 81–86. Nr. 18–21 (*SB* 9411–9414). 83 (1960) S. 16–25. Nr. 22–33 (*SB* 9415). 83 (1960) S. 50–55. Nr. 34–39 (*SB* 9415). 84 (1961) S. 37–46. Nr. 40–53 (*SB* 9415).

**P.Primi** s. P.Mil.Vogl. I.

**P.Princ.** = *Papyri in the Princeton University Collections*, Nd. Milano 1975.

  I: ed. A. C. Johnson und H. B. van Hoesen. Baltimore 1931. (*The Johns Hopkins University Studies in Archaeology* No. 10). Nr. 1–14.

  II: ed. E. H. Kase, Jr. Princeton 1936. (*Princeton University Studies in Papyrology* No. 1). Nr. 15–107.

  III: ed. A. C. Johnson und S. P. Goodrich. Princeton 1942. (*Princeton University Studies in Papyrology* No. 4). Nr. 108–191.

**P.Princ.Roll** = *A Papyrus Roll in the Princeton University Collection*, ed. E. H. Kase. Baltimore 1933.

**P.Princ.Scheide** = *The John H. Scheide Biblical Papyri: Ezekiel*, ed. A. C. Johnson, H. S. Gehman, E. H. Kase, Jr. Princeton 1938. (*Princeton University Studies in Papyrology* No. 3).

**P.Rainer** s. MPER (s. unten IV.).

**P.Rein.** =

  I: *Papyrus grecs et démotiques recueillis en Égypte*, ed. T. Reinach, W. Spiegelberg, S. de Ricci. Paris 1905, Nd. Milano 1972. Nr. 1–58.

  II: *Les Papyrus Théodore Reinach*, ed. P. Collart. Le Caire 1940. (*BIFAO* 39). Nr. 59–143.

**P.Rev.** = *Revenue Laws of Ptolemy Philadelphus*, ed. B. P. Grenfell. Oxford 1896. Neuausgabe J. Bingen, SB Beiheft 1, 1952.

**P.Ross. Georg.** = *Papyri russischer und georgischer Sammlungen*, Tiflis 1925 ff., Nd. Amsterdam 1966.

I: *Literarische Texte*, ed. G. Zereteli und O. Krüger. 1925. Nr. 1–24.

II: *Ptolemäische und frührömische Texte*, ed. O. Krüger. 1929. Nr. 1–43.

III: *Spätrömische und byzantinische Texte*, ed. G. Zereteli und P. Jernstedt. 1930. Nr. 1–57.

IV: *Die Kome-Aphrodito Papyri der Sammlung Lichačov*, ed. P. Jernstedt. 1927. Nr. 1–27.

V: *Varia*, ed. G. Zereteli und P. Jernstedt. 1935. Nr. 1–73.

**PRUM** s. P.Mil.Vogl. I.

**P.Ryl.** = *Catalogue of the Greek Papyri in the John Rylands Library, Manchester.*

I: *Literary Texts*, ed. A. S. Hunt. Manchester 1911. Nr. 1–61.

II: *Documents of the Ptolemaic and Roman Periods*, ed. J. de M. Johnson, V. Martin, A. S. Hunt. Manchester 1915. Nr. 62–456.

III: *Theological and Literary Texts*, ed. C. H. Roberts. Manchester 1938. Nr. 457–551.

IV: *Documents of the Ptolemaic, Roman and Byzantine Periods*, ed. C. H. Roberts und E. G. Turner. Manchester 1952. Nr. 552–717.

**P.Sarap.** = *Les archives de Sarapion et de ses fils. Une exploitation agricole aux environs d'Hermoupolis Magna (de 90 à 133 p.C.)*, ed. J. Schwartz. Le Caire 1961. (Institut Français d'Archéologie Orientale. *Bibliothèque d'Étude*, t. 29).

**P.Schubart** = *Griechische literarische Papyri*, ed. W. Schubart. Berlin 1950, Nd. Milano 1974. (*Berichte über die Verhandl. d. Sächs. Akad. d. W. Leipzig Phil.-hist. Kl. 97*, Heft 5).

**P.Select.** = *Papyri Selectae*, ed. E. Boswinkel, P. W. Pestman, P. J. Sijpesteijn. Leiden 1965. (*P. Lug. Bat. XIII*).

**P.Sarga** s. O. Sarga (dort Nr. 9 und 12).

**PSA** = *Papyri Societatis Archaeologicae Atheniensis*, ed. G. A. Petropoulos. Athen 1939. (Πραγματεῖαι τῆς ᾿Ακαδημίας ᾿Αθηνῶν 1). Nd. Milano 1972.

**PSI** = *Papiri greci e latini (Pubblicazioni della Società Italiana per la ricerca dei papiri greci e latini in Egitto)*. Firenze

I: 1912, Nd. Turin 1960. Nr. 1–112.

II: 1913, Nd. Turin 1960. Nr. 113–156.

III: 1914. Nr. 157–279.

IV: 1917. Nr. 280–445.

V: 1917. Nr. 446–550.

VI: 1920. Nr. 551–730.

VII: 1925, Nd. Turin 1960. Nr. 731–870.

VIII: 1927. Nr. 871–1000.

IX: 1929, Nd. Turin 1960. Nr. 1001–1096.

X:    1932, Nd. Turin 1960. Nr. 1097–1181.
XI:   1935, Nd. Turin 1960, Nr. 1182–1222.
XII:  ed. M.Norsa und V.Bartoletti. 1951. Nr. 1223–1295.
XIII: ed. M.Norsa und V.Bartoletti. 1953. Nr. 1296–1370.
XIV: ed. V.Bartoletti. 1957. Nr. 1371–1452.

PSI Omaggio = *Dai papiri della Società Italiana: Omaggio all' XI Congresso Internazionale di Papirologia.* Firenze 1965.

P.Sitol. s. P.Berl.Thun.

P.Soknobr. s. P.Bacch.

P.Sorb. = *Papyrus de la Sorbonne*
   I: ed. H.Cadell. Paris 1966. (*Publications de la Faculté des Lettres et Sciences Humaines de Paris,* Série "Textes et Documents," t. X: *Travaux de l'Institut de Papyrologie de Paris,* fasc. 4). Nr. 1–68.

P.Strassb. (später **P.Strasb.**) = *Griechische Papyrus der kaiserlichen Universitäts- und Landesbibliothek zu Straßburg,* ed.F.Preisigke. Leipzig.
   I:    1912. Nr. 1–80. Nd. Leipzig 1969.
   II:   1920. Nr. 81–125. Nd. Leipzig 1969.
   Ab III: *Papyrus grecs de la Bibliothèque Nationale et Universitaire de Strasbourg.*
   III:  ed. P.Collomp et ses élèves. Paris. 1948. (*Publications de la Faculté des Lettres de l'Université de Strasbourg,* fasc. 97). Nr. 126–168.
   IV:  ed. J.Schwartz et ses élèves. Strasbourg 1963. (*Publications de la Bibliothèque Nationale et Universitaire de Strasbourg I*). Nr. 169–300.
   V:   ed. J.Schwartz et ses élèves. Strasbourg 1973. (*Publications de la Bibliothèque Nationale et Universitaire de Strasbourg III*). Nr. 301–500.
   VI:  ed. J.Schwartz et ses élèves. Strasbourg 1971–1975 (*Publications de la Bibliothèque Nationale et Universitaire de Strasbourg IV*). Nr. 501–600 (in 5 Lieferungen; die Indices sind als gesonderte Publikation avisiert).
   VII: ed. J.Schwartz et ses élèves. Strasbourg 1976 – (*Publications de la Bibliothèque Nationale et Universitaire de Strasbourg V*). Nr. 601–640 (wird fortgesetzt).

P.Stud.Amstel.V s. Stud. Amstel. (unten IV.).

PTA s. Pap.Texte Abh. (unten IV.).

P.Tebt. (auch P.Teb.) = *The Tebtunis Papyri.*
   I:   ed. B.P.Grenfell, A.S.Hunt, J.G.Smyly. London 1902. (*Univ. of California Publications, Graeco-Roman Archaeology* Vol. I; Egypt Exploration Society, *Graeco-Roman Memoirs* 4). Nr. 1–264.
   II:  ed. B.P.Grenfell und A.S.Hunt. London 1907, Nd. 1970 (*Univ. of California Publications, Graeco-Roman Ar-*

*chaeology* Vol. II). (Egypt Exploration Society, *Graeco-Roman Memoirs* 52). Nr. 265–689.

III 1: ed. A. S. Hunt und J. G. Smyly. London 1933. (*University of California Publications, Graeco-Roman Archaeology* Vol. III; Egypt Exploration Society, *Graeco-Roman Memoirs* 23). Nr. 690–825.

III 2: ed. A. S. Hunt, J. G. Smyly, C. C. Edgar. London 1938. (*University of California Publications, Graeco-Roman Archaeology* Vol. IV; Egypt Exploration Society, *Graeco-Roman Memoirs* 25). Nr. 826–1093.

IV: ed. J. G. Keenan und J. C. Shelton. London 1976 (Egypt Exploration Society. *Graeco-Roman Memoirs* 64). Nr. 1094–1150.

**P. Thead.** = *Papyrus de Théadelphie,* ed. P. Jouguet. Paris 1911. Nd. Milano 1974.

**P. Tor.** = *Papyri Graeci Musei Taurinensis Aegyptii,* in Reale Accademia di Torino, Classe di Scienze Morali, Storiche e Filologiche, *Memorie* 31, 1827, 9–188 und 33, 1829, 1–80, ed. A. Peyron. Nd. in UPZ.

**P. Tura** s. Pap. Texte Abh. (s. unten IV.).

**PUG** = *Papiri dell'Università di Genova.*

I: ed. M. Amelotti und L. Zingale Migliardi. Milano 1974. (Univ. di Genova. *Fondazione Nobile Agostino Poggi* 10). Nr. 1–50.

**P. Ups. 8** = *Der Fluch des Christen Sabinus, Papyrus Upsaliensis 8,* ed. G. Björck. Uppsala 1938. (*Arbeten utgivna med unterstöd av V. Ekmans Universitetsfond, Uppsala* 47).

**P. Vars.** = *Papyri Varsovienses,* ed. G. Manteuffel. Warszawa 1935. (*Universitas Varsoviensis: Acta Facultatis Litterarum.* 1). Nd. Milano 1974 mit Nachträgon von Z. Borkowski.

**P. Vindob. Boswinkel** = *Einige Wiener Papyri,* ed. E. Boswinkel. Leiden 1942. (*Pap. Lug. Bat.* II).

**P. Vindob. Salomons** = *Einige Wiener Papyri,* ed. R. P. Salomons. Leiden 1976. (*Stud. Amstel.* IV).

**P. Vindob. Sijpesteijn** = *Einige Wiener Papyri,* ed. P. J. Sijpesteijn. Leiden 1963. (*Pap. Lug. Bat.* XI).

**P. Vindob. Tandem** = *Fünfunddreißig Wiener Papyri,* ed P. J. Sijpesteijn und K. A. Worp. Zutphen (Holland) 1976. (*Stud. Amstel.* VI).

**P. Vindob. Worp** = *Einige Wiener Papyri,* ed. K. A. Worp. Amsterdam 1972. (*Stud. Amstel.* I).

**P. Warren** = *The Warren Papyri,* ed. M. David, B. A. van Groningen, J. C. van Oven. Leiden 1941. (*Pap. Lugd. Bat.* I).

**P. Wisc.** = *The Wisconsin Papyri.*

I: ed. P. J. Sijpesteijn. Leiden 1967. (*Pap. Lug. Bat.* XVI). Nr. 1–37.

II: ed. P. J. Sijpesteijn. Zutphen (Holland) 1977. (*Stud. Amstel.* XI). Nr. 38–87.

**P.Würzb.** = *Mitteilungen aus der Würzburger Papyrussammlung,* ed. U.Wilcken, Berlin 1934. (*Abh. Berlin* 1933, Nr. 6, Nd. in. Akademieschriften - s.o. Actenstücke - II S. 43 ff.).

**P.Yale** = *Yale Papyri in the Beinecke Rare Book and Manuscript Library*
   I: ed. J.F.Oates, A.E.Samuel, C.B.Welles. New Haven - Toronto 1967. (*Am. Stud.Pap.* II). Nr. 1-85.

**SB** = *Sammelbuch griechischer Urkunden aus Aegypten.* Begonnen von F.Preisigke, fortgeführt von F.Bilabel, E.Kiessling, H.-A. Rupprecht.
   **I:** Straßburg 1915, Nd. Berlin - New York 1974. Nr. 1-6000.
   **II:** Berlin 1922 (Heft 1: Straßburg 1918), Nd. Berlin - New York 1974.
   **III:** Berlin - Leipzig 1926-1927. Nd. Berlin - New York 1974. Nr. 6001-7269.
   **IV:** Heidelberg 1931. Nr. 7270-7514.
   **V:** Heidelberg 1934-55. Nr. 7515-8963.
   **VI:** Wiesbaden 1958-63. Nr. 8964-9641.
   **VII:** Wiesbaden 1964. Index zu VI.
   **VIII:** Wiesbaden 1965-1967. Nr. 9642-10208.
   **IX:** Wiesbaden 1969. Index zu VIII.
   **X:** Wiesbaden 1967-71. Nr. 10209-10763.
   **XI:** Wiesbaden 1973. Index zu X.
   **XII:** Wiesbaden 1976-1977. Nr. 10764-11263.

**SB Beiheft** = *Sammelbuch usw. Beiheft.*
   1: *Papyrus Revenue Laws,* ed. J.Bingen. O.O. 1952.
   2: *A) Pap. Chic. (Nr. 1-91). B) Pap.Primi (Nr. 23-28).* Wiesbaden 1961.

**UPZ** = *Urkunden der Ptolemäerzeit (ältere Funde),* ed. U.Wilcken.
   **I:** *Papyri aus Unterägypten.* Berlin - Leipzig 1927. Nr. 1-150.
   **II:** *Papyri aus Oberägypten.* Berlin 1935-1957. Nr. 151-229.

**V.B.P.** s. P.Bad.

**V.H.P.** s. P.Heid.

## II. Ostraka

**O.Amstel.** = *Ostraka in Amsterdam Collections,* ed. R.S.Bagnall, P.J.Sijpesteijn, K.A.Worp. Zutphen (Holland) 1976. *(Stud. Amstel. IX).* Nr 1-108.

**O.Ashm.** = Ostraca in the Ashmolean Museum at Oxford, in *O.Bodl.* I, S. 63-81. Nr. 1-106.

**O.Bodl.** = *Greek Ostraca in the Bodleian Library at Oxford and Various Other Collections.*
   **I:** ed. J.G.Tait. London 1930. (Egypt Exploration Society, *Graeco-Roman Memoirs* 21). Nr. 1-406.
   **II:** *Ostraca of the Roman and Byzantine Periods,* ed. J.G.Tait und C.Préaux. London 1955. (Egypt Exploration Society, *Graeco-Roman Memoirs* 33). Nr. 407-2588.

III: *Indexes,* compiled by J. Bingen und M. Wittek. London 1964. (Egypt Exploration Society, *Graeco-Roman Memoirs* 43).

O.Brüss.Berl. = *Ostraka aus Brüssel und Berlin,* ed. P. Viereck. Berlin–Leipzig 1922. (Papyrusinstitut Heidelberg, *Schrift* IV).

O.Camb. = Ostraca in the Cambridge University Library, in *O.Bodl.* I, S. 153–173. Nr. 1–141.

O.Deissmann s. P. Meyer.

O.Edfou s. P.Edfou.

O.Florida = *The Florida Ostraka. Documents from the Roman Army in Upper Egypt,* ed. R. S. Bagnall. Durham 1976. (*Greek, Roman and Byzantine Monograph* 7). Nr. 1–31.

O.Heid. s. P. Heid. N.F. III.

O.Joach. = *Die Prinz-Joachim-Ostraka. Griechische und demotische Beisetzungsurkunden für Ibis- und Falkenmumien aus Ombos,* ed. F. Preisigke und W. Spiegelberg. Straßburg 1914. (*Schriften der Wiss. Gesellschaft in Straßburg,* Heft 19). Nd. Milano 1972, SB III 6027–6034, 6920–6933.

O.Leid. = „Griechische Ostraka aus dem ,Rijksmuseum van Oud-heden' in Leiden", in *Oudheidkundige Mededelingen uit het Rijksmuseum van Oudheden te Leiden,* 44, 1963, 34–47 (Nr. 1–22, Nd. SB X 10309–10330); 45, 1964, 56–86 (Nr. 23–72, Nd. SB X 10331–10377); 48, 1967, 1–22 (Nr. 73–115, Nd. SB X 10394–10436); 49, 1968, 1–17 (Nr. 116–153, Nd. SB X 10437–10613).

O.Lips. s. P.Lips.

O.Medinet Madi = *Missione di scavi in Egitto a Medinet Madi-Univ. di Milano (C.N.R.)* – E.Bresciani, *Rapporto preliminare delle campagne di scavo 1968–1969* – D.Foraboschi, *Ostraka e papiri greci da Medinet Madi nelle campagne 1968–1969.* Milano 1976. (*Testi e documenti per lo studio dell'antichita* 53, O.Nr. 1–33, P. Nr. 1 u. 2.

O.Meyer s. P.Meyer.

O.Mich. = *Greek Ostraca in the University of Michigan Collection,*
    I:   ed. L. Amundsen. Ann Arbor 1935. (*Univ. of Mich. Studies,* Humanistic Series, Vol. 34). Nr. 1–699.
    II:  s. P.Mich. VI (Nr. 700–971).
    III: s. P.Mich. VIII (Nr. 972–1111).
    IV: *Ostraka from Karanis,* ed H.C.Youtie, ZPE 18, 1975, S. 267–282. Nr. 1112–1144 (zum Abdruck in SB XIV vorgesehen).

O.Minor = Ostraca in Various Minor Collections, in O.Bodl. I, S. 174–181. (Ostraca aus Manchester, Bootle, Durham, Belfast, New York und drei Privatsammlungen: A 1–7; B 1–4; C 1, 2; D 1–17; E 1–7; F 1, 2; G; H).

O.Ont. oder O.ROM = *Ostraka in the Royal Ontario Museum.*
    I: *Death and Taxes,* ed. A.E.Samuel, W.K.Hastings, A.K. Bowman, R.S.Bagnall. Toronto 1971. (*Am.Stud.Pap.* X). Nr. 1–72.

II: ed. R.S.Bagnall und A.E.Samuel. Toronto 1976. (*Am.Stud. Pap.* XV). Nr. 73–289.

O.Sarga = *Wadi Sarga. Coptic and Greek Texts from the Encavations untertaken by the Byzantine Research Account,* ed. W.E.Crum und H.J.Bell. Kopenhagen 1922. (*Coptica* 3, 1922).

O.Osl. = *Ostraca Osloënsia. Greek Ostraca in Norwegian Collections,* ed. L.Amundsen. Oslo 1934. (*Avhandlinger utgitt av det Norske Videnskaps-Academi i Oslo,* II. Hist.-Filos.Kl. 1933. No. 2).

O.Petr. = Ostraca in Prof. W.M.Flinders Petrie's Collection at University College, London, in *O. Bodl.* I, S. 82–152. Nr. 36–476 (Nr. 1–35 verstreut in O.Wilck. 1341–1486).

O.Sijpesteijn s. O.Leid.

O.Strassb. = *Griechische und griechisch-demotische Ostraka der Universitäts- und Landesbibliothek zu Straßburg in Elsass.* I: Texte ed. P.Viereck. Berlin 1923.

O.Theb. = *Theban Ostraca. Edited from the Originals, now mainly in the Royal Ontario Museum of Archaeology, Toronto, and the Bodleian Library, Oxford,* ed. A.H.Gardiner, H. Thompson, J.G.Milne. London 1913. (*Univ. of Toronto Studies,* Philological Series No. I).

O.Wilb. = *Les Ostraca grecs de la collection Charles-Edwin Wilbour au Musée de Brooklyn,* ed. C.Préaux. New York 1935.

O.Wilck. oder WO = *Griechische Ostraka aus Aegypten und Nubien. Ein Beitrag zur antiken Wirtschaftsgeschichte,* ed. U.Wilcken. Leipzig–Berlin 1899. Nd. Amsterdam 1970 mit Nachträgen von P.J.Sijpesteijn.

## III. Urkunden – Sammelwerke

Acta Alexandrinorum = *The Texts of the Pagan Martyrs (Acta Alexandrinorum),* ed. H.A.Musurillo. Oxford 1954.

CEM = *Corpus des étiquettes de momies grecques,* ed. B.Boyaval. Villeneuve–d'Ascq 1976.

Ch.L.A. = *Chartae Latinae Antiquiores. Facsimile-Edition of the Latin Charters Prior to the Ninth Century,* ed. A.Bruckner und R.Marichal. Olten–Lausanne 1954:

I:    *Switzerland: Basle–St.Gall.* 1954.
II:   *Switzerland: St.Gall–Zurich.* 1956.
III:  *British Museum, London.* 1963.
IV:   *Great Britain (without British Museum, London).* 1967.
V:    *The United States of America* I. 1975.
VI:   *The United States of America* II. 1975.
VII:  *The United States of America* III. 1975.
VIII: *The United States of America* IV. 1976.
IX:   *The United States of America* V. 1977.

**C.Ord.Ptol.** = *Corpus des Ordonnances des Ptolemées,* ed. M.-Th. Lenger. Bruxelles 1964. (Acad. Roy. de Belgique, Cl. des Lettres, *Mémoires,* coll. in 8°, 2ᵐᵉ série, tome 56, fasc. 5).

**C.P.J.** = *Corpus Papyrorum Judaicarum.* Cambridge, Mass.
I: ed. V.A.Tcherikover. 1957. Nr. 1–141.
II: ed. V.A.Tcherikover und A.Fuks. 1960. Nr. 142–450.
III: ed. V.A.Tcherikover, A.Fuks, M.Stern. 1964. Nr. 451–520.

**C.P.L.** = *Corpus Papyrorum Latinarum,* ed. R.Cavenaile. Wiesbaden 1958.

**Dc.Es.Rom.Eg.** = *Documenti per la storia dell'esercito romano in Egitto,* ed. S.Daris. Milano 1964. (*Pubblicazione dell'Università Cattolica del Sacro Cuore.* Contributi-Serie terza, Scienze storiche, 9).

**FIRA I** = *Fontes Iuris Romani Antejustiniani,* pars prima, *Leges,* ed. S.Riccobono. 2. Ausgabe Firenze 1941.

**FIRA III** = *Fontes Iuris Romani Antejustiniani,* pars tertia, *Negotia,* ed. V.Arangio-Ruiz. 2. Ausgabe Firenze 1943. Nd. Firenze 1969 mit Anhang.

**Greek Horoscopes,** ed. O.Neugebauer und H.B. van Hoesen, Philadelphia 1959. (*Memoires of the American Philosophical Society* Vol. 48).

**M.Chr.** = L. Mitteis und U.Wilcken, *Grundzüge und Chrestomathie der Papyrusurkunde* II. Band: Juristischer Teil, 2. Hälfte: Chrestomathie. Leipzig 1912. Nd. Hildesheim 1963.

**Negotia** s. FIRA III.

**Shorthand Manuals** = *Greek Shorthand Manuals,* ed. H.J.M. Milne. London 1934. (Egypt Exploration Society, *Graeco-Roman Memoirs* 24). Enthält u.a P.Ant. 1–6.

**PGM** = *Papyri Graecae Magicae,* ed. K.Preisendanz. 2 Bände Leipzig–Berlin 1928, 1931. (In einigen Bibliotheken existieren Kopien des noch unveröffentlichten dritten Bandes).

**Rom.Mil.Rec.** = *Roman Military Records on Papyrus,* ed. R.O. Fink. Cleveland 1971. (*American Philological Association Monograph* 26).

**Sel.Pap.** = *Select Papyri* (The Loeb Classical Library). London–Cambridge, Mass.
I: Non-Literary Papyri: *Private Affairs,* ed. A.S.Hunt und C.C.Edgar. 1932 u.ö. Nr. 1–200.
II: Non-literary Papyri: *Public Documents,* ed. A.S.Hunt und C.C.Edgar. 1934 u.ö. Nr. 201–434.
III: *Literary Papyri: Poetry,* ed. D.L.Page. Rev. ed. 1942. Nr. 1–147.

**W.Chr.** = L.Mitteis and U.Wilcken, *Grundzüge und Chrestomathie der Papyrusurkunde* I. Band: Historischer Teil, II. Hälfte: Chrestomathie. Leipzig 1912. Nd. Hildesheim 1963.

IV. Papyrologische Reihen

**Am.Stud.Pap.** = *American Studies in Papyrology.* New Haven – Toronto. 1966 –. (American Society of Papyrologists) Texteditionen:
II: s. P.Yale I.
V: *Euripides Papyri:* I, *Texts from Oxyrhynchus,* by B.E. Donovan. 1970.
VI: s. P.Mich. X.
IX: s. P.Mich. XI.
X: s. O.Ont.Mus.
XII: *The Four Greek Hymns of Isidorus and the Cult of Isis,* by V.F. Vanderlip. 1972.
XIV: s. P.Mich. XII.
XV: s. O.Ont. II.
**MPER** = *Mitteilungen aus der Sammlung der Papyrus Erzherzog Rainer,* ed. J. Karabacek. (Verschiedene Artikel, von denen einige griechische Papyri betreffen) Wien, I, 1887 – VI, 1897.
**MPER, N.S.** = *Mitteilungen aus der Papyrussammlung der Nationalbibliothek in Wien (Papyrus Erzherzog Rainer),* Neue Serie, herausgeg. von der Generaldirektion der Österreichischen Nationalbibliothek.
I: *Griechische literarische Papyri* I, ed. H. Gerstinger, H. Oellacher, K. Vogel. Wien 1932.
II: *Koptische Pergamente theologischen Inhalts* I, ed. W. Till. Wien 1934.
III: *Griechische literarische Papyri* II, ed. H. Oellacher, *mit Autoren-, Namen-, Wort- und Sachindex zu I und II* von H. Gerstinger und P. Sanz. Wien 1939.
IV: *Griechische literarische Papyri christlichen Inhalts* I *(Biblica, Väterschriften und Verwandtes),* ed. P. Sanz. Wien 1946.
V: *Akten des VIII. International Kongresses für Papyrologie,* Wien 1955. Wien 1956.
VI: *Aegypter und Amazonen* (Pap.dem.Vindob. 6165 and 6165 A), ed. A. Volten. Wien 1962.
VII: *Aus der Vorgeschichte der Papyrussammlung der Oesterreichischen Nationalbibliothek (Briefe T. Grafs, J. von Karabaceks, Erzherzogs Rainer und anderer),* ed. H. Hunger. Wien 1962.
VIII: *Der Kampf um den Panzer des Inaros (Papyrus Krall),* ed. E. Bresciani. Wien 1964.
**Pap.Brux.** = *Papyrologica Bruxellensia,* Bruxelles, 1962–. (Fondation Égyptologique Reine Élisabeth). Texteditionen:
I: s. P.Iand. inv. 653.
VII: s. P.Alex.Giss.
**Pap.Castr.** = *Papyrologica Castroctaviana.*

I: *El papiro en los padres grecolatinos,* ed. J. O'Callaghan. 1967.

II: *Un nuevo frammento della Prima Lettera di Pietro,* ed. S. Daris. 1967.

III: S. Daris, *Il lessico latino nel Greco d'Egitto.* 1971.

IV: *Das Markusevangelium saidisch,* ed. H. Quecke. 1972.

**Pap. Colon.** = *Papyrologica Coloniensia,* Sonderreihe der Reihe Wissenschaftliche Abhandlungen der Arbeitsgemeinschaft für Forschung des Landes Nordrhein-Westfalen. Texteditionen: Köln, dann auch, später nur Opladen, 1965-.

I: *Der Psalmenkommentar von Tura, Quaternion IX,* ed. A. Kehl. 1965.

II: *Demotische und koptische Texte,* ed. E. Lüddeckens, P. A. Kropp, A. Hermann, M. Weber. 1968.

III: *The Ptolemaic Papyri of Homer,* ed. S. West. 1967.

IV: s. P. Petaus.

VII: s. P. Köln I.

IX: s. P. Köln II.

**Pap. Flor.** = *Papyrologica Florentina.* Firenze 1976-. Texteditionen:

I: s. P. Laur. I.

II: s. P. Laur. II.

**Pap. Lug. Bat.** = *Papyrologica Lugduno-Batava.* Leiden 1941– Texteditionen:

I:      s. P. Warren.

II:     s. P. Vindob. Boswinkel.

III:    s. P. Oxford.

IV:     *De Herodoti reliquiis in papyris et membranis aegyptiis servatis,* ed. A. H. R. E. Paap. 1948.

V:      *Recherches sur le recensement dans l Egypte romaine* (P. Bruxelles inv. E. 7616), ed. M. Hombert und C. Préaux. 1952. (Neuausgabe P. Brux. I 1–18).

VI:     s. P. Fam. Teb.

XI:     s. P. Vindob. Sijpesteijn.

XIII:   s. P. Select.

XIV:    s. P. Wisc. I.

XVIII:  *The Xenophon Papyri. Anabasis, Cyropaedia, Cynegeticus, De vectigalibus,* ed. H. A. R. E. Paap. 1970.

**Pap. Texte Abh.** = *Papyrologische Texte und Abhandlungen,* ed. L. Koenen und R. Merkelbach. Bonn 1968-.

I:      *Didymos der Blinde, Kommentar zu Hiob (Tura-Papyrus),* Teil I, ed. A. Henrichs. 1968.

II:     *Didymos der Blinde, Kommentar zu Hiob (Tura-Papyrus),* Teil II, ed. A. Henrichs. 1968.

III:    *Didymos der Blinde, Kommentar zu Hiob (Tura-Papyrus),* Teil III, ed. U. Hagedorn, D. Hagedorn, L. Koenen. 1968.

IV:     *Didymos der Blinde, Psalmenkommentar (Tura-Papyrus),* Teil II, ed. M. Gronewald. 1968.

V: Der Septuaginta-Text des Buches Daniel, zusammen mit Susanna, Bel et Draco sowie Esther Kap. 1, 1a–2,15 nach dem Kölner Teil des Papyrus 967, ed. A. Geissen. 1968.

VI: Didymos der Blinde, Psalmenkommentar (Tura-Papyrus), Teil IV, ed. M. Gronewald. 1969.

VII: Didymos der Blinde, Psalmenkommentar (Tura-Papyrus), Teil I, ed. L. Doutreleau, A. Gesche, M. Gronewald. 1969.

VIII: Didymos der Blinde, Psalmenkommentar (Tura-Papyrus), Teil III, ed. M. Gronewald. 1969.

IX: Didymos der Blinde, Kommentar zum Ecclesiastes (Tura-Papyrus), Teil VI, ed. G. Binder und L. Liesenborghs. 1969.

X: Der Septuaginta-Text des Buches Daniel Kap. 1–2 nach dem Kölner Teil des Papyrus 967, ed. W. Hamm. 1969.

XI: D. G. Weingärtner, Die Aegyptenreise des Germanicus. 1969.

XII: Didymos der Blinde, Psalmenkommentar (Tura-Papyrus), Teil V, ed. M. Gronewald. 1970.

XIII: Didymos der Blinde, Kommentar zum Ecclesiastes (Tura-Papyrus), Teil III, ed. J. Kramer. 1970.

XIV: Die Phoinikika des Lollianos (Fragmente eines neuen griechischen Romans), ed. A. Henrichs. 1972.

XV: Der griechische Text des Buches Ezechiel (Pap. 967), ed. P. L. G. John. 1972.

XVI: Didymos der Blinde, Kommentar zum Ecclesiastes (Tura-Papyrus), Teil IV, ed. J. Kramer und B. Krebber. 1972.

XVII, XVIII: s. P.Cair.Mich.

XIX, XX: s. P.Coll.Youtie.

XXI: Der Septuaginta-Text des Buches Daniel Kap. 3–4 nach dem Kölner Teil des Papyrus 967, ed. W. Hamm. 1977.

Publ.Soc.Fouad I = Publications de la Société royale égyptienne / (später:) Fouad 1 de Papyrologie, Textes et Documents. Le Caire 1931–1951.

I: s. P.Ent.

II: Un Livre d'écolier du IIIᵉ siècle avant J.-C., ed. O. Guéraud and P. Jouguet. 1938.

III: s. P.Fouad.

IV: I resti dell'XI libro del περὶ φύσεως di Epicuro, ed. A. Vogliano. 1940.

V: s. P.Cair.Zen. V.

VI: Demotic Ostraka, ed. G. Mattha. 1945.

VII: s. P.Phil.

VIII: s. P.Fouad Univ.

IX: Entretien d'Origène avec Héraclide et les évêques ses collègues, ed. J. Scherer. 1949.

X: Les Inscriptions grecques du temple de Hatshepsout à Deir el-Bahari, ed. A. Bataille. 1951.

**Stud.Amstel.** = *Studia Amstelodamensia ad Epigraphicam, Ius antiquum et Papyrologicam pertinentia*, moderantibus J.A. Ankum, H.C.Pleket et P.J.Sijpesteijn, Amsterdam 1972 –. Texteditionen:
I:    s. P.Vindob.Worp.
IV:  s. P.Vindob.Salomons.
V:   (P.Stud.Amstel. V) = P.J.Sijpesteijn, *The Family of the Tiberii Iulii Theones*. Amsterdam 1975.
VI:  P.J.Sijpesteijn und K.A.Worp, *Zwei Landlisten aus dem Hermupolites (P.Flor. 71 und P.Giss. 117)*. Im Erscheinen.
VII: s. P.Vindob.Tandem.
IX:  s. O.Amst.
X:   s. P.Mich. XIII.
XI:  s. P.Wisc. II.

**Stud.Pal.** (oder SPP) = *Studien zur Palaeographie und Papyruskunde*, ed. C.Wessely. Leipzig 1901-1924, Nd. Amsterdam 1965 ff. Texteditionen:
III:   *Griechische Papyrusurkunden kleineren Formats (P.Kl. Form.* I), ed. C.Wessely. 1904. Nr. 1-701.
V:    *Corpus Papyrorum Hermopolitanorum* I (*C.P.Herm.*), ed. C.Wessely. 1905.
VI:   *Kolotes und Menedemos: Texte und Untersuchungen zur Philosophen und Literaturgeschichte*, ed. W.Crönert. 1906.
VII:  *Demotische und griechische Texte auf Mumientäfelchen in der Sammlung der Papyrus Erzherzog Rainer*, ed. N.Reich. 1908.
VIII: *Griechische Papyrusurkunden kleineren Formats (P.Kl. Form.* II), ed. C.Wessely. 1908. Nr. 702-1346.
IX:   *Griechische und koptische Texte theologischen Inhalts* I, ed. C.Wessely. 1909. Nr. 1-54.
X:    *Griechische Texte zur Topographie Aegyptens*, ed. C.Wessely. 1910. Nr. 1-299.
XI:   *Griechische und koptische Texte theologischen Inhalts* II, ed. C.Wessely. 1911. Nr. 55-113.
XII:  *Griechische und koptische Texte theologischen Inhalts* III, ed. C.Wessely. Leipzig 1912. Nr. 114-192.
XIV:  *Die ältesten lateinischen und griechischen Papyri Wiens*, ed. C.Wessely. 1914. Nr. 1-14.
XV:   *Griechische und koptische Texte theologischen Inhalts* IV, ed. C.Wessely. 1914. Nr. 193-259.
XVI:  *Duodecim prophetarum minorum versionis Achmimicae codex Rainerianus*, ed. C.Wessely. 1915.
XVIII: *Griechische und koptische Texte theologischen Inhalts* V, ed. C.Wessely. 1917. Nr. 260-290.

XX: *Catalogus Papyrorum Raineri. Series Graeca. Pars* I.
*Textus Graeci papyrorum qui in libro ‚Papyrus Erzher-*
*zog Rainer – Führer durch die Ausstellung Wien 1894‘*
*descripti sunt,* ed. C. Wessely. 1921. Nr. 1–309.

XXII: *Catalogus Papyrorum Raineri. Series Graeca. Pars* II.
*Papyri N. 24858–25024 aliique in Socnopaei insula*
*scripti,* ed. C. Wessely. 1921. Nr. 1–184.

Stand: Dezember 1977

## Zu den folgenden Kartenskizzen

1. Ägypten und seine Verwaltungseinteilung (römische Epoche)
2. Skizze des ᾿Αρσινοΐτης νομός (Faijum)

Für die Skizzen wurden herangezogen **W. Berg,** Historische Karte des alten Ägypten, Sankt Augustin 1973; **M. Vandoni,** L'Egitto greco-romano. Cartine schematiche, Milano o.J.; **K. Wessely,** Topographie des Faijum (Arsinoites Nomus) in griechischer Zeit, Wien 1904. Denkschriften Akad. Wien, phil.-hist. Klasse, (Band 50). Die Skizze des Niltales enthält nur einige der etwa 45 Metropolen der römischen Epoche.

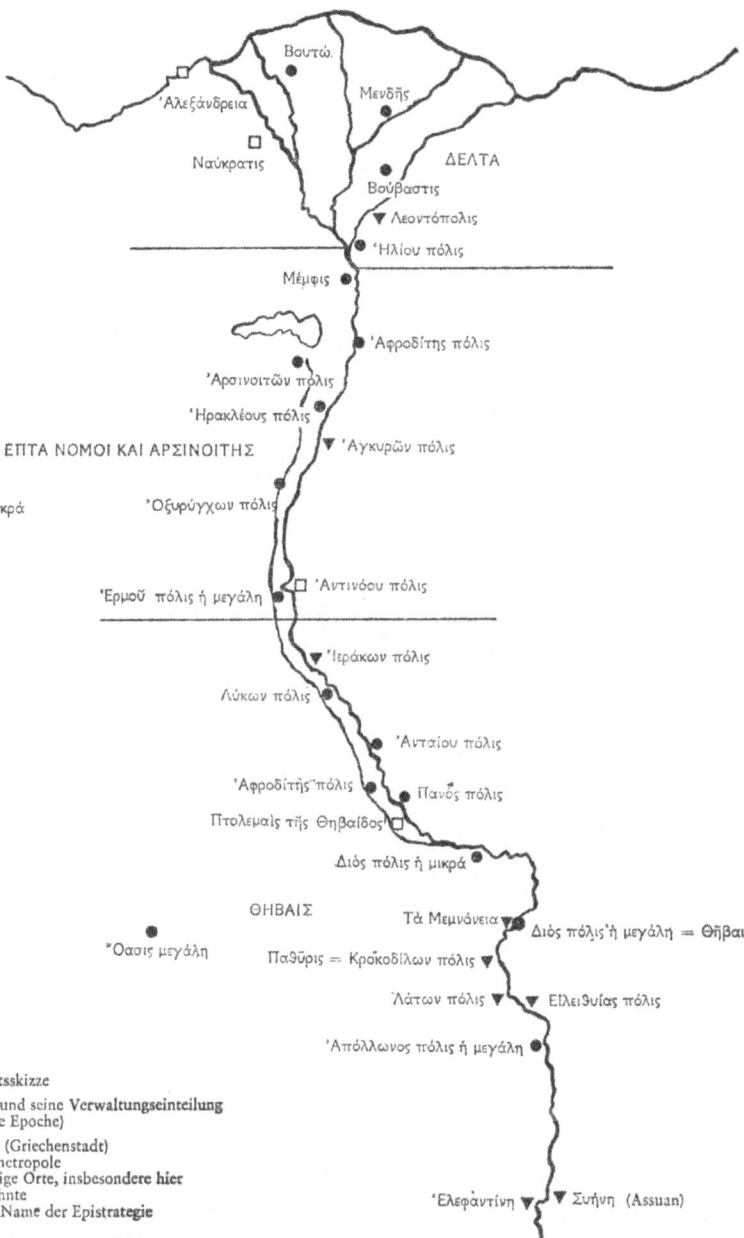

Übersichtsskizze

Ägypten und seine **Verwaltungseinteilung**
(römische Epoche)

□ πόλις (Griechenstadt)
● Gaumetropole
▼ sonstige Orte, **insbesondere hier**
    erwähnte
ΔΕΛΤΑ Name der Epistrategie

0    5    10

.ca. Kilometer

Skizze des Ἀρσινοίτης νομός (Faijum)

Φιλοπάτωρ

Σοκνοπαίου Νῆσος

ἡ Μοίριδος λίμνη

Διονυσιάς

Πηλούσιον

Φανοῦ

Χωρ

Εὐημέρεια

Φιντῦμις

Ἀπιάς

Θεαδέλφεια

Θεμίστου μερίς,

Wadi Nezla

Bahr Nezla

Τεβέτνυ

● Καρανίς = lokalisierbarer Ort
Φιλοπάτωρ = nicht genau lokalisierbarer
    Ort
Τεχθώ = Nur dem Gau/Bezirk nach loka-
    lisierbarer Ort
- - - Gau- und Bezirksgrenzen

Ναρμοῦθις

Ὀξ

Ἰβιὼν Ἀργαίου

Ghoran

Πολέμωνος

Βερενικὶς Θεσμοφόρ

0    5    10

Κερκεοσῖρις

Ταλεί

Μαγδῶλα

Θεογονίς

Τε

ca. Kilometer

Κερκεθοῆρις

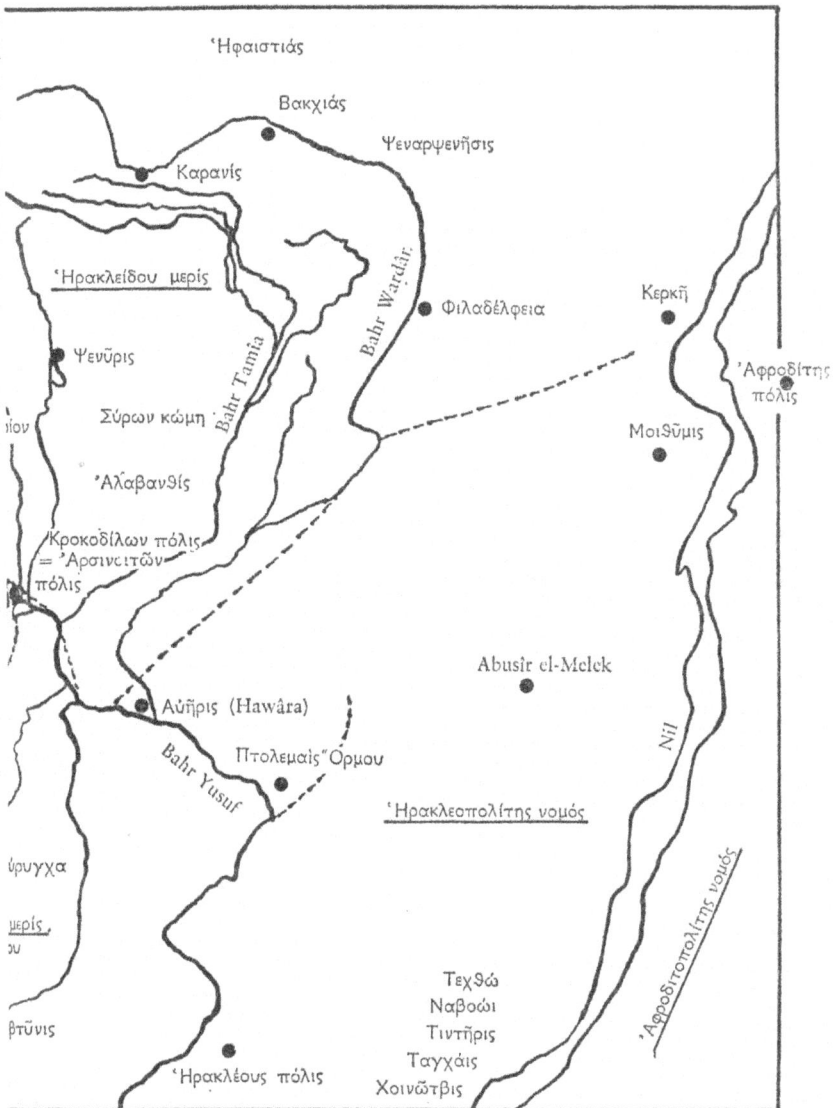

'Ηφαιστιάς

Βακχιάς

Ψεναρψενῆσις

Καρανίς

'Ηρακλείδου μερίς

Κερκῆ

Bahr Wardān

Φιλαδέλφεια

'Αφροδίτης πόλις

Ψενῦρις

Bahr Tamia

Σύρων κώμη

Μοιθῦμις

ιίον

'Αλαβανθίς

Κροκοδίλων πόλις = 'Αρσινειτῶν πόλις

Abusir el-Melek

Αὐῆρις (Hawâra)

Bahr Yusuf

Πτολεμαϊς "Ορμου

'Ηρακλεοπολίτης νομός

Nil

ύρυγχα

μερίς, ου

'Αφροδιτοπολίτης νομός

βτῦνις

Τεχθώ
Ναβοώι
Τιντῆρις
Ταγχάις
Χοινῶτβις

'Ηρακλέους πόλις

Abbildung 1    Abbildung 3

Abbildung 2

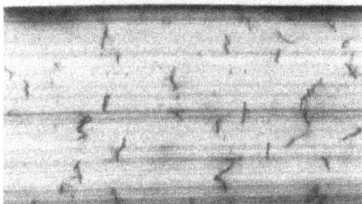

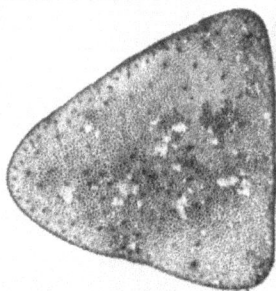

Abbildung 4

Abbildung 5

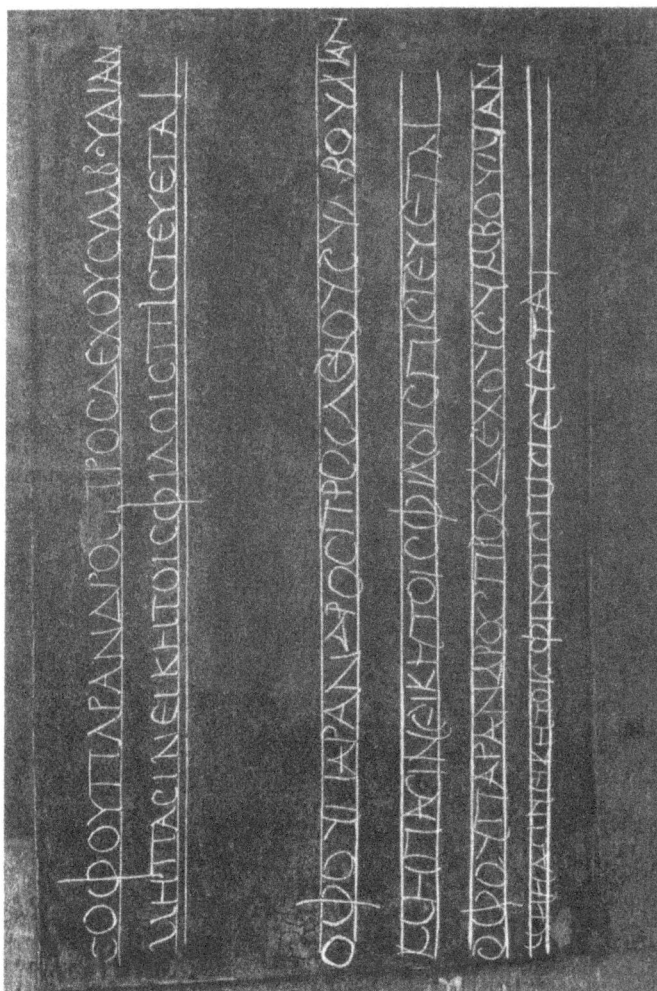

Abbildung 6

*Diverse Schreibmaterialien*

Abbildung

Abbildung 8

Abbildung 9

Abbildung 10

Abbildung 11

Papyrusrolle

Abbildung 12

*Papyrusrollen*

Abbildung 13

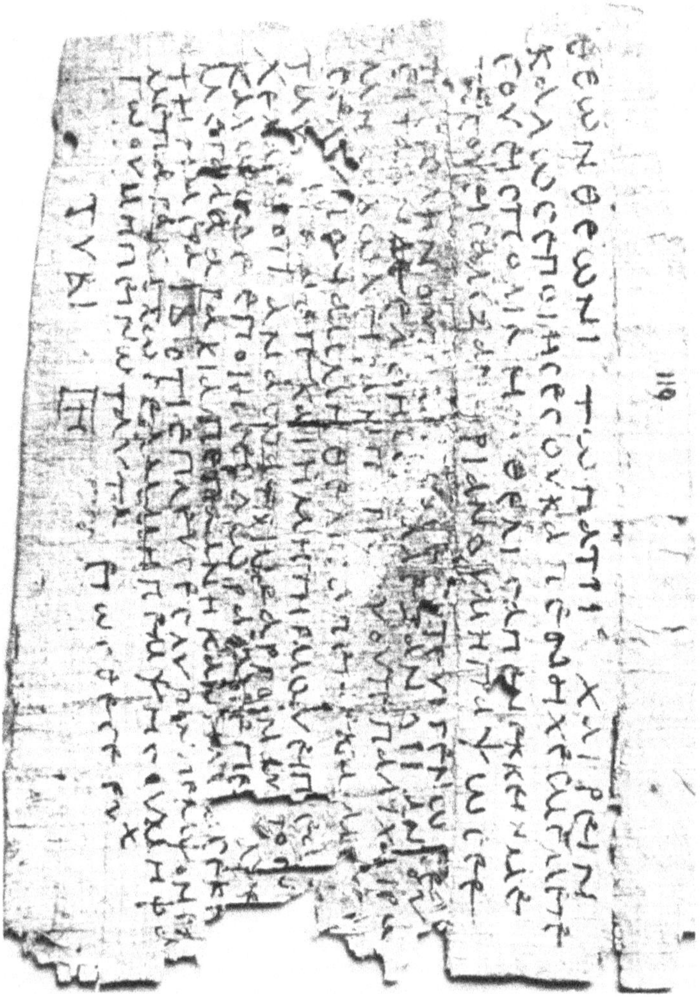

Abbildung 14

## Erläuterungen zu den Abbildungen

Titelbild: Wagenlenker (Antinopolis. 5./6. Jahrh. n. Chr. – 11,0 × 7,7 cm – London, Egypt Exploration Society, ohne Inventarnummer).

Die Zahl erhaltener illustrierter Papyri ist, von den Exemplaren des ägyptischen Totenbuches abgesehen, nicht groß. Zweifellos das schönste Stück eines durch eine Zeichnung geschmückten griechischen Papyrus, welches wir besitzen, ist das vorliegende Fragment. Vom begleitenden Text sind nur geringe Spuren einiger Buchstaben übrig. Die abgebildeten Wagenlenker tragen rote, grüne und blaue Jacken, also die Farben von drei der berühmten vier römischen Zirkusparteien. Die um den Leib geschlungenen Taue sollen als Schutz im Falle eines Sturzes dienen.

*Lit.*: E. G. Turner, JHS 93, 1973, S. 192 ff.

Abb. 1: Einzelne Papyruspflanze (Cyperus papyrus L.) (Aufn. Karl Liedl, München).

Abb. 2: Längsschnitt (Aufn. Karl Liedl, München).

Abb. 3: Querschnitt (Aufn. Karl Liedl, München).

Abb. 4: Schulszene (Fundort Neumagen, 3. Jahr. n. Chr. – Sandstein, Bildfeld 129 × 55 cm – Trier, Rheinisches Landesmuseum, NM 180).

Es gibt wohl kein ausdrucksvolleres Beispiel für die weite Verbreitung des Papyrus wie dieses von der Mosel stammende Relief. Es führt uns in eine Literaturstunde. Zwei Knaben sitzen einander in Lehnstühlen gegenüber, in den Händen halten sie die zum Lesen bereiten Papyrusrollen. Der linke der beiden bedient sich eines Auflagebrettchens, dessen gebogene Enden (rechts wie auch die Rolle abgebrochen) den wieder aufgerollten gelesenen (linker Hand) und den noch ungelesenen Teil schützend aufnehmen, so daß nur der gerade zu lesende Teil plan vor dem Auge liegt. Zwischen den beiden Schülern sitzt der Lehrer. Er hat es sich auf einem Fußbänkchen bequem gemacht; Haar, Barttracht und Gesichtstypus verraten den griechischen Grammatiklehrer. Von rechts tritt ein weiterer Schüler heran, die Rechte grüßend erhoben. An einem Henkel trägt er ein Wachstafelbuch, wie es für die Schreibübung benützt wird; offenbar ist er noch nicht schriftkundig genug, um an der Lektüre teilnehmen zu können.

*Lit.:* grundlegend W. von Massow, Die Grabdenkmäler von Neumagen, Berlin–Leipzig 1932 (dort Nr. 180a); ferner W. Binsfeld, Lesepulte auf Neumagener Reliefs, Bonner Jahrbücher 173, 1973, S. 201 ff.

Abb. 5: Geschichtete Buchrollen (Kupferstich nach einem verloren gegangenen Relief aus Trier).
An den meisten der Rollen ist ein heraushängender Streifen (σίλλυβος, *index* oder *titulus*) mit dem Titel befestigt, da der Titel in der Rolle selbst dem nach einem bestimmten Werke Suchenden keine Hilfe gewährt.

*Lit.:* W. von Massow, aaO., dort Nr. 445.

Abb. 6: Wachstafel [o. Nr. 96] (Herkunft unbekannt. 2. Jahrh. n. Chr. – Außenmaß 26,0 × 17,8 cm – London, British Library, Add. Ms. 34 186 (1)).
Die Wachstafel ist eine rechteckige Holzplatte, deren eingetiefte Innenfläche mit Wachs ausgegossen ist. Die Schrift wurde mit dem Metallgriffel *(stilus)* eingeritzt und konnte mit dem breiten Ende des Griffels durch Glätten getilgt werden. Einerseits leicht mitzuführen, andererseits wieder verwendbar, wurde die Wachstafel in der klassischen Antike allgemein benützt, beispielsweise für Schulaufgaben, Notizen und Geschäftsangelegenheiten.

Abb. 7: Wachstafelheft (Herkunft unbekannt. 4./5. Jahrh. n. Chr. – Größe je Tafel 17,5 × 9,5 cm – Staatliche Museen zu Berlin/DDR, Papyrussammlung P. 14000).

Die neun Holztafeln sind auf dem rückseitigen Rand vierfach durchbohrt, durch diese Öffnungen waren sie mittels Ringen oder Fäden buchartig zusammengehalten. Aus derartigen Heften hat sich vermutlich der Codex, die noch heute übliche Buchform, entwickelt. Das vorliegende Heft ist u. a. für Schreibübungen und einfache Rechenaufgaben benutzt worden.

*Lit.:* Pack² 2737; G. Plaumann, Antike Schultafeln aus Ägypten. Amtliche Berichte aus den königlichen Kunstsammlungen 34, Berlin 1913, Sp. 210 ff.

Abb. 8: Griffel für das Beschreiben von Wachstafeln *(stilus).*
(Herkunft unbekannt. Griech.-röm. Epoche (röm.?) – Eisen, ca. 11,5 cm – Staatliche Museen zu Berlin/ DDR, Ägyptisches Museum, Inv. Nr. 13238).
Mit dem flachen Ende kann man das Geschriebene durch Glätten des Wachses löschen.

Abb. 9: Mumientäfelchen SB X 10501 (Herkunft unbekannt. 4. Jahrh. n. Chr. (?) – Holz, 10,5 × 4,8 cm – Köln, Institut für Altertumskunde der Universität, Inv. T 22).
Text und Übersetzung sowie zu den Mumientäfelchen s. o. Nr. 60.

Abb. 10: Rohrfeder (κάλαμος) (Oxyrhynchos. Spätrömisch. – ca. 16 cm – London, British Museum, EA 43334).
Zum Auftragen der aus Ruß, Gummi und Wasser hergestellten tiefschwarzen Tinte bediente man sich eines zurechtgeschnittenen und gespaltenen Schilfrohres.

Abb. 11: Ostrakon P. Köln II 115 (Syene. 6. Juni 142 – Ton, 8,9 × 8,5 cm – Köln, Institut für Altertumskunde der

Universität, Inv. O. 408). Gewerbesteuerquittung
(vgl. o. Nr. 9 und 18 ff.); Text und Übersetzung:
Ἡ[ρα]κλείδης καὶ Ἰσίδωρος μισ-
θωτ(αὶ) πύλ(ης) Σοήνης διὰ Παχομ-
ψάχις βοηθ(οῦ). Διέγρα(ψε) Πελαί-
ας Ἐριεχνούβεως ὑπ(ὲρ) χειρω(ναξίου)
ε (ἔτους) δραχ(μὰς) εἴκοσι ὀβολ(οὺς) δύο,
(γίνονται) (δρ.) κ =. (Ἔτους) ε Ἀντωνίνου
Καίσαρος τοῦ κυρίου
Παῦνι ιβ.
Herakleides und Isidoros, Pächter
des Tores von Syene durch den Gehilfen Pachom-
psachis. Es hat bezahlt Pelaias,
Sohn des Heriechnubis, als Gewerbesteuer
des 5. Jahres zwanzig Drachmen, zwei Obolen,
macht 20 Dr., 2 Ob. Im 5. Jahre des Antoninus
Caesar, des Herrn,
am 12. Payni.

Abb. 12: Steuerrolle BGU IX 1896, 1897, 1897 a (Theadelphia.
166 n. Chr. – 30 × 620 cm – Staatliche Museen zu
Berlin/DDR, Papyrussammlung, P. 11651).
Die Rolle enthält kolumnenweise Listen mehrerer
Steuerarten. Die Abbildung zeigt die Rolle zur Ein-
sicht bereit: eine Textkolumne liegt offen, der
größere Teil des Papyrus ist jedoch rechts und links
aufgerollt.

Abb. 13: Versiegelte griechische Urkunden P. Eleph. 2 und 3
[s. o. Nr. 156] (Elephantine. 285/4 und 282 v. Chr. –
40 und 42 cm – Staatliche Museen zu Berlin/DDR,
Papyrussammlung, P 13504 und 13501).
Die Abbildung läßt die Siegel und die Namens-
beischriften der Vertragszeugen und des Urkundenverwahrers erkennen.

Abb. 14: Brief des kleinen Theon an seinen Vater [o. Nr. 82]
(Oxyrhynchos. 2./3. Jahrh. n. Chr. – 10 × 13,5 cm –
Oxford, Bodleian Library, MsGr.Class. f 66 (P)).
Der Brief ist in einer ungelenken Unziale geschrie-
ben, Schrift wie Grammatik und Rechtschreibung
passen zu dem jugendlichen Alter des Schreibers.